VIS à VIS

MAILAND
& OBERITALIENISCHE SEEN

NORDOSTEN

ALTSTADT

SÜDOSTEN

0 Meter   500

VIS à VIS

MAILAND
& OBERITALIENISCHE SEEN

Hauptautor: MONICA TORRI

DORLING KINDERSLEY
www.dk.com

EIN DORLING KINDERSLEY BUCH

www.travel.dk.com

PRODUKTION
Fabio Ratti Editoria srl, Mailand, Italien

TEXTE Monica Torri

ILLUSTRATIONEN
Giorgia Boli, Alberto Ipsilanti, Daniela Veluti, Nadia Viganò

KARTOGRAFIE
Fabio Ratti Editoria srl, Mailand, Italien

REDAKTION UND GESTALTUNG
Fabio Ratti Editoria srl, Mailand: Barbara Cacciani, Giovanni
Francesio, Emanuela Damiani, Mattia Gofetti, Alessandra Lombardi,
Marco Scapagnini, Oriana Bianchetti, Silvia Tomasone.
Dorling Kindersley Ltd., London: Fiona Wild, Marisa Renzullo,
Maite Lantaron, Samantha Borland, Sarah Meakin, Gillian Allan,
Douglas Amrine, Michelle Clark, Michelle Crana, Vivien Crump,
Conrad van Dyk, Louise Bostock Lang, Annette Jacobs, Ellie Smith,
Mary Sutherland

•

© 2000 Dorling Kindersley Limited, London
Titel der englischen Originalausgabe:
Eyewitness Travel Guide *Milan & The Lakes*
Zuerst erschienen 2000 in Großbritannien
bei Dorling Kindersley Ltd.
A Penguin Company

•

Für die deutsche Ausgabe:
© 2000 Dorling Kindersley Verlag GmbH, München

Aktualisierte Neuauflage 2010/2011

Alle Rechte vorbehalten, Reproduktionen, Speicherung in
Datenverarbeitungsanlagen, Wiedergabe auf elektronischen, foto-
mechanischen oder ähnlichen Wegen, Funk und Vortrag – auch
auszugsweise – nur mit schriftlicher Genehmigung des Copyright-Inhabers.

•

PROGRAMMLEITUNG Dr. Jörg Theilacker, Dorling Kindersley Verlag
ÜBERSETZUNG Dr. Benjamin Schwarz, Berlin
REDAKTION Dr. Elfi Ledig, München; Brigitte Maier, München
SCHLUSSREDAKTION Philip Anton, Köln
SATZ UND PRODUKTION Dorling Kindersley Verlag, München
LITHOGRAFIE Lineatre, Mailand
DRUCK L. Rex Printing Company Ltd., China

ISBN 978-3-8310-1531-3
6 7 8 9 10 11 12 11 10 09

Dieser Reiseführer wird regelmäßig aktualisiert. Angaben wie
Telefonnummern, Öffnungszeiten, Adressen, Preise und Fahrpläne
können sich jedoch ändern. Der Verlag kann für fehlerhafte
oder veraltete Angaben nicht haftbar gemacht werden.
Für Hinweise, Verbesserungsvorschläge und Korrekturen ist der
Verlag dankbar. Bitte richten Sie Ihr Schreiben an:

Dorling Kindersley Verlag GmbH
Redaktion Reiseführer
Arnulfstraße 124 • 80636 München

◁ **Blick von der Dachterrasse des Mailänder Doms** *(siehe S. 46–49)*
◁◁ **Umschlag: Der Duomo in der Abenddämmerung** *(siehe S. 46–49)*

INHALT

Statue am Eingang zur Pinacoteca
di Brera *(siehe S. 114–117)*

MAILAND
STELLT SICH VOR

Der Naviglio Grande im Süden
Mailands *(siehe S. 89)*

Leonardo da Vincis *Letztes Abendmahl* in der Kirche Santa Maria delle Grazie *(siehe S. 72f)*

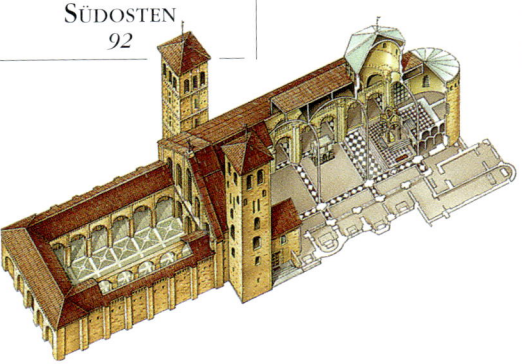

Basilika Sant'Ambrogio aus dem 4. Jahrhundert *(siehe S. 84–87)*

BENUTZERHINWEISE

Dieser Reiseführer beleuchtet Mailand und die Oberitalienischen Seen in all ihren Facetten – zur Einstimmung auf Ihre Reise, als Wegbegleiter vor Ort und zum Schmökern nach der Rückkehr. In *Mailand stellt sich vor* wird die Stadt in ihrem geografischen und historischen Kontext präsentiert. *Mailand im Überblick* bietet einen kurzen Abriss der architektonischen und kulturellen Highlights. Das Kapitel *Die Stadtteile Mailands* beschreibt alle Sehenswürdigkeiten der Stadt mit Texten, Karten, Fotos und Illustrationen. Ein eigener Teil des Buchs ist den Oberitalienischen Seen gewidmet, die von Mailand aus leicht zu erreichen sind. Über Hotels, Restaurants, Shopping, Sport und Unterhaltung informiert *Zu Gast in Mailand*. Die *Grundinformationen* bieten Hinweise und Tipps für Ihren Aufenthalt und zur Anreise. Mit dem *Stadtplan* auf den Seiten 224–237 und einer Karte des Mailänder Zentrums in großem Maßstab auf den hinteren Umschlaginnenseiten finden Sie sich bestens zurecht.

ORIENTIERUNG IN MAILAND

Mailand ist in diesem Reiseführer in fünf Stadtteile gegliedert, die jeweils farblich markiert sind. Jedes Kapitel beginnt mit einem Kurzporträt, das den besonderen Charakter des Stadtteils darstellt, und bietet eine Stadtteilkarte mit der Auflistung der Sehenswürdigkeiten. Die oberitalienischen Seen werden in einem eigenen Kapitel behandelt. Am Beginn dieses Kapitels finden Sie eine Regionalkarte. Die Hauptattraktionen sind jeweils nummeriert und so leicht auffindbar.

1 Stadtteilkarte
Die Sehenswürdigkeiten eines Stadtteils sind hier nummeriert und nach Kategorien wie Kirchen, Museen und Sammlungen, historische Gebäude, Theater etc. aufgelistet.

Die Orientierungskarte zeigt, wo Sie sich gerade befinden.

Die Farbcodierung erleichtert das Auffinden der Stadtteile.

Zur Orientierung

Das rote Gebiet der Stadtteilkarte wird auf der Detailkarte genauer dargestellt.

2 Detailkarte
Sie zeigt die interessantesten Sehenswürdigkeiten des Stadtteils aus der Vogelperspektive. Die Nummerierung der Sehenswürdigkeiten stimmt mit der Stadtteilkarte auf der Seite davor und mit den Beschreibungen auf den nachfolgenden Seiten überein.

Die Routenempfehlung führt durch die interessantesten Straßen des Areals.

DIE STADTTEILE MAILANDS

Die fünf farbig markierten Area-
le auf dieser Karte *(siehe S. 14 f)*
entsprechen den Stadtteilen
Mailands, die jeweils in einem
ausführlichen Kapitel behandelt
werden *(siehe S. 40 – 123)*. Diese
Farbmarkierung is: Ihr Wegwei-
ser durch das Buch. Das Kapitel
*Mailand im Überblick (siehe
S. 28 – 35)* präsentiert die wichtigsten Sehenswürdigkeiten.
*Zwei Spaziergänge (siehe
S. 124 – 127)* führen Sie zu den
historischen Wurzeln und zu
verborgenen Schätzen der Stadt.

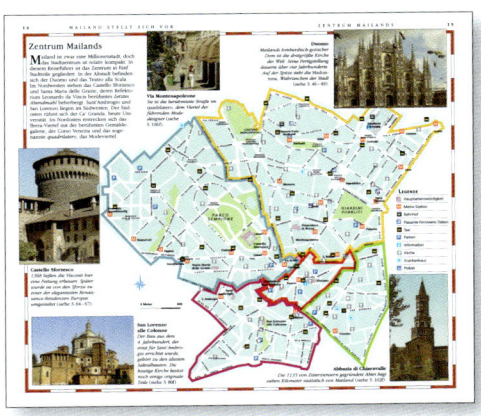

Die Nummer der Sehenswürdigkeit finden Sie auch
auf der Stadtteilkarte und
der Detailkarte.

Der Infoblock bietet praktische Informationen auf einen Blick. Die Erklärung der
Symbole finden Sie auf der hinteren Um-
schlaginnenklappe.

3 Detaillierte Informationen

*Alle wichtigen Denkmäler und
Sehenswürdigkeiten sind einzeln
beschrieben. Die Reihenfolge entspricht der Nummerierung auf
den Stadtteil- bzw. Detailkarten.*

Kästen gehen auf spezielle Aspekte einer
Sehenswürdigkeit ein.

Sterne kennzeichnen
Sehenswürdigkeiten, die
man nich: versäumen sollte.

4 Hauptattraktionen

*Die Highlights von Mailand
werden auf zwei oder mehr Seiten dargestellt. Schnittzeich-
nungen von historischen Gebäuden oder Kirchen zeigen
deren Inneres. Farbige Grund-
risse von Museen helfen Ihnen,
die ausgestellten Hauptwerke
leichter zu finden.*

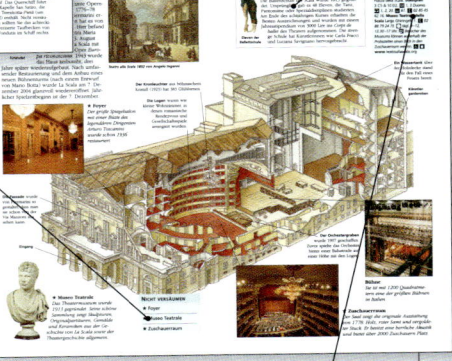

Die Infobox liefert alle prakti-
schen Informationen für die
Planung eines Besuchs.

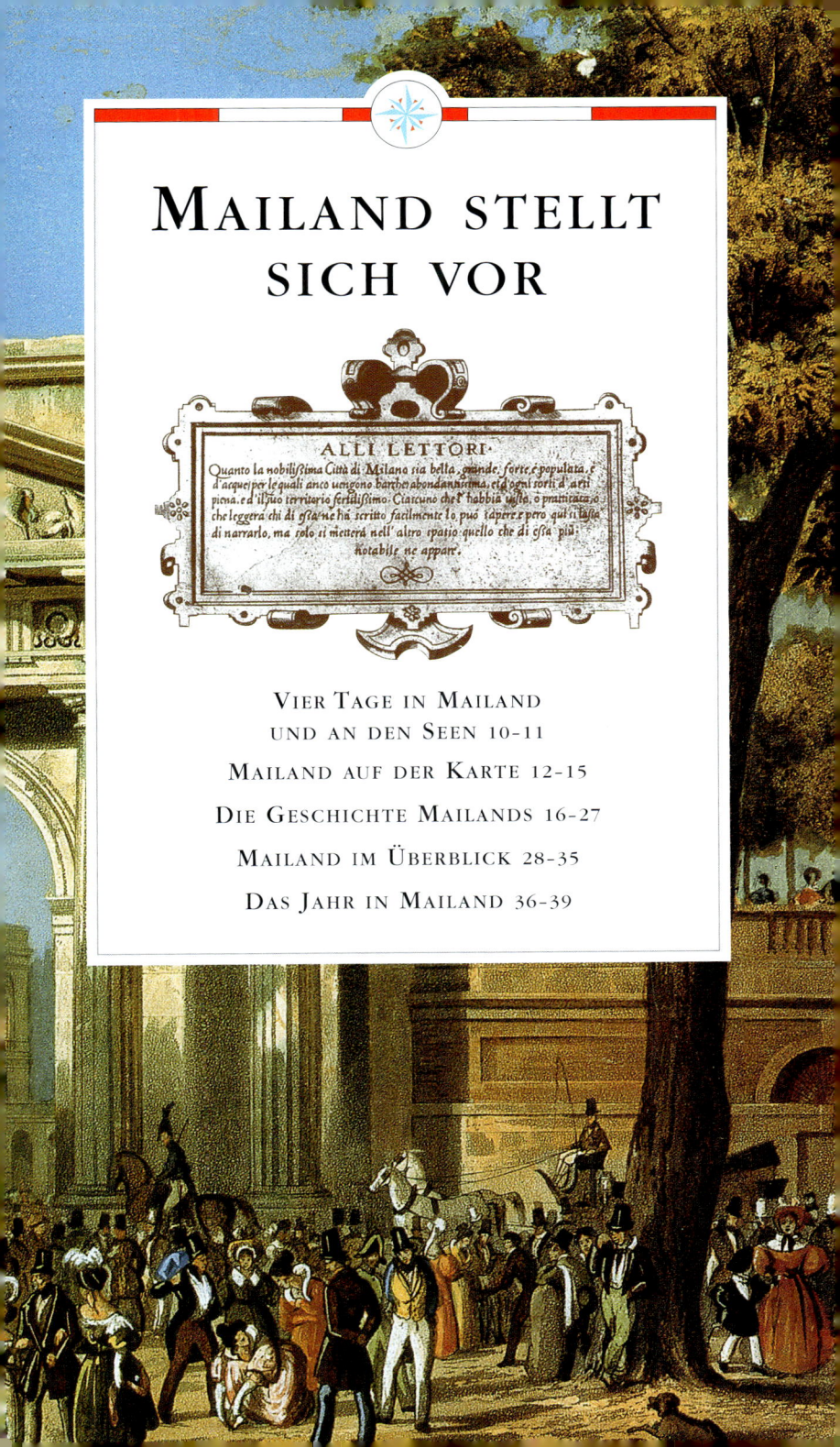

Mailand stellt
sich vor

ALLI LETTORI

Quanto la nobiliſſima Città di Milano ſia bella, grande, forte, e populata, e d'acque per le quali anco uengono barche abondantiſſima, e d'ogni ſorti d'arti piena, e d'il ſuo territorio fertiliſſimo. Ciaſcuno che l'habbia uiste, o praticata, o che leggerà chi di eſſa ne ha ſcritto facilmente lo può ſapere e però qui ſi laſſa di narrarlo, ma ſolo ſi metterà nell'altro ſpatio quello che di eſſa più notabile ne appare.

VIER TAGE IN MAILAND UND AN DEN SEEN

Ein paar Tage in Mailand vermitteln einen guten Eindruck von den Schätzen der Stadt. Natürlich sollten Sie sich Leonardo da Vincis *Letztes Abendmahl*, den Dom und die Pinacoteca di Brera ansehen, aber auch die Modeläden gehören zu den Top-Attrak-

La Scala:
Museo Teatrale

tionen. Lohnend ist ein kleiner Ausflug: Der Lago di Como und der Lago Maggiore lockten schon viele Berühmtheiten an – von Catull bis Hemingway. Der unten angegebene Preisrahmen schließt Fahrtkosten, Essen und Eintrittsgebühren ein.

KUNST UND SHOPPING IM HERZEN VON MAILAND

- Gemälde alter Meister
- Auf dem Duomo
- Modeläden
- Oper im Teatro alla Scala

ZWEI ERWACHSENE mind. 100 €

Vormittag
Beginnen Sie mit Meisterwerken von Leonardo, Raffael und Caravaggio in der **Pinacoteca Ambrosiana** *(siehe S. 56–59)*. Danach gehen Sie zur **Piazza del Duomo** *(siehe S. 44f)*. Besteigen Sie das Dach des zweitgrößten Doms Italiens *(siehe S. 46–49)*, und genießen Sie den prächtigen Blick. Mittagessen gibt es im **Caffè Zucca** *(siehe S. 187)*. Anschließend lockt die **Galleria Vittorio Emanuele II** *(siehe S. 50)* mit ihren eleganten Läden.

Nachmittag
An der Piazza della Scala stehen das **Teatro alla Scala** *(siehe S. 52f)* und sein **Museo Teatrale**, das sich Stars wie Verdi und Toscanini widmet. Karten für die Vorstellung sind nicht ganz einfach zu bekommen.

Ganz in der Nähe ist das Quadrilatero d'Oro (Goldenes Dreieck), das von der Via Manzoni, Via Montenapoleone, Via Sant'Andrea und Via della Spiga begrenzt wird. Hier finden Sie u. a. die Läden von Dolce & Gabbana, Gucci oder Ferragamo. Falls Sie mehr an Kunst interessiert sind, gibt es in der Gegend zwei ausgezeichnete Museen mit Werken aus dem 19. Jahrhundert: **Poldi Pezzoli** *(siehe S. 108)* und **Bagatti Valsecchi** *(siehe S. 109)*. Das Brera-Viertel lockt mit der **Pinacoteca di Brera** *(siehe S. 114–117)* und vielen Bars.

Brunnen vor dem Castello Sforzesco *(siehe S. 64–67)*

MITTELALTER UND RENAISSANCE IN MAILAND

- Leonardos *Letztes Abendmahl*
- Alte Kirchen
- Römische Ruinen
- Im trendigen Navigli-Viertel

ZWEI ERWACHSENE mind. 85 €

Vormittag
Skulpturen wie Michelangelos *Pietà* und Renaissance-Gemälde erwarten Sie im **Castello Sforzesco** *(siehe S. 64–67)*. Das **Museo Archeologico** *(siehe S. 74)* zeigt Mailands Frühgeschichte. Für das Highlight – Leonardo da Vincis *Letztes Abendmahl* in der Kirche **Santa Maria delle Grazie** *(siehe S. 72f)* – müssen Sie vorab Tickets buchen, in der Hochsaison Wochen vorher *(siehe S. 73)*. An der Ecke Corso Magenta/Via Carducci serviert die **Art Nouveau Bar Magenta** *(siehe S. 186)* leichte Mahlzeiten.

Mailands gotischer Dom, der zweitgrößte Italiens *(siehe S. 46–49)*

◁ *L'Arena: veduta della porta trionfale dall'esterno (1835–38) von J. J. Falkeisen, Museo di Milano (siehe S. 109)*

Nachmittag

Die Kirche **Sant'Ambrogio** *(siehe S. 84–87)* aus dem 4. Jahrhundert liegt auf dem Weg zum **Museo Nazionale della Scienza e dell Tecnica** *(siehe S. 88)*, das Repliken von Leonardos Erfindungen präsentiert. Wenn Sie den Parco delle Basiliche entlanggehen, kommen Sie zu **San Lorenzo** *(siehe S. 89f)*, einer weiteren Kirche aus dem 4. Jahrhundert. Das **Museo Diocesano** *(siehe S. 90)* zeigt Kirchenschätze, **Sant'Eustorgio** *(siehe S. 90)* besitzt Fresken aus der Frührenaissance. Im nahen Navigli-Viertel finden Sie unter den vielen Bars und Restaurants bestimmt das Richtige.

FAMILIENSPASS AM LAGO MAGGIORE

- **Inselausflug**
- **Exotischer Park**
- **Mittagessen am See**
- **Atemberaubende Aussicht**

VIER PERSONEN mind. 115 €

Vormittag

Am schönsten präsentiert sich der Lago Maggiore, wenn Sie zu den drei kleinen **Isole Borromee** *(siehe S. 137)* schippern. Starten Sie in **Stresa** *(siehe S. 137)*. Verbringen Sie den Vormittag auf der Isola Bella und der Isola Madre, wo Pfauen im exotischen Park herumstolzieren und die Puppensammlung in der Villa ihre Kinder sicher fasziniert. Danach könnten

Blick in Stresa auf den Lago Maggiore *(siehe S. 134–139)*

Sie auf der Isola dei Pescatori direkt am Wasser zu Mittag essen.

Nachmittag

Die Fähre zurück nach Stresa legt in Mottarone an. Dort bringt Sie eine Seilbahn auf den Gipfel des Monte Mottarone, von dem Sie die Aussicht über den See genießen können. Falls Sie abwärts zu Fuß gehen wollen: Der Abstieg dauert drei Stunden. In Stresa können Sie am See entlangspazieren, dort gibt es auch hübsche Cafés. Falls Sie per Auto unterwegs sind, sollten Sie in **Arona** *(siehe S. 136)* einen Zwischenstopp einlegen und von der 35 Meter hohen Statue von San Carlo Borromeo den Ausblick genießen. Allerdings müssen Kinder für den Aufstieg über die enge Wendeltreppe in der Statue mindestens acht Jahre alt sein.

GEPFLEGTE ENTSPANNUNG AM COMER SEE

- **Beeindruckender Duomo**
- **Hübsche Gärten**
- **Spaziergang am See**
- **Villen wie Paläste**

ZWEI ERWACHSENE mind. 50 €

Vormittag

Beginnen Sie den Tag in **Como** *(siehe S. 142)* am Südwestarm des Sees. Auf der Seepromenade können Sie entlangspazieren und in Seidenläden stöbern. Auch der Besuch des Duomo lohnt sich. Der Tempio Voltiano widmet sich dem Physiker Alessandro Volta. Fahren Sie weiter zum hübschen Städtchen **Bellagio** *(siehe S. 145)*, wo Sie im Rahmen einer Führung die Villa Serbelloni besichtigen können (Anmeldung im Tourismusbüro).

Nachmittag

Nehmen Sie die Fähre nach **Varenna** *(siehe S. 144)* am Ostufer. Dort können Sie zu Mittag essen und dann die Gärten der Villa Cipressi und der Villa Monastero besichtigen oder zu den Ruinen des Castello di Vezio hinaufsteigen. Danach bringt Sie die Fähre ans Westufer nach **Tremezzo** *(siehe S. 143)*. Die Villa Carlotta mit terrassierten Gärten besitzt Gemälde von Canova und Hayez. Bellagio bietet sich für einen netten Abendspaziergang an.

Villa Monastero *(siehe S. 144)* am Comer See *(siehe S. 140–145)*

Mailand auf der Karte

Mailand (Milano), Hauptstadt der Lombardei (Lombardia), liegt im Zentrum einer dicht besiedelten und wirtschaftlich prosperierenden Region Norditaliens. Die Stadt in der Po-Ebene (Valle Padana) gilt von jeher als Handelszentrum Italiens und bildet zusammen mit Turin (Torino) und Genua (Genova) ein Industriedreieck. Im Bereich von Mode und Medien nimmt Mailand eine führende Stellung in Europa ein. Ohne Vororte hat Mailand über 1,3 Millionen Einwohner und ist damit Italiens zweitgrößte Stadt. Die Lage macht Mailand zum idealen Ausgangspunkt für Besuche der Oberitalienischen Seen: Der Lago Maggiore und der Lago di Como sind nicht weit, der Lago di Garda erstreckt sich weiter östlich. Sein Westufer gehört noch zur Lombardei, sein Ostufer bereits zum Veneto.

Sondrio

Lago Maggiore

Toce

Lago di Lugano

Lago di Como

Lecco

Alpi Pennine

Varese

Bergam

Aosta

VALLE D'AOSTA

Lago d'Orta

Lago di Varese

Como

A5

Biella

Busto Arsizio

Monza

A4

Valle di Locana

Ivrea

A4

Milano

LOMBA

Cervo

Novara

Canavese

Vercelli

Vigevano

Lodi

Crem

Lomellina

Adda

Lambro

A32

A26

Pavia

A21

A5

Casale Monferrato

PO

Rivoli

Torino

Piacenza

Moncalieri

Casteggio

Pinerolo

A6

Asti

A21

Alessandria

Tortona

Trebbia

Tanaro

Belbo

PIEMONTE

Scrivia

A7

Alba

Ottone

A26

Appennino Ligure

LIGURIA

Genova

Rapallo

A12

Sestri Levante

Golfo di Genova

La Spezia

Mare Ligure

EUROPA

NORWEGEN

FINNLAND

SCHWEDEN

ESTLAND

DÄNEMARK

LETTLAND

LITAUEN

IRLAND

GROSS-BRITANNIEN

NIEDERLANDE

WEISS-RUSSLAND

POLEN

DEUTSCHLAND

BELGIEN

TSCHECHIEN

UKRAINE

SLOWAKEI

ÖSTERREICH

UNGARN

SCHWEIZ

SLOWENIEN

RUMÄNIEN

FRANKREICH

KROATIEN

SERBIEN

Milano

BOSNIEN-HERZEG.

BULGARIEN

ITALIEN

MAZEDONIEN

ALBANIEN

GRIECHEN-LAND

PORTUGAL

SPANIEN

MAROKKO

ALGERIEN

TUNESIEN

Verkehrsanbindung

Mailand besitzt eine exzellente Verkehrsinfrastruktur: mehrere Autobahnen, viele Zugverbindungen und zwei internationale Flughäfen, Linate und Malpensa.

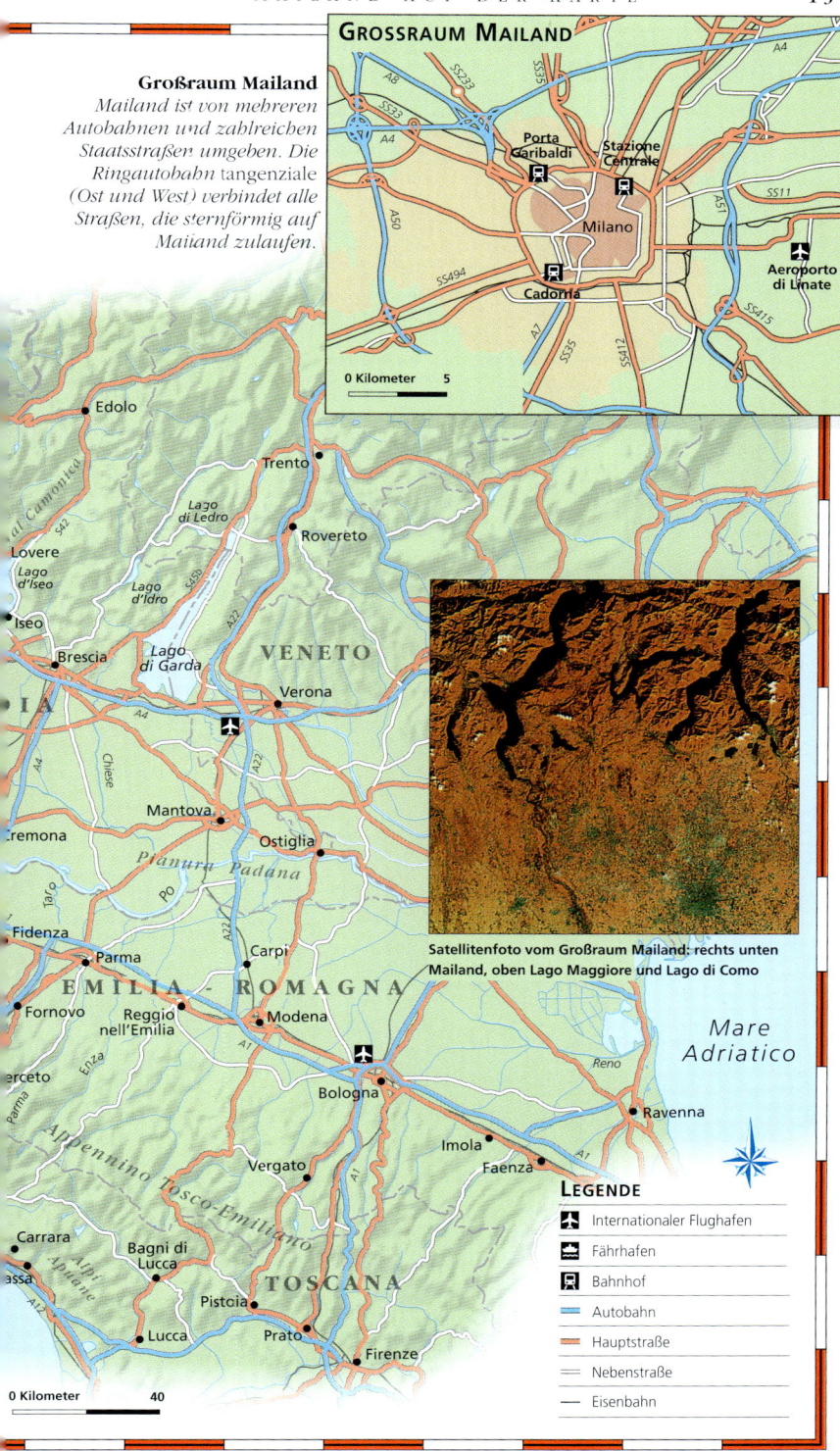

GROSSRAUM MAILAND

A8 SS233 SS35 A4

SS33 A4

A50

Porta Garibaldi

Stazione Centrale

A51 SS511

Milano

SS494

Cadorna

A1 SS35 SS412 A415

Aeroporto di Linate

0 Kilometer   5

Großraum Mailand

Mailand ist von mehreren Autobahnen und zahlreichen Staatsstraßen umgeben. Die Ringautobahn tangenziale (Ost und West) verbindet alle Straßen, die sternförmig auf Mailand zulaufen.

Edolo

Trento

Lago di Ledro

Rovereto

Lovere
Lago d'Iseo

Lago d'Idro

Iseo

Brescia

Lago di Garda

VENETO

Verona

IA

A4

Chiese

Mantova

Ostiglia

Cremona

Pianura Padana

PO

Taro

Fidenza

Parma

Carpi

EMILIA - ROMAGNA

Fornovo

Reggio nell'Emilia

Modena

Enza

A1

Bologna

ceto

Parma

Reno

Mare Adriatico

Appennino Tosco-Emiliano

Vergato

Imola

Faenza

A1

Ravenna

Carrara

Bagni di Lucca

TOSCANA

Pistoia

assa

Alpi Apuane

Lucca

Prato

Firenze

Satellitenfoto vom Großraum Mailand: rechts unten Mailand, oben Lago Maggiore und Lago di Como

LEGENDE

✈	Internationaler Flughafen
⚓	Fährhafen
🚉	Bahnhof
──	Autobahn
──	Hauptstraße
══	Nebenstraße
──	Eisenbahn

0 Kilometer   40

Zentrum Mailands

Mailand ist zwar eine Millionenstadt, doch das Stadtzentrum ist relativ kompakt. In diesem Reiseführer ist das Zentrum in fünf Stadtteile gegliedert. In der Altstadt befinden sich der Duomo und das Teatro alla Scala. Im Nordwesten stehen das Castello Sforzesco und Santa Maria delle Grazie, deren Refektorium Leonardo da Vincis berühmtes *Letztes Abendmahl* beherbergt. Sant'Ambrogio und San Lorenzo liegen im Südwesten. Der Südosten rühmt sich der Ca' Granda, heute Universität. Im Nordosten erstrecken sich das Brera-Viertel mit der berühmten Gemäldegalerie, der Corso Venezia und das sogenannte *quadrilatero*, das Modeviertel.

Via Montenapoleone
Sie ist die berühmteste Straße im quadrilatero, *dem Viertel der führenden Modedesigner (siehe* S. 106 f).

Castello Sforzesco
1368 ließen die Visconti hier eine Festung erbauen. Später wurde sie von den Sforza zu einer der elegantesten Renaissance-Residenzen Europas umgestaltet (siehe S. 64–67).

0 Meter   600

San Lorenzo alle Colonne
Der Bau aus dem 4. Jahrhundert, der einst für Sant'Ambrogio errichtet wurde, gehört zu den ältesten Sakralbauten. Die heutige Kirche besitzt noch einige originale Teile (siehe S. 80f).

Duomo
Mailands lombardisch-gotischer Dom ist die drittgrößte Kirche der Welt. Seine Fertigstellung dauerte über vier Jahrhunderte. Auf der Spitze steht die Madonnina, *Wahrzeichen der Stadt* (siehe S. 46–49).

LEGENDE

	Hauptsehenswürdigkeit
M	Metro-Station
	Bahnhof
	Passante-Ferroviario-Station
	Taxi
P	Parken
i	Information
	Kirche
	Krankenhaus
	Polizei

Abbazia di Chiaravalle
Die 1135 von Zisterziensern gegründete Abtei liegt sieben Kilometer südöstlich von Mailand (siehe S. 102f).

DIE GESCHICHTE MAILANDS

Nach den Worten eines Gesandten aus dem 17. Jahrhundert ist »Mailand immer grandios, und nach Niederlagen steigt es schnell wieder zu alter Größe auf«. Dies ist in der Tat ein Charakteristikum der norditalienischen Metropole: ihre Fähigkeit, sich aus Kriegen, Seuchen, Belagerungen und Bombardierungen zu erheben und wieder Dynamik und Reichtum zu entfalten.

PRÄHISTORISCHE UND RÖMISCHE STADT

Relief eines Wildschweins, einst Emblem der Stadt

Im 3. bis 2. Jahrtausend v.Chr. lebten auf dem Gebiet des heutigen Mailand Ligurer. Später besiedelten es indoeuropäische Volksstämme und im 5. Jahrhundert v.Chr. schließlich Etrusker. Um die oberitalienischen Seen haben Archäologen faszinierende prärömische Objekte ausgegraben, die zwischen dem 9. und 6. Jahrhundert v.Chr. die Anwesenheit keltischer Kultur belegen. Mailand selbst wurde Anfang des 4. Jahrhunderts v.Chr. gegründet, als hier keltische Insubrer siedelten.

Die Anfänge der Stadt liegen im Dunkeln, ebenso die Herkunft ihres Namens, der entweder von *Mediolanum* (Mitte der Ebene) oder *scrofa semilanuta* (halbwolliges Wildschwein) abgeleitet wird. Das Wildschwein war jedenfalls in antiker Zeit das Stadtemblem. 222 v.Chr. besiegten die Römer unter den Konsuln Gnaeus Cornelius Scipio und Claudius Marcellus die Kelten und eroberten die Po-Ebene und ihre Städte. Mailand war bald ein blühendes Handelszentrum und erlangte in der Kaiserzeit politische und administrative Unabhängigkeit. 286 n.Chr. wurde es Hauptstadt des Weströmischen Reichs (bis 402) und war Residenz von Kaiser Maximian. Am Ende der Kaiserzeit war Mailand nach Rom die wichtigste Stadt im Abendland und wurde nach Konstantins Toleranzedikt 313, in dem das Christentum offiziell als Religion anerkannt wurde, zu einem religiösen Zentrum. Bischof Ambrosius übte zu dieser Zeit großen Einfluss aus. Er war die erste bedeutende Gestalt der Mailänder Geschichte: Der Kirchenvater ließ vier Basiliken erbauen (San Simpliciano, Sant'Ambrogio, San Lorenzo und San Nazaro) und war ein führender Gegner der häretischen Arianer (die die Göttlichkeit Christi leugneten). Ambrosius war der erste einer langen Reihe von Bischöfen, die im frühen Mittelalter die Geschicke der Stadt leiteten. Das römische Mailand war groß: Die in der Kaiserzeit nach Nordosten erweiterten Stadtmauern umfassten ein Gebiet von etwa derselben Größe wie das heutige Stadtzentrum.

ZEITSKALA

14.–3. Jh. v.Chr.		2.–1. Jh. v.Chr.		1.–2. Jh. n.Chr.		3.–4. Jh. n.Chr.

4. Jh. v.Chr. Gründung von *Mediolanum* durch gallische Insubrer

191 v.Chr. Durch eine Allianz wird Mailand integraler Bestandteil der römischen Welt

89 v.Chr. Mailand wird lateinische Kolonie

15 v.Chr. Hauptstadt der IX. Augusteischen Region

286 n.Chr. Mailand wird kaiserliche Hauptstadt

Sant'Ambrogio

222 v.Chr. Gnaeus Cornelius Scipio erobert Mailand

55–50 v.Chr. Vergil besucht die Rednerschule in Mailand

Vergil

49 v.Chr. *Lex Roscia* überträgt das römische Bürgerrecht auf Mailand

313 n.Chr. Das Mailänder Edikt gewährt den Christen Religionsfreiheit

374 n.Chr. Sant'Ambrogio (340–397) wird Bischof von Mailand

◁ Das *Sforzesca-Altarbild* (1494), Pinacoteca di Brera (*siehe S. 114–117*), mit Porträts von Beatrice d'Este und Lodovico il Moro

FRÜHES MITTELALTER UND STADTREPUBLIK MAILAND

Das 5. und 6. Jahrhundert markierten den Niedergang Mailands. 402 verlor es seinen Status als kaiserliche Hauptstadt, 452 wurde es von Attilas Hunnen geplündert, 476 von den germanischen Herulern und schließlich 489 von den Ostgoten erobert. Im Krieg zwischen Ostrom und den Goten wurde die mit Byzanz verbündete Stadt von den Goten angegriffen und völlig zerstört. Der Wiederaufbau begann 568, als Mailand vom byzantinischen Feldherrn Narses wiedererobert wurde, der es aber im folgenden Jahr den Langobarden überlassen musste.

Mailand wurde darauf von Pavia aus regiert. Die restlichen Bürger flohen mit ihrem Bischof Honorius nach Ligurien: Eine der reichsten Städte des Weströmischen Reichs lag damit im 6. und 7. Jahrhundert in Trümmern. Das Edikt von König Rothari von 643 beschreibt die langobardischen Verwaltungsstrukturen der Zeit.

Kaiser Friedrich Barbarossa in der Schlacht von Legnano (1176), Miniatur von 1308

774 besiegten die Franken die Langobarden und eroberten Norditalien. Die Erzbischöfe kamen wieder an die Macht. Mit dem Aufstieg von Handel und Handwerk blühte die Wirtschaft erneut auf, was im 11. Jahrhundert zur Entstehung der Stadtrepublik Mailand führte. Nachdem jahrhundertelang Monza und Pavia die Lombardei beherrscht hatten, wurde Mailand wieder zum politischen Zentrum. Adel und Kaufleute rangen im 11. Jahrhundert um die Macht, verbündeten sich dann jedoch, um die Stadt gegen den Kaiser

Miniatur: König Rothari erlässt sein Edikt (643), den *Codex Legum Longobardorum*

zu verteidigen. Wieder regierten Erzbischöfe die Stadt, einige von ihnen, etwa Ariberto d'Intimiano (1018–45), waren nicht nur Bischöfe, sondern zugleich Generäle. 1042 gründete man die unabhängige Stadtrepublik *(il comune)* Mailand und errichtete eine neue Stadtmauer. Sie wurde 1162 zerstört, als Friedrich Barbarossa Mailand belagerte und einnahm: Zum zweiten Mal brannte die Stadt nieder.

Mailand und die anderen Stadtrepubliken Norditaliens bildeten 1167 den Lombardischen Städtebund, eine mächtige Allianz, die Barbarossas Heer 1176 bei Legnano besiegte. Sieben Jahre später besiegelte der Friede von Konstanz die Unabhängigkeit der beteiligten Städte.

Im 13. Jahrhundert wurde in Mailand ein gewaltiges Netz von Kanälen (Navigli) angelegt, das die Stadt mit dem Tessin verband. Doch die Machtkämpfe unter den führenden Familien schwächten die Stadt und führten zu ihrem Niedergang.

GROSSE DYNASTIEN

1277 kamen die Visconti unter Erzbischof Ottone an die Macht. Sie holten die führenden Künstler der Zeit, u. a. Giotto, nach Mailand, ließen die Stadt und ihre Palazzi verschönern und gaben neue Bauwerke wie das Castello und den Duomo *(siehe S. 46–49)* in Auftrag. Den Gipfel der Macht erklommen die Visconti unter Gian Galeazzo, der 1395 Herzog wurde und eine ehrgeizige Expansionspolitik betrieb. Bald beherrschte Mailand den größten Teil Norditaliens und kontrollierte sogar toskanische Städte, doch der Traum des Herzogs von einem vereinten Italien unter seiner Herrschaft endete mit seinem Tod 1402. Die

Wappen der Familie Visconti

Visconti-Dynastie starb 1447 aus. Daraufhin regierte sich die Stadt drei Jahre lang als Ambrosianische Republik selbst.

1450 begann unter dem *condottiere* Francesco Sforza die wohl glücklichste Zeit in der Geschichte Mailands: Sforza gab die Expansionspolitik der Visconti auf und bescherte der Stadt einen dauerhaften Frieden. Mailand blühte auf und wuchs auf 100 000 Einwohner an. Die Visconti-Burg wurde zum Castello Sforzesco *(siehe S. 64–67)* umgebaut. Architekten wie Guiniforte Solari und Filarete begannen ihre Arbeiten am Ospedale Maggiore, dem Ca' Granda *(siehe S. 97)*.

Das Goldene Zeitalter der Kultur begann mit Lodovico Sforza, genannt »il Moro« (1479–1508). Er war zwar ein mittelmäßiger Politiker, doch ein großer Förderer der Künste. Seine Bündnispolitik und seine strategischen Entscheidungen führten zum Ende der Unabhängigkeit Mailands, das 1499 unter französische Herrschaft fiel. Unter Lodovicos Regentschaft wurde Mailand jedoch auch zur Kunststadt – einzig vom Florenz der Medici überboten.

Ab 1480 holte man bedeutende Künstler wie Bramante und Leonardo da Vinci nach Mailand. Bramante restaurierte Kirchen und baute Santa Maria delle Grazie *(siehe S. 71)*, in deren Refektorium Leonardo das *Letzte Abendmahl* schuf *(siehe S. 72f)*. Leonardo arbeitete zudem an wichtigen Stadtprojekten wie dem Navigli-Kanalnetz mit.

Mailand auf einem Holzschnitt (15. Jh.)

1038 Erzbischof Ariberto führt die Mailänder gegen Konrad II. und benutzt *Carroccio*-Karren mit der Stadtfahne Mailands	**1158** Barbarossa belagert Mailand; 1162 wird es von kaiserlichen Truppen zerstört	**1277** Aufstieg der Visconti	**1447–50** Ambrosianische Republik	**1482–99** Leonardo da Vinci in Mailand	
		1395 Gian Galeazzo Visconti wird Herzog		**1499** Lodovico tritt Herzogtum an Ludwig XII. ab	

1000	**1100**	**1200**	**1300**	**1400**	**1500**

1057 Pataria-Bewegung gegen Missstände im Klerus	**1154** Friedrich Barbarossa unterdrückt die Stadtrepublik in Roncaglia	**1176** Der Lombardische Bund besiegt Barbarossa in Legnano	**1450** Aufstieg der Sforza		**1525** Sforzas Rückkehr zur Macht
				1494 Lodovico il Moro regiert	
		Friedrich Barbarossa	**1535** Karl V. übernimmt Herzogtum		

Visconti und Sforza

Die Epoche der *Signorie* (Herrschaft der Familien) vom späten 13. bis zum frühen 16. Jahrhundert war eine der erfolgreichsten der Mailänder Geschichte. Den Visconti gelang es – vor allem unter Gian Galeazzos Herrschaft –, das Territorium der Stadt auszudehnen, wenn auch nur für kurze Zeit. Die Herrschaft der Sforza kennzeichnet insbesondere der kulturelle und künstlerische Glanz unter Lodovico il Moro, der führende Künstler und Architekten der Zeit an seinen Hof lud.

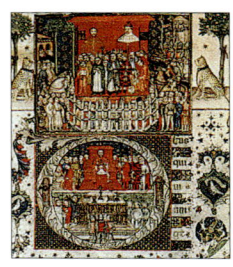

Gian Galeazzo
Er kerkerte seinen Onkel Bernabò 1385 ein und wurde Allein-herrscher in Mailand. 1395 wurde er von König Wenzel zum Herzog erhoben.

Umberto
† vor 1248

| OTTONE | Obizzo | Andreotto |

Erzbischof von Mailand
Signore von Mailand
(1277–78, 1282–85)
† 1295

Ottone
Ottone war seit 1262 Erzbischof Mailands und wurde 1277 nach der Schlacht von Desio Signore der Stadt.

Tebaldo
† 1276

MATTEO
Signore von Mailand
(1291–1302, 1311–22)
† 1322

Marco	GIOVANNI	Stefano	GALEAZZO I	LUCHINO
† 1329	Erzbischof von Mailand	Signore von Arona	Signore von Piacenza	**Signore von Mailand**
	Signore von Mailand	† 1327	**Signore von Mailand**	(1339)
	(1339)		(1322–27)	† 1349
	† 1354		† 1328	

BERNABÒ	GALEAZZO II	MATTEO II	AZZONE
Signore von Mailand	**Signore von Mailand**	**Signore von Mailand**	**Signore von Mailand**
(1354–85)	(1354)	(1354)	(1329–39)
	† 1378		

Caterina
Gian Galeazzos Ehefrau
† 1404

VISCONTI

Nach ihrem Sieg über die Familie della Torre 1277 regierten die Visconti Mailand bis 1447. Sie waren ab 1395 Herzöge der Stadt. Ziel ihrer Politik war die territoriale Erweiterung. Unter Gian Galeazzo erreichte das Herzogtum seine größte Ausdehnung und eroberte sogar Perugia und Siena in Mittelitalien.

GIAN GALEAZZO
Graf von Virtue
Signore von Mailand (1378)
Herzog von Mailand (1395–1402)
Heiratete Caterina di Bernabò

GIAN MARIA
Herzog von Mailand
(1402–12)

Bianca Maria Visconti und Francesco Sforza
Bianca Maria, die alleinige Erbin des Herzogtums, heiratete 1441 Francesco Sforza und half dann ihrem Mann, die Macht in Mailand zu übernehmen.

FILIPPO MARIA
Herzog von Mailand
(1412–47)

Bianca Maria
Francesco Sforzas Frau
Herzogin von Mailand
(1450–66)

Francesco I

Der große Feldherr kämpfte für Filippo Maria Visconti und heiratete dessen Tochter Bianca Maria. 1454 begann er das Herzogtum auf friedlichem Weg zu erweitern, bis es auch Genua und Korsika umfasste.

SFORZA

Nach der dreijährigen Ambrosianischen Republik erhielt die Stadt 1450 einen neuen Herzog, *Condottiere* Francesco Sforza, Sohn von Muzio Attendolo, genannt »Sforza«. Die 50-jährige Herrschaft der Familie Sforza war die glücklichste und glänzendste Zeit, die Mailand je hatte. Kunst und Handel blühten auf, vor allem unter Lodovico il Moro. Doch seine skrupellose Außenpolitik führte zum Sturz des Herzogtums – und zum Ende der Unabhängigkeit Mailands.

Muzio Attendolo
Graf von Cotignola
† 1424

FRANCESCO I
Außerehelicher Sohn Lucia Terzanis,
heiratete Bianca Maria Visconti
Herzog von Mailand ab 1450
† 1466

GALEAZZO MARIA
Herzog von Mailand ab 1466
† 1476

LODOVICO genannt IL MORO
Herzog von Mailand ab 1494
† 1508

Ascanio
wurde 1484 Kardinal
† 1505

GIAN GALEAZZO MARIA
Herzog von Mailand ab 1476
† 1494

Bianca Maria
Ehefrau Kaiser Maximilians
von Habsburg
† 1510

Lodovico il Moro

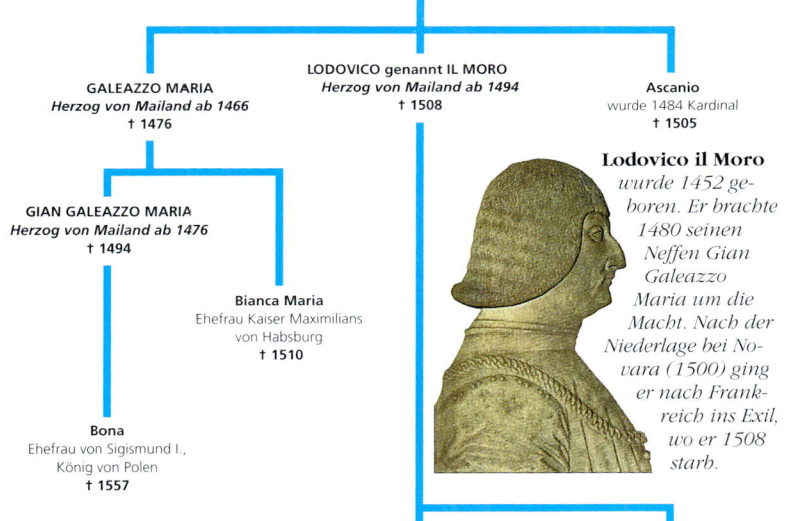

wurde 1452 geboren. Er brachte 1480 seinen Neffen Gian Galeazzo Maria um die Macht. Nach der Niederlage bei Novara (1500) ging er nach Frankreich ins Exil, wo er 1508 starb.

Bona
Ehefrau von Sigismund I.,
König von Polen
† 1557

ERCOLE MASSIMILIANO
Herzog von Mailand (1512–15)
† 1530

FRANCESCO II
*Herzog von Mailand
(1521–24; 1525; 1529–35)* † 1535

Das Castello Sforzesco ist eines der Symbole der Signorie-Epoche in Mailand.

SPUREN DER VISCONTI UND DER SFORZA

Das Mailand der Visconti ist im Wesentlichen gotisch. Die unter den Visconti begonnenen oder vollendeten Bauwerke sind der Duomo *(siehe S. 46–49)*, San Gottardo *(siehe S. 54)* und San Marco (das jedoch radikal umgestaltet wurde; *siehe S. 112*). Unter den Sforza wandelte sich die Gotik zur Renaissance-Architektur, sichtbar an San Pietro in Gessate *(siehe S. 99)* und vor allem an Santa Maria delle Grazie, in der Leonardo da Vinci sein *Letztes Abendmahl* schuf *(siehe S. 71–73)*. Das Ospedale Maggiore, auch Ca' Granda *(siehe S. 97)* genannt, wurde von Filarete für Francesco Sforza gebaut. Das Castello Sforzesco *(siehe S. 64–67)* entstand zwar ursprünglich im Auftrag der Visconti, die Festung wurde aber unter den Sforza erweitert und verschönert, daher der Name.

FRANKREICH UND SPANIEN

Die Renaissance ging im 16. Jahrhundert zu Ende. Ihr folgte eine lange Periode des Niedergangs, denn Mailand war vom Verlust der politischen und militärischen Stärke der italienischen Staaten schwer betroffen. Sie waren zu Schlachtfeldern anderer europäischer Mächte geworden. Mailand wurde wegen seines Reichtums und seiner strategischen Lage oft zum Ziel von Angriffen. Die Anwesenheit ausländischer Truppen war im 16. Jahrhundert so alltäglich, dass sie Anlass zu einem sarkastischen Sprichwort bot: »*Franza o Spagna purché se magna*« (Egal, ob Frankreich oder Spanien, solange man zu essen hat).

Als Francesco Sforza 1535 starb, ernannte Kaiser Karl V. einen Gouverneur für Mailand. Damit wurde das Stadtgebiet offiziell

Karl V. auf einem Bildnis Tizians (1532/33)

eine spanische Provinz. Dennoch gedieh Mailand weiter, die Einwohnerzahl stieg auf 130 000 an. Auch dehnte sich die Stadt kontinuierlich aus: 1548–60 wurden neue Stadtmauern errichtet (die sogenannten Spanischen Mauern), deren Verlauf in etwa dem heutigen inneren Straßenring entspricht. Der Bau der Mauern war die bedeutendste öffentliche Arbeit unter spanischer Herrschaft. Heute stehen davon nur noch die Bogen der Porta Romana, allerdings nicht an der ursprünglichen Stelle. Viele Barockgebäude, etwa der Palazzo Durini und die Palazzi am Corso di Porta Romana, wurden ebenfalls in jener Zeit errichtet.

Zu den führenden Persönlichkeiten im spanischen Mailand zählte San Carlo Borromeo (1538–1584), Kardinal und Erzbischof der Stadt. Er war ein Kunstmäzen und Wohltäter, der viele Kirchen wieder aufbauen ließ und während der Gegenreformation eine führende Rolle spielte. Sein Neffe Federico (1564–1631) wurde ebenfalls Erzbischof von Mailand. Manzonis Roman *I Promessi Sposi (Die Verlobten)* setzt dem Erzbischof ein Denkmal.

Der wirtschaftliche und soziale Niedergang Mailands erreichte seinen Tiefpunkt mit der Pest von 1630. Durch sie wurde die Bevölkerung der Stadt auf 60 000 Einwohner dezimiert.

Titelseite der seltenen Ausgabe von Manzonis Roman (1827)

ALESSANDRO MANZONIS »DIE VERLOBTEN«

Die Verlobten (I Promessi Sposi), einer der bedeutendsten Romane der italienischen Literatur und ein Meisterwerk der europäischen Epik des 19. Jahrhunderts, ist auch ein glänzendes Porträt Mailands unter spanischer Herrschaft im 17. Jahrhundert. Manzoni schrieb den Roman mehrmals um und publizierte drei verschiedene Fassungen (1820 als *Fermo e Lucia*, 1827 und 1840). Der Roman spielt in den Jahren 1628 bis 1631 und beschreibt verschiedene Phasen des Lebens in Mailand. Kapitel 12 schildert die Brotrevolte (am Corso Vittorio Emanuele erinnert eine Tafel daran). Ab Kapitel 31 besitzt der Roman düstere Szenen der durch die Pest von 1630 verwaisten Stadt.

ZEITSKALA

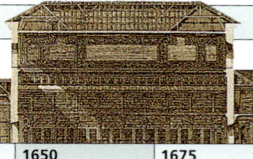

1548 Bau der Spanischen Stadtmauern beginnt

1576/77 Die sogenannte San-Carlo-Pest wütet

1609 Gründung der Biblioteca Ambrosiana

Ursprünglicher Kern der Biblioteca Ambrosiana

1550	1575	1600	1625	1650	1675

1560 Carlo Borromeo Erzbischof von Mailand

1595 Federico Borromeo Erzbischof von Mailand

San Carlo Borromeo

1631 Tod von Kardinal Federico Borromeo

1629–31 Die »Manzonische« Pest ist in der Stadt; Wiedereröffnung des 1480 von Lodovico il Moro erbauten Lazzaretto (Seuchenhaus)

Französische Truppen an der Stadtmauer

AUFKLÄRUNG IN MAILAND

1706 endete die spanische Herrschaft, als während des Spanischen Erbfolgekriegs österreichische Truppen die Stadt besetzten. Die napoleonische Periode und den Aufstand der Fünf Tage *(siehe S. 24f)* ausgenommen, gehörte Mailand bis 1859 zu Österreich-Ungarn. Das 18. Jahrhundert war von wirtschaftlichem und kulturellem Wiederaufbau gekennzeichnet. Während der Regierungszeit Maria Theresias (1740–80) wurde Mailand eines der Zentren der Aufklärung. Von Juni 1764 bis Mai 1766 publizierten Mailänder Intellektuelle, darunter Cesare Beccaria und die Gebrüder Verri, die

Abbé Longo, Alessandro Verri, Giovanni Battista Biffi und Cesare Beccaria, die Gründer von *Il Caffè*

Zeitschrift *Il Caffè*, die die Ideen der französischen »Enzyklopädisten« vertrat und das kulturelle Leben Italiens beeinflusste. Führender Architekt jener Zeit war Giuseppe Piermarini, der das Teatro alla Scala *(siehe S. 52f)* erbaute, den Palazzo Reale im klassizistischen Stil wiedererrichtete, die Erneuerung der Altstadt plante und die Gärten am Corso Venezia anlegte.

Das kulturelle Leben blühte auch noch weiter, als die Österreicher 1796 vor Napoléon fliehen mussten. Als Hauptstadt der kurzlebigen Cisalpinen Republik war Mailand Schauplatz der Krönung Napoléons im Dom (1804) und erhielt verschiedene Bauten, u. a. den Foro Bonaparte, die Arena und den Arco della Pace.

Kaiserin Maria Theresia

Nach Napoléons Niederlage gab der Wiener Kongress Mailand an die Habsburger zurück, deren Regierungsstil jedoch nicht mehr dem von Maria Theresia glich. Es folgten viele erfolglose Aufstände. Mailand wurde zu einem Brennpunkt des Kampfs um die italienische Unabhängigkeit – ausgetragen vor allem in der Zeitschrift *Il Conciliatore*. Allerdings wurden die Artikel zensiert, die führenden Köpfe der Zeitschrift (Pellico, Confalonieri und Maroncelli) kamen in Haft. Doch die Unabhängigkeitsbewegung erstarkte. Sie wurde auch durch die Opern Verdis getragen und erreichte im Aufstand der Fünf Tage ihren Höhepunkt, als es den Mailändern – kurzzeitig – gelang, die österreichischen Truppen aus der Stadt zu vertreiben.

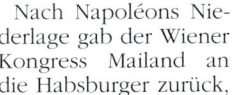

Aufstand der Fünf Tage

Die italienische Fahne 1848

Dem historischen Ereignis von 1848 ging drei Tage lang ein »Raucherstreik« voraus, bei dem sich die Mailänder aus Protest gegen die österreichische Steuer weigerten, Tabak zu kaufen. Die eigentlichen Cinque giornate di Milano begannen am 18. März 1848. Bei einer Demonstration kam es zu Zusammenstößen, die sich zwei Tage lang fortsetzten. Die von Feldmarschall Radetzky angeführten Österreicher wurden im Castello Sforzesco belagert. Nach Bildung eines Kriegsrats und einer provisorischen Regierung am 22. März wurden die kaiserlichen Truppen aus Mailand vertrieben.

**Carlo Cattaneo
(1801–1869)**
Cattaneo, einer der Anführer des Aufstands, ging später ins Schweizer Exil.

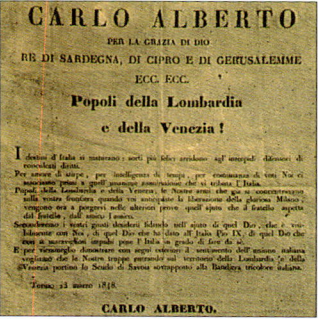

Carlo Albertos Proklamation
Mit dieser Erklärung setzte sich Carlo Alberto, König von Sardinien, an die Spitze der Revolte. Doch er ließ die Chance eines Angriffs auf die Österreicher verstreichen und musste im August 1848 Mailand an den Österreicher Radetzky abtreten.

Hinter den Barrikaden demonstrierten Mailänder aller sozialen Schichten ihre Einigkeit im Kampf um die Unabhängigkeit.

Österreichische Armee
Feldmarschall Radetzky befehligte etwa 74 000 Mann (ca. ein Drittel davon Italiener), die sich auf zwei Armeekorps verteilten. Das erste und größere der Korps war in Mailand stationiert.

PORTA TOSA
Das Gemälde von Carlo Canella, jetzt im Museo di Milano, stellt die *Schlacht an der Porta Tosa* dar, bei der die Mailänder den österreichischen Truppen am 22. März 1848 den entscheidenden Schlag versetzten. Danach wurde das im Osten der Stadt stehende Tor in Porta Vittoria (Siegestor) umbenannt.

Pasquale Sottocorno
Trotz seiner Behinderung gelang es dem 26-jährigen Schuhmacher, das Pioniergebäude in Brand zu setzen, in dem die feindlichen Truppen kaserniert waren, und das Hospital San Marco zu erobern, eine weitere Festung der Österreicher.

ABITANTI DELLA LOMBARDIA!

Alla testa del prode e vittorioso mio esercito sono entrato sul vostro suolo come il liberator vostro da una dominazione rivoluzionaria e tirannica. Molti di voi, sedotti da perfide suggestioni, hanno dimenticato i sacri doveri verso il legittimo loro Sovrano. Tornate devoti sotto lo scettro benigno del nostro Imperatore e Re. Io vi offro la mano a sincera conciliazione.

Abitanti in Lombardia, ascoltate il benevolo mio consiglio. Confidenti accogliete le brave mie Truppe. Esse guarentiranno al cittadino pacifico ogni maggior sicurezza della persona e della proprietà, ma contro chi si ostinasse nel cieco delirio della ribellione procederanno irremissibilmente con tutta la severità della legge marziale.

A voi sta la scelta; a me l'impegno di esattamente adempire la mia parola.

Dal Quartier-Generale di Valleggio 27 Luglio 1848.

RADETZKY

Die Österreicher, zum Rückzug gezwungen

Rückkehr der Österreicher
Nach seinem Sieg über König Carlo Alberto bei Custoza (25. Juli) kehrte Radetzky in die Lombardei zurück, wie auf dieser Proklamation vom 27. Juli angekündigt. Mailand nahm er am 6. August wieder ein.

Über 1600 Barrikaden wurden während des Aufstands in der ganzen Stadt errichtet.

Die Witwe des Soldaten
Der italienische Unabhängigkeitskampf war eng mit romantischen Ideen verknüpft, wie man an Werken der Zeit sehen kann, etwa an dieser Skulptur von Giovanni Pandiani von 1851.

ZEITSKALA

Radetzky

18. März 1848	19. März	20. März	21. März	22. März
	Der Aufstand breitet sich über die ganze Stadt aus; überall werden Barrikaden errichtet		Radetzky schlägt einen Waffenstillstand vor, der zurückgewiesen wird	
Im Stadtteil Monforte kommt es zu Demonstrationen für Pressefreiheit und zur Bildung einer Bürgerwehr; Radetzkys Soldaten werden im Castello Sforzesco belagert		Bildung des Kriegsrats und der provisorischen Regierung		Die kaiserlichen Truppen unterliegen in der Schlacht an der Porta Tosa (Porta Vittoria) und ziehen ab

Helm der Guardia Nobile

MAILAND NACH ITALIENS EINIGUNG

1861 hatte Mailand 240 000 Einwohner – die Stadt war unter den Österreichern stark gewachsen. Doch die eigentliche Bevölkerungsexplosion stand noch bevor. Zwar machte man Mailand nach der Einigung Italiens (1861) nicht zur Hauptstadt, doch die Stadt wurde das wirtschaftliche und kulturelle Zentrum des Landes. Die von den Österreichern geschaffene Infrastruktur war eine gute Basis, auf der sich Mailand bis zu den 1920er Jahren zur Industriemetropole entwickeln konnte. Die Wirtschaft erlebte eine Blüte. Die Stadt nahm an Größe zu, die Bevölkerung explodierte: 1923 hatte Mailand 1 850 000 Einwohner. Der *Corriere della Sera*, die führende italienische Tageszeitung, wurde gegründet.

Ein Plakat des Corriere della Sera

Das schnelle Wachstum der Stadt hatte soziale Folgen: Die ersten Gewerkschaftszentren wurden gegründet, sozialistische Gruppierungen bekamen mehr Einfluss. Immer öfter kam es zu Streiks und Demonstrationen. 1898 brachen die Spannungen auf, als die Proteste gegen die hohen Lebenshaltungskosten auf Befehl von General Bava Beccaris mit Kanonenschüssen niedergeschlagen wurden.

Von General Bava Beccaris niedergeschlagene Demonstration (1898)

Anfang des 20. Jahrhunderts entstand in Mailand eine wichtige Avantgarde-Bewegung (die zweite in der Stadt nach der literarischen Scapigliatura-Bewegung in der zweiten Hälfte des 19. Jahrhunderts): der Futurismus, begründet von Filippo Tommaso Marinetti (eine Tafel am Corso Venezia erinnert daran). Die Futuristen waren nicht nur künstlerisch bedeutsam, auch ihre Ideen und Aktionen passten ins kulturelle Klima der Zeit, die von der Befürwortung des Eintritts in den Ersten Weltkrieg und später vom Aufkommen des Faschismus geprägt war.

In der Tat hatten der Faschismus und Mussolini sehr enge Beziehungen zu Mailand. Die eigentliche Keimzelle der Bewegung wurde 1919 in Mailand gegründet. 1943, nach dem Sturz des Regimes und der Bildung der Marionettenregierung der Repubblica Sociale, war Mailand – durch Bomben schwer zerstört – die letzte große Stadt Italiens, die in der Hand einiger Faschisten und Deutscher blieb. Am 26. April 1945 ging die Geschichte Mussolinis und des italienischen Faschismus in Mailand zu Ende: Die Leichen des Duce, seiner Geliebten Claretta Petacci und einiger Parteifunktionäre wurden auf dem Piazzale Loreto ausgestellt, an derselben Stelle, an der ein paar Wochen zuvor einige Partisanen exekutiert worden waren.

Mailand nach den Bombardierungen 1943

ZEITSKALA

1866/67 Mengoni erbaut die Galleria Vittorio Emanuele II

1876 Gründung des *Corriere della Sera*

1900 Umberto I von Gaetano Bresci ermordet

1919 Treffen der Faschisten auf der Piazza San Sepolcro

1943 Die Stadt wird heftig bombardiert

1860	1870	1880	1890	1900	1910	1920	1930	19

1872 Gründung von Pirelli

1873 Tod Alessandro Manzonis

1898 Aufstand durch Bava Beccaris

1906 Falck-Gründung

1920 Erste Fiera di Milano

1946 Toscanini dirigiert Eröffnungskonzert in der restaurierten S...

1901 Verdi stirbt im Grand Hotel et de Milan

Messeplakat

NACHKRIEGSZEIT

Am 11. Mai 1946 dirigierte Arturo Toscanini ein Konzert zur Feier der Wiedereröffnung der Scala, die im Krieg zerbombt worden war. Dieses Ereignis verdeutlicht den Wunsch nach Wiederherstellung und Wiederaufbau, der Mailand in der Nachkriegszeit kennzeichnete. Als Angelpunkt des Industriedreiecks Mailand–Turin–Genua war die Stadt wieder auf fast 1,8 Millionen Einwohner angewachsen. Eine Zeit des Wachstums begann, die nur durch die Studentenproteste von 1968 gestört wurde. Am 12. Dezember 1969 explodierte eine Bombe in einer Bank an der Piazza Fontana – der Beginn der langen, blutigen Zeit des Terrorismus.

Das letzte wichtige Ereignis in der Stadtgeschichte waren die Antikorruptionsermittlungen von 1992. Die vom Staatsanwalt Antonio di Pietro ins Leben gerufene Aktion »Mani pulite« (»Saubere Hände«) zwang viele korrupte Politiker der verkrusteten Regierungsparteien zum Rücktritt.

Logo des Teatro alla Scala

MAILAND HEUTE

Seit den 1980er Jahren hat die Produktivität, Fantasie und Dynamik seiner Bewohner Mailand zu einem der Weltmarktführer auf den Gebieten Mode, Design und Medien gemacht.

Doch nicht nur darin ist die Industriemetropole führend. Im Großraum Mailand (»Grande Milano«) leben heute rund sieben Millionen Menschen, was auch zu Problemen führt: Der Bevölkerungsrückgang auf 1,3 Millionen im Stadtzentrum zeigt die wachsende Unzufriedenheit mit dem urbanen Leben. Auf die rasche Zunahme der Berufspendler wurde nicht mit dem entsprechend schnellen Ausbau des öffentlichen Nahverkehrs reagiert, weshalb Mailand oft im Autoverkehr erstickt. Obgleich Mailand wohl die multikulturellste Stadt Italiens ist, verursacht die illegale Zuwanderung ihre eigenen Probleme. Dennoch ist Mailand in jeder Hinsicht eine zukunftsorientierte Stadt – sowohl wirtschaftlich wie auch kulturell führend in Italien.

MAILANDS STADTENTWICKLUNG

Die Karte zeigt das Wachstum Mailands von der römischen Stadt zur gegenwärtigen Metropole.

LEGENDE

- Römische Stadt
- Mittelalterliche Stadt
- Bis zum 18. Jahrhundert
- Bis zum 19. Jahrhundert
- Frühes 20. Jahrhundert
- Mailand heute

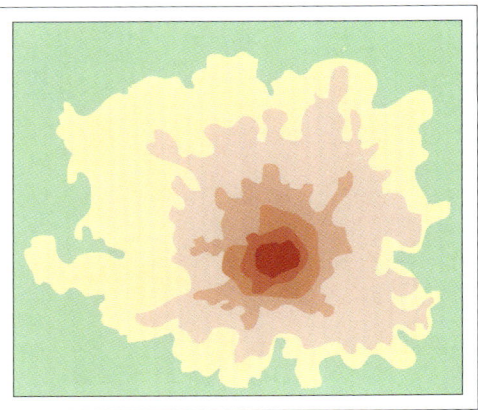

1950 Schaffung von Metanopoli, Satellitenstadt von San Donato Milanese

Pirelli-Hochhaus

1973 Telemilano (später Canale 5) – erster privater TV-Sender Italiens

1992 Beginn des politischen Korruptionsskandals

2004 Wiedereröffnung des Teatro alla Scala nach der Restaurierung

1950	1960	1970	1980	1990	2000	2010	2020

1955–60 Errichtung des Pirelli-Hochhauses

1973 Bombe in der Via Fatebenefratelli

1997 Dario Fo, Schauspieler und Dramatiker, erhält den Nobelpreis für Literatur

2000 An der Piazzale Cadorna wird Claes Oldenburgs Skulptur *Ago, filo e nodo* enthüllt

2015 EXPO 2015 in Mailand

1969 Bombe auf der Piazza Fontana

MAILAND IM ÜBERBLICK

Eines der vielen Klischees über Mailand besagt, dass es eine praktische, fleißige, ja langweilige Stadt sei, ganz der Arbeit und dem Profit hingegeben. In Wahrheit ist die Stadt, außer dass sie finanziell und in ihrer Produktivität eine der führenden Metropolen Europas ist, auch reich an Geschichte und Kultur, Architektur und Kunst. Die Altstadt hat keinen vorherrschenden Baustil, die Gebäude sind vielgestaltiger als in jedem anderen italienischen Stadtzentrum. Die Museen und Sammlungen gehören zu den erlesensten in Norditalien. Viele Protagonisten in Kunst, Design, Kultur und Politik Italiens wurden entweder in Mailand geboren oder kamen hier zum Erfolg. Die folgenden Seiten bieten Kurzbeschreibungen interessanter Aspekte der Stadt. Unten finden Sie die interessantesten Sehenswürdigkeiten, die Sie keinesfalls versäumen sollten.

ZEHN HIGHLIGHTS VON MAILAND

Teatro alla Scala
Siehe S. 52f

Pinacoteca Ambrosiana
Siehe S. 56–59

Ca' Granda
Siehe S. 97

Sant'Ambrogio
Siehe S. 84–87

San Lorenzo alle Colonne
Siehe S. 80f

Abbazia di Chiaravalle
Siehe S. 102f

Duomo
Siehe S. 46–49

Castello Sforzesco
Siehe S. 64–67

Pinacoteca di Brera
Siehe S. 114–117

Leonardo da Vinci: *Das letzte Abendmahl*
Siehe S. 72f

◁ Statuen an der Fassade des Duomo *(siehe S.46–49)*

Highlights: Berühmte Mailänder

Viele führende Persönlichkeiten des italienischen Kulturlebens, seien es Intellektuelle, Journalisten, Politiker, Komponisten oder Schriftsteller, haben irgendeine Verbindung zu Mailand. Der Romancier Alessandro Manzoni wurde hier geboren, viele andere verschlug es in der Hoffnung auf ihr Glück (ein illustres Beispiel ist Giuseppe Verdi) oder auf Arbeit hierher. Eines der verbreitetsten und vielleicht zutreffendsten Urteile über Mailand ist, dass es eine offene, gastfreundliche Stadt ist, die Fremde und Ausländer aufrichtig, wenn auch etwas barsch, willkommen heißt.

Carlo Emilio Gadda (1893–1973)
Der gebürtige Mailänder Gadda war einer der großen Schriftsteller des 20. Jahrhunderts. Sein Hauptwerk L'Adalgisa *schildert das Leben von Durchschnittsbürgern der Stadt. Am Ende säubert der Held Gräber auf dem Cimitero Monumentale.*

Giorgio Strehler (1921–1997)
1947 gründete der große, in Triest geborene Regisseur mit Paolo Grassi das Piccolo Teatro della Città di Milano, das erste ständige Theater in Italien.

NORDWESTEN
Seiten 60–75

Leonardo da Vinci (1452–1519)
Lodovico il Moro holte Leonardo 1482 nach Mailand, wo er fast 20 Jahre lang blieb. Er hinterließ viele Werke, darunter den Codex Atlanticus, *jetzt in der Biblioteca Ambrosiana, und* Das Letzte Abendmahl *in der Kirche Santa Maria delle Grazie (siehe S. 72 f).*

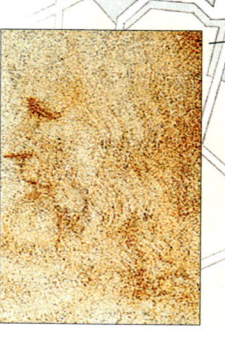

SÜDWESTEN
Seiten 76–91

0 Meter   700

Benito Mussolini (1883–1945)
1919 gründete Mussolini in Mailand auf der Piazza San Sepolcro die Fasci Nazionali di Combattimento, *die Keimzelle der späteren faschistischen Bewegung. Am 16. Dezember 1944 hielt Mussolini seine letzte Rede im Teatro Lirico in Mailand. Einige Monate darauf, am 26. April 1945, wurde sein Leichnam mit dem Kopf nach unten auf dem Piazzale Loreto aufgehängt.*

Giuseppe Verdi (1813–1901)

Verdi wurde in Le Roncole bei Parma geboren und kam sehr jung nach Mailand. Erst seine dritte Oper, Nabucco *(1842), brachte ihm den verdienten Ruhm. Er starb im Grand Hotel et de Milan, in dem er gelebt hatte.*

Alessandro Manzoni (1785–1873)

Manzoni schrieb neben Dramen und Lyrik den Roman I Promessi Sposi (Die Verlobten), *der als bedeutendster italienischer Roman gilt. Sein Haus an der Piazza Belgioioso (siehe S. 51) ist für Besucher geöffnet.*

Cesare Beccaria (1738–1794)

Beccaria, ein führender Kopf der Aufklärung in Mailand, schrieb deren repräsentatives Werk Von den Verbrechen und Strafen. *Auf dem nach ihm benannten Platz steht auch sein Denkmal.*

NORDOSTEN
Seiten 104–123

TSTADT
Seiten 42–59

SÜDOSTEN
Seiten 92–103

Brüder Verri

Pietro (1728–1797) und Alessandro (1741–1816) Verri trafen sich mit anderen bekannten Vertretern der Aufklärung im Caffè Greco gegenüber dem Duomo, wo sie die einflussreiche Zeitschrift Il Caffè *gründeten.*

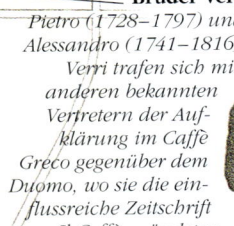

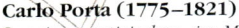

Carlo Porta (1775–1821)

In seinen satirischen, im Mailänder Dialekt verfassten Gedichten lieferte der Autor ein lebhaftes Bild der Gesellschaft seiner Zeit. Ein Denkmal für ihn steht auf der Piazza Santo Stefano, dem Schauplatz eines seiner bekanntesten Werke: Ninetta del Verzee.

Highlights: Kirchen und Basiliken

Die Kirchen Mailands zeigen meist zwei Baustile: die lombardische Romanik, die auch sonst in der Region zu finden ist, und den mailändischen Manierismus der Gegenreformation unter den Borromeos. Einzige Ausnahme ist der grandiose Dom, ein Musterbeispiel lombardischer Gotik. Dass relativ wenig ältere Kirchen zu sehen sind, liegt an den vielen zerstörerischen Einfällen, vor allem aber daran, dass die Stadt knapp über dem Grundwasserspiegel liegt und alte Bauten abgerissen werden mussten, um Platz für neue zu schaffen.

Santa Maria delle Grazie
Die Kirche beherbergt nicht nur Leonardos Letztes Abendmahl, sie ist auch ein wundervolles Werk der Renaissance-Architektur von Solari und Bramante (siehe S. 71–73).

Basilika Sant'Ambrogio
Die berühmte Kirche des hl. Ambrosius hat eine lange Baugeschichte, die schon im Jahr 379 begann. Besonders erwähnenswert ist die Restaurierung nach der Bombardierung im Zweiten Weltkrieg (siehe S. 84–87).

NORDWESTEN
Seiten 60–75

SÜDWEST
Seiten 76–

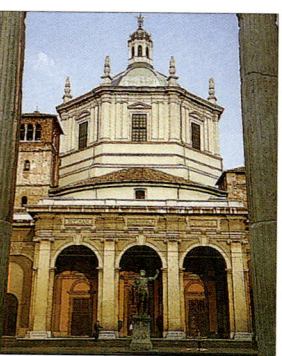

San Lorenzo alle Colonne
Die Basilika aus dem späten 4. Jahrhundert enthält noch einige originale Elemente, etwa die Säulen, die den Hof umgeben (siehe S. 80f).

Basilika Sant'Eustorgio
Sie stammt aus dem 9. Jahrhundert und enthält einige Adelskapellen, darunter die Cappella Portinari, ein großartiges Beispiel der Renaissance-Architektur in Mailand (siehe S. 90).

San Marco

Die Grundstruktur ist romanisch (13. Jh.), die neogotische Fassade wurde 1871 errichtet. Die drei Statuen stellen den hl. Markus zwischen dem hl. Ambrosius und dem hl. Augustinus dar, Werke der Campi-Schule (siehe S. 112).

San Fedele

Der Bau der Kirche, ein typisches Beispiel für die Architektur der Gegenreformation, begann im Jahr 1569. Pellegrinis Entwurf wurde von Bassi, der die Fassade des Bauwerks gestaltete, und von Richini vollendet (siehe S. 50).

NORDOSTEN
Seiten 104–123

ALT STADT
Seiten 42–59

SÜDOSTEN
Seiten 92–103

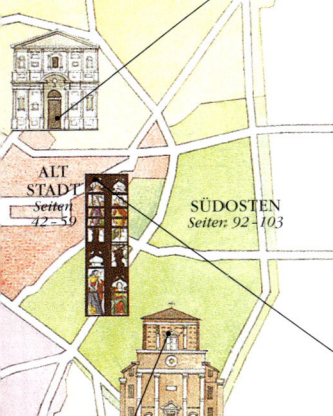

Duomo

Der Mailänder Dom ist die drittgrößte Kirche der Welt. Der Bau wurde 1386 von den Visconti begonnen und – über vier Jahrhunderte später – unter Napoléon 1805 vollendet (siehe S. 46–49).

0 Meter 700

Basilika San Nazaro Maggiore

Die vom hl. Ambrosius Ende des 4. Jahrhunderts errichtete Basilika wurde öfter umgestaltet, doch neueste Restaurierungen haben ihre alte herbe Schönheit wiederhergestellt. Besonders interessant ist die Cappella Trivulzio (siehe S. 96).

Highlights: Museen und Sammlungen

Uhr (17. Jh.), Museo Nazionale della Scienza e della Tecnica

Die Museen und Sammlungen mit ihren kostbaren Kunstwerken spiegeln die Geschichte der Stadt wider. Die Pinacoteca di Brera wurde in der Hochzeit der Aufklärung gegründet. Die Ambrosiana ist Resultat der Förderung von sakraler Kunst durch die Familie Borromeo. Die Sammlungen im Castello Sforzesco stammen aus der Zeit der *Signorie*, während die Galleria d'Arte Moderna und das Museo dell'Ottocento dem bürgerlichen Engagement für die Künste entstammen. Die Museen Bagatti Valsecchi und Poldi Pezzoli, beide Privatsammlungen, sind typische Manifestationen der Mailänder Liebe zur Kunst.

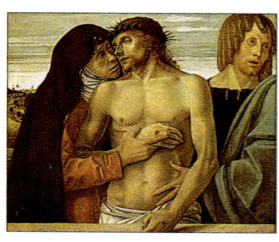

Pinacoteca di Brera
Die Pinakothek ist eine der größten Gemäldesammlungen Norditaliens mit Werken vom 14. bis zum 19. Jahrhundert. Abgebildet ist Bellinis Pietà (siehe S. 114–117).

Musei del Castello
Die Museen im Castello Sforzesco enthalten Skulpturen, Möbel und Kunsthandwerk. Auch eine Gemäldegalerie gehört dazu, die Werke großer Künstler zeigt, etwa die Madonna mit Kind und dem hl. Johannes von Correggio (siehe S. 64–67).

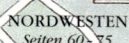

NORDWESTEN
Seiten 60–75

Museo Nazionale della Scienza e della Tecnica
Das Wissenschafts- und Technikmuseum zeigt Holzmodelle von Leonardos Erfindungen. Eine Abteilung enthält Uhren, Computer sowie Kommunikations- und Transportmittel (siehe S. 88).

SÜDWESTEN
Seiten 76–91

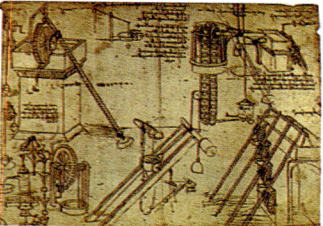

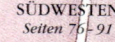

Pinacoteca Ambrosiana
Die Gemäldegalerie wurde von Kardinal Federico Borromeo im 17. Jahrhundert gegründet, um den Studenten an der Kunstakademie Vorbilder zu liefern. Die Sammlungen enthalten u. a. Werke von Caravaggio und Raffael (siehe S. 56–59). Die Biblioteca Ambrosiana birgt den kostbaren Codex Atlanticus von Leonardo da Vinci.

Museo dell'Ottocento

Die Villa Belgiojoso (siehe S. 121) beherbergt Sammlungen italienischer Kunst des 19. Jahrhunderts, zudem das Museo Marini, die Sammlungen Vismara und Grassi sowie die Galleria d'Arte Moderna. Rechts abgebildet ist Matilda Juva Branca (1851) von Francesco Hayez.

Museo Poldi Pezzoli

In der edlen Residenz mit Museum ist – neben vielen Werken italienischer Meister – das Bildnis Martin Luthers von Lucas Cranach d. Ä. zu sehen (siehe S. 108).

NORDOSTEN
Seiten 104-123

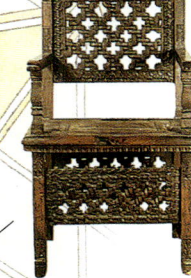

Museo Bagatti Valsecchi

Das grandiose Beispiel einer Privatresidenz (19. Jh.) enthält Kunsthandwerk, Möbel, Waffen, Elfenbeinarbeiten, Gemälde und Keramiken aus dem 16. Jahrhundert (siehe S. 109).

Museo Teatrale alla Scala

Das Museo Teatrale wurde 1913 gegründet und erzählt die Geschichte des Opernhauses. Es besitzt eine reichhaltige Sammlung von Musikinstrumenten, Porträts und Dokumenten über die größten Musiker – von Giuseppe Verdi bis Arturo Toscanini (siehe S. 52).

ALTSTADT
Seiten 42-59

SÜDOSTEN
Seiten 92-103

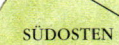

Palazzo Reale

Das Museo della Reggia im früheren Königspalast präsentiert das großartige Innere des Bauwerks. Besucher werden durch die vier historischen Phasen des Palazzo geführt. Das Museum präsentiert auch Kunstausstellungen (siehe S. 54).

0 Meter   700

DAS JAHR IN MAILAND

Mailand bietet in den verschiedenen Jahreszeiten unterschiedliche Veranstaltungen und Attraktionen, traditionelle wie kommerzielle. Die Mailänder hängen sehr an traditionellen religiösen Festen wie dem Carnevale Ambrosiano (Mailänder Karneval) oder den Feierlichkeiten um den 7. Dezember, der Festa di Sant'Ambrosio, des Schutzheiligen der Stadt. Am selben Tag beginnt auch die Spielzeit der Scala, des weltberühmten Opernhauses. Solche typischen Festanlässe wechseln mit anderen, die dem Bild einer modernen Industriestadt eher entsprechen. Dazu zählt die Modewoche, eine der weltbesten Modenschauen, die jährlich zweimal abgehalten wird, und SMAU, eine wichtige internationale Multimedia-und Kommunikationstechnik-Messe.

Privater Hof in Mailand, der im Frühling jedem zugänglich ist

FRÜHLING

Nach dem langen Mailänder Winter begrüßt die Stadt das Frühjahr mit einem Seufzer der Erleichterung. Die angenehmen Frühlingswinde säubern die Luft vom notorischen Smog, alles scheint andere Farben anzunehmen. Wenn man an sehr klaren Tagen nach Norden blickt, sieht man die noch immer schneebedeckten Alpengipfel – eine der schönsten Ansichten, die die Stadt bietet.

Gegen Frühlingsende kann das klare Wetter in Schauer und auch heftige Stürme übergehen, die in kürzester Zeit losbrechen und im Stadtverkehr ernste Probleme bereiten können. Auch die Aktivitäten an den Seen beginnen jetzt wieder: Bootsfahrten sind möglich, der Aufenthalt am Wasser wird wieder zur großen Wochenendattraktion der Mailänder.

MÄRZ

MODIT-Milanovendemoda *(Monatsanfang)*. Die Herbst-Winter-Kollektionen der führenden internationalen und nationalen Modedesigner werden gezeigt.
Milano–San Remo *(3. Sa)*. Das renommierte internationale Radrennen startet im Zentrum von Mailand.
Oggi Aperto *(3. Wochenende)*. Sonst geschlossene Denkmäler und historische Bauten sind geöffnet.
BIT. Die Fiera, das Mailänder Ausstellungszentrum, ist Gastgeber einer internationalen Tourismusmesse.

APRIL

Fiera dei Fiori *(Mo nach Ostern)*. Die Schau in der Via Moscova und Umgebung, nahe dem Franziskanerkloster Sant'Angelo, gilt vor allem der Blumenzucht.
Bagutta-Pittori all'Aria Aperta *(3. Woche)*. Die berühmte Via Bagutta ist Schauplatz einer faszinierenden Kunstausstellung im Freien.
Stramilano *(Mitte Apr)*. Am berühmten Marathon können Profis und Amateure teilnehmen, was jedes Jahr durchschnittlich 50 000 Läufer tun.

MAI

Milano Cortili Aperti. Private Innenhöfe der Stadt stehen jedem offen.
Pittori sul Naviglio. Kunstschau im Freien am Kanal Alzaia Naviglio Grande *(siehe S.89)*.
Estate all'Idroscalo. Nahe dem Flughafen Linate eröffnet der Mailänder Wasserflughafen seine Sommersaison mit Sport, Wasservergnügungen und Konzerten.
Sagra del Carroccio. Feier in Legnano, 30 Kilometer von Mailand entfernt, im Gedenken an die Schlacht von 1176, in der die Lombardische Bund Friedrich Barbarossa schlug: Es gibt Paraden in historischen Kostümen und ein Volksfest.

Die Modewoche im März

Das Rennen Mailand–San Remo im März zur Eröffnung der Fahrradsaison

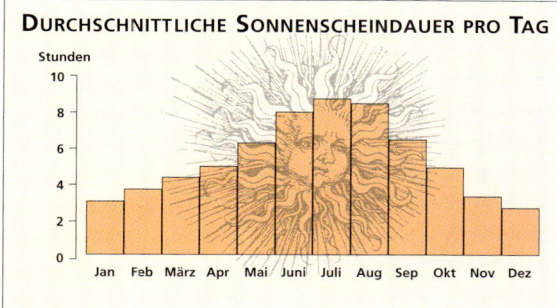

DURCHSCHNITTLICHE SONNENSCHEINDAUER PRO TAG

Stunden
10
8
6
4
2
0

Jan Feb März Apr Mai Juni Juli Aug Sep Okt Nov Dez

Sonnenschein

*Die tägliche Sonnen-
scheindauer in Mailand
liegt im mediterranen
Durchschnitt. Im Herbst
und Winter kann es sehr
neblig sein, was für das
Klima der Po-Ebene ty-
pisch ist, durch Umwelt-
verschmutzung aller-
dings noch verstärkt
wird. Die von Bergen
umgebenen Seen sind
morgens und abends
recht schattig.*

Der Parco Sempione, ein beliebter
Ort für Sommervergnügungen

SOMMER

Der Juni ist einer der an-
genehmsten Monate für
einen Mailand-Besuch, weil
das Klima mild und das Programm der Kultur- und Sport-
veranstaltungen reichhaltig
ist. Im Juli können die schwü-
le Sommerhitze (das Thermo-
meter kann bis auf 40 °C
klettern) und der gewaltige
Verkehr das Sightseeing allerdings zur Qual machen.

Im August schließen die
meisten Fabriken und Büros
für die Sommerferien, die
leere Stadt ist ein ungewöhn-
licher und in mancher Hinsicht recht erfreulicher Anblick. Die Straßen, die eine
Woche zuvor noch verstopft
waren, sind jetzt ruhig, ja
geradezu erholsam.

Trotz des Exodus der Ein-
wohner gibt es im Sommer
in Mailand Kultur- und Frei-
zeitveranstaltungen. Doch
am turbulentesten ist es jetzt
an den oberitalienischen
Seen, natürlich auch am son-
nigsten. In der Hitze findet
man im Wasser Abkühlung.

JUNI

Festa del Naviglio *(1. So)*.
Das Fest vor der stimmungs-
vollen Kulisse der erleuch-
teten Navigli bietet vielerlei:
Straßentheater und Straßen-
musiker, einen Antiquitäten-
markt, Kunsthandwerk sowie
regionale Küche.
Milano d'Estate *(Juni–Aug)*.
Dies ist der Auftakt zu den
Sommerveranstaltungen in
der Stadt (Konzerte, Ausstel-
lungen, verschiedene kultu-
relle Ereignisse), die im
Parco Sempione stattfinden.
Sagra di San Cristoforo
(3. So). Christophorus, der
Schutzpatron der Reisenden,
wird am Naviglio auf dem
Platz gegenüber der Kirche
gefeiert. Am Abend gleiten
geschmückte Kähne über die
Kanäle.
Estate all'Umanitaria. Ein
Festival der Humanitären
Gesellschaft mit Kino, Tanz,
Musik, Theater – sowie Trick-
filmen und Shows für Kinder.
Fotoshow. Interessante
Video-Foto-Ausstellung in

den Pavillons der Fiera
(Messezentrum).
Orticola. Show und Markt für
Blumen und Gartenmöbel im
Stadtpark an der Porta Venezia *(siehe S. 119)*.
Sagra di San Giovanni. In
Monza, einige Kilometer
nördlich von Mailand, wird
der Tag des Schutzheiligen
mit verschiedenen Sport-
und Kulturveranstaltungen
gefeiert, die zum Teil im
herrlichen Park der Villa
Reale stattfinden.

JULI UND AUGUST

Festival Latino-Americano.
Ein quirliges Festival mit
Musik, Kunsthandwerk und
kulinarischen Spezialitäten
aus Lateinamerika auf dem
Forum di Assago.
Arianteo. An der Rotonda di
Via Besana *(siehe S. 100)*
veranstaltet das Filmtheater
Anteo Open-Air-Kino und
zeigt u. a. alle wichtigen
neuen Filme, die während
des Jahrs in den Mailänder
Kinos gelaufen sind.

Die Festa del Naviglio, Startschuss für die Sommerveranstaltungen

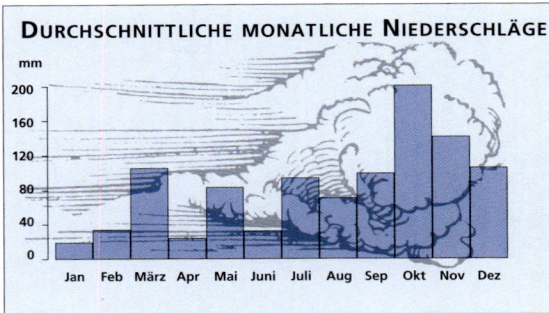

DURCHSCHNITTLICHE MONATLICHE NIEDERSCHLÄGE

mm

200
160
120
80
40
0

Jan Feb März Apr Mai Juni Juli Aug Sep Okt Nov Dez

Niederschläge
Die Regenmenge kann während des Jahrs erheblich variieren. Die nasseste Jahreszeit ist sicherlich der Herbst, in dem es tagelang ohne Unterbrechung regnen kann. Doch auch im späten Frühjahr und im Sommer wird die Regenmenge durch heftige Gewitterniederschläge erhöht.

HERBST

Im September hat man den Eindruck, dass in Mailand das Leben von Neuem beginnt. Im Allgemeinen sind die Mailänder in der letzten Augustwoche aus den Ferien zurück, doch erst im September geht alles wieder seinen normalen Lauf. Was das Wetter angeht, so wechseln sich Nebel und Regen mit klaren Tagen und dem typischen »lombardischen Himmel« ab, den Alessandro Manzoni in den *Verlobten* als »so schön, wenn schönes Wetter ist, so blau, so heiter« beschrieb.

Ein Ferrari in Monza

SEPTEMBER

Erste Fußball-Liga. Am letzten Sonntag im August ist das Eröffnungsspiel der Serie A, Anfang September ist die italienische Fußballsaison wieder voll im Gang. Zwei

führende Mannschaften der Serie A kommen aus Mailand: Inter und AC Milan. Sie sind Erzrivalen, die Lokalmeisterschaft ist ein großes Ereignis.
Panoramica di Venezia *(Anfang Sep).* Mailänder Kinos zeigen Filme vom Filmfestival in Venedig, parallel zu den dortigen Aufführungen.
Gran Premio di Monza. Der Grand Prix d'Italia ist eines der Top-Autorennen – und oft entscheidend für den Ausgang der Meisterschaft in der Formel 1.

OKTOBER

Fiera di Chiaravalle *(1. Mo).* Berühmter Jahrmarkt unter der *ciribiciaccola*, wie die Mailänder den Glockenturm der Zisterzienserabtei Chiaravalle nennen *(siehe S. 102f).* Es gibt Musik, Tanzveranstaltungen und eine Kunstausstellung im Freien.
SMAU *(1. Woche).* Internationale Multimedia-Schau im

Die Fiera, Schauplatz von SMAU und Modenschauen

Messezentrum Fiera: Informationstechnik von Servern bis Virtual Reality.
MODIT-Milanovendemoda *(Anfang des Monats).* Die zweite große Modenschau führender italienischer und internationaler Modedesigner mit den Frühjahr-Sommer-Kollektionen in Showrooms und Fiera-Pavillons.

NOVEMBER

Premio Bagutta. Mailands bedeutendster Literaturpreis wird verliehen.

FEIERTAGE

Capodanno *(1. Jan)*
Epifania *(6. Jan)*
Domenico di Pasqua *und*
  Lunedì dell'Angelo *(Ostern)*
Anniversario della Liberazione
  (25. Apr)
Festa del lavoro *(1. Mai)*
Festa della Repubblica *(2. Juni)*
Ferragosto *(15. Aug)*
Ognissanti *(1. Nov)*
Sant'Ambrogio *(7. Dez)*
Immacolata Concezione *(8. Dez)*
Natale *(25. Dez)*
Santo Stefano *(26. Dez)*

Das Giuseppe-Meazza-Stadion voller Fußballfans am Beginn der Saison

DURCHSCHNITTLICHE MONATLICHE TEMPERATUREN

°C

25
20
15
10
5
0

Jan Feb März Apr Mai Juni Juli Aug Sep Okt Nov Dez

Temperaturen
Mailand liegt nicht am Meer, deshalb gibt es zwischen Sommer und Winter große Temperaturunterschiede. Im Winter, vor allem im Dezember und Januar, kann es sehr kalt werden, im Sommer dagegen glühend heiß. Die Luftfeuchtigkeit ist generell hoch.

WINTER

Der relativ strenge Mailänder Winter (heftige Schneefälle sind nicht selten) wird durch ein reichhaltiges Kulturprogramm, hohe Feiertage und besondere festliche Ereignisse »erwärmt«. Besonders lebhaft wird die Stadt um den Feiertag für Sant'Ambrogio (hl. Ambrosius), Mailands Schutzheiligen, und dann wieder zu Weihnachten mit dem üblichen vorausgehenden Kaufrausch im Stadtzentrum. Auf der kulturellen Seite bieten Mailands Theater, angeführt vom weltberühmten Piccolo Teatro, eine hochkarätige Spielzeit.

Typische Antiquitätenstände auf dem Straßenmarkt *Oh bej Oh bej*

Weihnachtsdekoration in der Galleria Vittorio Emanuele II

DEZEMBER

Festa di Sant'Ambrogio *(7. Dez).* Lieblingsfeiertag der Mailänder, einen Tag vor Mariä Empfängnis. Der Schutzpatron der Stadt wird mit vielen Events gefeiert, etwa der proppevollen **Fiera degli Oh bej Oh bej**, einem Straßenmarkt mit Antiquitäten und anderen Artikeln. Er wird auf den Straßen um die Basilika Sant'Ambrogio *(siehe S. 84–87)* abgehalten.
La Scala. Die Spielzeit des weltberühmten Opernhauses *(siehe S. 52f)* beginnt am 7. Dezember. Der Eröffnungsabend ist ein kulturelles Großereignis und auch ein wichtiges Datum im Kalender der Mailänder Society.
Piccolo Teatro. Auch die Spielzeit des von Paolo Grassi und dem genialen Giorgio Strehler gegründeten Piccolo (mit drei Theatern) beginnt am 7. Dezember.

JANUAR

Corteo dei Re Magi *(6. Jan).* Traditionelle Prozession mit einem *tableau vivant* der Geburt Christi. Sie verläuft vom Dom zu Sant'Eustorgio.
Fiera di Senigallia *(jeden Sa ganzjährig).* Ein bunter Markt entlang der Darsena mit Kunsthandwerk aus aller Welt, Schallplatten und Fahrrädern.
Mercato dell'Antiquariato di Brera *(3. Sa im Monat, ganzjährig).* Antiquitäten, Bücher, Postkarten, Schmuck.

FEBRUAR

Carnevale Ambrosiano. Der längste Karneval der Welt endet am ersten Samstag der Fastenzeit. Festwagen und typische Mailänder Figuren wie Meneghin und Cecca nehmen an einer Parade zur Piazza del Duomo teil, die mit Konfetti werfenden Kindern überfüllt ist.

Carnevale Ambrosiano auf der Piazza del Duomo

Die Piazza del Duomo *(siehe S. 44f)* mit dem Eingang zur Galleria Vittorio Emanuele II ▷

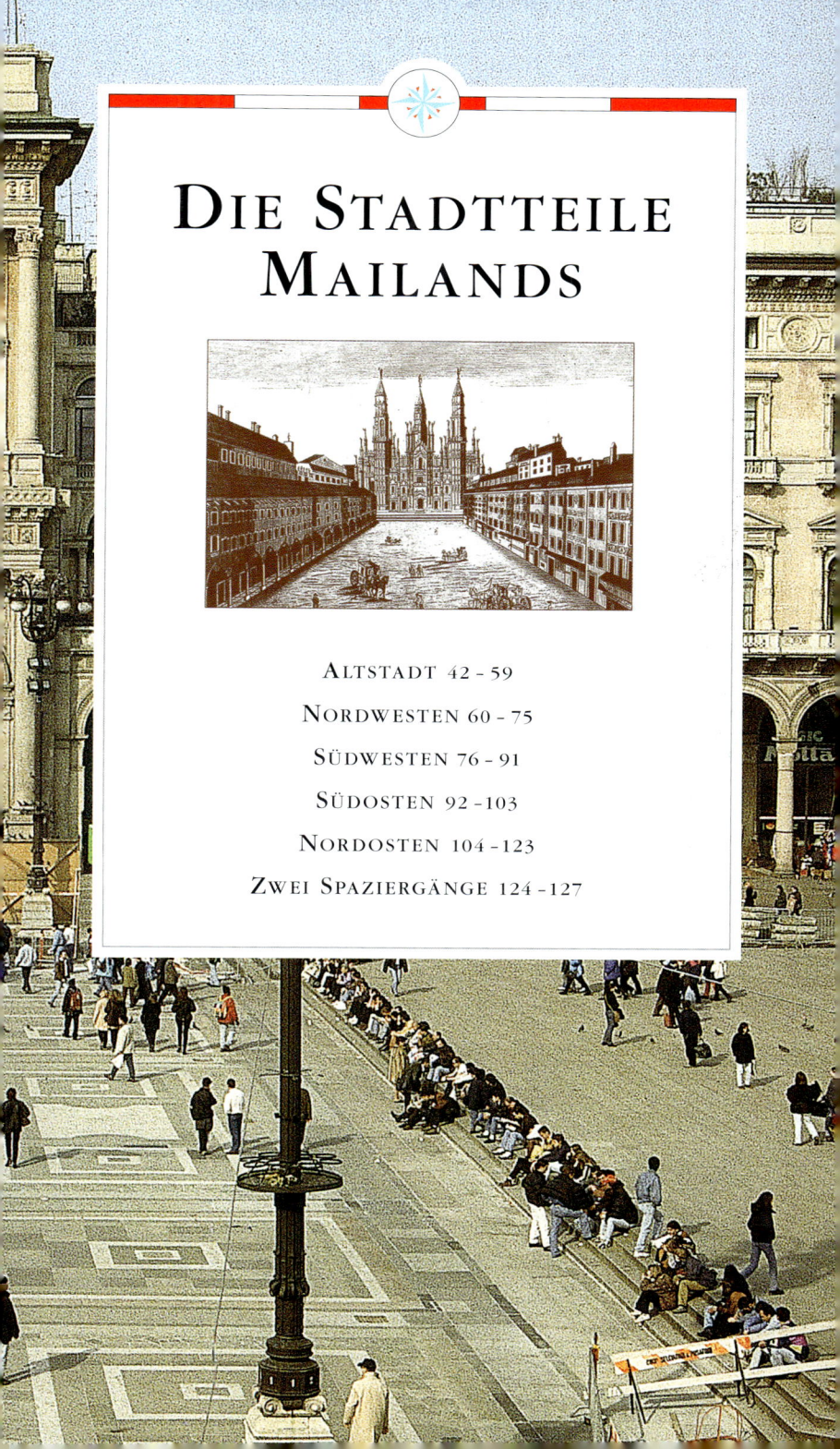

DIE STADTTEILE MAILANDS

ALTSTADT

Die Gegend um den Dom war das religiöse Zentrum Mailands im 4. Jahrhundert. Bis ins 14. Jahrhundert befanden sich dort die Basiliken Santa Tecla und Santa Maria Maggiore sowie die frühchristlichen Taufkapellen San Giovanni alle Fonti und Santo Stefano. Alle wurden abgerissen, um für die neue Kathedrale Platz zu schaffen. Das politische Zentrum der Stadt war der nahe gelegene Palazzo della Ragione. Zu jener Zeit war Mailand nur wenig größer als die heutige Altstadt. Die Piazza della Scala lag damals also am Stadtrand. Die Piazza del Duomo war bis zum 18. Jahrhundert das Zen-

Leonardo da Vinci auf der Piazza della Scala

trum kleiner Läden und Bühne für die großen religiösen und weltlichen Feste. Im 19. Jahrhundert wurde sie zum Mittelpunkt von Prachtstraßen. In den 1860er Jahren riss man die verfallenden Wohnungen und Läden um den Dom ab – für den Bau der damals hochmodernen Galleria Vittorio Emanuele II, dem Symbol Mailands nach der Einigung Italiens. Durch die Bombardierung im Zweiten Weltkrieg entstanden leere Flächen, die später moderne Bauten füllten. In der Altstadt wimmelt es ständig von Besuchern, die von den weltberühmten Kirchen, Museen und den exklusiven Geschäften angelockt werden.

SEHENSWÜRDIGKEITEN AUF EINEN BLICK

Straßen, Plätze und historische Gebäude
Casa degli Omenoni **6**
Casa Manzoni und
  Piazza Belgioioso **7**
Galleria Vittorio Emanuele II **2**
Palazzo Borromeo **14**
Palazzo Marino **4**
Palazzo Reale **10**
Piazza del Liberty und Corso
  Vittorio Emanuele II **8**
Piazza Mercanti **11**

Kirchen
Duomo S. 46 – 49 **1**
San Fedele **5**
San Giorgio al Palazzo **15**
San Gottardo in Corte **9**
San Sepolcro **13**
Santa Maria presso
  San Satiro **16**

Pinakothek
*Pinacoteca Ambrosiana
S. 56 – 59* **12**

Theater
Teatro alla Scala S. 52f **3**

LEGENDE

	Detailkarte *Siehe S. 44f*
M	Metro-Station
i	Information
🚕	Taxi

0 Meter   400

ANFAHRT
Die Metro-Linien 1 (rot) und 3 (gelb) halten unter der Piazza del Duomo. Die Trams 1, 2 und 20 halten vor dem Teatro alla Scala, die Straßenbahnen 3, 12, 14, 16 und 27 in der Via Orefici. Bus 60, dessen Endhaltestelle sich an der Piazza San Babila befindet, fährt zur Stazione Centrale (Hauptbahnhof).

◁ **Die Galleria Vittorio Emanuele II, Mailands eleganter »Salon« seit 1867** *(siehe S. 50)*

Im Detail: Piazza del Duomo

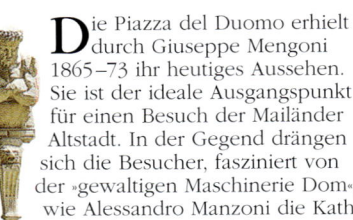

Skulptur, Casa
degli Omenoni

Die Piazza del Duomo erhielt durch Giuseppe Mengoni 1865–73 ihr heutiges Aussehen. Sie ist der ideale Ausgangspunkt für einen Besuch der Mailänder Altstadt. In der Gegend drängen sich die Besucher, fasziniert von der »gewaltigen Maschinerie Dom«, wie Alessandro Manzoni die Kathedrale in *Die Verlobten* nennt. Es gibt einige Bars, in denen sich – trotz der hohen Preise – auch die Mailänder am Sonntagmorgen gern zum Aperitif treffen. Die jungen Leute dagegen ziehen den Corso Vittorio Emanuele II mit seinen vielen Kinos, Läden und Kaufhäusern vor.

San Fedele
Das Musterbeispiel für die Architektur der Gegenreformation ist beim alten Mailänder Adel sehr beliebt. ❺

Casa degli Omenoni

★ **Teatro alla Scala**
La Scala war das erste Gebäude, das nach der Bombardierung von 1943 wiederaufgebaut wurde. ❸

Palazzo
Marino

Piazza Mercanti

Zucca in Galleria ist ein beliebtes Café, das noch die Mosaiken und Dekors von 1921 enthält.

★ **Galleria Vittorio Emanuele II**
Sie war eine der ersten Glas-Eisen-Konstruktionen in Italien und wirkt noch heute elegant. ❷

0 Meter　　　　　100

Hotels und Restaurants in der Altstadt *siehe Seiten 160 und 172f*

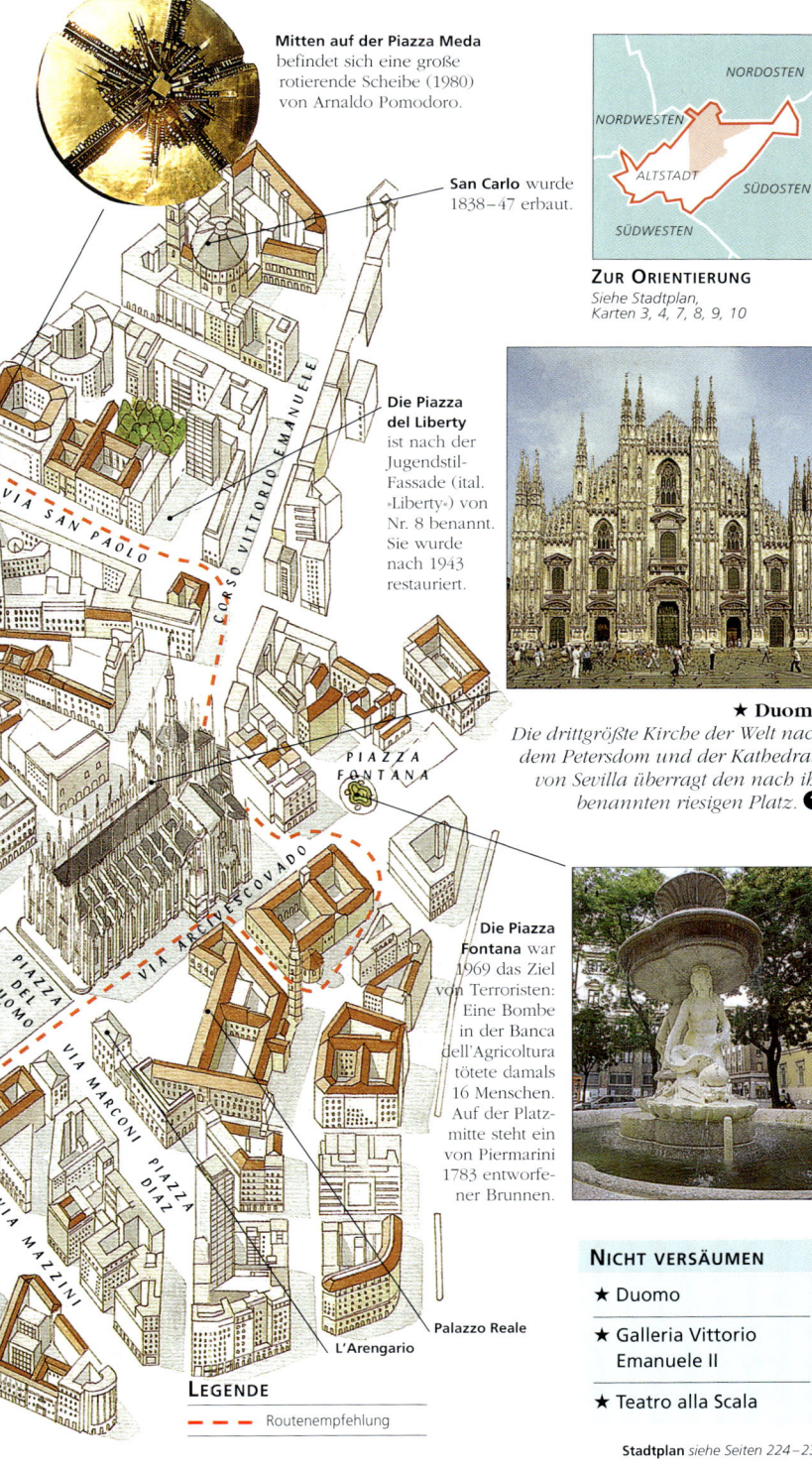

Mitten auf der Piazza Meda befindet sich eine große rotierende Scheibe (1980) von Arnaldo Pomodoro.

San Carlo wurde 1838–47 erbaut.

NORDWESTEN

NORDOSTEN

ALTSTADT

SÜDWESTEN

SÜDOSTEN

ZUR ORIENTIERUNG
Siehe Stadtplan,
Karten 3, 4, 7, 8, 9, 10

Die Piazza del Liberty ist nach der Jugendstil-Fassade (ital. »Liberty«) von Nr. 8 benannt. Sie wurde nach 1943 restauriert.

VIA SAN PAOLO

CORSO VITTORIO EMANUELE

PIAZZA FONTANA

VIA ARCIVESCOVADO

PIAZZA DEL DUOMO

VIA MARCONI

PIAZZA DIAZ

VIA MAZZINI

★ **Duomo**
Die drittgrößte Kirche der Welt nach dem Petersdom und der Kathedrale von Sevilla überragt den nach ihr benannten riesigen Platz. ❶

Die Piazza Fontana war 1969 das Ziel von Terroristen: Eine Bombe in der Banca dell'Agricoltura tötete damals 16 Menschen. Auf der Platzmitte steht ein von Piermarini 1783 entworfener Brunnen.

Palazzo Reale

L'Arengario

LEGENDE
– – – Routenempfehlung

NICHT VERSÄUMEN

★ Duomo

★ Galleria Vittorio Emanuele II

★ Teatro alla Scala

Stadtplan *siehe Seiten 224–237*

Duomo ❶

**Statue
im Dom**

Der Bau des Doms begann 1386 unter Antonio da Saluzzo, dem Bischof der Stadt. Herzog Gian Galeazzo Visconti lud lombardische, deutsche und französische Architekten als Bauaufsicht ein und bestand als Baumaterial auf Candoglia-Marmor, der über die Navigli herbeigeschafft wurde. Wegen des Siegels AUF *(ad usum fabricae)* auf den Platten musste der Marmor nicht verzollt werden. Der Altar wurde 1418 geweiht, doch der Dom blieb bis ins 19. Jahrhundert unvollendet. Anlässlich Napoléons Krönung zum König von Italien wurde die Fassade komplettiert.

La Madonnina
Die ca. vier Meter hohe vergoldete Madonnenstatue schuf Giuseppe Bini 1774.

★ **Bleiglasfenster**
Der Großteil der Fenster zeigt biblische Szenen und stammt aus dem 19. Jahrhundert. Das älteste Fenster – das fünfte im rechten Schiff – datiert von 1470–75 und stellt das Leben Christi dar. Das neueste (siebte) Fenster stammt von 1988.

Strebebogen

★ **Trivulzio-Kandelaber**
Das Meisterwerk mittelalterlicher Goldschmiedekunst wurde 1562 von Gian Battista Trivulzio gestiftet. An seinem Fuß sieht man Fabelwesen und Figuren, die Handwerk, Künste und Tugenden darstellen.

Krypta

ZEITSKALA

1386 Der Grundstein des Duomo wird gelegt	**1567** Pellegrino Tibaldi («il Pellegrini») baut den Chor um	**1656** Buzzi baut Fassade im gotischen Stil weiter	**1774** Die Madonnina wird auf die höchste Spitze gesetzt		**1838–65** Die Brüder Bertini gestalten das Apsisfenster

1300	1400	1500	1600	1700	1800	1900

1418 Papst Martin V. weiht den Hochaltar	**1500** Einweihung des Vierungsturms	**1617** Francesco Maria Richini beginnt Arbeit an der Fassade		**1813** Fassade mit gotischen Türmen vollendet	**1981–84** Chorpfeiler restauriert

Martin V.

★ Dachterrasse

*Der Blick auf die
Stadt von der
Dachterrasse aus
ist unvergesslich.
Auch den Vierungs-
turm kann man
aus der Nähe be-
wundern. Das
Dach ist übersät
mit Fialen, die
ältesten stammen
von 1404.*

INFOBOX

Piazza del Duomo. **Stadtplan**
7 C1 & 10 D3. 📞 *02 72 02 33
75.* Ⓜ *1, 3 Duomo.* 🚌 *1, 2, 3,
12, 14, 15, 24, 27.* ◯ *Mo–Fr
9.30–13, 14–18, Sa bis 17, So u.
Feiertage 13.30–16 Uhr.* ⭕ 🚻
Baptisterium/Ausgrabungen
◯ *9–17 Uhr.* ⭕ 🎧 🎧 **Schatz-
kammer** ◯ *9–12, 14.30–
18 Uhr.* ⭕ 🎧 **Dachterrasse** ◯
9–16.15 Uhr (Sommer 17.20 Uhr).
🎧 www.duomomilano.it

Etwa 3500 Statuen verleihen dem massiven
Dom Dynamik. Es sind typisch mittelalterliche
Heiligen-, Tier- und Monsterdarstellungen.

Eine Tafel belegt, dass
der Dom Maria Nascente
geweiht ist.

Innenraum
*52 Pfeiler
trennen die
fünf Seiten-
schiffe, die
Kapitelle sind
mit Statuen
verziert.*

Haupt-
portal

NICHT VERSÄUMEN

★ Bleiglasfenster

★ Dachterrasse

★ Trivulzio-
Kandelaber

Türen
*Die fünf Türen ent-
standen zwischen 1840
und 1965. Rechts abge-
bildet: Die Geißelung
von Ludovico Pog-
liaghi, ein Bronze-
relief in der Mitteltür.*

Duomo: Rundgang

Statue des hl. Ambrosius

Damit der Dom gebaut werden konnte, wurde 1390 ein großes Jubiläum verkündet, um die Mailänder zu Geldspenden und tätiger Mithilfe an dem großen Werk zu drängen. Wie Ausgrabungen in der Nordsakristei gezeigt haben, war zunächst geplant, den Bau aus Ziegeln zu errichten, doch Herzog Gian Galeazzo Visconti, der sich die Kathedrale als Symbol seiner Macht wünschte, verlangte 1387 Marmor anstelle von Ziegeln. Als Baustil kam damals nur die europäische Gotik infrage. Die Bauarbeiten zogen sich schließlich über fünf Jahrhunderte hin, was zu der Stilmischung führte, die diese Kathedrale charakterisiert.

Der Altarraum – im Vordergrund die kleine Ziboriumskuppel

FASSADE

Bis zur Höhe der ersten Fensterreihe ist die Fassade barock. Erst im 19. Jahrhundert wurde sie mit neogotischen Spitzbogenfenstern und Türmchen vollendet, was die Schwierigkeiten beim Bau des Duomo verdeutlicht.

INNENRAUM

Hohe Kreuzgewölbe schließen das Innere ab, die fünf Längsschiffe sind durch 52 Pfeiler getrennt (für die 52 Wochen im Jahr). Die Pfeilerkapitelle sind mit Heiligenstatuen geschmückt. Hinter der Vorhalle ist ein Meridiankreis ① in den Boden eingelassen, der 1786 von den Astronomen der Brera installiert wurde. Er markiert

mithilfe eines Sonnenstrahls, der aus der ersten Nische des Südschiffs auf der rechten Seite dringt, den astronomischen Mittag.

Dies ist ein guter Ausgangspunkt für einen Rundgang durch den Dom. Rechts sieht man den Sarkophag von Erzbischof Ariberto d'Intimiano ② mit einer Kopie des Kruzifixes, das er dem San-Dionigi-Kloster stiftete (das Original ist im Dommuseum). Links daneben befindet sich eine Tafel mit dem Datum der Gründung des Doms. Das dazugehörige Bleiglasfenster in alter Mosaiktechnik zeigt das *Leben des Evangelisten Johannes* (1473–77). Die Bleiglasfenster in den nächsten drei Nischen mit Episoden aus dem Alten Testament stam-

Bleiglasfenster, Detail

men aus dem 16. Jahrhundert. In der fünften Nische zeigt ein 1470–75 geschaffenes Bleiglasfenster das *Leben Christi* ③. Im Gegensatz dazu stammt das Fenster in der siebten Nische von 1988 und ist den Kardinälen Schuster und Ferrari gewidmet ④.

Der Altarraum ⑤ ist in dem 1567 von Pellegrini vorgegebenen Stil errichtet, der auf Verlangen von San Carlo Borromeo diesen Teil des Doms zum lombardischen Modell einer für die Gegenreformation typischen Kirche machte. In der Mitte, unter dem Ziborium hinter dem Altar, ist das Tabernakel ⑥, das Pius IV. seinem Neffen San Carlo (hl. Karl) stiftete. Davor stehen zwei Kanzeln (16. Jh.) aus vergoldetem

GRUNDRISS

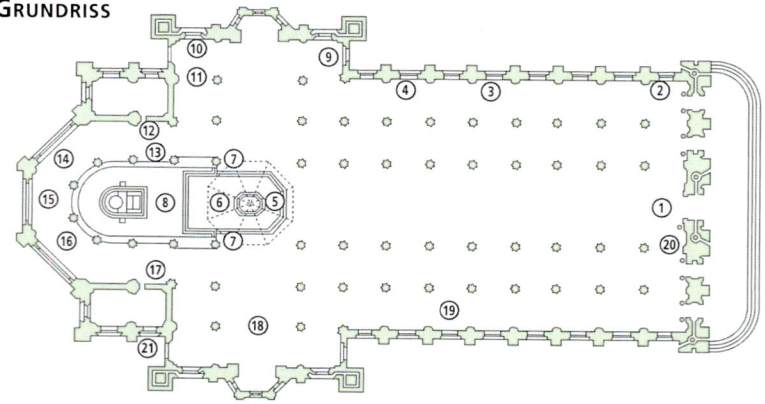

DER HEILIGE KREUZNAGEL

Tabernakel des Kreuznagels

Im Gewölbe über dem Chor markiert ein rotes Licht die Nische, in der seit 1461 ein Nagel (in Hufeisenform) vom Kreuz Christi aufbewahrt wird. Er befand sich zuvor in der frühmittelalterlichen Kirche Santa Maria Maggiore. Der Nagel wurde von der hl. Helena gefunden. Sie schenkte ihn ihrem Sohn, Kaiser Konstantin. Später wurde er Sant'Ambrogio gestiftet und von San Carlo bei der Prozession anlässlich der Pest 1576 getragen. An jedem 14. September wird er der Öffentlichkeit gezeigt. Dafür zieht man den Bischof von Mailand mit Flaschenzügen zu der Nische mit dem Nagel hinauf.

Kupfer ⑦ mit Episoden aus dem Alten und Neuen Testament, überragt von der durch Giovanni Ambrogio Figino, Camillo Procaccini und Giuseppe Meda bemalten Orgel.

Hinter dem Altar sieht man ein bemerkenswertes Chorgestühl mit dem *Leben des hl. Ambrosius* ⑧, erschaffen 1572–1620. Im Querschiff rechts steht das 1560–63 gefertigte Grabmal von Gian Giacomo Medici ⑨, dem Bruder von Papst Pius IV., das einst Michelangelo zugeschrieben wurde, aber von Leone Leoni stammt. Hinter der Kapelle, die Johannes dem Guten, im 7. Jahrhundert Bischof von Mailand, geweiht ist, sieht man über dem Seiteneingang das herrliche Bleiglasfenster der hl. Katharina von Alexandria ⑩, das die Brüder Arcimboldi 1556 erschaffen haben. Weiter links steht die seltsame Statue (1562) des geschundenen hl. Bartholomäus ⑪ von Marco d'Agrate.

Am Beginn des Chorumgangs findet sich eine *Kreuzabnahme* ⑫ (1393), die dem »Mysterien der Jungfrau Maria« geweiht ist. Eine Treppe ⑬ führt zur Krypta (1606), in der der hl. Carlo Borromeo begraben ist, zum Domschatz mit seiner Sammlung von Messgewändern und anderen Sakralgegenständen und zum Coro Jemale, einem kleinen Raum mit wundervollem Stuck (16. Jh.) und dem Reliefzyklus *Leben der Jungfrau Maria*, einem Meisterwerk aus dem 17. Jahrhundert.

Die Apsis wird von drei hohen Bleiglasfenstern (19. Jh.) der Brüder Bertini erhellt, die Episoden aus dem Alten ⑯ und Neuen ⑭ Testament und der Apokalypse ⑮ zeigen. Der Chorumgang endet an der Tür der Nordsakristei ⑰ mit *Christus dem Herrn und Richter* (1389). Das linke Querschiff wird vom fünf Meter hohen, bronzenen Trivulzio-Kandelaber beherrscht ⑱, einem Werk von Nicola da Verdun (12. Jh.). Der Kandelaber zeigt Szenen aus dem Alten Testament sowie die Drei Weisen, die der Muttergottes entgegenreiten. Im nördlichen Seitenschiff findet sich die Kapelle des Heiligen

Kelch des Domschatzes

Kreuzes ⑲, das San Carlo bei der Prozession anlässlich der Pest von 1576 getragen hat. Dahinter ist ein Fenster, das die *Auffindung des wahren Kreuzes durch die hl. Helena* (1570–77) zeigt. Links vom Eingang führt eine Treppe

hinab zu den Überresten der frühchristlichen Apsis von Santa Tecla und einem achteckigen Taufbecken ⑳, an dem der hl. Ambrosius 387 n.Chr. den hl. Augustinus getauft haben soll. Von San Carlo (4. Nov.) bis zum Dreikönigstag werden die *Quadroni di San Carlo* im Hauptschiff gezeigt. Die Gemälde, das Werk lombardischer Künstler (17. Jh.), bilden die Wundertaten des Heiligen ab.

DACHTERRASSE

A uf dem Weg zum Lift ㉑, der zum Dach hinaufführt, sollten Sie in der Apsis einen Blick auf das wundervolle zentrale Bleiglasfenster von Filippino degli Organi von 1402 werfen. Vom Dach bietet sich ein herrlicher Blick auf die Stadt, die Berge im Norden, aber auch auf die Türme und Statuen des Doms und die vielen Fialen.

MUSEO DEL DUOMO

D as Dommuseum von 1953 liegt in der Via Arcivescovado 15. Es zeigt Gemälde, Skulpturen, religiöse Exponate und Bleiglasfenster aus dem Dom. Zu sehen sind: *St. Paulus Eremita* (15. Jh.), Tintorettos *Jesus unter den Schriftgelehrten* (1530) und ein Holzmodell des Duomo (begonnen 1519). Dokumentiert wird auch die Restaurierung der vier zentralen Pfeiler (1981–84). Das Museum ist wegen Renovierungsarbeiten länger geschlossen.

Rechte Seite des Presbyteriums im Mailänder Dom

Palazzo Marino, seit 1860 Rathaus, mit der Statue Leonardo da Vincis von 1872

Galleria Vittorio Emanuele II ❷

Piazza della Scala, Piazza del Duomo. **Stadtplan** 7 C1 & 10 D2. **M** 1, 3 Duomo.

Die Galleria ist eine elegante Passage mit Cafés, Läden und dem berühmten Restaurant Savini (siehe S. 173). Der vom Architekten Giuseppe Mengoni geleitete Bau begann 1865, zwei Jahre später wurde die Galleria von König Vittorio Emanuele II eröffnet, nach dem sie auch benannt wurde. Sie sollte die Piazza del Duomo mit der Piazza della Scala verbinden und war Teil eines ehrgeizigen Stadterneuerungsprojekts.

Im Boden des zentralen Achtecks unter der 47 Meter hohen Glaskuppel findet sich das Wappen des Hauses Savoyen, ein weißes Kreuz auf rotem Grund, und die Wappen vier italienischer Städte: der Stier Turins, die Wölfin Roms, die Lilie von Florenz und das rote Kreuz auf wei-

ßem Grund (Mailand). Unter dem Kuppelgewölbe sieht man Mosaiken der Erdteile (ohne Australien).

Teatro alla Scala ❸

Siehe S. 52f.

Palazzo Marino ❹

Piazza della Scala. **Stadtplan** 3 C5 & 10 D2. **M** 1, 3 Duomo. ⬤ für Besucher.

Der Palazzo wurde 1558 von Galeazzo Alessi für den Bankier Tommaso Marino entworfen, blieb aber bis 1892 unvollendet. Erst dann gestaltete Luca Beltrami die Fassade. Von der Via Marino aus kann man den Ehrenhof mit Säulengängen sehen. Es heißt, in dem Palazzo, der seit 1860 das Mailänder Rathaus ist, sei Marianna de Leyva zur Welt gekommen, die berühmte Nonne von Monza, die Manzoni in seinem Roman Die Verlobten beschrieb.

San Fedele ❺

Piazza San Fedele. **Stadtplan** 3 C5 & 10 D2. ☎ 02 86 35 22 15. **M** 1, 3 Duomo. 🚊 1, 2. 🚌 61. ⬤ Mo–Fr 7–14.30, 16–19 Uhr. ✝ Mo–Fr 7.50, 12.45, 18.30 Uhr, Sa 18.30 Uhr, So 11, 19 Uhr.

San Carlo Borromeo gab die Kirche, Sitz des Jesuitenordens, 1569 bei Pellegrino Tibaldi in Auftrag. Der Bau wurde von Martino Bassi fortgesetzt. Kuppel, Krypta und Chor erbaute Francesco Maria Richini 1633–52. Die strenge Architektur und das seitenchorlose Schiff sind typisch für eine Kirche der Gegenreformation.

Im Inneren gibt es drei interessante Gemälde. Nahe dem ersten Altar rechts hängt die Vision des hl. Ignatius (um 1622) von Giovan Battista Crespi, bekannt als »il Cerano«. Eine Verklärung (1565) von Bernardino Campi befindet sich im Atrium hinter dem zweiten Altar links. Campi malte auch die Jungfrau mit Kind des zweiten Altars links. Die beiden Arbeiten stammen aus der Kirche Santa Maria della Scala, die für den Bau des Teatro alla Scala (siehe S. 52f) abgerissen wurde. Die Holzschnitzereien sind ebenfalls interessant: Die Beichtstühle (1596) von Giovanni Taurini zeigen Szenen aus dem Leben Christi. Die Schränke in der Sakristei (1624–28) fertigte Daniele Ferrari 1639.

Die Statue von Alessandro Manzoni, dessen Todesurkunde hier verwahrt wird, steht auf dem Kirchplatz.

Galleria Vittorio Emanuele II, die 1867 eingeweiht wurde

Hotels und Restaurants in der Altstadt siehe Seiten 160 und 172f

Casa degli Omenoni ❻

Via Omenoni 3. **Stadtplan** 3 C5 & 10 D2. Ⓜ *1, 3 Duomo.* ● *für Besucher.*

A cht Telamonier (»große Männer), in Mailand *omenoni* genannt, schmücken das Atelierwohnhaus, das sich der Bildhauer Leone Leoni 1565 bauen ließ. Der Künstler sammelte selbst Kunst, darunter Gemälde von Tizian und Correggio sowie Leonardo da Vincis berühmten *Codex Atlanticus (siehe S. 59).* Das Relief unter dem Gesims weist auf Leoni hin: Die Allegorie des Rufmords wird von Löwen *(leoni)* zerrissen.

Zwei Telamonier am Eingang zur Casa degli Omenoni

Casa Manzoni und Piazza Belgioioso ❼

Via Morone 1. **Stadtplan** 4 D5 & 10 D2. Ⓒ *02 86 46 04 03.* Ⓜ *3 Montenapoleone.* ⛟ *1, 2.* 🚌 *61.* ○ *Di–Fr 9–12, 14–16 Uhr.* ● *Feiertage.* ♿

I n diesem Haus lebte der Schriftsteller Alessandro Manzoni von 1814 bis zu sei-

Fassadendetail des Palazzo Liberty, Piazza del Liberty 8

nem Tod 1873 durch einen Sturz auf der Treppe von San Fedele. Das Innere birgt Manzonis Arbeitszimmer im Erdgeschoss, in dem er 1862 Garibaldi und 1868 Verdi empfing. Nebenan hatte der Dichter und Autor Tommaso Grossi sein Anwaltsbüro. Im ersten Stock liegt Manzonis Schlafzimmer.

Das Haus ist jetzt Sitz des Nationalen Zentrums der Manzoni-Forschung, das 1937 gegründet wurde. Zu ihm gehört eine Bibliothek mit Manzonis Werken und wissenschaftlichen Studien zu seinem Œuvre sowie die Bibliothek der Lombardischen Historischen Gesellschaft mit über 40 000 Bänden. Der Bau mit Ziegelfassade überblickt die Piazza Belgioioso, benannt nach dem Palazzo von Nr. 2 (nicht zugänglich). Dieser monumentale Bau wurde 1777–81 von Piermarini für Prinz Alberico XII di Belgioioso d'Este errichtet. An der Fassade sieht man heraldische Embleme, im Inneren ein Fresko Martin Knollers: *Apotheose des Prinzen Alberico.*

Piazza del Liberty und Corso Vittorio Emanuele II ❽

Stadtplan 8 D1 & 10 D3. Ⓜ *1, 3 Duomo, 1 San Babila.* ⛟ *23.* 🚌 *61, 73.*

U m zur Piazza del Liberty zu gelangen, geht man durch den Bogen am Ende der Piazza Belgioioso, dann über die Piazza Meda (1926) und vorbei am Corso Matteotti, der 1934 angelegt wurde, um die Piazza della Scala mit der Piazza San Babila zu verbinden. Dann geht man die Via San Paolo hinunter. Der kleine Platz hat seinen Namen wegen der Jugendstil-Fassade (ital. »Liberty«) von Haus Nr. 8 erhalten. Es wurde 1963 von Giovanni und Lorenzo Muzio mit Bauelementen des Trianons restauriert, eines Baus von 1905, der vom Corso Vittorio Emanuele II entfernt wurde.

Die Statue Omm de preja

Über die Via San Paolo erreicht man den Corso Vittorio Emanuele II, Mailands Hauptgeschäftsstraße, die einmal »Corsia dei Servi« (Dienergasse) genannt wurde. Ihr Verlauf folgt einer Römerstraße. 1628 fand hier die von Manzoni in den *Verlobten* geschilderte Brotrevolte statt. Nahe San Carlo al Corso, vor Haus Nr. 13, steht die Statue *Omm de preja* (Mailänder Dialekt für *uomo di pietra,* »Mann aus Stein«), die Kopie einer römischen Statue. Sie wird auch »Sciur Carera« genannt, in Abwandlung des ersten Worts *carere* der lateinischen Inschrift zu ihren Füßen.

Casa Manzoni, Sitz des Nationalen Zentrums der Manzoni-Forschung

Teatro alla Scala ❸

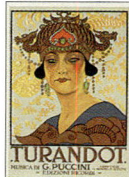

Plakat für Turandot

Das weltberühmte Opernhaus wurde 1776–78 von Giuseppe Piermarini erbaut. Den Namen hat es von seinem Standort: Hier befand sich seit 1381 Santa Maria della Scala. Am 3. August 1778 eröffnete La Scala mit Antonio Salieris Oper *Europa riconosciuta*. 1943 wurde das Haus zerbombt, drei Jahre später wiederaufgebaut. Nach umfassender Restaurierung und dem Anbau eines neuen Bühnenturms (nach einem Entwurf von Mario Botta) wurde La Scala am 7. Dezember 2004 glanzvoll wiedereröffnet. Jährlicher Spielzeitbeginn ist der 7. Dezember.

Teatro alla Scala 1852 von Angelo Inganni

Der Kronleuchter aus böhmischem Kristall (1923) hat 383 Glühbirnen.

Die Logen waren wie kleine Wohnzimmer, in denen romantische Rendezvous und Gesellschaftsspiele arrangiert wurden.

★ Foyer
Der große Spiegelsalon mit einer Büste des legendären Dirigenten Arturo Toscanini wurde schon 1936 restauriert.

Die Fassade wurde von Piermarini so gestaltet, dass man sie schon von der Via Manzoni aus sehen kann.

Eingang

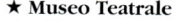

★ Museo Teatrale
Das Theatermuseum wurde 1913 gegründet. Seine schöne Sammlung zeigt Skulpturen, Originalpartituren, Gemälde und Keramiken aus der Geschichte von La Scala sowie der Theatergeschichte allgemein.

NICHT VERSÄUMEN

★ Foyer

★ Museo Teatrale

★ Zuschauerraum

BALLETTSCHULE

Die Ballettschule der Scala wurde 1813 gegründet. Ursprünglich gab es 48 Eleven, die Tanz, Pantomime oder Spezialdisziplinen studierten. Am Ende des achtjährigen Kurses erhielten die Besten Auszeichnungen und wurden mit einem Jahresstipendium von 3000 Lire ins *Corps de ballet* des Theaters aufgenommen. Die strenge Schule hat Künstlerinnen wie Carla Fracci und Luciana Savignano hervorgebracht.

Eleven der Ballettschule

INFOBOX

Piazza della Scala. **Stadtplan** 3 C5 & 10 D2. **M** 1, 3 Duomo. 1, 2, 20. 61. **C** 02 85 45 62 16. **Museo Teatrale della Scala** Largo Ghiringelli 1. **C** 02 88 79 24 73. tägl. 9–12, 13.30–17 Uhr. *Besucher des Museums können außerhalb der Probezeiten einen Blick in den Zuschauerraum werfen.* www.teatroallascala.org

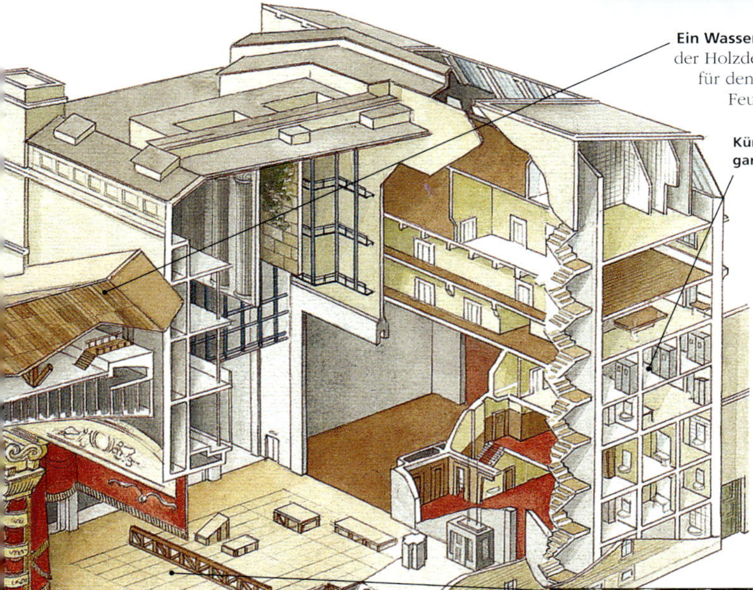

Ein Wassertank über der Holzdecke stand für den Fall eines Feuers bereit.

Künstlergarderoben

Der Orchestergraben wurde 1907 geschaffen. Zuvor spielte das Orchester hinter einer Balustrade auf einer Höhe mit den Logen.

Bühne
Sie ist mit 1200 Quadratmetern eine der größten Bühnen in Italien.

★ Zuschauerraum

Der Saal zeigt die originale Ausstattung von 1778: Holz, roter Samt und vergoldeter Stuck. Er besitzt eine herrliche Akustik und bietet über 2000 Zuschauern Platz.

Eingangsportal zur Kirche San Gottardo in Corte

San Gottardo in Corte ❾

Via Pecorari 2. **Stadtplan** 8 D1 & 10 D4. 📞 02 86 46 45 00. Ⓜ 1, 3 Duomo. 🚋 12, 23, 27. 🚌 54, 60. 🕐 Mo–Fr 8–12, 14–18 Uhr (Fr bis 17.30 Uhr), Sa 14–16 Uhr, So 8–12 Uhr.

Azzone Visconti, Herzog von Mailand, ließ die Kirche 1336 als herzogliche Kapelle im Hof des Broletto Vecchio (Gerichtsgebäude) erbauen. Das Innere wurde von Piermarini klassizistisch umgestaltet. An der linken Wand befindet sich eine *Kreuzigung* aus der Giotto-Schule. Viscontis Grabmal von Giovanni di Balduccio ist in der Apsis. Die Gestalt Viscontis wird von zwei Frauenfiguren flankiert. Der achteckige Glockenturm (1335) mit Bogen und Säulen stammt von Francesco Pecorari.

Palazzo Reale ❿

Piazza del Duomo. **Stadtplan** 7 C1 & 10 D3. 📞 02 87 56 72. Ⓜ 1, 3 Duomo. 🚋 15, 23, 27. 🚌 54, 60, 65. 🕐 Mo 14.30–19.30, Di, Mi, Fr–So 9–19, Do 9.30–22.30 Uhr. **Museo della Reggia** Palazzo Reale. 📞 02 659 98 03. 🕐 Di–Fr 9.30–17.30 Uhr.

Der Bau war im 11. Jahrhundert Sitz der Kommunalverwaltung und wurde 1330–36 von Azzone Visconti gründlich umgebaut. Auf dem Gipfel seiner Bedeutung war es der Sitz der Signori di Milano. Mit Galeazzo Maria Sforzas Entscheidung, den Herzogspalast zu verlegen, begann der langsame Niedergang. 1598 beherbergte der Palazzo das erste ständige Theater Mailands. Der alte Holzbau wurde 1737 neu errichtet. Hier gab Mozart als Kind ein Konzert, ehe im Jahr 1776 ein Brand das Gebäude zerstörte.

Das heutige klassizistische Äußere des Baus stammt von 1778, als Giuseppe Piermarini ihn zur Residenz des Erzherzogs Ferdinand von Österreich umbaute. 1920 überließ Vittorio Emanuele III das Gebäude vorübergehend der Stadt Mailand, 1965 kaufte es die Stadt und brachte darin Büros, Mu-

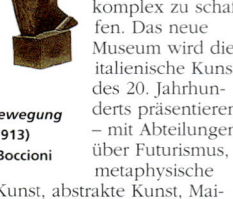

Urformen der Bewegung im Raum (1913) von Umberto Boccioni

seen und Ausstellungsräume unter. Nun beherbergt es das **Museo della Reggia**, das Einrichtungsgegenstände des Baus präsentiert und die vier historischen Teile des Hauses dokumentiert.

Der Bau des **Arengario** von Piero Portaluppi und weiteren Architekten begann Ende der 1930er Jahre als Teil von Modernisierungsmaßnahmen für die Innenstadt. Der Name »Arengario« bezieht sich auf den Platz, auf dem im Mittelalter Ratssitzungen abgehalten wurden. 2007 wurde die Renovierung in Angriff genommen, um hier das neue Museo del Novecento zu schaffen. Der Plan des Architekten Italo Rota sieht eine Stahl-Glas-Brücke als Verbindung zum Palazzo Reale vor, um so einen Museumskomplex zu schaffen. Das neue Museum wird die italienische Kunst des 20. Jahrhunderts präsentieren – mit Abteilungen über Futurismus, metaphysische Kunst, abstrakte Kunst, Mailänder Künstler und Arte Povera. Das neue Museum soll 2010 eröffnet werden.

Piazza Mercanti ⓫

Stadtplan 7 C1 & 9 C3. Ⓜ 1 Cairoli-Cordusio.

Dieser Teil der mittelalterlichen Stadt war das Verwaltungszentrum, auch ein Gefängnis gab es hier. Der Palazzo della Ragione wurde 1233 vom Oberrichter (und eigentlichen Herrscher) Oldrado da Tresseno erbaut, der auf einem Relief von Antelami an der Seite zum Platz hin zu sehen ist. Dieses Gericht ist auch als Broletto Nuovo bekannt, im Gegensatz zum älteren Broletto Vecchio nahe dem Palazzo Reale. Unter den Säulengängen wurde Markt gehalten. Der Salone dei Giudici im ersten Stock war Gerichtssaal. Für das Gerichtsarchiv wurde das Haus 1773 um eine Etage aufgestockt.

Palazzo Reale, der heute für Ausstellungen genutzt wird

Hotels und Restaurants in der Altstadt *siehe Seiten 160 und 172f*

Der Brunnen auf der Piazza Mercanti – links der Palazzo delle Scuole Palatine

Mailänder teilnahmen, umgebaut. Die neoromanische Fassade stammt von 1897, der Innenraum ist vorwiegend barock. Hier befinden sich zwei Terrakotta-Gruppen von Agostino de Fondutis (16. Jh.), eine *Fußwaschung* sowie *Die Geißelung Christi mit Kaiphas und Petrus*. Von der einstigen Kirche (1030) ist nur die Krypta erhalten. Ihre Apsis birgt eine Skulpturengruppe der *Kreuzabnahme* der De-Fondutis-Schule.

Zur einen Seite des Platzes liegt die Loggia degli Osii (1316) von Matteo Visconti. Die Fassade zeigt die Wappen der Stadtteile und Statuen von 1330. Die Fassade des Palazzo delle Scuole Palatine (1645) schmücken Statuen des hl. Augustinus und des Dichters Ausonius. Im Palazzo dei Panigarola (rechts), der im 15. Jahrhundert umgebaut wurde, wurden Dokumente bewahrt. In der Platzmitte steht ein Brunnen (16. Jh.). In der Via Mercanti wird der Palazzo dei Giureconsulti von der Torre del Comune überragt, die 1272 von Napo Torriani erbaut wurde. An ihrem Fuß steht eine Statue des hl. Ambrosius.

Pinacoteca Ambrosiana ⑫

Siehe S. 56–59.

San Sepolcro ⑬

Piazza San Sepolcro. **Stadtplan** 7 B1 & 9 C4. Ⓜ *1, 3 Duomo.* 🚋 *2, 3, 14, 19, 16, 27.* ⏰ *Mo–Fr 12–14 Uhr.* ✝ *vor u. an Feiertagen 17 Uhr (Winter 12 Uhr).* ⌀

San Sepolcro wurde 1030 auf dem Areal des antiken Forum Romanum errichtet und 1100, zur Zeit des Zweiten Kreuzzugs, an dem viele

Palazzo Borromeo ⑭

Piazza Borromeo 7. **Stadtplan** 4 D4 & 10 D1. Ⓜ *1 Cordusio.* 🚋 *2, 3, 14, 19, 16, 27.* 🚌 *50, 54.* ⏰ *nur Innenhof.*

Die berühmte Stadtresidenz aus dem frühen 15. Jahrhundert wurde 1943 durch Bomben schwer beschädigt. Das einzige Originalelement des Hauses ist das Spitzbogenportal mit seinem Blattdekor und dem Wappen der Familie Borromeo. Der teilweise wiederaufgebaute zweite Hof enthält an drei Seiten Laubengänge. An der vierten Seite, zwischen den Ziegelfenstern, sieht man das Originaldekor mit dem Familienmotto *Humilitas*.

Dieser Hof führt zur Sala dei Giochi aus dem 15. Jahrhundert, die mit Fresken der damals bei der Aristokratie beliebten Spiele geschmückt ist, u. a. mit dem Wandbild *Tarockspiel* von einem Maler, der als Meister der Borromeo-Spiele bekannt ist. Der ursprünglich blau gemalte Himmel hat sich bei diesem Bild durch eine chemische Reaktion rot verfärbt.

Wappen der Familie Borromeo mit dem Motto *Humilitas*

San Giorgio al Palazzo ⑮

Piazza San Giorgio 2. **Stadtplan** 7 B1 & 9 B4. ☎ *02 86 08 31.* 🚋 *2, 3, 14, 20.* ⏰ *7.30–12, 15.30–19 Uhr.* ✝ *Mo–Fr 8, 18 Uhr, vor Feiertagen 18 Uhr, Feiertage 11, 18 Uhr.*

Die Kirche (Baubeginn um 750) wurde nach einem römischen *palatium* benannt, das einst hier stand. Sie wurde erst 1623, dann 1800–21 von Richini und Cagnola umgebaut, sodass von ihren römischen und romanischen Elementen wenig blieb. In der dritten Kapelle im rechten Schiff hängt ein Gemälde von Bernardino Luini (1516) mit Passionsszenen. In der Wölbung sieht man ein Kreuzigungsfresko.

Santa Maria presso San Satiro ⑯

Via Speronari 3. **Stadtplan** 7 B1 & 9 B3. ☎ *02 87 46 83.* Ⓜ *1, 3 Duomo.* 🚋 *2, 3, 14, 15, 16. ⏰ 7.30–11.30, 15.30–17.30 Uhr.* ✝ *Mo–Fr 7.45, 18 Uhr, vor Feiertagen 18 Uhr, Feiertage 11, 18 Uhr.*

Die Keimzelle dieser von Erzbischof Ansperto da Biassono gegründeten Kirche stammt aus dem Jahr 876. Reste aus dieser Zeit sind der Sacello della Pietà, eine Kapelle, die von Bramante im 15. Jahrhundert umgebaut wurde, und der lombardisch-romanische Glockenturm. 1478 bat man Bramante, die Kirche umzubauen, um ein Fassadenfresko zu retten, dem Wunderkräfte zugeschrieben wurden. Bramante versetzte es auf den Hochaltar, wobei er den Chor dahinter durch eine Trompe-l'Œil-Apsis aus Stuck und Fresken von nur 97 Zentimeter Größe schuf. Das Querschiff führt zur Kapelle San Satiro, die eine Terrakotta-*Pietà* (um 1482) enthält. Nicht versäumen sollten Sie das achteckige verzierte Taufbecken von de Fondutis im Schiff rechts.

Pinacoteca Ambrosiana ⓬

Die Gemäldegalerie Ambrosiana wurde 1618 von Kardinal Federico Borromeo gegründet, dem Vetter des hl. Karl und seinem Nachfolger im Amt des Erzbischofs von Mailand. Als Kunstkenner plante Borromeo die Pinakothek als Teil eines umfassenden Kulturprojekts, das aus der 1609 eröffneten Biblioteca Ambrosiana und der 1620 gegründeten Accademia del Disegno zur Ausbildung junger Künstler der Gegenreformation bestand. Die Galerie, die künftige Künstler inspirieren sollte, umfasste 172 Gemälde, die Borromeo zum Teil bereits gehörten, andere wurden nach sorgfältigen Recherchen von ihm erworben. Später wurde die Sammlung durch Privatstiftungen erweitert.

★ **Bild eines Musikers**
Dies ist das einzige Tafelbild, das Leonardo da Vinci in Mailand schuf. Es zeigt Franchino Gaffurio, den Hofkomponisten der Sforza.

Anbetung der Heiligen Drei Könige
Kardinal Borromeo sah dieses Gemälde von Tizian (1558 erworben) als Fundgrube für Maler an – »wegen der Vielfalt der dargestellten Dinge«.

NICHT VERSÄUMEN

★ Bild eines Musikers

★ Entwurf für die Schule von Athen

★ Madonna del Padiglione

★ Obstkorb

Die Bibliothek befindet sich im Erdgeschoss.

★ **Madonna del Padiglione**
Die jüngst erfolgte Restaurierung dieses Werks von Botticelli brachte auch seine meisterliche Maltechnik zutage.

KURZFÜHRER

Die berühmtesten Werke zeigt die Borromeo-Sammlung, die später durch wichtige Gemälde und Skulpturen des 15. und 16. Jahrhunderts erweitert wurde. Im Galbiati-Flügel sind Gemälde des 16. bis 20. Jahrhunderts zu sehen, zudem verschiedene Gegenstände, die Miniaturporträt-Sammlung Sinigaglia und wissenschaftliche Apparate des Museo Settala.

INFOBOX

Piazza Pio XI 2.
Stadtplan 7 B1 & 9 C3.
📞 02 80 69 21. Ⓜ 1, 3 Duomo, 1 Cordusio. 🚋 2, 3, 4, 14, 19, 24, 27. 🕐 Di–So 10–17.30 Uhr.
⬤ 1. Jan, Ostern, 1. Mai, 25. Dez. ♿ ⚙ teilweise. 🔲 🔼
👥 www.ambrosiana.it

Sala Nicolò da Bologna

San Sepolcro wurde dem Museum 1932 angegliedert.

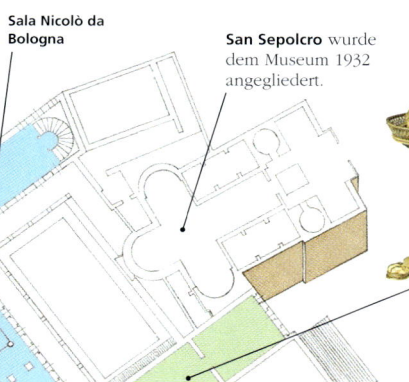

Tafelaufsatz mit Fischstillleben
Hier wird die kostbare Sammlung vergoldeter klassizistischer Bronzen gezeigt, die 1827 von Edoardo de Pecis gestiftet wurde.

LEGENDE

🟨	Borromeo-Sammlung und Gemälde (15./16. Jh.)
🟦	Galbiati-Flügel
🟩	De-Pecis-Sammlung/19. Jahrhundert
🟥	Skulpturen
🟨	Museo Settala

★ Obstkorb
Caravaggio malte dieses äußerst realistisch erscheinende Bild um 1594. Die Früchte spielen auf die Passion Christi an.

★ Entwurf für die Schule von Athen
Dies ist eine Vorarbeit für das Gemälde, das sich jetzt im Vatikan befindet. Raffael benutzte die Gesichter von Künstlern der Zeit: Leonardo erscheint z. B. als Aristoteles.

Pinacoteca Ambrosiana: Sammlungen

Bildnis eines jungen Mannes, Kopie des Bilds von Giorgione

Nach siebenjähriger schwieriger Restaurierung wurde die Pinacoteca, eines der schönsten Museen Mailands, im Oktober 1997 wiedereröffnet. Sie ist in einem Palazzo untergebracht, der 1611 von Fabio Mangone entworfen und im 19. Jahrhundert sowie erneut 1932 erweitert wurde, als man San Sepolcro eingliederte. Die neuen Räume wurden am 300. Todestag Federico Borromeos mit etwa 700 Gemälden eingeweiht, die in Reihen angeordnet waren oder auf Staffeleien standen. Heute umfasst die Pinacoteca, die durch Stiftungen noch umfangreicher wurde, 24 Räume.

Weihwasserbecken, Silber (18. Jh.)

BORROMEO-SAMMLUNG UND GEMÄLDE (15./16. JH.)

Der Rundgang beginnt im Atrium mit den Gipsabdrücken der Trajanssäule, die die Siege des Kaisers gegen die Dakier schildert. Im Treppenhaus gibt es Abgüsse der *Laokoon-Gruppe* und von Michelangelos *Pietà*. Die Räume 1, 4, 5, 6 und 7 enthalten die Borromeo-Sammlung mit vielen der bekanntesten Werke der Pinacoteca. Raum 1 mit Venezianern und dem Leonardo-Umkreis beginnt mit der *Heiligen Familie mit der hl. Anna und dem Johannesknaben* von Bernardino Luini (um 1520). Daneben hängt Tizians *Anbetung des Kindes* (1559/60), noch immer im Originalrahmen mit den geschnitzten Initialen von Henri II von Frankreich und seiner Gemahlin, die das Werk in Auftrag gaben. Die Hauptszene liegt links am Rand, während Tiere und kleinere Figuren die rechte Hälfte dieser ungewöhnlichen Komposition füllen. An der Wand gegenüber sieht man mehrere Porträts, darunter *Dame im Profil* von Ambrogio de Predis sowie *Der junge Johannes der Täufer* und *Segnender Christus* von Luini, schließlich Tizians *Mann in Rüstung*.

Die Räume 2 und 3 zeigen nach 1618 erworbene Werke. Eines ist Leonardo da Vincis *Bildnis eines Musikers* mit seinem neuartigen Dreivierrelprofil und dem intensiven Ausdruck. Es wurde wahrscheinlich Anfang 1485 gemalt. Neben diesem Meisterwerk hängen Botticellis *Madonna del Padiglione* mit seiner reichen Mariensymbolik und *Sacra Conversazione* von Bergognone (um 1485). Ein weiteres bedeutendes Werk ist *Anbetung des Kindes* aus der Werkstatt Domenico Ghirlandaios. Raum 3 zeigt den Leo-

Heilige Familie mit der hl. Anna und dem Johannesknaben von Bernardino Luini

nardo-Umkreis und lombardische Gemälde (15./16. Jh.), darunter Salainos *Johannes der Täufer*, dessen nach oben zeigender Finger auf das Kommen Christi anspielt. Daneben hängen drei Werke von Bartolomeo Suardi, besser bekannt als »il Bramantino«. Auf seiner *Madonna der Türme* (die vielleicht eine antihäretische Funktion hatte) sieht man neben der Jungfrau den hl. Ambrosius und den Erzengel Michael knien. Sie bringen dem Christuskind eine Seele dar.

Anbetung des Kindes, Werkstatt Domenico Ghirlandaios

Kopien nach Tizian und Giorgione sowie die *Ruhe auf der Flucht* von Jacopo Bassano (um 1547) sind Highlights in Raum 4. In Raum 5 hängt Raffaels berühmte Studie für *Die Schule von Athen*, der einzige bedeutende Renaissance-Entwurf, der erhalten geblieben ist. Kardinal Borromeo erwarb ihn 1626. Raffael führte ihn 1510 als Vorarbeit für das wunderbare Fresko im Vatikan aus. Den architektonischen Rahmen und die Figur des Heraklit (mit Michelangelos Gesicht), die nach der Vollendung des Freskos hinzugefügt wurden, zeigt der Entwurf allerdings nicht.

Eines der berühmtesten Werke des Museums, *Der Obstkorb*, hängt in Raum 6. Caravaggio malte das Stillleben Ende des 16. Jahrhunderts auf eine gebrauchte Leinwand. Die welken Blätter symbolisieren die Vergänglichkeit von Schönheit.

Die Sammlung flämischer Werke, u. a. von Paul Bril und Jan Brueghel, ist in Raum 7 zu bewundern, darunter Brueghels *Die Maus mit Rosen* und die *Allegorien des Wassers und des Feuers*, die Napoléon nach Frankreich verschleppte. Die Bilder wurden später zurückgegeben.

GALBIATI-FLÜGEL

Die Sala della Medusa und die Sala delle Colonne zeigen Renaissance-Gemälde und eine Sammlung von Exponaten, deren kurioseste Lucrezia Borgias blonde Haare und Napoléons Handschuhe sind.

Ein kurzer Durchgang führt in den Spiriti-Magni-Hof mit Statuen berühmter Künstler. Die drei Räume dahinter enthalten italienische und venezianische Gemälde des 16. Jahrhunderts, darunter eine *Verkündigung* von Bedoli (Raum 10), das *Bildnis des Michel de l'Hospital* von Giovan Battista Moroni (1554) und Morettos Altarbild *Martyrium des hl. Petrus von Verona* (um 1535, Raum 12). Diesen Raum, der als »Exedra« (Salon) bekannt ist, ziert ein Mosaik nach einer Miniatur von Simone Martini aus der von Petrarca kommentierten *Ilias* von Vergil in der Biblioteca Ambrosiana.

Italienische und flämische Malerei des 16. und 17. Jahrhunderts präsentiert die Sala Nicolò da Bologna im Obergeschoss, darunter eine unvollendete *Magdalena* (1640–42) von Guido Reni. Lombardische Malerei des 17. Jahrhunderts hängt in den Räumen 14, 15 und 16, darunter ein *Stillleben mit Musikinstrumenten* von Evaristo Baschenis und Morazzones *Anbetung der Könige*. In den folgenden Räumen sind Werke von Francesco Cairo und Daniele Crespi sowie eine *Magdalena* von Giulio Cesare Procaccini zu sehen. Bilder von Magnasco, Magatti, Fra Galgario und Londonio repräsentieren in Raum 17 das 18. Jahrhundert. Highlights sind die beiden Werke von Tiepolo nahe dem Eingang.

19. JAHRHUNDERT UND DE-PECIS-SAMMLUNG

Die Räume 18 und 19 bilden mit der Stiftung von Giovanni Edoardo de Pecis von 1827 die größte Abteilung der Pinacoteca Ambrosiana. Sie besteht vorwiegend aus italienischer und flämischer Malerei und enthält eine Reihe kleiner klassizistischer Bronzen und ein von römischen Porträtbildern inspiriertes *Selbstporträt* des Bildhauers Antonio Canova. Den Abschluss bilden Gemälde aus dem 19. und frühen 20. Jahrhundert, darunter Werke von Andrea Appiani (*Bildnis Napoléons*), Bianchi und Francesco Hayez. Emilio Longoni ist mit seinem Meisterwerk *Von der Schule ausgeschlossen* (1888) vertreten.

Raum 21 zeigt deutsche und flämische Kunst sowie

Lucrezia Borgias Haar

das *Dante-Glasfenster* von Giuseppe Bertini, dem Glaskünstler des Doms. Das Fenster stammt von 1865 und stellt den Autor der *Göttlichen Komödie* dar, umgeben von seinen Figuren und der Jungfrau Maria über ihm.

Flachreliefs für Gräber von »il Bambaia«

SKULPTUREN

Raum 22 ist der Plastik vorbehalten: Hier gibt es Stücke der römischen Antike, der Romanik und Renaissance, dazu die hocheleganten Flachreliefs von Agostino Busti (»il Bambaia«), die um 1516 für das Grab von Gaston de Foix geschaffen wurden.

MUSEO SETTALA

Der letzte Raum enthält die umfangreiche, 1751 erworbene Sammlung, die Manfredo Settala, ein exzentrischer Liebhaber von wissenschaftlichen Instrumenten, exotischen Tieren, Halbedelsteinen, Fossilien, Möbeln, Gemälden und Büchern, zu einer Art »Kuriositätenschau« zusammengetragen hat.

BIBLIOTECA AMBROSIANA

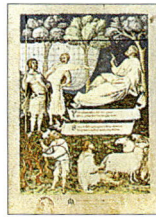

Vergil-Miniatur von Simone Martini

Die Ambrosiana, eine der ersten öffentlichen Bibliotheken, besitzt über 750 000 Bände, darunter 2500 Inkunabeln und 35 000 Manuskripte, etwa die *Ilias Picta* (5. Jh.), eine von Petrarca kommentierte und von Simone Martini illuminierte Abschrift von Vergils Werk, ein Band von Aristoteles mit Anmerkungen von Boccaccio sowie syrische, arabische, griechische und lateinische Texte. Zudem gibt es über 1000 Seiten von Leonardos *Codex Atlanticus*, der 1637 erworben, 1796 von Napoléon geraubt und 1815 teilweise zurückgegeben wurde. Als die Bibliothek 1609 eröffnet wurde, war sie mit Fußschemeln ausgestattet, um Leser vor den kalten Böden zu schützen.

NORDWESTEN

Als im 14. Jahrhundert mit dem Bau des Castello Sforzesco begonnen wurde, befand sich das Areal außerhalb der Stadtmauer und war bewaldet. Nach dem Abbruch der spanischen Mauern (Anfang 19. Jh.) wurde für das Gebiet ein neuer Plan ausgearbeitet, aber nur zum Teil realisiert. Ziel war es, mit dem Bau des Arco della Pace und einer Reihe eleganter Gebäude, die man als Büros, Luxuswohnungen, Märkte und Theater nutzen wollte, ein imposantes Viertel zu schaffen. Um 1900 war die Via Dante, die zum Castello führt, fertig, ebenso das Wohnviertel des Corso Magenta um Santa Maria delle Grazie. Heute findet man auch zwei Theater im Nordwesten Mailands: Dal Verme (1872) und das 1947 gegründete Piccolo Teatro.

Personifizierung eines Flusses, Detail des Arco della Pace (Friedensbogen)

ANFAHRT

Zur Fieramilanocity (Amendola fieramilanocity) und zum Castello (Cairoli) fährt die Metro (Linien 1 und 2). Trams halten an der Piazza Cordusio. Tram 16 führt zu Santa Maria delle Grazie und zum Meazza-Stadion.

LEGENDE

- Detailkarte *Siehe S. 62f*
- **M** Metro-Station
- 🚕 Taxi

SEHENSWÜRDIGKEITEN AUF EINEN BLICK

Park
Parco Sempione ❷

Straßen, Plätze und historische Gebäude
Arco della Pace ❺
Arena Civica ❹
Castello Sforzesco S. 64–67 ❶
Certosa di Garegnano ❿
Corso Magenta ⓬

Corso Sempione ❼
Palazzo Litta ⓭
Piazza Affari ⓲
Piazza Cordusio ⓱
Via Brisa ⓰

Öffentliche Gebäude
Acquario Civico ❸
Fieramilanocity ❽
Giuseppe-Meazza-Stadion ❾

Kirchen
San Maurizio ⓯
Santa Maria delle Grazie S. 71–73 ⓫

Museen und Sammlungen
Civico Museo Archeologico ⓮
Triennale Design Museum ❻

◁ **Der Salone degli Specchi im Palazzo Litta** *(siehe S. 74)*, ein Paradebeispiel des lombardischen Stils (18. Jh.)

Im Detail: Um das Castello Sforzesco

Wappen der Visconti

Castello Sforzesco und Parco Sempione sind das Resultat von Umgestaltungen und Rekonstruktionen des späten 19. Jahrhunderts. Der Architekt Luca Beltrami konnte den Abbruch der Burg verhindern, indem er sie in ein Museum umbaute. Er restaurierte viele Originalteile. Kurz nach 1800 wurden der Arco della Pace und die Arena im Parco Sempione errichtet, der von Emilio Alemagna als englischer Garten angelegt wurde. Zur Eröffnung der Galleria del Sempione fand 1906 eine internationale Ausstellung statt, auf der man neue Produkte präsentierte, die später bekannte italienische Haushaltswaren-Marken wurden.

Arena Civica
Das 1806 erbaute Amphitheater nutzte man auch für Bootsausstellungen – es wurde mit Wasser aus den Navigli gefüllt. ❹

★ **Parco Sempione**
Der 47 Hektar große Park im Stil eines englischen Gartens wurde 1893 von Emilio Alemagna entworfen. In ihm stehen historische Gebäude und Monumente. ❷

Corso Sempione
Napoléon ließ die Prachtstraße, die zum Castello führt, nach dem Vorbild der Champs-Elysées in Paris bauen. ❼

VIALE BARBA

VIALE BYRON

VIALE MALTA

PIAZZALE SEMPIONE

VIALE ALEMAGNA

★ **Arco della Pace**
Der Friedensbogen wurde nach dem Vorbild des Triumphbogens des Septimius Severus errichtet, um Napoléons Siege zu feiern. Enthüllt wurde er aber erst von Franz I. anlässlich des 1815 verkündeten Friedens. ❺

NICHT VERSÄUMEN

★ Arco della Pace

★ Castello Sforzesco

★ Parco Sempione

Hotels und Restaurants im Nordwesten *siehe Seiten 160f und 173*

Acquario Civico
*Das städtische Aqua-
rium wurde 1906
gebaut. Es enthält noch
den ursprünglichen
Fliesen- und Relief-
schmuck.* ❸

Das Foro Buonaparte
ist ein halbkreis-
förmiger Boulevard
mit Gebäuden aus
dem späten 19. Jahr-
hundert.

ZUR ORIENTIERUNG
Siehe Stadtplan, Karten 2, 3, 9

LEGENDE

– – – Routenempfehlung

Die Via Dante ist eine elegante
Fußgängerzone und eine der
wenigen Straßen, in der man
draußen sitzen und etwas
trinken kann.

**Triennale Design
Museum**
*Das Triennale Design Mu-
seum im Palazzo dell'Arte
zeigt Design, Mode und
Kunsthandwerk.* ❻

★ Castello Sforzesco
*Die Burg, ein Wahrzeichen
Mailands, war anfangs der
Sitz der Visconti, die sie
1368 erbauten und Castello
di Porta Giovia nannten,
später Sitz der Sforza, die
das Kastell verschönerten
und zu einer prächtigen
Renaissance-Residenz
umbauten.* ❶

0 Meter   400

Stadtplan *siehe Seiten 224–237*

Castello Sforzesco ❶

Galeazzo il Visconti ließ die Festung 1368 errichten, noch im 14. Jahrhundert bauten Gian Galeazzo und Filippo Maria Sforza sie zu einem imposanten Herzogspalast aus. Dieser wurde 1447 während der Ambrosianischen Republik teilweise zerstört. Francesco Sforza, der 1450 Mailand regierte, und sein Sohn Lodovico il Moro wandelten ihn zu einem der prachtvollsten Renaissance-Höfe Italiens um, an dem Bramante und Leonardo da Vinci weilten. Unter den Spaniern und Österreichern verfiel das Castello allmählich, da es seine ursprüngliche militärische Funktion zurückerhielt. Der Architekt Luca Beltrami rettete es vor der Zerstörung, restaurierte es von 1893 bis 1904 und wandelte es in ein bedeutendes Museum um.

**Umberto I,
Torre del Filarete**

★ Trivulzio-Gobelins
Die zwölf von Bramantino entworfenen Gobelins mit Monaten und Tierkreiszeichen sind Meisterwerke italienischer Textilkunst.

In der Torre Castellana
verwahrte Lodovico il Moro seine Schätze. Der Turm wurde von einer Argus-Gestalt auf einem Fresko von Bramante am Eingang zur Sala del Tesoro »bewacht«.

Der Cortile della Rocchetta
war bei Belagerungen die letzte Zuflucht. Seine drei einst ausgemalten Säulenumgänge wurden von Filarete, Ferrini und Bramante gebaut. Im ältesten Flügel (1456–66) gegenüber dem Eingang zum Corte Ducale wohnten Lodovico und seine Frau, ehe er Herzog wurde.

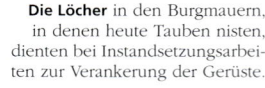

Die Löcher in den Burgmauern, in denen heute Tauben nisten, dienten bei Instandsetzungsarbeiten zur Verankerung der Gerüste.

Porta Vercellina
Von dem mächtigen Bau, der einst das Santo-Spirito-Tor schützte, sind nur noch Ruinen vorhanden.

Cappella Ducale

In der Herzogskapelle sind Originalfresken erhalten, die Stefano de Fedeli und Bonifacio Bembo 1472 für Galeazzo Maria Sforza malten. An der Decke sieht man eine Auferstehung und an der Wand links vom Eingang eine Verkündigung mit Heiligen als Zuschauern.

INFOBOX

Piazza Castello. **Stadtplan** 3 B5 & 9 B2. 02 88 46 37 00. 1 Cairoli–Cadorna, 2 Lanza–Cadorna. 1, 3, 4, 12, 14, 20, 27. 18, 50, 57, 58, 61, 94. **Castello** tägl. 7–19 Uhr (Winter bis 18 Uhr). **Musei Civici** 02 88 46 37 03. Di–So 9–17.30 Uhr. 1. Jan, Ostern, 1. Mai, 25. Dez. teilweise. www.milanocastello.it

Corte
Ducale

★ **Sala delle Asse**
Die Pergola, die wie ein Raum im Freien gemalt ist, schuf Leonardo 1498. Der Raum heißt nach den Brettern (asse), die einst die Wände verkleiden sollten.

★ **Pietà Rondanini**
Michelangelos letztes Werk, das in den Civiche Raccolte steht, wurde mehrmals verändert und blieb unvollendet. Der linke Arm von Christus und ein anderer Winkel von Marias Gesicht, von rechts sichtbar, gehören zur ersten Version.

NICHT VERSÄUMEN

★ Pietà Rondanini

★ Sala delle Asse

★ Trivulzio-Gobelins

La Torre Filarete stürzte 1521 ein, als das darin verwahrte Schießpulver explodierte. Der Turm wurde 1905 von Luca Beltrami nach Filaretes Originalplänen für den zentralen Burgturm wiederaufgebaut.

Städtische Museen im Castello Sforzesco: Rundgang

Seit 1896 sind im Castello Sforzesco die Städtischen Museen mit einer der größten Kunstsammlungen Mailands ansässig. Der Corte Ducale birgt die Raccolte d'Arte Antica, die Gemälde- und Skulpturengalerie sowie die Möbelsammlung, die Rocchetta präsentiert Kunsthandwerk (Keramiken, Musikinstrumente und Gold) und die Trivulzio-Gobelins. Das Archäologische Museum, Briefmarkensammlungen und die Sammlung Achille Bertarelli mit über 700 000 Stichen und Büchern befinden sich ebenfalls hier, zudem die Kunstbibliothek, die Biblioteca Trivulziana, eine Sammlung von Handzeichnungen und die Schule für Werbegrafik.

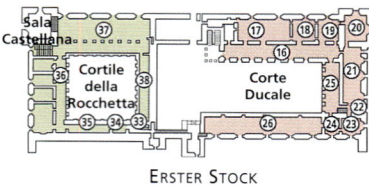

Relief der Heiligen Drei Könige, Antelami-Schule (12. Jh.)

CIVICHE RACCOLTE D'ARTE ANTICA

Die Exponate aus den Sammlungen antiker Kunst sind chronologisch (außer in Raum 6) angeordnet. Die Räume blicken auf den Corte Ducale, wo im Pusterla-dei-Fabbri-Untergeschoss (14. Jh.), das nach seiner Zerstörung 1900 wiederaufgebaut wurde, Skulpturen (4.–6. Jh.) zu sehen sind. In Raum 1 ① stehen der Lambrate-Sarkophag (Ende 4. Jh.)

und eine Büste der Kaiserin Theodora (6. Jh.). Raum 2 ② zeigt romanische Skulpturen und solche aus dem Besitz der Campi-Familie mit einem Atlas aus dem frühen 12. Jahrhundert. Das Relief der Heiligen Drei Könige stammt aus der Schule Benedetto Antelamis, des großen Bildhauers und Baumeisters des 12. Jahrhunderts. Die Hauptattraktion aber ist das *Mausoleum des Bernabò Visconti*, 1363 von Bonino da Campione für den Herzog von Mailand geschaffen. Der Herzog ist als Reiter zwischen der Weisheit und der Tapferkeit dargestellt, auf dem Sarkophag selbst sind Passionsszenen zu sehen. Raum 3 ③ hat ein Fenster mit

Mausoleum des Bernabò Visconti

einem toskanischen *Segnenden Christus* (14. Jh.). Raum 4 ④ ist Giovanni di Balduccio gewidmet und zeigt Fragmente aus der Fassade von Santa Maria di Brera (14. Jh.). Ein Durchgang führt dann zur Cappelletta ⑤ mit einem hölzernen Kruzifix (14. Jh.).

Raum 6 ⑥ enthält Reliefs aus der Porta Romana (1171), welche die *Die Rückkehr der Mailänder nach ihrer Vertreibung durch Barbarossa* und *Sant'Ambrogio verjagt die Arianer* zeigen. In Raum 7 ⑦ sieht man den *Gonfalone* (Fahne) von Mailand, er wurde 1566 von Giuseppe Meda mit Szenen aus dem Leben des hl. Ambrosius gestaltet. An den Wänden hängen flämische Teppiche (17. Jh.). Die Sala delle Asse ⑧ ist wegen ihrer schönen Deckenfresken (1498) von Leonardo da Vinci bekannt, die trotz des schlechten Zustands den Dekorationsstil der Sforza veranschaulichen.

Die Brücke über den Burggraben ⑨/⑩ zeigt Lünetten von Agostino Busti (»il Bambaia«). Es folgt die Sala dei Ducali ⑪, benannt nach dem Wappen der Sforza auf blauem Grund. Die Skulpturen (15. Jh.) werden von Agostino di Duccios

GRUNDRISS CASTELLO SFORZESCO

Sala Castellana

Cortile della Rocchetta

Corte Ducale

ERSTER STOCK

ERDGESCHOSS

Cortile della Rocchetta

Corte Ducale

Torre Bona Savoia

Piazza d'Armi (Haupthof)

Sammlung Bertarelli

ZWEITER STOCK

LEGENDE

Civiche Raccolte d'Arte Antica

Sammlung angewandter Kunst

Möbel, Gemäldegalerie

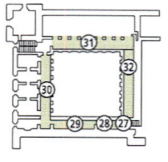
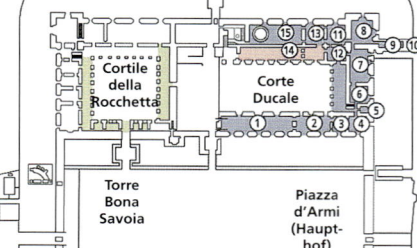

Die Rüstungssammlung in der Sala Verde

Relief *Der hl. Sigismund auf Reisen* aus dem Malatesta-Tempel in Rimini dominiert. Links führt eine Tür zur Cappella Ducale ⑫ mit einer zopftragenden *Madonna del Coazzone* (15. Jh.), ein Werk, das Pietro Antonio Solari zugeschrieben wird. Das Deckengemälde zeigt eine *Auferstehung* (um 1472) von Bonifacio Bembo und Stefano de' Fedeli.

Skulpturen (spätes 15. Jh.) findet man in der Sala delle Colombine ⑬ mit dem Visconti-Wappen und deren Familienmotto *A Bon Droit*. Antonio Mantegazzas *Kniende Apostel* gehört zu den schönsten Werken. Das in der Sala Verde ⑭ gezeigte Portal von 1463 wird Michelozzo zugeschrieben. Hier sind auch schöne Rüstungen zu sehen.

Die Sala degli Scarlioni ⑮ zeigt zwei weltberühmte Skulpturen: Gaston de Foix' Grabmal mit herrlichen Reliefs und Michelangelos *Pietà Rondanini*. Ersteres hat Agostino Busti («il Bambaia») zur Erinnerung an den Heldentod des französischen Hauptmanns 1512 gestaltet. Hinter einer Wand steht Michelangelos unvollendetes Meisterwerk, an dem er noch wenige Tage vor seinem Tod 1564 arbeitete (begonnen 1552/53): Die stehende Maria stützt den Leichnam ihres Sohnes.

Man verlässt das Castello durch den Cortile della Fontana, wo das einzige erhaltene Originalfenster zu sehen ist.

MÖBELSAMMLUNG UND PINACOTECA

Die Möbelsammlung zeigt unter dem Titel «Von den Sforza zum Design» die Entwicklung des Mailänder Möbelhandwerks ⑯, ⑰, ⑱ und ⑲. Hier sind Exponate vom 15. bis zum 20. Jahrhundert zu sehen, darunter frühe herzogliche und Kirchenmöbel (15./16. Jh.), barocke Intarsienarbeiten und Stücke des Mailänder Adels. Die Sammlung endet mit Exponaten von wichtigen Mailänder Designern wie Gio Ponti und Ettore Sottsass.

Die Gemäldegalerie beherbergt Bilder von der Mitte des 15. Jahrhunderts bis zum 18. Jahrhundert in chronologischer Hängung. Sie beginnt in Raum 20, dem einstigen

Thronende Madonna mit Heiligen von Andrea Mantegna

Falknerturm ⑳ mit italienischen Gemälden aus dem 14./15. Jahrhundert. Die folgenden beiden Räume ㉑/㉒ zeigen Werke von Mailänder Künstlern wie Vincenzo Foppa. Raum 23 ㉓ enthält Highlights wie Mantegnas *Thronende Madonna mit Heiligen* (1497), Antonello da Messinas *Hl. Benedikt* (ca. 1470–73), Lorenzo Venezianos *Auferstehung* (1371), Giovanni Bellinis *Madonna mit Kind* (ca. 1460–65) und Filippo Lippis *Madonna* (1430). Raum 24 ㉔ zeigt Correggios *Porträt eines lesenden Mannes* zusammen mit Beispielen des Manierismus, einer Kunstrichtung der Renaissance. In Raum 25 ㉕ sind venezianische Gemälde zu sehen, darunter Berühmtheiten von Tizian und Tintoretto, die im Gegensatz zu Bildern der Schulen von Brescia und Bergamo aus dem 16. Jahrhundert stehen. In Raum 26 ㉖, dem früheren Salone della Cancellaria, hängen einige Werke der «Pest-Maler», etwa Mazzuchelli (il Morazzone) und Crespi (il Cerano). Die Ausstellung endet mit zwei Ansichten Venedigs von Canaletto.

SAMMLUNG ANGEWANDTER KUNST

Im ersten Stock befindet sich auch die Sammlung alter Musikinstrumente ㊱ und ㊳, u. a. mit einem flämischen Doppelvirginal. Zwischen den zwei Räumen liegt die große Sala della Balla (Ballsaal) ㊲, mit den grandiosen Trivulzio-Gobelins (1503–09) von Bramantino, die die Monate abbilden. Im zweiten Stock (Räume 28–32) gibt es eine große Sammlung italienischer und europäischer Gläser, Keramiken, Majoliken und Porzellan, außerdem: Kostüme, Elfenbein, Goldschmuck und wissenschaftliche Instrumente. Im Keller logiert das Archäologische Museum: Die Abteilung *Ritrovare Milano* zeigt römische Exponate und besitzt eine prähistorische sowie eine ägyptische Abteilung mit Totenkult-Objekten, darunter auch ein Grabmal von ca. 640 v. Chr.

Parco Sempione ❷

Piazza Castello–Piazza Sempione
(8 Zugänge zum Park). **Stadtplan**
2 F3–4, 3 A3–4, 9 A1. Ⓜ *1 Cadorna, Cairoli, 2 Lanza, Cadorna.* Ⓕ *Ferrovie Nord, Cadorna.* 🚊 *1, 3, 4, 12,
14, 27, 29, 30.* 🚌 *43, 57, 61, 70,
94.* ⚪ *März, Apr: 6.30–21 Uhr;
Mai: 6.30–22 Uhr; Juni–Sep: 6.30–
23.30 Uhr; Okt: 6.30–21 Uhr; Nov–
Feb: 6.30–20 Uhr.*

Der Park umfasst ein Ge-
biet von etwa 47 Hektar,
gleichwohl ist dies nur ein
Teil des ehemaligen herzoglichen Parks der Visconti. Er
wurde im 15. Jahrhundert von
den Sforza erweitert, um ein
300 Hektar großes Jagdrevier
zu schaffen. Unter spanischer
Herrschaft war das Areal zum
Teil verlassen. Bald nach 1800
wurde daraus ein Exerzier-
feld, das sich bis zum Arco
della Pace erstreckte. Die
heutige Anlage ist das Werk
Emilio Alemagnas, der sie
1890–93 im Stil eines englischen Gartens entwarf. Im
Zweiten Weltkrieg wurde der
Park für Weizenanbau ge-
nutzt. Später erlangte er seine
frühere Pracht zurück und
wurde zum Lieblingsplatz der
Einheimischen, vor allem im
Frühling und Sommer, wenn
zahlreiche Veranstaltungen
stattfinden. Nachts ist hier
allerdings Vorsicht geboten.
   Zwischen den Bäumen sieht
man das Denkmal von Na-
poléon III (von Francesco
Barzaghi), de Chiricos Kon-
struktion *Rätselhafte Bäder*,
die Schwefelwasserquelle
nahe der Arena und die Torre
del Parco, einen Turm aus
Stahlrohren von 1932, nach
einem Entwurf von Gio Ponti.

Acquario Civico ❸

Via Gadio 2. **Stadtplan** 3 B4 & 9 B1.
📞 *02 88 46 57 54.* Ⓜ *2 Lanza.* 🚊
3, 4, 7, 12, 14. 🚌 *43, 57, 70.* ⚪
Di–So 9–13, 14–17.30 Uhr. 📷 *nach
Vereinbarung (02 89 01 07 95).*

Das städtische Aquarium
wurde von Sebastiano
Locati für die Nationalausstel-
lung 1906 gebaut. Es ist als
einziges Gebäude der
Ausstellung übrig
geblieben. In
36 Becken tum-
meln sich rund
100 Arten
(Fische, Kreb-
se, Mollusken
und Stachel-
häuter), die für
das Mittelmeer
und die italieni-
schen Binnen-
gewässer ty-
pisch sind.
Auch seltene tropische Fisch-
arten sind zu sehen.
   Das Aquariumsmuseum ist
Sitz der Hydrobiologischen
Station mit einer Spezialbibliothek. Der Bau selbst ist
purer Jugendstil. Er ist mit
Richard-Ginori-Fliesen und

**Meerestiere als Schmuck
an der Fassade des Aquariums**

Statuen von Wassertieren geschmückt, die von Oreste
Labòs Neptunstatue dominiert
werden.

Arena Civica ❹

Via Legnano, Viale Elvezia. **Stadtplan** 3 A–B3. Ⓜ *2 Lanza.* 🚊 *3, 4,
12, 14.* 🚌 *57.* ⚪ *nur zu Ausstellungen u. Veranstaltungen.*

Das eindrucksvolle klassizistische Amphitheater,
1806 von Luigi Canonica erbaut, sollte – mit dem Arco
della Pace, den Caselli Daziari
und dem Foro Buonaparte –
im Gebiet um das Castello
Sforzesco in ein monumenta-
les Behördenzentrum
umgestaltet werden.
Napoléon wohnte
der Einweihung
der Arena bei,
zu den kultu-
rellen und sport-
lichen Ereignis-
sen damals
zählten Pferde-
rennen, römische
Wagenrennen,
Heißluftballon-
fahrten und See-
schlachten. Mit
30 000 Sitzplätzen war die
Arena auch Fußballstadion,
bevor das San-Siro-Stadion
(heute Giuseppe-Meazza-Stadion; *siehe S. 70*) entstand. In
der Arena finden nun Leicht-
athletikwettkämpfe, Konzerte
und Hochzeitsfeiern statt.

Parco Sempione: im Vordergrund der künstliche See, im Hintergrund der Arco della Pace

Hotels und Restaurants im Nordwesten *siehe Seiten 160f und 173*

Arco della Pace ❺

Piazza Sempione. **Stadtplan** 2 F3.
🚊 1, 29, 30. 🚌 61. ⬤ wg. Renovierung geschlossen.

Im Jahr 1807 begann Luigi Cagnola mit der Arbeit an Mailands bedeutendstem klassizistischen Monument zur Feier der Siege Napoléons, das zunächst Siegesbogen hieß. Der Bau wurde jedoch unterbrochen und erst 1826 von Franz I. von Österreich wiederaufgenommen, der die Themen der Reliefs abändern ließ, um stattdessen an den Frieden von 1815 zu erinnern. Der Friedensbogen wurde am 10. September 1838 anlässlich der Krönung von Kaiser Ferdinand I. zum König der Lombardei eingeweiht. Der Bogen ist mit Crevola-Marmor verkleidet und mit Reliefs geschmückt, die Ereignisse aus der Restauration nach Napoléons Sturz schildern. Am Fuß des Bogens finden sich Personifizierungen von Flüssen: Po, Ticino, Adda und Tagliamento.

Oben steht der gewaltige bronzene Siegeswagen mit vier Siegesgöttinnen zu Pferde von Abbondio Sangiorgio. Der Wagen fuhr zunächst Richtung Frankreich, doch als die Stadt an Österreich fiel, wurde er in Richtung Stadtzentrum gedreht. Der Arco della Pace war 1861 – nach der Vereinigung Italiens – Schauplatz des triumphalen Einzugs von Vittorio Emanuele II nach Mailand.

Der von Bäumen gesäumte Corso Sempione

Die Pferde auf dem Arco della Pace, jedes in einem Stück gegossen

Triennale Design Museum ❻

Viale Alemagna 6. **Stadtplan** 3 A4.
📞 02 72 43 41. Ⓜ 1–2 Cadorna.
🚌 61, 94. 🕐 Di–So 10.30–20.30 Uhr (Do bis 23 Uhr). 🅰️ ♿
📧 🌐 www.triennaledesign
museum.it

Der Palazzo dell'Arte an der südwestlichen Seite des Parco Sempione wurde 1932/33 von Giovanni Muzio als Ausstellungsbau für die Internationale Ausstellung Dekorativer Künste errichtet. 1923 wurde die Triennale als Design-Show gegründet, um die Künste und das Kunsthandwerk in Italien zu fördern. Sie spielte seither auch eine Rolle für Entwicklungen in der Architektur.

Das Gebäude beherbergt heute das Triennale Design Museum mit einer Dauerausstellung und Sonderausstellungen zu Mailänder und neuestem Design. Zudem gibt

Obelisk vor dem Palazzo dell'Arte

es einen guten Buchladen und eine Forschungsbibliothek. Das DesignCafé bietet preisgekrönte Küche. Gleich beim Museum steht das Teatro dell'Arte, das 1960 restauriert wurde.

Corso Sempione ❼

Stadtplan 2 D1, E2, F3. 🚊 1, 19, 29, 30, 33. 🚌 43, 57.

Nach dem Vorbild der Pariser Boulevards war der Corso Sempione das erste Teilstück einer Straße, die Napoléon bauen ließ, um die Stadt mit dem Lago Maggiore, der Schweiz und über den Simplonpass mit Frankreich zu verbinden. Der erste Teil ab dem Arco della Pace ist Fußgängerzone. Der Corso wird von Häusern vom Ende des 19. und Anfang des 20. Jahrhunderts gesäumt und ist heute die Hauptverkehrsstraße im Viertel. Der obere Teil (zum Park hin) ist elegant und wird von Läden, Bars und Lokalen sowie von Mailänder Banken und der RAI (in Nr. 27) gesäumt. Nr. 36 gegenüber ist ein 1935 von Giuseppe Terragni und Pietro Lingeri entworfenes Wohnhaus, eines der ersten Beispiele »rationalistischer« Architektur in Mailand. Die Via Canova und Via Melzi d'Eril kreuzen den Corso. Von jeder Ecke hat man einen anderen Blick auf den Arco della Pace.

Fieramilanocity **8**

Largo Domodossola 1. **Stadtplan**
1 C3. 02 499 71. FAX 02 49 97
76 05. M 1 Amendola fieramilanocity. 19, 27. 48, 68, 78.
Zubringer vom Flughafen Linate.
ATM-Busse (gratis). nur zu Veran-
staltungen.
www.fieramilano.it

San-Siro-Stadion, heute nach dem Fußballer Giuseppe Meazza benannt

Die Fiera Campionaria (Mustermesse) wurde 1920 gegründet, um den heimischen Markt nach dem Krieg zu beleben. Zunächst fand sie an den Wällen der Porta Venezia statt. 1923 zog sie auf den Exerzierplatz hinter dem Castello Sforzesco um. Sie erhielt feste Pavillons, von denen einige im Zweiten Weltkrieg viele beschädigt oder zerstört wurden. Einige Jugendstil-Gebäude am Eingang Via Domodossola sowie der Palazzo dello Sport (1925) sind erhalten. Der alte Haupteingang blickt auf die Piazza Giulio Cesare mit dem Vier-Jahreszeiten-Brunnen (1927).

Die Fiera di Milano ist inzwischen zum Symbol für Mailänder Unternehmergeist und eines der führenden Messezentren Europas geworden – mit jährlich 78 internationalen Ausstellungen, 2,5 Millionen Besuchern und 31 000 Ausstellern.

Spezialmessen finden seit 2005 im neuen Zentrum Fieramilano in Rho nordwestlich von Mailand statt. Es gibt Pläne für eine Erweiterung des Baus für die Expo 2015.

Fassade der Certosa di Garegnano (1608)

Giuseppe-Meazza-Stadion (San-Siro-Stadion) **9**

Via Piccolomini 5. 02 48 79 82
76. M 1 Lotto; Shuttlebus für Spiele
von Inter u. AC Milan. 16. **San-**
Siro-Museum Eingang: Tor 14.
02 404 24 32. tägl. 10–17 Uhr.
www.sansirotour.com
www.sansiro.net

Logo der
Fiera di Milano

Italiens Top-Stadion ist nach dem Fußballer Giuseppe Meazza benannt, der sowohl für Inter als auch für AC Milan spielte. Es ist noch immer unter seinem alten Namen San Siro, nach dem umgebenden Viertel, bekannt. Das Stadion wurde 1926 erbaut, in den 1950er Jahren auf 85 000 Sitze erweitert und 1990 renoviert: Ein weiterer Ring mit Sitzplätzen und ein Dach kamen hinzu *(siehe Unterhaltung S. 202f)*. Das Stadion und die Umkleidekabinen können bei einer Tour besichtigt werden.

Certosa di Garegnano **10**

Via Garegnano 28. 02
38 00 63 01. 14.
tägl. 7–12, 15–19 Uhr.
8.30, 10, 11.15, 18 Uhr.

Die Kirche bildet das Zentrum des bedeutenden, Mariä Himmelfahrt geweihten Kartäuserklosters, das 1349 von Erzbischof Giovanni Visconti gegründet wurde. Traurigen Ruhm erlangte die Certosa durch den Abriss des Hauptkreuzgangs wegen der Autobahn A4.

Der Hof ist von eindrucksvoller Größe. Um ihn sind die Mönchshäuser, jedes mit einem Küchengarten, gruppiert. Die Ordensregeln verlangten, dass jeder Mönch für sich lebte. Die Anlage wurde 1562 im Stil der Spätrenaissance umgebaut. Die Fassade von 1608 wurde mit Obelisken und Statuen geschmückt, eine Marienstatue überragt das Ganze. Ein Atrium mit Säulengängen und einer exedraförmigen Vorhalle bildet eine harmonische Einstimmung auf die Anlage.

Im 16. Jahrhundert gestaltete Vincenzo Seregni den Innenraum der Kirche. Ein Tonnengewölbe mit Blendarkaden überwölbt das seitenchorlose Schiff. Berühmt sind die Fresken von Daniele Crespi, einem führenden lombardischen Künstler (17. Jh.). Angeblich malte er den Zyklus *Die Legende von der Ordensgründung*, um den Mönchen für die Zuflucht zu danken, die sie ihm nach einer Mordanklage gewährten. Der Zyklus beginnt am ersten Bogen rechts, setzt sich an der Wand hinter der von Simone Peterzano entworfenen Fassade fort und wird an der Decke in vier Medaillons weitergeführt. In der ersten Nische links sieht man im Selbstporträt Crespis als Horn blasender Diener mit Jahreszahl (1629) und seiner Signatur auf einer Volute.

Simone Peterzano malte die Fresken in Chor und Apsis (1578): Szenen aus dem Leben Mariä. In der Kapelle rechts gibt es zwei makabre Bilder (17. Jh.), die den Novizen die verschiedenen Torturen zeigten, die sie bei der Missionsarbeit erleiden konnten. Beim Hinausgehen sieht man rechts einen Kreuzgang (14. Jh.), den einzigen Überrest des früheren Klosters.

Hotels und Restaurants im Nordwesten *siehe Seiten 160f und 173*

Santa Maria delle Grazie ⓫

Piazza Santa Maria delle Grazie.
Stadtplan 2 F5. ☎ *02 46 76 11-1.*
Ⓜ *1, 2 Cadorna, 1 Conciliazione.*
🚊 *16.* ◯ *tägl. 7–12, 15–19 Uhr.*
✝ *vor Feiertagen 18.30 Uhr, Feiertage 8, 9.30, 10.30, 11.30, 18.30, 20 Uhr.*

Der Bau der berühmten Kirche begann 1463. Sie wurde von Guiniforte Solari entworfen und 1490 vollendet. Zwei Jahre später bat Lodovico il Moro Bramante, die Kirche in ein Familienmausoleum umzubauen: Solaris Chorteil wurde abgerissen und durch eine Renaissance-Apsis ersetzt. Nach Lodovicos Sturz 1500 setzten die Dominikaner die Ausschmückung der Kirche fort. Später unterstützte sie das Inquisitionsgericht, das 1558 hierhergezogen war. Restaurierungen fanden im späten 19. Jahrhundert statt. 1943 wurde der Hauptkreuzgang zerstört, doch die Apsis und der Raum mit Leonardos *Letztem Abendmahl* blieben wie durch ein Wunder heil. Seither wurde ständig restauriert.

Solaris mächtige Backsteinfassade lohnt einen längeren Blick. Das Portal stammt von Bramante. Es besitzt einen von korinthischen Säulen getragenen Vorbau, dessen Lünette ein Gemälde Leonardos mit der Madonna zwischen Lodovico und seiner Frau, Beatrice d'Este, ziert.

Auch die Seiten und die Apsis sind interessant. Beim Eintritt in die Kirche bemerkt man sofort den Unterschied zwischen Solaris Kirchenschiff, in dem mit seinen reichen Fresken und den Spitzbogenfenstern die lombardische Gotik nachklingt, und Bramantes Apsis, die größer, lichter und fast schmucklos ist. Die beiden Kirchenteile spiegeln Bramantes Einfluss wider. Er führte den Renaissance-Stil ein, der in der Toskana und Umbrien im frühen 15. Jahrhundert vorherrschte. Die durchgehende Bemalung der Wände des Längsschiffs führten Bernardino Butinone und Donato Montorfano 1482–86 aus.

Die Cappella della Torre ist die erste im rechten Längsschiff. Der Altar zeigt ein Fresko (15. Jh.), links befindet sich das Grabmal von Giacomo della Torre mit Reliefs (1483) der Brüder Cazzaniga. Die vierte Kapelle, der hl. Corona geweiht, hat Fresken von Gaudenzio Ferrari, die nächste eine *Kreuzigung* von Giovanni Demio (1542).

Die nur mit Sgraffiti-Malerei verzierte Apsis (zur Erhaltung der Reinheit des Baukörpers) ist ein Würfel, der von einer

Das Mittelschiff von Santa Maria delle Grazie

Halbkugel gekrönt wird. Sie wurde für das Grabmal Lodovico il Moros und Beatrice d'Estes errichtet, das von Cristoforo Solari gestaltet wurde – doch sein Werk kam nie in Santa Maria delle Grazie an (es befindet sich in der Certosa di Pavia). Der Kuppelschmuck ist reich an Mariensymbolen, während die Kirchenväter in den Rundfeldern in den Gewölbezwickeln Platz gefunden haben. Schön sind die Schnitzereien des mit Intarsien versehenen Chorgestühls. An den Wänden darüber sieht man dominikanische Heilige.

Eine Tür rechts führt in den kleinen Kreuzgang, der wegen der Frösche *(rane)* im mittleren Becken Chiostrino delle Rane heißt. Von hier aus geht es in die Sakristei mit bemalten Schränken, von denen einer den Geheimgang verbirgt, durch den Lodovico vom Castello herüberkam.

In der Kirche zeigt die Cappella della Madonna delle Grazie im Nordschiff ein Fresko von Cerano auf den Türbogen: *Die Madonna befreit Mailand von der Pest* (1631). Das Altarbild *Madonna delle Grazie* stammt aus dem 15. Jahrhundert. Die sechste Kapelle zeigt die *Heilige Familie mit der hl. Katharina* von Paris Bordone, die erste beherbergt den Mantel der hl. Katharina von Siena.

Kreuzgewölbe mit Fresko, Santa Maria delle Grazie

Die von Guiniforte Solari gestaltete Fassade von Santa Maria delle Grazie

Leonardo da Vincis *Letztes Abendmahl*

Das Meisterwerk im Refektorium von Santa Maria delle Grazie wurde 1495–97 für Lodovico il Moro gemalt. Leonardo stellt den Moment dar, als Jesus eben den Satz gesagt hat: »Einer unter euch wird mich verraten.« Er hält die Bestürzung in Gesichtern und Körpersprache äußerst realistisch fest. Das Bild ist kein echtes Fresko, sondern Secco-Malerei (auf trockenem Mauerwerk), was Leonardo mehr Zeit ließ, um subtile Nuancen zu schaffen. Der Raum wurde in napoleonischer Zeit als Stall benutzt und 1943 durch Bomben beschädigt. Das Werk wurde gerettet, da es durch Sandsäcke geschützt war.

Lodovico il Moro

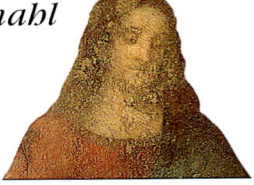

Jesus Christus
Die Gelassenheit Jesu hebt sich gegen die Erregung der Jünger ab. Der halb geschlossene Mund zeigt: Er hat eben gesprochen.

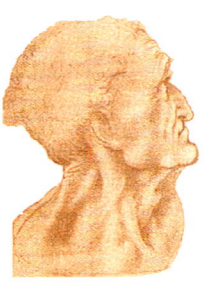

Das Letzte Abendmahl
ist berühmt für die gestikulierenden Hände der Jünger. Die Gesten sind so harmonisch und ausdrucksstark, dass man meinen könnte, sie »reden«.

Judas
Außerstande, ein wirklich böses Gesicht für Judas zu finden, wählte Leonardo das des Priors des Klosters, der unentwegt fragte, wann das Werk fertig sein werde.

Der Apostel Andreas drückt mit erhobenen Händen sein Entsetzen über die Worte Jesu aus.

Die Kreuzigung von Montorfano
Die Dominikaner baten Donato Montorfano, auf die Wand gegenüber eine Kreuzigung zu malen, um Christi Opfertod darzustellen. Man sieht die verzweifelte Magdalena das Kreuz umklammern, während die Soldaten rechts um den Mantel Jesu würfeln. Leonardo fügte unter dem Kreuz die – jetzt fast unsichtbaren – Bildnisse von Lodovico il Moro, seiner Frau Beatrice und ihrer Kinder hinzu, signiert und auf das Jahr 1495 datiert.

RESTAURIERUNG

Nicht Feuchtigkeit, sondern die von Leonardo gewählte Secco-Technik verursachte den sofortigen Verfall des *Abendmahls*. Schon 1550 nannte es Giorgio Vasari »einen

verwirrenden Farbklecks« und hielt das Werk für verloren. Es gab viele Versuche, das *Abendmahl* zu restaurieren, zuerst 1726, doch mit Retuschen wurde weiterer Schaden angerichtet. Der siebte und jüngste Versuch endete im Frühjahr 1999. Durch moderne Techniken gelang es, den Verfall des UNESCO-Welterbes aufzuhalten.

Zur Restaurierung benutztes Material

INFOBOX

Piazza Santa Maria delle Grazie 2.
Stadtplan 2 F5. Ⓜ *1, 2 Cadorna.*
🚎 *16.* ◑ *Di–So nur mit tel. Voranmeldung unter 02 89 42 11 46 (Hochsaison mehrere Wochen vorher anrufen).* ● *Feiertage, 1. Mai, 15. Aug.* 📷 ♿ 🚫 📷
www.cenacolovinciano.org

Tischtuch und Geschirr wurden denjenigen im Kloster nachempfunden – so als säße Jesus mit den Mönchen am Tisch.

Skizzen der Apostel
Leonardo suchte in ganz Mailand nach Modellen für die Gesichter der Jünger. Von den vielen Skizzen zeigt diese Jakobus d. Ä. (heute in der Royal Library in Windsor).

JESUS UND DIE APOSTEL

1	Jesus	8	Johannes
2	Thomas	9	Petrus
3	Jakobus d. Ä.	10	Judas
4	Philippus	11	Andreas
5	Matthäus	12	Jakobus d. J.
6	Thaddäus	13	Bartholomäus
7	Simon		

Corso Magenta  ⓬

Stadtplan 3 A5 & 9 A3. Ⓜ *1 Conci-liazione, 1, 2 Cadorna.* 🚋 *16, 19, 20.* 🚌 *58.*

Corso Magenta ist eine fas-zinierende Straße mit ele-ganten Läden und histori-schen Gebäuden. Sie liegt in einer der schönsten und vor-nehmsten Gegenden. Das Haus Nr. 65, gleich hinter Santa Maria delle Grazie, ent-hält Reste der von Luini deko-rierten Atella-ni-Villa, in der Leonardo wäh-rend seiner Arbeit am *Letzten Abend-mahl* wohnte. Piero Porta-luppi erbaute 1919 Haus Nr. 65. Im Garten dahin-ter gibt es ei-nige Wein-

Schild der Kondi-torei Marchesi auf dem Corso

stöcke, die angeblich noch von den Weinbergen sind, die Lodovico il Moro dem Künst-ler schenkte. Das Nachbar-haus (Nr. 61), der Palazzo delle Stelline, einst ein Wai-senhaus für Mädchen, ist jetzt ein Kongresszentrum. An der Ecke via Via Carducci, die dem Lauf des zugeschütteten Naviglio-Kanals folgt, liegt die Bar Magenta *(siehe S. 186),* ein hübsches Café mit edlem Dekor. Das mittelalterliche Stadttor Porta Vercellina stand einst an dieser Kreuzung.

Palazzo Litta ⓭

Corso Magenta 24. Stadtplan 3 A5 & 9 A3. Ⓜ *1, 2 Cadorna.* 🚋 *16, 19, 20.* 🚌 *18.* 🔲 *nur bei Veranstal-tungen.*

Der Palazzo, eines der schönsten Beispiele lom-bardischer Architektur des 18. Jahrhunderts, wurde 1648 von Francesco Maria Richini für den Grafen Bartolomeo Arese gebaut. Ende des 17. Jahrhunderts wurden die Innenräume verschönert, 1763 errichtete Bartolomeo Bolli auf Wunsch der Erben, der Litta Visconti Arese, die spät-

Die Sala Rossa im Palazzo Litta, in dem Napoléon zu Besuch weilte

barocke rosa Fassade. Das Portal wird von mächtigen Telamoniern flankiert. Seit 1905 ist das Gebäude Sitz der Staatlichen Eisenbahn.

Innen gibt es einige pracht-voller Räume, die auf einen Hof (17. Jh.) blicken. Die breite Treppe, 1740 von Carlo Giuseppe Merlo entworfen und mit kostbarem Marmor und dem Familienwappen (schwarze und weiße Karos) verziert, besitzt einen zentra-len Doppellauf. Sie führt zum *piano nobile,* wo einer der Räume wegen seiner roten Tapete (nicht mehr original) Sala Rossa heißt. Im Fußbo-den ist eine Perle eingelassen, um an die Träne zu erinnern, die von Herzogin Litta bei einem Treffen mit Napoléon vergossen worden sein soll.

Daneben liegt der Salone degli Specchi, der durch die großen Wandspiegel ins Un-endliche vergrößert zu sein scheint. Die Deckenmalerei fertige Martin Knoller an. Der Salotto della Du-chessa ist der einzige Raum des Palazzo, der noch Tapeten aus dem 18. Jahrhun-dert aufweisen kann. Das Teatro Litta, links vom Palazzo, ist das älteste Theater der Stadt.

Civico Museo Archeologico ⓮

Corso Magenta 15. **Stadtplan** 3 A5 & 9 A3. 🄲 *02 86 45 00 11.* Ⓜ *1, 2 Cadorna.* 🚋 *16, 19, 20.* 🚌 *18, 50, 58, 94.* 🔲 *Di–So 9–13,14– 17.30 Uhr.* ♿ *vorher anrufen.* 📷

Das Archäologische Muse-um lohnt wegen seiner Funde und des einzigen noch vorhandenen Stücks der römi-schen Stadtmauer einen Be-such. Am Eingang liegt ein riesiger Stein vom Val Camo-nica *(siehe S. 155)* mit Gravu-ren aus der Bronzezeit. Es folgt ein Modell des römi-schen Mailand. Der Rundgang beginnt in der Halle rechts mit Keramiken, darunter einer Sammlung Öllampen. Es fol-gen römische Skulpturen. Eines der interessantesten Stücke unter den Porträts aus der Zeit Cäsars bis zur Spät-antike (1.–4. Jh. n. Chr.) ist das *Bildnis Maximins* (Mitte 3. Jh. n. Chr.). Am Ende des

Römischer Sarkophag eines Rechtsanwalts, Civico Museo Archeologico

Raums steht das riesige Fragment eines Herkules-Torsos von den Mailänder Thermen (2. Jh. n.Chr.). Danach kann man Bodenmosaiken (3. Jh. n.Chr.) bewundern, die in Mailänder Häusern gefunden wurden.

Am Fenster befinden sich zwei der wichtigsten Stücke: die Parabiago-Patera und der Diatreta-Becher. Die Patera (Mitte 4. Jh. n.Chr.) ist ein vergoldeter Silberteller mit einem Relief der triumphierenden Göttin Kybele, Mutter der Götter. Sie thront auf einem Streitwagen, der von Löwen gezogen wird, umgeben von Sonne, Mond sowie Gottheiten des Meeres und Tierkreises. Der Diatreta-Becher aus der gleichen Zeit stammt aus Novara und besteht aus einem einzigen Stück farbigem Glas mit fein gearbeitetem, verschlungenem Dekor. Um den Becher läuft die Inschrift *Bibe vivas multis annis* (»Trinke und du wirst lange leben«). Links vom Eingang befinden sich lombardische Funde (6. Jh.).

Die Eingangshalle führt in einen zweiten Hof mit der Torre di Ansperto, einem römischen Turm der antiken Maximinian-Mauern. Im Keller gibt es eine Sammlung attischer Gefäße mit roten und schwarzen Figuren. Die Ausstellung endet mit einer Sammlung etruskischer Stücke.

Stele mit Porträts, Museo Archeologico

San Maurizio ⑮

Corso Magenta. **Stadtplan** 3 A5 & 9 A3. ☎ 02 86 66 60 (Santa Maria alla Porta). Ⓜ 1, 2 Cadorna. 🚋 16, 19, 20. 🚌 50, 58. ◷ Di–So 9–12, 14–17 Uhr. ✝ Mo–Fr 18 Uhr, So 10.15 Uhr (griechisch-albanisch).

Gian Giacomo Dolcebuono begann 1503 mit dem Bau im Auftrag des mächtigsten geschlossenen Benediktinerinnenordens Mailands. Die Kirche war in einen Teil für Laien und einen für die Nonnen getrennt. In der ersten Halle, rechts vom Altar, sieht man die Öffnung, durch die die Nonnen die Kommunion erhielten. Die Bilder stammen meist von Bernardino Luini. Er malte die Fresken in der ersten Halle, darunter das *Leben der hl. Katharina* (dritte Kapelle rechts), und die an der Mittelwand. Die zweite Kapelle rechts vom Eingang wurde von Callisto Piazza ausgemalt, die Kapellen links von Schülern Luinis. Das Altarbild, eine *Anbetung der Könige*, stammt von Antonio Campi. Die Mittelwand der zweiten Halle, die vom Chor eingenommen wird, zeigt Fresken von Foppa, Piazza, eine Bramantino zugeschriebene *Verkündigung* sowie Szenen der *Passion*. Im Winter gibt es hier Konzerte.

Römische Ruinen in der Via Brisa

Via Brisa ⑯

Stadtplan 7 B1 & 9 B3. Ⓜ 1, 2 Cadorna. 🚋 16, 19, 20. 🚌 50, 58.

Ausgrabungen nach der Bombardierung von 1943 brachten hier römische Ruinen zutage, die wahrscheinlich zu Maximins Kaiserpalast gehörten: das Fundament einer Rundhalle mit Narthex, umgeben von apsidialen Hallen. Zwischen den Säulen unter dem Fußboden kam warme Luft in den Palast.

Piazza Cordusio ⑰

Stadtplan 7 C1 & 9 C3. Ⓜ 1 Cordusio. 🚋 16, 19, 27.

Der ovale Platz wurde nach der *Curtis Ducis* benannt, dem Hauptsitz des lombardischen Herzogtums. Das Viertel, Mailands Finanzdistrikt, wurde 1889–1901 angelegt. Die interessanten Gebäude am Platz sind Luca Beltramis Assicurazioni Generali, die Casa Dario und der Hauptsitz des Credito Italiano von Luigi Broggi.

Piazza Affari ⑱

Stadtplan 7 B1 & 9 B3. Ⓜ 1 Cordusio. 🚋 16, 19, 27.

Der Platz ist Herz des Finanzviertels und wurde 1928–40 für die Märkte der Stadt (vor allem für Lebensmittelmärkte) angelegt. Die Borsa Valori, die wichtigste Börse Italiens, steht hier. Sie wurde 1808 gegründet und hat seit 1931 ihren Sitz in einem Bau von Paolo Mezzanotte. Bei den Ausschachtungsarbeiten fand man Ruinen eines römischen Theaters (1. Jh. v.Chr.).

Die 1931 errichtete Mailänder Börse an der Piazza Affari

SÜDWESTEN

Deckenmosaik, Sant'Ambrogio

Einst bedeckten Kloster-anlagen das Areal und verhinderten bis ins 19. Jahrhundert eine weitere Bebauung. Die Säkularisierung der Klöster Ende des 18. Jahrhunderts ermöglichte die Urbanisierung des Raums zwischen den mittelalterlichen und den Spanischen Mauern, die von breiten Straßen, dem Corso Italia und Corso di Porta Ticinese, gekreuzt wurden. Hinter der Porta Ticinese liegt der Corso San Gottardo. Das Gebiet wird von der inneren Ringstraße umsäumt, die dem Verlauf der mittelalterlichen Mauern folgt, und der äußeren, die die Spanischen Mauern ersetzte. Weiter südwestlich liegt das Naviglio-Viertel mit Naviglio Grande und Pavese, den letzten Spuren des einstigen Kanalnetzes für Handel und Verkehr. Der Marmor zum Bau des Doms und – nach dem Krieg – das Material für den Wiederaufbau wurde auf Kähnen über den Naviglio Grande transportiert.

SEHENSWÜRDIGKEITEN AUF EINEN BLICK

Kirchen

San Bernardino alle Monache ❺
San Lorenzo alle Colonne S. 80f ❶
San Paolo Converso ⓬
San Vittore al Corpo ❽
Sant'Alessandro ⓭
Sant'Ambrogio S. 84– 87 ❻
Sant'Eustorgio ❿
Santa Maria presso San Celso ⓫

Straßen, Plätze und historische Gebäude

Largo Carrobbio und Via Torino ❸
Piazza della Vetra und Porta Ticinese ❷
Via Circo ❹

Museen und Sammlungen

Museo Diocesano ❾
Museo Nazionale della Scienza e della Tecnica ❼

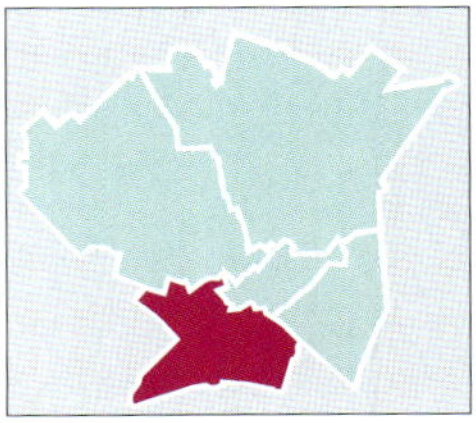

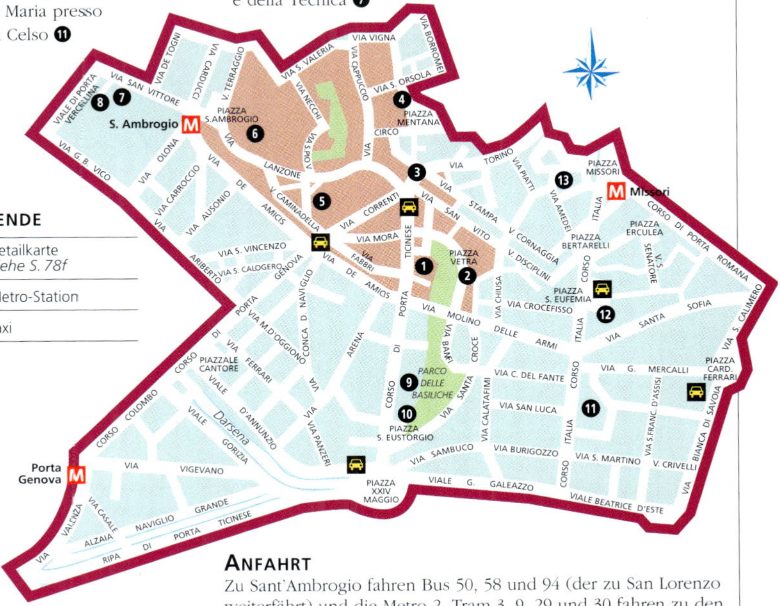

LEGENDE

	Detailkarte *Siehe S. 78f*
M	Metro-Station
🚕	Taxi

ANFAHRT

Zu Sant'Ambrogio fahren Bus 50, 58 und 94 (der zu San Lorenzo weiterfährt) und die Metro 2. Tram 3, 9, 29 und 30 fahren zu den Navigli, wobei die 3 durch die Linien 2 und 14 mit der Via Torino verbunden wird. Metro-Linie 3 (Missori), Tram 15, 16 und 24 sowie Bus 77 und 94 halten am Corso di Porta Romana.

◁ **Der Antiquitätenmarkt** *(siehe S. 188)* auf dem Treidelpfad des Naviglio Grande (jeden letzten Sonntag im Monat)

Im Detail: Von Sant'Ambrogio bis San Lorenzo

Statue, Università Cattolica

Das Gebiet vor den römischen Mauern nahmen einst frühchristliche Friedhöfe und Bauwerke der römischen Kaiserzeit wie die Arena und der Circus ein. Zwar ist wenig davon erhalten, doch das wenige ist bedeutend, insbesondere die Säulen der Bogen am Eingang zur Basilika San Lorenzo. Neun italienische Könige wurden vom 9. bis 15. Jahrhundert in Sant'Ambrogio gekrönt, vier liegen hier begraben. Nach ihrer Krönung im Dom kamen 1805 Napoléon und 1838 Ferdinand von Österreich nach Sant'Ambrogio. Am 7. Dezember, dem Tag des hl. Ambrosius, findet hier der Jahrmarkt *Oh bej Oh bej* (im Mailänder Dialekt »wie schön«) statt.

Via Circo
Hier fand man die Reste eines römischen Circus, der öffentlichen Vergnügungen diente. ❹

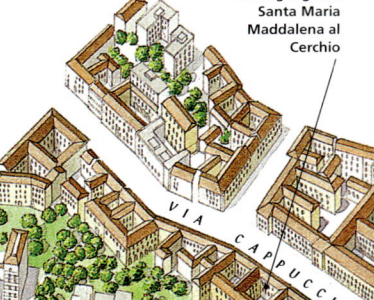

Kreuzgang von Santa Maria Maddalena al Cerchio

Die Università Cattolica (1921) befindet sich in der 1497 von Bramante erbauten Abtei Sant'Ambrogio und den Kreuzgängen.

VIA CAPPUCCIO

VIA NECCHI

VIA SAN PIO V

Der Tempio della Vittoria, 1930 von Giovanni Muzio errichtet, erinnert an die 10 000 im Ersten Weltkrieg gefallenen Mailänder.

PIAZZA SANT'AMBROGIO

VIA LANZONE

VIA ORAZ

★ **Sant'Ambrogio**
Die Kirche, im 4. Jahrhundert vom hl. Ambrosius erbaut, enthält Meisterwerke wie die San-Vittore-Mosaiken und den Goldenen Altar. ❻

San Bernardino alle Monache
Die Kirche wurde 1450 für die Franziskanerinnen erbaut. Die Fassade ist mit Majolikaschalen verziert. ❺

0 Meter   100

Hotels und Restaurants im Südwesten *siehe Seiten 161f und 173–175*

Largo Carrobbio
Der Name der Kreu-
zung am Ende der
Via Torino kommt
wahrscheinlich von
quadrivium*: ein Ort,*
an dem vier Stra-
ßen zusammen-
treffen. ❸

ZUR ORIENTIERUNG
Siehe Stadtplan, Karten 7, 8

Ein Turm der römischen
Porta Ticinese steht etwas
versteckt im Hof eines
Hauses zwischen der
Via del Torchio und der
Via Medici.

Am Largo
Carrobbio befindet
sich in der kleinen
säkularisierten Kir-
che San Sisto das
Museo Messina.

Piazza della Vetra
Von hier hat man einen guten
Blick auf die Apsiden von San
Lorenzo und Sant'Eustorgio.
Bis 1840 fanden auf dem
Platz Hinrichtungen statt. ❷

VIA TORINO

LARGO
CAR-
ROBBIO

VIA SAN VITO

VIA PIO IV

VIA CESARE CORRENTI

PORTA TICINESE

VIA MORA

VIA DE AMICIS

VIA MOLINO DELLE ARMI

LEGENDE

--- Routenempfehlung

NICHT VERSÄUMEN

★ San Lorenzo
   alle Colonne

★ Sant'Ambrogio

Die mittel-
alterliche
Porta Ticinese

Die 16 korinthischen
Säulen stammen wohl
von einem antiken Tem-
pel (2.–3. Jh. n.Chr.).

★ San Lorenzo alle Colonne
Die prächtige Basilika aus dem
4. Jahrhundert besteht aus
einem überkuppelten Haupt-
bau mit einer Reihe von
kleineren Gebäuden aus
verschiedenen Epochen. ❶

Stadtplan *siehe Seiten 224–237*

San Lorenzo alle Colonne ❶

San Lorenzo (4. Jh.) ist einer der ältesten christlichen Zentralbauten und könnte die Kapelle der antiken Kaiserpfalz gewesen sein. Zum Bau der Kirche wurde Material eines nahe gelegenen römischen Amphitheaters verwendet. Der Grundriss mit Apsiden und Frauenemporen unterscheidet sich von der lombardischen Architektur und deutet auf römische Architekten und Steinmetze. Manche Kunsthistoriker nehmen zudem auch byzantinische Einflüsse wahr. Nach mehreren Bränden wurde die Kirche im 11. und 12. Jahrhundert wiedererrichtet, ebenso nach dem Einsturz der Kuppel 1573, doch der originale Vierblattgrundriss blieb jeweils erhalten. Die Kapelle Sant'Aquilino enthält einige der bedeutendsten Mosaiken Norditaliens.

Cappella di San Sisto
Die Kapelle wurde im 17. Jahrhundert von Gian Cristoforo Storer ausgemalt.

Ein Relief über dem Eingang zeigt den hl. Lorenzo, der im 3. Jahrhundert über glühenden Kohlen starb (ein häufiges Motiv in der Kirche).

Hauptportal

★ Römische Säulen
Die 16 korinthischen Säulen aus dem 2. bis 3. Jahrhundert waren Teil eines unbekannten Tempels und wurden im 4. Jahrhundert hier aufgestellt.

Statue Konstantins
Die Bronzefigur ist die Kopie einer römischen Statue von Kaiser Konstantin, der 313 n. Chr. mit dem Edikt von Mailand die Christenverfolgung beendete.

Die Kuppel ist die größte Mailands. Sie ruht auf einem achteckigen, von acht Fenstern erhellten Tambour. Nach dem Einsturz 1573 wurde sie von Martino Bassi wiedererbaut.

Die kopfstehende Säule war ein Symbol des Christentums, das sich aus den Ruinen des Heidentums erhebt.

INFOBOX

Corso di Porta Ticinese 39.
Stadtplan 7 B2 & 9 B5. 02 89 40 41 29. 3 Missori. 3. 94. tägl. 7.30–12.30, 14.30–18.45 Uhr. Mo–Fr 18 Uhr, Feiertage 9.30, 11.30, 16 (auf Philippinisch), 18 Uhr.
Cappella di Sant'Aquilino tägl. 9–18.30 Uhr.
www.sanlorenzomaggiore.com

★ **Cappella di Sant'Aquilino**
Die Kapelle und die Mosaiken Elias auf dem Feuerwagen *und* Christus mit den Aposteln *stammen aus dem 5. Jahrhundert.*

Byzantinischer Sarkophag

Hinter dem Altar führt eine Treppe zur Krypta, in der Steine aus dem Amphitheater verbaut wurden.

Die Presbyterien (17. Jh.) wurden von Trezzi und R.chini errichtet. Sie sollten ursprünglich mit den Säulen verbunden werden, um die Form des ant:ken Quadriportikus aufzunehmen.

GRUNDRISS

Der Großteil der Mauern, Türme und drei Kapellen stammen aus dem 4. Jahrhundert. Die oberen Teile der Türme sind romanisch. Die Kuppel wurde um 1600 erneuert. Die Fassade errichtete Cesare Nava 1894.

LEGENDE

☐ Frühchristlich

☐ Mittelalterlich mit modernen Teilen

☐ Romanisch

NICHT VERSÄUMEN

★ Cappella di Sant'Aquilino

★ Römische Säulen

Die Piazza della Vetra zwischen San Lorenzo und Sant'Eustorgio

Piazza della Vetra und Porta Ticinese ❷

Stadtplan 7 B2 & 9 B5. ⊞ 2, 3, 14. 🚌 94.

Die große Grünanlage, die von einer Säule mit der Statue des hl. Lazarus (1728) beherrscht wird, heißt auch Parco delle Basiliche, da sie zwischen den Basiliken San Lorenzo und Sant'Eustorgio liegt. Der Name »Vetra« kommt wohl vom lateinischen *castra vetera*, was wahrscheinlich auf die römischen Militärlager anspielte, die sich hier zum Schutz des nahen Kaiserpalasts befanden. Vetra hieß auch ein Kanal an der Nordseite des Platzes, der von Gerberläden *(vetraschi)* gesäumt war. Bis 1840 wurden hier verurteilte Bürgerliche öffentlich gehängt, Adlige dagegen wurden vor dem Gericht, dem Broletto *(siehe S. 54)*, geköpft.

In römischer Zeit lag hier, wo die Flüsse Seveso und Nirone zum schiffbaren Vettabbia-Kanal zusammenflossen, ein kleiner Hafen.

Ein Besuch des Platzes lohnt schon wegen des Blicks auf die Apsiden der beiden Basiliken. Im 12. Jahrhundert, als die Stadtmauern erweitert wurden, um San Lorenzo mit einzuschließen, wurde das römische Tor am heutigen Largo Carrobbio durch die »neue« Porta Ticinese ersetzt. Ein Wassergraben floss um die neuen Mauern und an der heutigen Via Molino delle Armi entlang. Diese war nach den Wassermühlen benannt, die vor allem zum Waffenschmieden dienten. Die Porta Ticinese wurde nach 1329 von Azzone Visconti umgebaut und mit einem Tabernakel aus der Werkstatt von Giovanni di Balduccio versehen, der *Madonna mit Kind und dem hl. Ambrosius, der das Modell der Stadt darbringt* (14. Jh.). Dieses Stadttor – neben der Porta Nuova auf der Via Manzoni das einzige noch existierende – wurde im Jahr 1865 mit zwei Türmen befestigt.

Detail des Tabernakels der Porta Ticinese: *Madonna mit Kind und dem hl. Ambrosius* (Werkstatt Giovanni di Balduccio)

Largo Carrobbio und Via Torino ❸

Stadtplan 7 B2 & 9 B4. ⊞ 2, 3, 14 **Museo Messina** Via San Sisto 4. 📞 02 86 45 30 05. ⏰ Do 14–17.30 Uhr. ⏺ 1. Jan, Ostern, 1. Mai, 15. Aug, 25. Dez. ⊘ ♿

Der große Carrobbio-Platz, der Via Torino und Corso di Porta Ticinese verbindet, ist entweder nach *quadrivium*, der Kreuzung von vier Straßen, oder nach *carrubium*, einer Karren vorbehaltenen Straße, benannt. Einer der Türme der römischen Porta Ticinese steht noch an der Ecke Via Medici und Via del Torchio. Der Name des Tors kam daher, dass es sich auf die Straße nach Pavia öffnete, das in alten Zeiten *Ticinum* hieß.

An der Kreuzung Via San Sisto steht die säkularisierte Barockkirche

Weiblicher Akt von Francesco Messina (1967)

San Sisto. 1976 wurde sie die Galerie-Werkstatt des Bildhauers Francesco Messina (der 1990 starb). Heute zeigt sie seine Bronzen und farbigen Gipsskulpturen sowie grafische Arbeiten.

Hotels und Restaurants im Südwesten *siehe Seiten 161f und 173–175*

Der Largo Carrobbio liegt am einen Ende der Via Torino. Sie ist eine wichtige Geschäftsstraße, die sich nach der Verschmelzung der alten Stadtviertel entwickelte, in denen es von Ölhändlern, Seidenwebern, Hutmachern und berühmten Waffenschmieden wimmelte, wie man an den Namen einiger Straßen sehen kann.

Der von Massimiliano Stampa erbaute Palazzo Stampa (16. Jh.) steht in der Via Soncino. Als die Sforza-Dynastie 1535 ausstarb, führte Stampa die spanische Herrschaft in der Stadt ein, indem er im Tausch gegen Land und Privilegien die Fahne Karls V. auf dem Castello Sforzesco hisste. Der Kaiseradler auf der Bronzekugel als Zeichen der Herrschaft Karls V. steht heute noch auf dem Turm.

Kreuzgang in Santa Maria Maddalena al Cerchio

Via Circo ❹

Stadtplan 7 B1 & 9 B4. 🚊 2, 3, 14.

Zwischen Largo Carrobbio und Corso Magenta gibt es viele Überbleibsel aus dem 3. bis 4. Jahrhundert, vor allem Mosaiken und Steinmetzarbeiten, von denen heute einige zu Privathäusern gehören. Dies war die Zeit, als der römische Kaiser Maximian in Mailand nahe der Via Brisa einen prächtigen Palast besaß. Um aus der Stadt eine kaiserliche Kapitale zu machen, ließ er verschiedene öffentliche Gebäude errichten: Arena, Thermen und den riesigen Circus für Pferdewagenrennen. Der 505 Meter lange Circus war einer der größten im Römischen Reich. Erhalten sind nur die Endkurve (an der Kreuzung Via Cappuccio und Via Circo) und einer der Eingangstürme, der zum Glockenturm von San Maurizio am Corso Magenta wurde.

Im Circus, der noch lange nach dem Untergang des Römischen Reichs intakt war, fand 615 die Krönung des Langobardenkönigs Adaloaldo statt. In karolingischer Zeit wurde aus ihm ein Weinberg, wie der Name der nahen Via Vigna belegt. In der Via Cappuccio 7 wurde in den Palazzo Litta Biumi (18. Jh.), links vom mittleren Hof, das Nonnenkloster Santa Maria Maddalena al Cerchio (15. Jh.) integriert, das teilweise wiederaufgebaut worden ist. Sein Name, eine Verfälschung des lateinischen *ad circulum*, bezieht sich auf den Circus, über dem es erbaut wurde. Der Name der Straße, in der das Kloster liegt, geht wahrscheinlich auf die Nonnenhaube *(cappuccio)* zurück. Nr. 13, der Palazzo Radice Fossati (ein Privathaus) mittelalterlichen Ursprungs, besitzt ein Portal aus dem 13. und im Inneren Fresken aus dem 18. Jahrhundert.

Über die Via Sant'Orsola kommt man zur Via Morigi, die nach der berühmten Mailänder Familie benannt ist, die hier residierte. Von ihrer Residenz ist ein Turm mit einer kleinen Loggia (14. Jh.) erhalten. Der nahe Platz wird von der Torre dei Gorani beherrscht, einem Turm aus dem 14. Jahrhundert, der von einer Loggia mit kleinen steinernen Säulen gekrönt wird.

Fresko aus der Schule Vincenzo Foppas (15. Jh.)

San Bernardino alle Monache ❺

Via Lanzone 13. **Stadtplan** 7 A1 & 9 A4. 🕿 02 86 45 19 48 (Kulturverein Amici di San Bernardino). 🚊 2, 3, 14. ◯ Fr 16–18, So 10–12 Uhr.

Die Kirche, das einzige erhaltene Gebäude eines Franziskanerinnenklosters aus der Mitte des 15. Jahrhunderts, wird dem lombardischen Architekten Pietro Antonio Solari zugeschrieben. Sie wurde nach dem Prediger Bernardino da Siena benannt, dessen Reliquien hier verwahrt sind. 1922 wurde sie teilweise umgebaut. Die schmale Ziegelfassade ist mit Majolikaschalen und einem kunstvollen Gesims mit kleinen Bogen verziert.

Im Inneren sieht man Fresken aus der Schule Vincenzo Foppas (15. Jh.) sowie aus dem frühen 16. Jahrhundert. Sehenswert ist das Bildnis *Madonna mit Kind und der hl. Agnes.*

Teil der Kurve des Circus, den der römische Kaiser Maximian gegen Ende des 3. Jahrhunderts n. Chr. bauen ließ

Sant'Ambrogio ❻

Detail des Apsismosaiks

Bischof Ambrogio (Ambrosius) ließ die Basilika 379–386 auf einer frühchristlichen Grablege errichten. Sie war Teil eines Programms zur Wiederherstellung des christlichen Gesichts Mailands. Nachdem Ambrosius hier bestattet worden war, wurde die Kirche ihm, dem Verteidiger des Christentums gegen den Arianismus, geweiht. Die Benediktiner begannen sie im 8. Jahrhundert zu vergrößern. Im 9. Jahrhundert errichtete Erzbischof Anspert das Atrium, das im 12. Jahrhundert umgebaut wurde. Im 11. Jahrhundert begann die Umgestaltung der gesamten Kirche. 1196 stürzte die Kuppel ein. In der Folge wurden Deckengewölbe und Kanzel erneuert. 1492 baten die Sforza Bramante, die Canonica und das Kloster umzubauen. 1943 wurde die Basilika durch Bomben schwer beschädigt.

Der Kirchturm der Canonica wurde 1124 gebaut, um den Campanile der Benediktiner an Höhe und Schönheit zu übertreffen.

Kapitelle
Sie zeigen Bibelgeschichten und Fabelwesen, die den Kampf zwischen Gut und Böse symbolisieren. Einige stammen aus dem 11. Jahrhundert.

Ansperts Atrium
(11. Jh.) diente, bevor die Stadtmauern gebaut wurden, den Bürgern bei Gefahr als Zuflucht.

Innenraum
Die für die lombardische Gotik typischen Proportionen kennzeichnen das Innere. Die Decke besteht aus Kreuzrippengewölben, die von massiven Pfeilern getragen werden.

Apsismosaik

Das Mosaik (4.–8. Jh.) wurde nach der Bombardierung 1943 zum Teil restauriert. Es zeigt Christus auf dem Thron sowie Szenen aus dem Leben des hl. Ambrosius.

INFOBOX

Piazza Sant'Ambrogio 15. **Stadt-plan** 7 A1 & 9 A3. 02 86 45 08 95. M 2 Sant'Ambrogio. 50, 58, 94. tägl. 7–12, 15–19 Uhr. vor Feiertagen 6.30 Uhr, Feiertage 8, 10, 11 (auf Latein), 12.15, 18, 19 Uhr, Mo–Fr 7.30, 8, 9, 18.30 Uhr. für Kapelle San Vittore in Ciel d'Oro. **Museo della Basilica** 02 86 45 08 95. Zugang durchs Presbyterium. Di–So 9.30–12, 14.30–18 Uhr. vormittags vor Feiertagen, Feiertage.

Apsis

★ Kapelle San Vittore in Ciel d'Oro

Sie bekam ihren Namen aufgrund der Goldmosaiken (oro) des Gewölbes. In einem der Felder (5. Jh.) ist Sant'Ambrogio zu sehen.

Museumseingang

★ Goldener Altar

Der Altar wurde von Volvinius (9. Jh.) für die Überreste von Sant'Ambrogio geschaffen. Die Reliefs zeigen das Leben Christi (vorn) und des hl. Ambrosius (hinten).

Das Ziborium

(10. Jh.), ein Baldachin über dem Goldenen Altar, wird von vier römischen Porphyrsäulen getragen und ist mit Stuck verziert.

★ Sarkophag des Stilicho

Dieses Meisterwerk aus dem 4. Jahrhundert, das unter der Kanzel steht, zeigt viele Relieffiguren mit religiöser Bedeutung. Es wird traditionell als Grab des römischen Generals Stilicho bezeichnet, enthielt aber möglicherweise die Überreste von Kaiser Gratian.

NICHT VERSÄUMEN

★ Goldener Altar

★ Kapelle San Vittore in Ciel d'Oro

★ Sarkophag des Stilicho

Sant'Ambrogio: Rundgang

Hier liegen die Überreste des Stadtpatrons und Gründers dieser Kirche, was den Ort für die Mailänder zu etwas Besonderem macht. Das heutige Äußere geht großteils auf Umbauten im 10. und 12. Jahrhundert zurück, welche die Benediktiner des nahen Klosters vornahmen. Sie machten aus der Kirche ein Modell lombardisch-romanischer Sakralarchitektur. Vom ursprünglichen Bau (4. Jh.) steht nur noch der Triumphbogen mit seinen Säulen, die Teil der Apsis wurden.

Papststatue

1937–40 und in der Nachkriegszeit wurden die romanische Gliederung und die blassen Farben restauriert. Von der Pusterla (Tor) hat man einen herrlichen Blick auf die Kirche, die zwei Glockentürme und das Atrium, flankiert von Canonica und Museum.

PUSTERLA DI SANT'AMBROGIO

Das Tor, eines der kleineren in der mittelalterlichen Stadtmauer, ist ein guter Ausgangspunkt für einen Besuch der Kirche. Es wurde 1939 wiederaufgebaut und enthält ein Museum mit alten Waffen und Foltergeräten.

Kapitellschmuck im Atrium mit Fabelwesen

ANSPERTS ATRIUM

Direkt vor dem Atrium links steht die römische Colonna del Diavolo (Teufelssäule) mit zwei Löchern auf halber Höhe, die der Überlieferung nach von den Hörnern des Teufels stammen sollen, als er den hl. Ambrosius in Versuchung führen wollte. Das heutige Atrium mit den Blendbogen datiert aus dem 12. Jahrhundert und ersetzte das im 9. Jahrhundert von Erzbischof Anspert erbaute Atrium. Der große Hof fungiert als Eingangsfoyer zur Kirche und bringt die Fassade zur Geltung.

Eine Reihe von Pfeilern (einige davon stammen aus der Antike) mit Zierkapitellen setzt sich in die Basilika fort. Das rhythmische Muster aus Bogen, Halbsäulen und Bogenfries wie auch die Proportionen stimmen mit denen in der Kirche überein und schaffen so einen harmonischen Übergang von außen nach innen. Im Atrium stehen Funde und Grabsteine aus der Umgebung, die einmal ein frühchristlicher Friedhof war.

Die vierte Seite des Atriums, der Narthex, besitzt fünf Öffnungen und nimmt so die Fassade auf, die in der oberen Loggia fünf Bogen hat. Das Hauptportal (8.–10. Jh.) zeigt kleine Säulen mit Tierfiguren und dem Mystischen Lamm, während seine Holzflügel (1750) Reliefs zieren, die das *Leben Davids* erzählen.

INNENRAUM

Vom Mittelschiff aus hat man den besten Blick ins prächtige Innere der Basilika. Das Hauptschiff besitzt zwei Seitenschiffe mit Arkaden, die die Emporen auf Pfeilern mit Zierkapitellen tragen. Gleich vorn steht die Schlangensäule, die angeblich von Moses in der Wüste errichtet wurde. Links daneben zeigen Ausgrabungen das Niveau des Fußbodens im 4. Jahrhundert.

Die Kanzel (oder Ambo) besteht aus Teilen der 1196 eingestürzten Kuppel. Dieses grandiose Werk schmücken ein Adler und ein sitzender Mann, Symbole der Evangelisten Johannes und Matthäus. Darunter steht der Sarkophag des Stilicho (4. Jh.) mit Reliefdarstellungen (im Uhrzeigersinn): *Christus übergibt das Gesetz an Petrus*, vier Szenen aus dem Alten Testament, *Jesus unter den Aposteln* und *Opfer des Isaak*. Unter der oktagonalen Kuppel steht das Ziborium (10. Jh.), das Herz der Basilika, mit Säulen, die vom alten Ziborium (4. Jh.) stammen. Die bemalten, mit Stuck versehenen Seiten zeigen verschiedene Episoden (vorn): *Christus übergibt die Schlüssel an Petrus und das Gesetz an Paulus*. Das Ziborium dient als Baldachin für den Goldenen Altar (aus vergoldetem, getriebenem Silber), den Erzbischof Angilberto im 9. Jahrhundert bei Volvinius in Auftrag gab. Auf der Rückseite erzählt ein Silberrelief mit der Signatur des Künstlers *Das Leben des hl. Ambrosius*. Auf derselben Seite erlaubten zwei kleine Türen den Gläubigen die Anbetung des Leichnams des Heiligen, der einst unter dem Altar lag. Die Vorderseite besteht aus Gold und Edelsteinen und erzählt das *Leben Christi*.

Hinter dem Ziborium zeigt das hölzerne Chorgestühl das *Leben des hl. Ambrosius* (15. Jh.). In der Mitte steht der Bi-

Das Atrium mit Funden und Grabsteinen aus der Umgebung

Die Schlangensäule im Vorderteil des Hauptschiffs

schofsthron (4. und 9. Jh.), auf dem auch die hier gekrönten Könige saßen. Teile des Apsismosaiks stammen aus dem 6. und 8. Jahrhundert, auch die Szene links, ein *Segnender Christus*. Die Szene rechts wurde im 18. Jahrhundert und nach dem Krieg rekonstruiert.

Die Treppe neben dem Chor führt in die stuckierte (um 1740) Krypta. Eine Urne (1897) unter dem Goldenen Altar enthält die Überreste der Heiligen Ambrogio, Gervasio und Protasio. Am Ende des südlichen Seitenschiffs befindet sich das Sacellum San Vittore in Ciel d'Oro (4. Jh.), die Grabkapelle des Märtyrers, die in die Basilika integriert wurde. Die Wandmosaiken (5. Jh.) zeigen mehrere Heilige, darunter Ambrogio, Gervasio und Protasio.

SÜDSCHIFF

Geht man durchs Südschiff zum Eingang zurück, sieht man die in verschiedenen Epochen errichteten Mönchskapellen. Die Georgskapelle – die sechste vom Eingang – zeigt das Altarbild *Madonna und Kind mit dem*

Johannesknaben von Bernardo Lanino, der auch die *Legende des hl. Georg* (1546) als Fresko auf die Seitenwände malte. Die Barockkapelle des Heiligen Sakraments (fünfte) enthält die Fresken *Der Tod des hl. Benedikt* (17. Jh.) von Carlo Preda und *Hl. Bernard*

Der auferstandene Christus von Bergognone (ca. 1491)

von Filippo Abbiati (18. Jh.). In der Bartholomäuskapelle (zweite) finden sich die *Legenden der Heiligen Vittore und Satiro* (1737) von Tiepolo. Sie zeigen die kulturelle Offenheit der Zisterzienser, die das Werk bestellten. Das Altarbild der zweiten Kapelle, *Maria mit dem hl. Bartholomäus und Johannes dem Täufer*, wird Gaudenzio Ferrari zugeschrieben, ebenso die *Kreuzabnahme* (1545) der nächsten Kapelle, deren Pfeiler einige Fresken von Luini schmücken.

NORDSCHIFF

Die Taufkapelle (die erste vom Eingang links) enthält ein Porphyrtaufbecken von Franco Lombardi mit der *Bekehrung des hl. Augustinus* (1940), des von Sant'Ambrogio in Mailand getauften Heiligen. Sie wird von Bergogno-

nes *Auferstandener Christus* (um 1491) beherrscht. In der dritten Kapelle findet sich die *Madonna mit den Heiligen Hieronymus und Rocco* von Luini.

MUSEO DELLA BASILICA

Vom Nordschiff tritt man in den Portico della Canonica hinaus, den Bramante 1492–94 erbaute, der aber unvollendet blieb. Erst nach dem Zweiten Weltkrieg wurde er umgebaut. Ungewöhnlich sind die Säulen des mittleren Bogens, die wie Baumstämme gestaltet sind. Hier liegt der Eingang zum Museo della Basilica, dessen sechs Räume Objekte und Kunstwerke aus der Kirche zeigen. Zu den interessantesten Stücken gehören ein farbiger Tondo des hl. Ambrosius (12. Jh.), sein Bett, Fragmente des Apsismosaiks sowie vier hölzerne Kassetten des Portals aus dem 4. Jahrhundert. Des Weiteren sieht man ein *Triptychon* (15. Jh.) von Bernardo Zenale und *Jesus unter den Schriftgelehrten* von Bergognone.

Im Garten gegenüber liegt das Oratorium des hl. Sigismund, das schon 1096 berühmt war. Es besitzt Fresken aus dem 15. Jahrhundert und römische Säulen.

Tafel der Università Cattolica del Sacro Cuore

UNIVERSITÀ CATTOLICA DEL SACRO CUORE

Im früheren Benediktinerkloster, rechts von der Kirche (Eingang Largo Gemelli 1), befindet sich die 1921 von Pater Agostino Gemelli gegründete Universität. Ihre zwei Kreuzgänge mit ionischen und dorischen Säulen gehören zu den vier, die Bramante 1497 baute. Das Refektorium birgt Callisto Piazzas *Die Hochzeit zu Kana* (1545).

Alter Filmprojektor im Museum für Wissenschaft und Technik

Museo Nazionale della Scienza e della Tecnica ❼

Via San Vittore 21. **Stadtplan** 6 F1.
📞 02 48 55 51. Ⓜ 2 Sant'Ambrogio. 🚌 50, 58, 94. 🕐 Di–Fr 9.30–17 Uhr, Sa, So, Feiertage 9.30–18.30 Uhr. 🅿 ♿ 🅾 ☕ 🎁 ⓘ
(Karten im Ufficio Didattico). Bibliothek, Leseräume.
www.museoscienza.org

Das Museum für Wissenschaft und Technik befindet sich in dem zum Teil von Vincenzo Seregni errichteten ehemaligen Olivetanerkloster San Vittore (16. Jh.), das nach der Säkularisierung 1804 Militärhospital und später Kaserne wurde. Im Zweiten Weltkrieg wurde es schwer beschädigt, danach wiederaufgebaut und 1947 zum Museum umgewandelt. In den zwei Höfen, die der alte Teil des Museums umgibt, kann man Teile der Fundamente der Festung San Vittore und des achteckigen Mausoleums von Kaiser Valentinian II. sehen, beide römisch.

Das Museum besitzt eine der besten wissenschaftlich-technischen Sammlungen der Welt, die in mehreren Gebäuden untergebracht ist. Das frühere Kloster enthält Abteilungen über Metallurgie, Metallguss und Verkehr sowie Wissenschaftsabteilungen über Physik, Optik, Akustik und Astronomie. Eine weitere Abteilung zeigt die Entwicklung des Rechnens von der ersten, 1642 von Pascal erfundenen Rechenmaschine bis zu Computern. Auch die Zeitmessung ist vertreten: mit der Rekonstruktion einer Uhrmacherwerkstatt von 1750. Die Druckabteilung ist ebenfalls einen Besuch wert: Man sieht das automatische Farbzugabeverfahren von 1810, mit dem 800 Bogen pro Stunde gedruckt werden konnten, und den Urahn der modernen Schreibmaschine (1855).

Die Film-und-Foto-Abteilung zeigt, wie der Greifmechanismus, der den Film in Bewegung setzt, sich aus einer 1851 von Singer erfundenen Nähmaschinennadel entwickelte. In den Räumen, die Telefon und TV gewidmet sind, steht ein rekonstruierter Pantelegraf von 1856, ein Vorläufer des Faxgeräts.

Die Geschichte der Eisenbahn beginnt mit der ersten Lokomotive in Italien, die 1839 zwischen Neapel und Portici fuhr, und endet mit Modellen der 1970er Jahre. Ein Pavillon in der Via Olona enthält die Luft- und Seefahrtsabteilung mit zwei historischen Stücken: der Brücke des Ozeanliners *Conte Biancamano* und einem Ausbildungsschiff der Marine.

Die Leonardo-da-Vinci-Galerie zeigt Zeichnungen des Genies und Holzmodelle der von ihm erfundenen Maschinen und Apparate. Einige, wie der Drehkran und der Schraubenpropeller, können von Besuchern in Bewegung versetzt werden.

San Vittore al Corpo ❽

Via San Vittore 25. **Stadtplan** 6 F1.
📞 02 48 00 53 51. Ⓜ 2 Sant'Ambrogio. 🚌 50, 58, 94. 🕐 tägl. 7.30–12, 15.30–19 Uhr (Juli/Aug während der Messe). ✝ vor Feiertagen 18 Uhr, Feiertage 8.30, 10, 11.15, 12.15, 18, 21 Uhr. 🅾 🎁 für Gruppen nach Voranmeldung.

Die Basilika, die ursprünglich hier stand, wurde im 4. Jahrhundert neben dem Mausoleum Kaiser Valentinians II. († 392) begonnen. Im 11. und 12. Jahrhundert bauten Benediktiner sie um, 1560 nahmen Olivetaner erneut Veränderungen vor. Der Architekt (Alessi oder Seregni) veränderte die Ausrichtung der Kirche und machte aus ihr eine der prächtigsten Mailands. Vor allem die Malereien aus dem späten 16. Jahrhundert sind großartig.

Die barocke Arese-Kapelle (1668) von Gerolamo Quadrio und die Apsis rechts, die Szenen aus dem Leben des hl. Gregor (1602) von Camillo Procaccini enthält, sind sehenswert. Moncalvo malte 1619 die musizierenden Engel in der Kuppel. Das Chorgestühl zeigt Episoden aus dem Leben des hl. Benedikt (1583). Darüber hängen drei Gemälde zum selben Thema von Giovanni Ambrogio Figino. Die Kapelle Sant'Antonio Abate wurde 1619 von Daniele Crespi ausgemalt.

Fassadendetail, San Vittore al Corpo

Fassade von San Vittore al Corpo

Den Naviglio Grande entlang

Das Navigli-Viertel, heute eines der lebendigsten in Mailand, war bis ins 19. Jahrhundert Hafen. 1177 wurde mit dem Bau des Naviglio-Grande-Kanals begonnen, danach errichtete man die Kanäle Pavia, Bereguardo, Martesana und Paderno. Ein Schleusensystem erlaubte es, die Kanäle auf verschiedenen Niveaus zu befahren – so wurde u. a. im 14. Jahrhundert Candoglia-Marmor zur Dom-Baustelle ge-

Eine der zwölf Schleusen

schafft. Im 15. Jahrhundert, zur Zeit von Lodovico il Moro, verbesserte Leonardo da Vinci das Netz. Kähne trafen mit Kohle und Salz ein und verließen die Stadt mit Handwerkswaren und Textilien. Teile der Kanäle, deren Gesamtlänge einst 150 Kilometer betrug, wurden nach 1930 zugeschüttet, doch erst 1979 hörte die Schifffahrt völlig auf. Noch 1953 rangierte die Binnenstadt Mailand dank der Navigli als 13. Hafenstadt Italiens.

Typische Häuser
Am Naviglio stehen die typischen Wohnblocks im »Mailänder Gelb«. Ihre Balkone verlaufen um die Innenhöfe.

San Cristoforo al Naviglio
Die Kirche des Schutzheiligen der Schiffer besteht aus zwei Gebäuden (12./14. Jh.).

Hier gibt es viele Antiquitätenwerkstätten und -läden.

Einige der großen Kähne sind zu Nachtclubs geworden.

Auf den Treidelpfaden zogen einst Pferde oder Ochsen die Kähne.

Die Kirche Santa Maria delle Grazie al Naviglio blickt aufs Wasser.

Mercatone dell'Antiquariato
Von September bis Juni bieten an jedem letzten Sonntag im Monat 400 Antiquitätenhändler auf dem proppevollen Markt am Naviglio Grande ihre Waren an.

Vicolo dei Lavandai
Am Treidelpfad sind noch die hölzernen Schutzdächer und die Waschtröge zu sehen, wo Frauen im Kanalwasser Wäsche wuschen.

Museo Diocesano ❾

Corso di Porta Ticinese 95. **Stadtplan** 7 B3. 📞 *02 89 42 00 19.* 🚋 *3, 9, 29, 30.* 🚌 *94.* ⭕ *Di–So 10–18 Uhr.* 📷 *tel. unter 02 89 42 00 19 buchen.*

Stuckarbeit mit Sant'Ambrogio, Museo Diocesano

Das Museum widmet sich dem Kunsterbe der Diözese Mailand, die sich bis nach Varese und Lecco erstreckt. 320 Exponate sind im Kreuzgang von Sant'Eustorgio neben der Basilika zu sehen. Sie wurden zwischen dem 6. und dem 19. Jahrhundert gefertigt und umfassen Gemälde aus den Privatsammlungen der Mailänder Erzbischöfe ebenso wie Kunstgegenstände aus kleinen Dorfkirchen. Zu den Highlights gehören die Fresken des Kreuzwegs, die Gaetano Previati Ende des 19. Jahrhunderts schuf. Ebenso interessant ist die Abteilung, die sich dem Mailänder Schutzheiligen Sant'Ambrogio widmet.

DIE RELIQUIEN DER HEILIGEN DREI KÖNIGE

Kaiser Konstantin stiftete um 315 die Reliquien, die von Bischof Eustorgius nach Mailand gebracht wurden. Der Legende nach war der Sarkophag so schwer, dass der Karren am Stadttor halten musste, wo die ursprüngliche Basilika Sant'Eustorgio erbaut wurde und Barnabas die ersten Mailänder taufte. Barbarossa überführte die Reliquien 1164 nach Köln. Einige kamen 1903 zurück, was am 6. Januar mit einer Prozession gefeiert wird.

Das Tabernakel mit den Reliquien

Sant'Eustorgio ❿

Piazza Sant'Eustorgio 1. **Stadtplan** 7 B3. 📞 *02 58 10 15 83.* 🚋 *3, 9, 15, 29, 30.* 🚌 *94.* ⭕ *7.30–12, 15.30–18.30 Uhr.* ✝ *vor Feiertagen u. Juli, Aug 7.45, 17 Uhr, Feiertage 9.30, 11, 12.30, 17 Uhr.* **Portinari-Kapelle** 📞 *02 89 40 26 71.* ⭕ *tägl. 10–18 Uhr*

Über der vom hl. Eustorgius im 4. Jahrhundert gegründeten Basilika wurde im 11. Jahrhundert eine neue für die Gebeine der Heiligen Drei Könige begonnen. Im frühen 14. Jahrhundert errichtete man den Hauptteil der heutigen Kirche: den dreischiffigen Raum mit Kreuzgewölben über Rundbogen. Die Fassade wurde 1865 umgestaltet. Interessant sind die Kapellen auf der rechten Seite. Die Brivio-Kapelle enthält Tommaso Cazzanigas Grabmal für Giovanni Stefano

Skulptur an der Fassade von Sant'Eustorgio

Brivio (1486). Das mittlere Relief stellt die *Anbetung der Könige* dar. Das Altarbild ist ein Triptychon von Bergognone. In der barocken Crotta-Caimi-Kapelle steht ein Sarkophag von Protaso Caimi und ein *Reiterbild des hl. Ambrosius*. Die Visconti-Kapelle enthält Fresken aus dem 14. Jahrhundert: an der Decke die Evangelisten, darunter ein *Hl. Georg mit dem Drachen* und rechts der *Triumph des hl. Thomas*. Die Torriani-Kapelle ist mit Symbolen der Evangelisten ausgemalt.

Im südlichen Querschiff steht der spätrömische Sarkophag, der einst die Gebeine der Heiligen Drei Könige enthielt. Auf dem Altar befindet sich ein Marmortriptychon aus der Campio-Schule (1347). Die Könige sind auch Thema des Freskos links, das Luini zugeschrieben wird. Der Hochaltar mit den Gebeinen des hl. Eustorgius besitzt eine Marmorfront mit einer Passionsdarstellung.

Hinter dem Altar finden sich Reste der Apsis (4. Jh.). Ein Gang führt zur Portinari-Kapelle, die der Bankier Pigello Portinari als eigenes Grab und Aufbewahrungsstätte der Gebeine des hl. Petrus errichten ließ. Die grandiose Architektur des ersten sakralen Zentralbaus im 15. Jahrhundert in Mailand belegt die klaren Linien von Bramante. Unter der Kuppel steht Giovanni di Balduccios Sarkophag des hl. Petrus (1339), der von den acht Tugenden getragen wird. Die kleine Kapelle links enthält seine Gebeine.

Die neoromanische Fassade (1865) von Sant'Eustorgio

Hotels und Restaurants im Südwesten *siehe Seiten 161f und 173–175*

Das Heiligtum für Santa Maria dei Miracoli und San Celso

Santa Maria presso San Celso ⑪

Corso Italia 37. **Stadtplan** 7 C3 & 9 C5. 📞 02 58 31 31 87. 🚊 15. 🚋 94. ⏰ tägl. 7–12, 16–18.30 Uhr. ✝ vor Feiertagen 18 Uhr, Feiertage 9, 11, 12, 19 Uhr. **San Celso** beim Küster nachfragen.

Im 11. Jahrhundert wurde San Celso über einer Kirche erbaut, die der hl. Ambrosius an der Fundstelle der toten Märtyrer Celso und Nazaro errichtet hatte. 1493 begann Gian Giacomo Dolcebuono mit dem Bau eines Heiligtums für Santa Maria dei Miracoli, er wurde von Vincenzo Seregni und Alessi fortgeführt. Die Fassade (spätes 16. Jh.) wird durch Skulpturen von Stoldo Lorenzi und Annibale Fontana belebt.

Der Innenraum aus der Spätrenaissance besitzt einen Fußboden von Martino Bassi und Fresken von Cerano und Procaccini. Einige Kapellen bergen bedeutende Kunstwerke: ein Gemälde (1606) von Procaccini, das Altarbild *Heilige Familie mit dem hl. Hieronymus* (1548) von Paris Bordone, *Auferstehung* (1560) von Antonio Campi, *Taufe Jesu* von Gaudenzio Ferrari, *Bekehrung des Paulus* (1539) von Moretto da Brescia und *Martyrium der hl. Katharina* (1603) von Cerano.

Unter der Kuppel mit Terrakotta-Evangelisten von de Fondutis steht der Hochaltar (16. Jh.) aus Halbedelsteinen. Das Chorgestühl stammt von 1570. Statuen von Fontana und Lorenzi krönen die Säulen. Auf dem Altar der Madonna: Fontanas *Mariä Himmelfahrt*, darunter unter zwei Türen aus getriebenem Silber ein Fresko (4. Jh.). Im rechten Querhaus gelangt man zu **San Celso** mit seinen schönen Fresken (11.–15. Jh.).

San Paolo Converso ⑫

Piazza Sant'Eufemia. **Stadtplan** 7 C2 & 9 C5. 🚊 15. 🚋 94. ⏰ nur bei Ausstellungen. **Fondazione Metropolitan** 📞 02 86 30 50. www.fondazionemetropolitan.it

Die Kirche wurde 1549 für das Kloster Angeliche di San Paolo erbaut und wird Domenico Giunti zugeschrieben. Die Fassade wurde 1611 von Cerano gestaltet. Sie besaß einen vorderen Teil für die Öffentlichkeit und einen hinteren Teil für die Nonnen. Der Innenraum erhielt im 15. Jahrhundert Fresken von Giulio und Antonio Campi: im Chor sind Episoden aus dem Leben von Paulus zu sehen sowie Christi und Mariä Himmelfahrt. Die Kirche wird von der Fondazione Metropolitan für Ausstellungen genutzt.

Am Ende des Corso di Porta Romana liegt die Piazza Missori mit den Überresten von San Giovanni in Conca (11. Jh.), einst ein Visconti-Mausoleum. Die Fassade wurde für die Waldenserkirche in der Via Francesco Sforza nachgebaut.

Sant'Alessandro ⑬

Piazza Sant'Alessandro. **Stadtplan** 7 C2. 📞 02 86 45 30 65. Ⓜ 3 Missori. 🚊 4, 12, 15, 24. ⏰ tägl. 7.30–12, 16–19 Uhr. ✝ vor Feiertagen 18.30 Uhr, Feiertage 8, 10.30 (Winter), 12, 18.30 Uhr.

Lorenzo Binago baute die Kirche 1601 für die Familie Barnabiti. Ihr Inneres ist in üppigem Barock ausgestattet, die Fresken stammen von Moncalvo und Daniele Crespi. Im Chor zu sehen: das *Leben des hl. Alexander* von Filippo Abbiati und Federico Bianchi. Der Hochaltar (1741) ist mit Halbedelsteinen verziert.

Neben der Kirche liegen die Scuole Arcimbolde, eine 1609 von der Familie Barnabiti gegründete Armenschule, die der Dichter Giuseppe Parini besuchte. Gegenüber steht der Palazzo Trivulzio, 1713 von Ruggeri umgebaut, mit dem Familienwappen am Mittelfenster. Die Familie gründete die Biblioteca Trivulziana (jetzt im Castello Sforzesco). Die Via Palla führt zum Tempio Civico di San Sebastiano, der 1577 von Pellegrino Tibaldi begonnen und nach 1700 vollendet wurde. Der Rundbau beherbergt Werke von Legnanino, Montalto und Bianchi.

Kuppel und Glockenturm von Sant'Alessandro, vom Corso di Porta Romana aus gesehen

SÜDOSTEN

Das Areal zwischen Corso Monforte und Corso di Porta Romana war bis ins frühe 19. Jahrhundert ein Randbezirk, geprägt von Adelsvillen, Klöstern und bescheidenen Häusern, wie sie für Mailänder Handwerkerviertel typisch sind. Das Gebiet entwickelte sich im 17. Jahrhundert mit dem Bau des Palazzo Durini, eines der wichtigsten öffentlichen Gebäude seiner Zeit. Ende des 18. Jahrhunderts wurden der Corso di Porta Romana und die umliegenden Straßen verändert, im Zug der gewaltigen Erneuerungs-

Statue im Giardino della Guastalla

pläne für das Straßennetz, die Maria Theresia angeregt hatte. Als die Kaiserin die Säkularisierung vieler Klöster befahl, erwarben reiche Adlige deren Grundstücke und bauten darauf Palazzi. Weitere Neubau-Areale entstanden, als man 1889 die Spanische Mauer abriss. Das alte Flair hat sich vor allem um die Ca' Granda erhalten, die 500 Jahre lang ein städtisches Hospital war und nun zur Universität gehört, sowie im oberen Teil des Corso di Porta Romana. Vom alten Verziere jedoch, dem Gemüsemarkt auf dem Largo Augusto, blieb nur noch der Name.

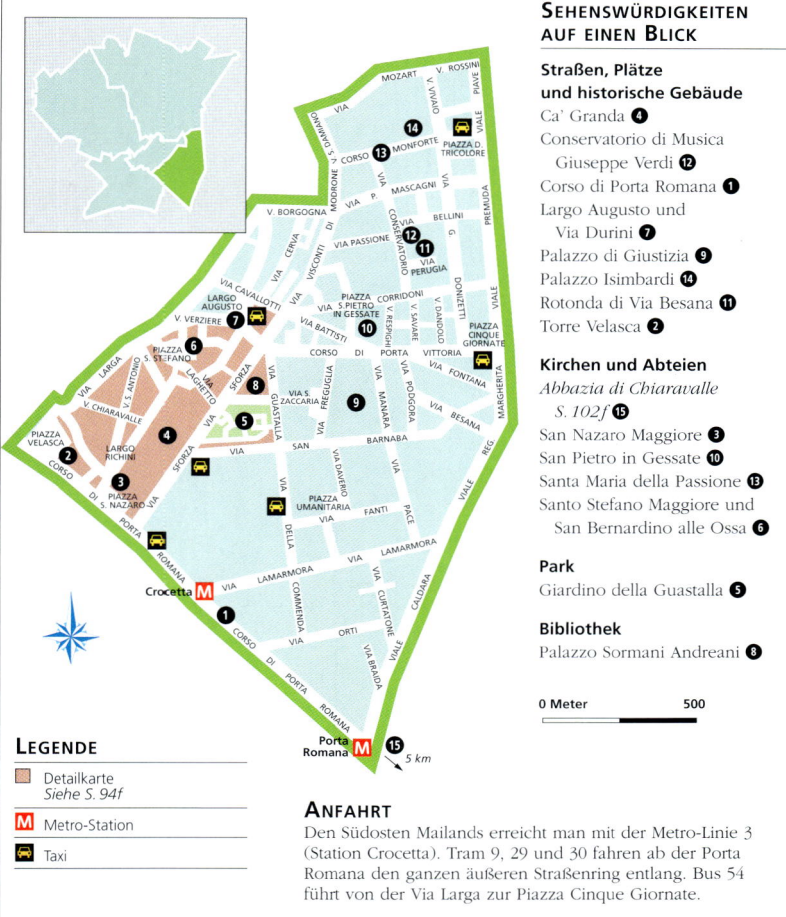

SEHENSWÜRDIGKEITEN AUF EINEN BLICK

Straßen, Plätze und historische Gebäude
Ca' Granda ❹
Conservatorio di Musica Giuseppe Verdi ⓬
Corso di Porta Romana ❶
Largo Augusto und Via Durini ❼
Palazzo di Giustizia ❾
Palazzo Isimbardi ⓮
Rotonda di Via Besana ⓫
Torre Velasca ❷

Kirchen und Abteien
Abbazia di Chiaravalle S. 102f ⓯
San Nazaro Maggiore ❸
San Pietro in Gessate ❿
Santa Maria della Passione ⓭
Santo Stefano Maggiore und San Bernardino alle Ossa ❻

Park
Giardino della Guastalla ❺

Bibliothek
Palazzo Sormani Andreani ❽

0 Meter   500

LEGENDE

▨ Detailkarte
Siehe S. 94f

M Metro-Station

🚖 Taxi

ANFAHRT

Den Südosten Mailands erreicht man mit der Metro-Linie 3 (Station Crocetta). Tram 9, 29 und 30 fahren ab der Porta Romana den ganzen äußeren Straßenring entlang. Bus 54 führt von der Via Larga zur Piazza Cinque Giornate.

◁ **Detail aus** *Die Legende des hl. Antonius Eremita* **in San Pietro in Gessate** *(siehe S. 99)*

Im Detail: Von San Nazaro zum Largo Augusto

Es gibt viele interessante alte Gebäude in dieser Gegend, zu der das Universitätsviertel mit Cafés und Fachbuchhandlungen ebenso gehört wie die Handwerksläden in der Via Festa del Perdono. Die Baustile variieren von San Nazaro (4. Jh.) über die Ca' Granda, das alte Hospital, das vom Largo Richini aus wegen seiner Größe und der Schönheit seines Säulengangs (15. Jh.) einen grandiosen Anblick bietet, bis hin zu den Palazzi des Corso di Porta Romana und der Via Sant'Antonio sowie der modernen Torre Velasca. Von der heilkundigen Tradition des Viertels zeugen die Votivsäulen an den Straßenkreuzungen, wo Messen für die Kranken gefeiert wurden, und die Kapelle San Bernardino alle Ossa, die mit den Gebeinen der Toten aus dem Hospital verziert ist.

Sant'Antonio Abate wurde 1582 umgebaut. In der Kirche finden sich Gemälde von Bernardino Campi, Moncalvo und Ludovico Carracci. Sie ist eine Art Mailänder Bildergalerie des frühen 17. Jahrhunderts.

Corso di Porta Romana
Palazzi mit herrlichen Gärten säumen den Boulevard. Er folgt dem Verlauf der antiken Römerstraße, die von der Porta Romana bis nach Rom führte. ❶

Torre Velasca
Das Wahrzeichen des modernen Mailand entstand 1956–58. In dem 106 Meter hohen Turm gibt es Büros und Wohnungen. Wegen ihrer spannenden Form wird die Torre Velasca oft mit mittelalterlichen Türmen verglichen. ❷

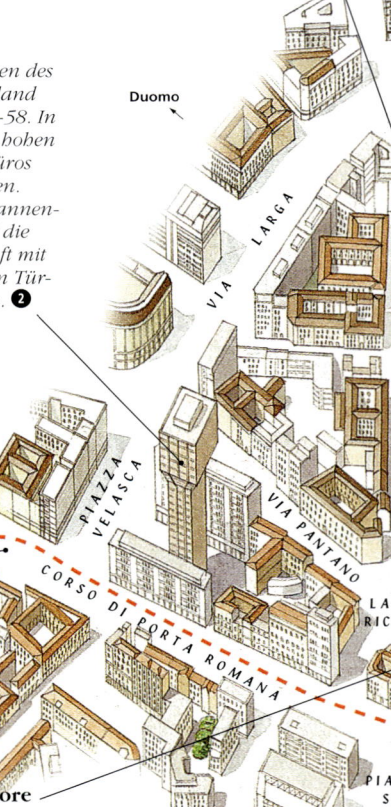

Duomo

VIA LARGA

VIA SANT'A...

PIAZZA VELASCA

VIA PANTANO

CORSO DI PORTA ROMANA

LARGO RICH...

PIAZ SA NAZ...

LEGENDE

– – –   Routenempfehlung

★ **San Nazaro Maggiore**
Sie ist eine der vier vom hl. Ambrosius erbauten Basiliken – mit originalen Mauerresten aus dem 4. Jahrhundert. Ihr vorgesetzt ist die Trivulzio-Kapelle, das einzige Mailänder Bauwerk von Bramantino (1512–50). Eindrucksvoll ist der Blick auf die Rückseite. ❸

NICHT VERSÄUMEN

★ Ca' Granda

★ San Nazaro Maggiore

Hotels und Restaurants im Südosten *siehe Seiten 162 und 175f*

Santo Stefano Maggiore und San Bernardino alle Ossa

Die Wände der im 17. Jahrhundert umgebauten Gebeinskapelle San Bernardino sind mit Knochen und Schädeln von den um 1600 aufgelösten Friedhöfen bedeckt. **6**

ZUR ORIENTIERUNG
Siehe Stadtplan, Karten 7, 8, 10

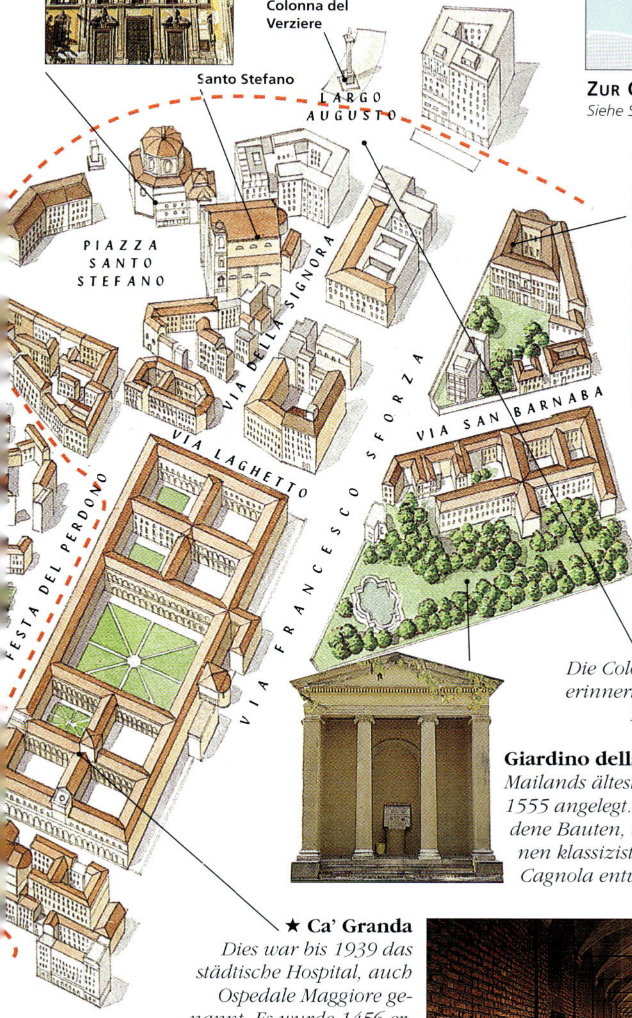

NORDOSTEN

ALTSTADT

SÜDOSTEN

SÜDWESTEN

Colonna del Verziere

Santo Stefano

LARGO AUGUSTO

PIAZZA SANTO STEFANO

VIA DELLA SIGNORA

VIA SAN BARNABA

VIA FRANCESCO SFORZA

VIA LAGHETTO

FESTA DEL PERDONO

Palazzo Sormani Andreani

Der Bau beherbergt die Biblioteca Civica di Milano, die u. a. die Privatbibliothek des französischen Autors Stendhal besitzt. **8**

Largo Augusto

Die Colonna del Verziere erinnert an das Ende der Pest von 1576. **7**

Giardino della Guastalla

Mailands ältester Stadtpark wurde 1555 angelegt. Er enthält verschiedene Bauten, darunter einen kleinen klassizistischen, von Luigi Cagnola entworfenen Tempel. **5**

★ Ca' Granda

Dies war bis 1939 das städtische Hospital, auch Ospedale Maggiore genannt. Es wurde 1456 erbaut, um alle kleinen Hospitäler der Stadt in einem zusammenzufassen. Heute gehören die Gebäude zur Mailänder Universität. **4**

0 Meter   300

Eingang zum Teatro Carcano am Corso di Porta Romana

Corso di Porta Romana ❶

Stadtplan 7 C2 & 9 D4. Ⓜ 3 Missori. 🚋 12, 15, 16, 20, 24, 27. 🚌 94.

Die Straße wurde über einem von Portiken gesäumten Teil der antiken Straße nach Rom (2.–3. Jh. n. Chr.) vor der Stadtmauer angelegt. Sie verlief von der Porta Romana – direkt hinter der jetzigen Piazza Missori – zu einem Triumphbogen (nahe dem als Crocetta bekannten Plätzchen), der 1162 von Barbarossa zu einem befestigten Tor im Wall umgebaut wurde. Das neue, weiter hinten liegende Tor von 1171 wurde 1793 abgerissen.

Den Corso säumen viele noble Palazzi: Palazzo Acerbi (Nr. 3, 17. Jh.), Palazzo Annoni (Nr. 6) von Francesco Maria Richini (1631) – er ist für seine Kunstsammlung mit Werken von Rubens und van Dyck berühmt –, Palazzo Mellerio (Nr. 13) und Casa Bettoni (Nr. 20, 1865) mit Statuen von Bersaglieri an der Tür. Die Via Santa Sofia kreuzt den Corso nahe der Crocetta. Ihr Name stammt von einem Votivkreuz, das dort 1576 während der Pest aufgestellt wurde.

Gegenüber steht das Teatro Carcano (1803), in dem die große italienische Schauspielerin Eleonora Duse auftrat. Der Corso endet an der 1598 erbauten Porta Romana (Piazzale Medaglie d'Oro). Rechts sieht man einen Rest der von Ferrante Gonzaga erbauten Spanischen Mauer von 1545. Sie war 11 216 Meter lang und wurde 1889 abgebrochen.

Torre Velasca ❷

Piazza Velasca 5. **Stadtplan** 7 C2 & 10 D4. Ⓜ 3 Missori. 🚋 12, 15, 16, 24, 27. 🚌 94.

Der 1951–58 von den Architekten Belgioioso, Nathan Rogers und Peressutti erbaute Turm ist eines der bekanntesten Bauwerke im heutigen Mailand. Der Überhang des oberen Gebäudeteils und seine rote Farbe erinnern an mittelalterliche Türme. Tatsächlich ergab sich die Form aus dem Bestreben, dem begrenzten Raum mehr Bürofläche abzugewinnen.

Cappella Trivulzio in San Nazaro Maggiore (16. Jh.)

San Nazaro Maggiore ❸

Piazza San Nazaro. **Stadtplan** 8 D2 & 10 D5. ☎ 02 58 30 77 19. Ⓜ 3 Missori. 🚋 16, 24. 🚌 77, 94. 🕐 tägl. 7.30–12, 15.30–18.30 Uhr. ✝ vor Feiertagen 18 Uhr, Feiertage 8.30, 10, 11.30, 18 Uhr. 📷 ♿

Die ursprüngliche Basilika ließ Sant'Ambrogio 382–386 an dieser Stelle für die Gebeine der Apostel

Andreas, Johannes und Thomas bauen, weshalb sie auch *Basilica Apostolorum* genannt wurde. Sie wurde dann dem hl. Nazaro geweiht, als seine sterblichen Überreste – von Sant'Ambrogio nahe der Basilika gefunden – 396 hier bestattet wurden. Die Kirche stand auf einer frühchristlichen Grablege, was an den Sarkophagen draußen und am Epitaph im rechten Querhaus zu sehen ist. Sie blickte auf eine von Portiken gesäumte Römerstraße. Nach einem Brand 1075 wurde sie unter Benutzung vieler alter Teile wiederaufgebaut.

Der Kirche vorgesetzt ist die oktagonale Trivulzio-Kapelle, die 1512 von Bramantino im Renaissance-Stil begonnen und von Lombardo weitergebaut wurde. Sie enthält das Grabmal von Gian Giacomo Trivulzio und seiner Familie.

Das Kirchenschiff besitzt ein Kreuzgewölbe. Beiderseits des Eingangs sieht man die Reste des romanischen Portals, von der Trivulzio-Kapelle verdeckt. An den Wänden sind zwischen Freskenfragmenten originale Mauerteile erhalten. Pfeiler (4. Jh.) tragen die Vierungskuppel. Zwei Altäre im Chor enthalten die Gebeine der Apostel und des hl. Nazaro. San Lino, die kleine kreuzförmige Kapelle links vom Altar, besitzt alte Freskenreste (10.–15. Jh.). Im Querschiff hängt ein schönes *Abendmahl* von Bernardino Lanino (rechts) und eine *Passion* von Luini (links). Die Katharinenkapelle (1540) enthält Laninos *Martyrium der hl. Katharina* und ein Bleiglasfenster mit dem *Leben der hl. Katharina*.

Die Gebeine des hl. Nazaro, von Sant'Ambrogio 396 n. Chr. gefunden

Ca' Granda ●

Fenster (17. Jh.)

Ca' Granda, das ehemalige Ospedale Maggiore, wurde ab 1456 für Francesco Sforza errichtet, um die 30 Hospitäler der Stadt zu vereinigen. Das »Große Haus« wurde von Filarete entworfen, der allerdings nur einen Teil baute. Im 17. und 18. Jahrhundert wurde es in Etappen vollendet. 1939 zog das Hospital um. Die Ca' Granda ist seit 1952 Sitz der geisteswissenschaftlichen Fakultäten der Università degli Studi di Milano. Das Hospital war für seine Zeit modern: Es gab nach Geschlechtern getrennte Abteilungen, jede mit einer zentralen Krankenstation.

INFOBOX

Via Festa del Perdono 5. **Stadtplan** 8 D2 & 10 D4. ☎ 02 503 11. Ⓜ 1, 3 Duomo, 3 Missori. 🚋 12, 16, 20, 24. 🚌 54, 77, 94. ◑ Mo–Fr 7.30–19.30, Sa 8–12 Uhr (erste 3 Wochen im Aug: Mo–Fr 7.30–15.30 Uhr). ● So, Feiertage; vor Feiertagen nachmittags. 👤 ⊘ Chiesa dell'Annunciata ☎ 02 58 30 77 19. ◑ 8–19 Uhr (im Semester).

Die Chiesa dell'Annunciata (17. Jh.) enthält ein Gemälde von Guercino (1639).

★ Fassade aus dem 15. Jahrhundert
Die Rundbogenfassade ist reich verziert. Im Erdgeschoss befanden sich früher Werkstätten und Lager.

Der klassizistische Macchio-Flügel, Sitz der Fakultäten für Literatur, Philosophie und Jurisprudenz, enthielt die Galerie des Stifters mit Porträts führender Künstler.

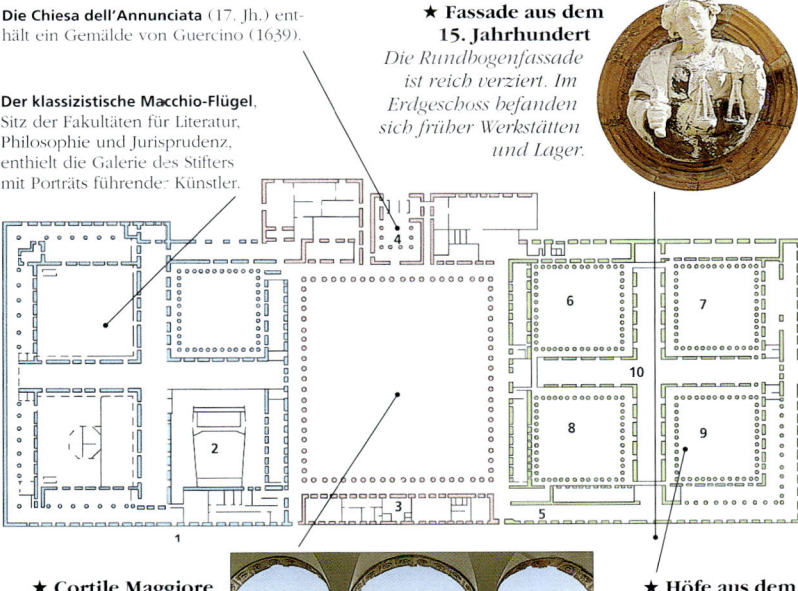

★ Cortile Maggiore
Francesco Maria Richini erbaute den Hof mit einer Renaissance-Arkade und barocken Loggien, denen er Steinbüsten in Gelb, Rosa und Grau hinzufügte.

★ Höfe aus dem 15. Jahrhundert
Hier waren die Frauenbäder, das Eishaus und der Holzschuppen untergebracht. Die Spezieria ist der älteste Hof.

LEGENDE

▫ Bauteil aus dem 15. Jahrhundert
▫ Bauteil aus dem 17. Jahrhundert
▫ Bauteil aus dem 18./19. Jahrhundert
1 Eingang zur Universität (Geistes- und Rechtswissenschaften)
2 Aula Magna
3 Eingang zum Cortile Maggiore
4 Chiesa dell'Annunciata
5 Portiken, Flügel (15. Jh.)
6–9 Höfe, Flügel (15. Jh.)
10 Crociera, früher Krankenstation

NICHT VERSÄUMEN

★ Cortile Maggiore

★ Fassade aus dem 15. Jahrhundert

★ Höfe aus dem 15. Jahrhundert

Der Fischteich im Giardino della Guastalla nahe der Via Sforza

Giardino della Guastalla ❺

Via Francesco Sforza, Via San Barnaba, Via Guastalla. **Stadtplan** 8 D–E2 & 10 E5. 🚊 12, 20, 23, 27. 🚌 37, 60, 77, 84, 94. ⏱ März: 7–20 Uhr; April, Okt: 7–21 Uhr; Mai–Sep: 7–22 Uhr; Nov–Feb: 7–19 Uhr.

Den ältesten Garten Mailands ließ Gräfin Ludovica Torelli della Guastalla 1555 neben der gleichnamigen Schule für Töchter verarmter Adliger anlegen. Nach 1600 wurde er im italienischen Stil umgestaltet. Zu zwei miteinander verbundenen Terrassen kam ein Goldfischteich hinzu. Es gibt ein Barockheiligtum mit einer von Engeln umschwebten Maria Magdalena und einen klassizistischen Tempel von Luigi Cagnola. 1939 wurde der Garten vom angrenzenden Sormani-Park abgetrennt und der Öffentlichkeit zugänglich gemacht. Beim Ausgang in der Via Guastalla (Nr. 19) kann man die von Luca Beltrami errichtete Synagoge (1890–92) und an der Ecke Via San Barnaba die zur nahen Schule Chierici Regolari di San Paolo gehörige Kirche Santi Barnaba e Paolo (1558) besuchen. Sie ist ein Prototyp lombardischer Kirchen. Galeazzo Alessi hat sie später verändert. Im Inneren findet man Gemälde von Aurelio Luini, Camillo Procaccini und Moncalvo.

Santo Stefano Maggiore und San Bernardino alle Ossa ❻

Piazza Santo Stefano. **Stadtplan** 8 D1 & 10 E4. Ⓜ 1, 3 Duomo. 🚊 12, 23, 27. 🚌 54, 60. **Archivio Storico Diocesano** Via San Calimero 13. **Stadtplan** 8 D2. ☎ 02 58 49 98 01. ⏱ Mo–Fr 9.15–12.15 Uhr. ● Aug. **San Bernardino alle Ossa** ☎ 02 76 02 37 35. ⏱ Mo–Fr 7–18, Sa, So 9–12 Uhr. ✝ Mo–Sa 8.30, Feiertage 11 Uhr. 🚫 ♿

Statue an der Fassade von San Bernardino alle Ossa

Die durch einen Brand zerstörte Kirche Santo Stefano (5. Jh.) wurde 1075 wiederaufgebaut und von Giuseppe Meda 1584 zu ihrer heutigen Form umgestaltet. Den barocken Glockenturm errichtete Carlo Buzzi 1643–74: Der Pilaster an der Basis ist der einzige Rest vom Atrium der mittelalterlichen Basilika. Die Kirche wurde als Diözesanarchiv genutzt, das jetzt umgezogen ist. Nebenan stehen San Bernardino alle Ossa, einst mittelalterlich, aber seither oft umgebaut, sowie die Gebeinskapelle (mit konkaver Fassade), 1210 erbaut und 1695 verändert. Das Innere der Gebeinskapelle ist mit Knochen und Schädeln bedeckt. Mattes Licht und dunkle Wände kontrastieren zu den leuchtenden Farben des Deckenfreskos von Sebastiano Ricci (1695): *Der Triumph von Seelen unter Engeln.*

Largo Augusto und Via Durini ❼

Stadtplan 8 DE1 & 10 E3. Ⓜ 1, 3 Duomo. 🚊 12, 23, 27. 🚌 54, 60, 73, 84, 94.

Seit 1580 gibt es die Verzire-Säule, ein Auftrag von San Carlo Borromeo, um das Ende der Pest von 1576 zu feiern, auf dem Largo Augusto. Sie ist eine der wenigen Votivsäulen, die das Ende des 18. Jahrhunderts überlebt haben. Viele gingen nach der Säkularisierung verloren oder mussten Neubauten weichen.

Am Platz beginnt die Via Durini, die von der konkaven Fassade von Santa Maria della Sanità (1708) beherrscht wird. Nr. 20 war das Haus des großen Dirigenten Toscanini. Nr. 24 ist der Palazzo Durini, der 1648 von Francesco Maria Richini erbaut wurde. Am nahen Corso Europa steht der Palazzo Litta Modignani (16. Jh.), in dem ein römisches Mosaik gefunden wurde. Der Palazzo Litta wurde im 18. Jahrhundert umgebaut.

Palazzo Sormani Andreani ❽

Corso di Porta Vittoria 6. **Stadtplan** 8 E1 & 10 F4. ☎ 02 88 46 33 97. 📠 02 76 00 65 88. 🚊 12, 23, 27. 🚌 60, 73, 77, 84, 94. ⏱ Mo–Sa 9–19 Uhr. ● Feiertage, Aug.

Der im 18. Jahrhundert erbaute Palazzo wurde 1736 von Francesco Croce vergrößert, der aus ihm eine der prunkvollsten Residenzen der Zeit machte. Auch die ei-

Fassade des Palazzo Sormani Andreani, seit 1956 Stadtbibliothek

Hotels und Restaurants im Südosten *siehe Seiten 162 und 175f*

genwillig geschwungene spät-
barocke Fassade stammt von
ihm. Beim Wiederaufbau nach
dem Krieg erhielt die Stadtbibliothek (Sormani-Andreani-
Bibliothek), die größte Mailands, den Palazzo als Sitz. Sie
beherbergt über 580 000 Werke, darunter beispielsweise
Stendhals Privatbibliothek,
rund 20 000 in- und ausländische Zeitschriften und eine
Schallplattensammlung. Auch
diverse Gesamtkataloge befinden sich hier.

Die klassizistische Rückseite
blickt auf einen Garten – den
Rest eines ursprünglich größeren – und wird für kleine
Ausstellungen genutzt. Ganz
in der Nähe, in der Via Visconti di Modrone 2, findet
man eine der exzellenten traditionellen *pasticcerie* Mailands, die Konditorei Taveggia
(siehe S. 187).

Palazzo di Giustizia ❾

Corso di Porta Vittoria. **Stadtplan**
8 E1 & 10 F4. 12, 23, 27. 60,
73, 77, 84.

Der Mailänder Gerichtshof
war zu Beginn der 1990er
Jahre wegen der politischen
Korruptionsprozesse »Mani
pulite« (»Saubere Hände«) im
Zentrum der Aufmerksamkeit.
Er wurde von Marcello Piacen-
tini 1932–40 im typischen Stil
des Faschismus gebaut. Auch
das Gerichtsarchiv, früher im
Palazzo della Ragione *(siehe
S. 54)*, befindet sich in diesem
Gebäude. Der Palazzo besitzt
1200 Räume und 65 Gerichts-
säle mit Werken zeitgenössischer Künstler, darunter auch
ein Fresko von Mario Sironi
im Schwurgerichtssaal.

Der Palazzo di Giustizia (1932–40), ein typisches Beispiel faschistischer Architektur

Detail aus der *Marienlegende*, San Pietro in Gessate

San Pietro in Gessate ❿

Piazza San Pietro in Gessate. **Stadt-plan** 8 E1 & 10 F3. 02 545 01
45. 12, 23, 27. 60, 77, 84.
tägl. 7.30–18 Uhr. Mo–Fr
8.30, vor Feiertagen 19, Feiertage
8.30, 12, ,17, 20 Uhr.

Die Kirche wurde 1447–75
von Mitgliedern der Sola-
ri-Schule gebaut und vom
Florentiner Bankier Pigello
Portinari finanziert, dessen
Emblem außen an der Apsis
zu sehen ist. Das Portal in der
1912 umgestalteten Fassade
zeigt ein Bildnis
Petri, das nach 1600
hinzugefügt wurde.
Im gotischen Innen-
raum, einem drei-
schiffigen Bau mit
Rippengewölben
und Spitzbogen,
sind Originalfresken
erhalten. Die Kirche
wurde im Zweiten
Weltkrieg beschä-
digt, vor allem die
Kapellen rechts, in
denen es noch Spu-

ren der Fresken von Antonio
Campi, Moncalvo und Ber-
gognone (*Begräbnis des hl.
Martin* in der fünften Kapelle)
gibt. In der dritten und fünften Kapelle links sieht man
schöne Fresken von Montorfano: *Leben Johannes' des
Täufers* (1484) und *Die Legende des hl. Antonius Eremita.*
Die acht Chorstühle wurden
von Carlo Garavaglia aus den
Resten der Stühle von 1640
zusammengefügt. Sie waren
1943 beschädigt und im Krieg
als Feuerholz benutzt worden.
Die Fresken im linken Querschiff (Cappella Grifi), die der
Sforza-Senator Ambrogio Grifi
bei Bernardino Butinone und
Bernardino Zenale in Auftrag
gab, zeigen *Das Leben des hl.
Ambrosius* (1490). In den Lünetten unter der Decke sieht
man die Gestalt eines Ge-
hängten, dessen Strick in die
Szene darunter »baumelt«.

Diese kürzlich restaurierten
Fresken wurden 1862 unter
der Tünche entdeckt, mit der
die Wände der Kirche wäh-
rend der Pest desinfiziert worden waren.

Die Arkaden in der Rotonda di Via Besana

Rotonda
di Via Besana ⓫

Via San Barnaba, Ecke Via Besana.
Stadtplan 8 F2 & 10 F4. 🚊 9, 29,
30. 🚌 77, 84. 🕐 nur zu Ausstellungen oder Kulturevents im Sommer.

Die Rotunde wurde 1695
als Grabstätte des nahen
Ca'-Granda-Hospitals von
Francesco Raffagno bei den
Spanischen Mauern erbaut.
Rund 150 000 Tote bestattete
man in den Krypten unter
den Arkaden. Als die Rotunde
1783 geschlossen wurde, ver-
suchte der Vizekönig Eugène
de Beauharnais 1809 sie in
das Pantheon des Regno Itali-
co umzuwandeln. Der Plan
scheiterte, in dem runden
Backsteingebäude kamen zunächst ansteckende Kranke
unter, später war hier die
Krankenhauswäscherei. Jetzt
wird die Rotunde für Ausstellungen und im Sommer als
Open-Air-Kino genutzt.

In der Mitte steht die säkularisierte Kirche San Michele
ai Nuovi Sepolcri von 1713
mit einem griechischen Kreuz
als Grundriss und einem zentralen Altar. Die Totenschädel
an den Kapitellen erinnern an
die ursprüngliche Funktion
des Komplexes.

Santa Maria della Pace
wurde 1466 von Pietro Antonio Solari in der Via San Barnaba erbaut. Sie war im Besitz
des Ordens der Ritter vom
Heiligen Grab. 1805 schloss
man die Kirche und entfernte
die Gemälde (manche sind
jetzt in der Brera), doch einige Fresken (17. Jh.) von Tan-
zio da Varallo sind erhalten.

Das nahe Kloster ist Sitz der
Società Umanitaria, die 1893
zur Armenfürsorge gegründet
wurde. Das Refektorium mit

einer *Kreuzigung* von
Marco d'Oggiono ist
der einzige Überrest
des Klosters. Auf dem
Weg zum Corso di
Porta Vittoria gelangt
man zur Piazza Cin-
que Giornate, wo ein
Denkmal von Giu-
seppe Grandi (1895)
an die anti-österreichi-
sche Erhebung von
1848 *(siehe S. 24)* er-
innert. Die weib-
lichen Figuren symbolisieren
den Aufstand der Fünf Tage,
dessen Tote in der Krypta
bestattet sind.

Conservatorio
di Musica
Giuseppe Verdi ⓬

Via Conservatorio 12. **Stadtplan**
8 E1 & 10 F3. 📞 02 762 11 01.
🚊 54, 61, 77. 🕐 nur zu Konzerten.
Bibliothek 📞 02 762 11 02 19.
🕐 Mo–Mi 14–19.30, Do, Fr 8–14,
Sa 8–13 Uhr.

Mailands Konservatorium
wurde 1808 vom Vize-
könig Eugène de Beauharnais
gegründet. Bedeutende Musiker und Komponisten haben
hier studiert – der junge Verdi
wurde damals allerdings nicht
angenommen. Es gibt einen
Kammermusiksaal und einen
großen Saal für Sinfoniekon-
zerte. Die Bibliothek enthält
35 000 Bände und 460 000 Manuskripte, darunter Partituren
von Mozart, Rossini, Donizet-
ti, Bellini und Verdi. Es gibt
auch ein kleines Museum mit
kostbaren Saiteninstrumenten.

Santa Maria
della Passione ⓭

Via Conservatorio 14. **Stadtplan**
8 E1–F1. 📞 02 76 02 13 70. 🚊 54,
61, 77. 🚌 94. 🕐 tägl. 7–12 Uhr.
✝ Mo–Fr 7.15, 8.15, 17.30, vor Feiertagen 17.30, Feiertage 10, 11.15,
17.30 Uhr. 🏛 **Museum** 🕐 wg. Renovierung Zeiten bitte tel. erfragen.

Mailands zweitgrößte Kir-
che nach dem Dom wur-
de unter dem Patronat des
Prälaten Daniele Birago errichtet, der das Land den
Lateran-Chorherren geschenkt
hatte. Die Bauarbeiten – nach
einem Entwurf von Giovanni
Battagio – begannen 1486.
Der Grundriss, ein griechi-
sches Kreuz, wurde 1573 von
Martino Bassi durch ein
Hauptschiff mit sechs halb-
runden Kapellen auf jeder
Seite verlängert. Die Fassade
der Kirche – und des nahen
Klosters, das jetzt Konservatorium ist – fügte Giuseppe
Rusnati 1692 hinzu. Er hielt
sie niedrig, sodass man die
majestätische oktagonale
Hülle der Kuppel von Cristoforo Lombardo (1530) sehen
kann. Um den Anblick zu
steigern und die Kirche mit
dem Naviglio zu verbinden,
ließ Abt Gadio 1540 die Via
della Passione vor dem Eingang anlegen.

Die bemalte Tonnendecke
im Inneren ist stimmungsvoll.
14 Porträts von Heiligen des
Lateran-Ordens (frühes
17. Jh.), die Daniele Crespi
und seiner Schule zugeschrieben werden, hängen an den
Pfeilern. In den Kapellen
rechts sind sehenswert: *Chris-*

Das Giuseppe-Verdi-Konservatorium in einem ehemaligen Kloster

Die achteckige Kuppel von Santa Maria della Passione (17. Jh.)

tus als Schmerzensmann von Giulio Cesare Procaccini auf dem Altar der dritten Kapelle und *Madonna di Caravaggio*, ein Bramantino zugeschriebenes Fresko, in der sechsten Kapelle.

Der Altarraum besitzt noch seine ursprüngliche Struktur eines griechischen Kreuzes. Die Gemälde an den Pfeilern, meist Werke von Crespi, erzählen die Passionsgeschichte. Nicht versäumen: *Christus am Kreuz.*

Hinter dem barocken Hochaltar prunkt das Chorgestühl (16. Jh.) mit Perlmuttintarsien. Beiderseits des Chors finden sich Orgeln (16./17. Jh.), die noch zu Konzerten dienen. An den Türen der linken Orgel sind Passionsszenen von Crespi zu sehen.

In den Querschiffen hängen sehenswerte Gemälde: im rechten Bernardino Luinis Altarbild *Kreuzabnahme* (1510–15) und die *Kreuzlegende* der Predella, an der Altar des linken Querschiffs Gaudenzio Ferraris *Abendmahl* (1543), daneben eine *Kreuzigung* von Giulio Campi (1560).

Die Kapellen links enthalten schöne Werke von Camillo Procaccini und Duchino. In der ersten Kapelle ist der effektvolle Realismus von Crespis *Hl. Karl beim Fasten* bemerkenswert.

Die Orgelnische rechts führt ins Museum, das 1972 im

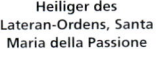

Heiliger des Lateran-Ordens, Santa Maria della Passione

alten Kloster eingerichtet wurde. Es hat vier Abteilungen: In der alten Sakristei befinden sich lombardische Gemälde (17. Jh.) und Tafelbilder (18. Jh.). Das Domkapitel (15. Jh.) wurde von Bergognone gebaut und ausgemalt: Heilige und Gelehrte in einem Peristyl und an der Wand rechts *Christus mit den Jüngern.* Die Gemäldegalerie zeigt Werke von Crespi, Procaccini und Nuvolone, die Sala degli Arredi Möbelstücke (17. Jh.) sowie ein Deckenfresko von Giulio Campi (1558).

Von der Via Bellini ist die linke Seite der Kirche zu sehen. Das Jugendstil-Haus (Nr. 11) ist die Casa Campanini (1904) mit Schmiedeeisenarbeiten von Alessandro Mazzucotelli.

Palazzo Isimbardi ⓮

Corso Monforte 35. **Stadtplan** 4 E5 & 10 F2. 〖 02 77 40 29 73, 02 77 40 24 16 (Pressebüro Provinz Lombardei). Ⓜ 1 San Babila. 🚋 9, 23, 29, 30. 🚌 54, 61, 94. ⓘ Informationen im IAT-Büro (siehe S. 209).

Der Palazzo, seit 1935 Sitz der Mailänder Provinzregierung, stammt aus dem 15. Jahrhundert, wurde aber von seinen jeweiligen Besitzern erweitert, so auch von den Isimbardi, die ihn 1775 kauften. Die Fassade (18. Jh.)

am Corso Monforte öffnet sich zu einem Ehrenhof mit Säulengängen (16. Jh.), der noch sein ursprüngliches Fischgrätpflaster hat. Vom Garten dahinter blickt man auf die großartige klassizistische Fassade, die Giacomo Tazzini 1826 entwarf.

Das Haus ist öffentlich zugänglich und zeigt interessant dekorierte Räume und edle Gemälde sowie Kunsthandwerk, etwa einen Holzglobus von Giovanni Jacopo de Rossi (17. Jh.). Der wichtigste Raum ist die Giunta (Ratszimmer), in der sich seit 1954 Tiepolos meisterlicher *Triumph des Dogen Morosini* befindet, der aus dem Palazzo Morosini in Venedig hierher kam. Die Sala dell'Antegiunta ist mit einem Muranoglas-Kronleuchter (18. Jh.) ausgestattet. Die Sala degli Affreschi besitzt Fresken (17. Jh.), die aus der Villa des Kardinals Monti in Vaprio d'Adda stammen. Das Studio del Presidente weist eine klassizistische, teils vergoldete Decke auf.

1940 ließ die Provinz Mailand den Palast vergrößern. Die neue Fassade in der Via Vivaio schmücken Reliefs von Salvatore Saponaro mit Darstellungen von Tätigkeiten der Mailänder. Am Corso Monforte 31 steht der Palazzo della Prefettura, der 1782 in seinen heutigen Zustand versetzt wurde. Er besitzt Fresken von Andrea Appiani, ist allerdings nicht öffentlich zugänglich.

Die Fassade des Palazzo Isimbardi (18. Jh.), Corso Monforte

Abbazia di Chiaravalle ⑮

Französische Zisterzienser begannen 1150–60
mit dem Bau der Kirche, die 1221 der Jungfrau
Maria geweiht wurde. Der gesamte Komplex ist
eine Mischung aus französischer Gotik und lombardischer Romanik. Der Glockenturm kam 1349
hinzu. Der Eingang befindet sich in einem von
zwei kleinen Kirchen flankierten Turm (16. Jh.).
1798 verbot Napoléon den Orden. Die Mönche
mussten die Abtei verlassen, die in der Folgezeit
stark verfiel. 1858 musste Bramantes Kreuzgang
(15. Jh.) einer Eisenbahnlinie weichen. Die Abtei
wurde den Mönchen zurückgegeben und restauriert, heute hat sie ihren alten Glanz wiedererlangt
und ist eine Oase der Ruhe.

★ **Fresken**
*Die Kuppelfresken (14. Jh.)
erzählen die Marienlegende,
die im Querhaus (oben)
zeigen u. a. den Stamm-
baum der Benediktiner.*

★ **Chorgestühl**
*Die Schnitzereien an
den 44 Stühlen zeigen
das Leben des hl. Ber-
nard von Carlo Gara-
vaglia (1645). Er soll
hierhergekommen sein,
um für den Mord an sei-
nem Bruder zu büßen.*

Im Inneren gab es
keine Gemälde,
weil sie die Mönche
im Gebet gestört
hätten. Die Fresken
(17. Jh.) erzählen
die Geschichte des
Ordens.

Eingang

**Der obere Teil
der Ziegelfassade**
ist noch original
erhalten. Der Vorbau
wurde 1625 angefügt.
Das Hauptportal aus
dem 16. Jahrhundert
zeigt Zisterzienser-
Heilige, darunter
Bernard, der die Kir-
che in der Hand hält.

LANDERSCHLIESSUNG DER MÖNCHE

Die Zisterzienserklöster beachteten die Regel
ora et labora (»Bete und arbeite«). Sie spielten
eine wichtige Rolle bei der Urbarmachung des
sumpfigen Mailänder Geländes, das dank den
Mönchen zum äußerst fruchtbaren Gebiet
wurde. Die Mönche wandten die neue Riesel-
wiesentechnik an, bei der die Wiesen aus
einem nahen Fluss (bei einer konstanten Tem-
peratur von 12 °C) überflutet wurden, sodass
das Gras schnell wuchs und selbst im Winter
gemäht werden konnte.

**Ein Zisterziensermönch
bei der Gartenarbeit**

★ Glockenturm *(ciribiciaccola)*

80 kleine Marmorsäulen zieren den Glockenturm von Francesco Pecorari (1349), den die Mailänder ciribiciaccola («raffinierte Erfindung») nennen. Seine Glocken begleiteten den Arbeitstag der Bauern und Mönche. Der Glockenstrick hängt noch in der Kirche.

INFOBOX

Via Sant'Arialdo 102, Chiaravalle Milanese. 02 57 40 34 04.
M 3 Corvetto, dann Bus 77.
77. Di–So 9–12, 14.30–17 Uhr (So nur 14.30–17 Uhr).
Mo–Sa 8, 17.30, Feiertage 8, 9.15 (Gregor. Gesänge), 11.30, 18 Uhr. kein Blitz.

Die vielen Fenster (Zwillinge, Drillinge und Vierlinge) verleihen dem Bau Dynamik.

Madonna della Buonanotte

Das Bild wurde von Bernardino Luini 1512 an den Kopf der Treppe zum Schlafsaal gemalt. Es ist als Madonna della Buonanotte *bekannt. Sie sagte quasi den zu Bett gehenden Mönchen «Gute Nacht».*

Das Domkapitel wurde Ende des 15. Jahrhunderts von Bramante erbaut. Es enthält drei zeitgenössische Graffiti, die Santa Maria delle Grazie, den Duomo und das Castello Sforzesco darstellen.

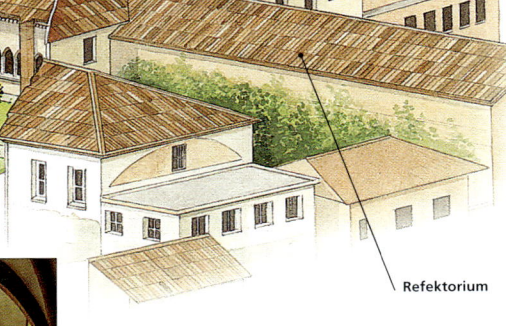

Refektorium

★ Kreuzgang

Er wurde 1952 nach dem Vorbild der einzigen erhaltenen Seite wiedererrichtet. Eine Tafel erinnert an die Gründung der Kirche. Daneben findet sich ein Storch, das Symbol von Chiaravalle.

NICHT VERSÄUMEN

* ★ Chorgestühl
* ★ Fresken
* ★ Glockenturm (ciribiciaccola)
* ★ Kreuzgang

NORDOSTEN

Logo des Museo Bagatti Valsecchi

Die Via Manzoni ist die elegante Mitte eines ausgedehnten Areals, das sich vom Brera-Viertel zur Via Montenapoleone und zum Corso Venezia erstreckt. Die Brera ist für ihre typischen krummen Straßen bekannt, von denen einige noch mit Pflaster aus dem 18. Jahrhundert bedeckt sind. Das Modeviertel um die Via Montenapoleone ist das Reich der Designerläden. Von der Piazza San Babila gelangt man über den Corso Venezia mit den Palazzi des Adels zu den Giardini Pubblici und zur Villa Belgiojoso Bonaparte. Im Gebiet jenseits der Mauern, das bis ins frühe 19. Jahrhundert unentwickelt war, liegen der Cimitero Monumentale, die Stazione Centrale und das Pirelli-Hochhaus, Mailands höchstes Gebäude.

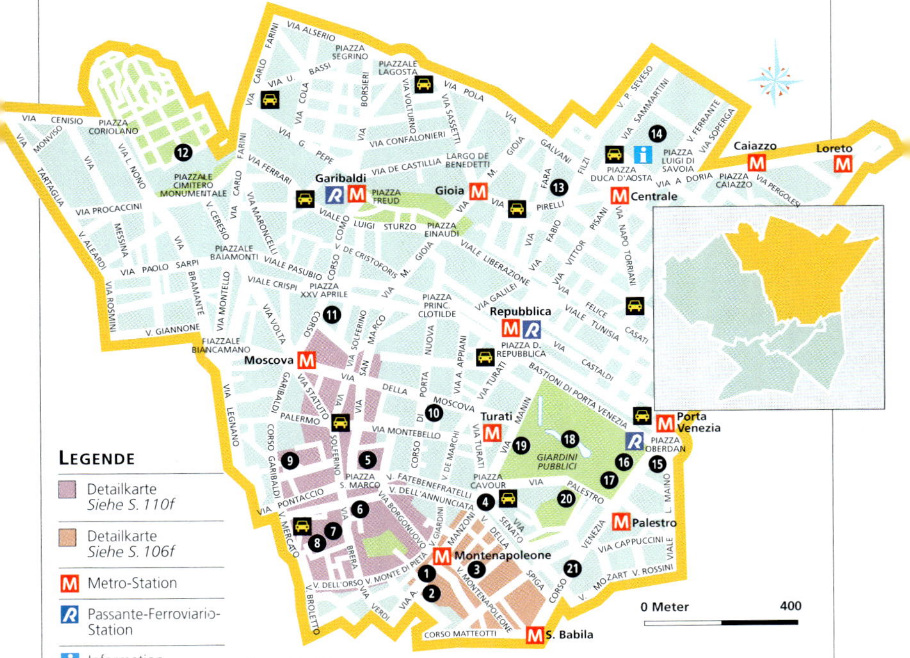

LEGENDE

- Detailkarte *Siehe S. 110f*
- Detailkarte *Siehe S. 106f*
- **M** Metro-Station
- **R** Passante-Ferroviario-Station
- **i** Information
- Taxi

ANFAHRT

Mode- und Brera-Viertel: Metro 3 (Montenapoleone) und Tram 1 und 2, zur Brera auch Metro 2 (Lanza), Bus 61 und Tram 3, 4, 12, 14 und 27. Zum Cimitero Monumentale fahren Tram 3, 4, 12, 14, 29, 30 und 33. An der Stazione Centrale (Hauptbahnhof) halten die Metro-Linien 2 und 3.

SEHENSWÜRDIGKEITEN AUF EINEN BLICK

Straßen und Plätze
Archi di Porta Nuova **4**
Bastioni di Porta Venezia **15**
Corso Venezia S. 122f **21**
Via Manzoni **1**

Historische Gebäude
Palazzo Cusani **7**
Palazzo Dugnani **19**
Pirelli-Hochhaus **13**
Stazione Centrale **14**

Museen und Sammlungen
Museo Bagatti Valsecchi **3**
Museo di Storia Naturale **17**
Museo Poldi Pezzoli **2**
Pinacoteca di Brera S. 114–117 **6**
Planetarium **16**
Villa Belgiojoso Bonaparte –
Museo dell'Ottocento **20**

Gärten und Friedhöfe
Cimitero Monumentale **12**
Giardini Pubblici **18**

Kirchen
San Marco **5**
San Simpliciano **9**
Sant'Angelo **10**
Santa Maria del Carmine **8**
Santa Maria Incoronata **11**

◁ **Napoléon-Statue von Canova (1809) im Zentrum des Hofs der Pinacoteca di Brera** *(siehe S. 114–117)*

Im Detail: Modeviertel

Versace-Logo

Die Via Montenapoleone ist das elegante Herz Mailands und eine der vier Seiten des *quadrilatero* genannten Modeviertels (die anderen drei Seiten bilden Via Manzoni, Via Sant'Andrea und Via della Spiga). Hier findet man außer den Flagship-Stores einiger der berühmtesten italienischen und internationalen Modedesigner prachtvolle klassizistische Gebäude wie den Palazzo Melzi di Cusano (Via Montenapoleone 18, erbaut 1830). Die Via Bigli dagegen wird von Palazzi aus dem 16. und 17. Jahrhundert mit von Säulengängen umgebenen Höfen gesäumt.

Archi di Porta Nuova
Das Tor, einst Teil der mittelalterlichen Stadtmauer, ist mit Kopien römischer Grabsteine (1. Jh. n. Chr.) geschmückt. Links ist eine Familien-Stele zu sehen. ❹

VALENTINO

GIORGIO ARMANI

Via Manzoni
Der Boulevard ist von den Palazzi des Adels gesäumt. ❶

Grand Hotel et de Milan

Unter dem Portico del Lattèe (Milchmann-Arkade) sieht man die Mauern der geschleiften Kirche San Donnino alla Mazza.

★ Museo Poldi Pezzoli
Das Bildnis einer jungen Frau *(15. Jh.) wird Antonio Pollaiolo zugeschrieben. Es ist das Wahrzeichen des Privatmuseums. Neben Gemälden von Mantegna, Piero della Francesca und Bellini stellt es Teppiche, Rüstungen und kostbare Keramiken aus.* ❷

VIA DELLA SPIGA

⑫
②

VIA BORGOSPESSO

VIA SANTO SPIRITO

⑪

VIA MANZONI

V I

NICHT VERSÄUMEN

★ Museo
Bagatti Valsecchi

★ Museo Poldi Pezzoli

0 Meter   50

Hotels und Restaurants im Nordosten *siehe Seiten 162–164 und 176–178*

★ Museo Bagatti Valsecchi

Der Neorenaissance-Palazzo wurde von den Brüdern Bagatti Valsecchi als Familiensitz erbaut. In 16 Räumen sind noch die originalen Möbel aus dem 19. Jahrhundert und viele Kunstwerke erhalten, die den Besitzern, großen Kunstsammlern, gehörten. ❸

ZUR ORIENTIERUNG
Siehe Stadtplan, Karten 4, 10

DOLCE & GABBANA

Die Via Montenapoleone folgt dem Verlauf der antiken Mauern. Sie heißt nach einer einst hier befindlichen Bank namens »Monte Napoleone«. Designer-Flagship-Stores säumen die Straße.

LEGENDE

– – – Routenempfehlung

TOP-DESIGNER

① **A Ferretti** Via Montenapoleone 19.
② **Byblos** Via della Spiga 33.
③ **Chanel** Via Sant'Andrea 10.
④ **Etro** Via Montenapoleone 5.
⑤ **Fendi** Via Sant'Andrea 1.
⑥ **Genny** Via della Spiga 4.
⑦ **Gianfranco Ferrè** V. Sant'Andrea 15.
⑧ **Hermès** Via Sant'Andrea 21.
⑨ **Jil Sander** Via P. Verri 6.
⑩ **Krizia** Via della Spiga 23.
⑪ **Laura Biagiotti** Via Borgospesso 19.
⑫ **Marni** Via della Spiga 50.
⑬ **Missoni** Via Montenapoleone 8.
⑭ **Prada** Via Sant'Andrea 21.
⑮ **Trussardi** Via Sant'Andrea 3.

VERSACE

GUCCI

Ein Renaissance-Portal mit einem *Verkündigungs*-Relief führt in den Hof des Palazzo Bigli, den Fresken aus der Luini-Schule schmücken.

Stadtplan *siehe Seiten 224–237*

Hofgarten eines Palazzo in der Via Manzoni

Via Manzoni ❶

Stadtplan 4 D4 & 10 D2. Ⓜ *1 Duomo, 3 Montenapoleone.* 🚊 *1, 2.* 🚌 *61, 94. Die Palazzi sind nicht öffentlich zugänglich.*

W egen der vielen Gärten wurde die Straße Corsia del Giardino (»Gartenweg«) genannt. Als der große Schriftsteller Manzoni starb, bekam sie 1865 ihren heutigen Namen. Ihr aristokratisches Flair erhielt sie durch die Patrizierpalais und das Teatro alla Scala *(siehe S. 52f)*, das eine elegante Klientel anlockte. Nr. 6 ist der Palazzo Brentani aus dem 19. Jahrhundert, den Medaillons mit berühmten Personen schmücken. Nr. 10, der Palazzo Anguissola (1775–78), ist Sitz des Geschichtsarchivs der Banca Commerciale Italiana. Nr. 12 aus dem 19. Jahrhundert beherbergt das Museo Poldi Pezzoli, Nr. 29 ist das Grand Hotel et de Milan (1865), in dem Giuseppe Verdi 1901 starb.

Fast am Ende der Via Montenapoleone steht Aldo Rossis Denkmal (1990) für den früheren Staatspräsidenten Sandro Pertini. Daneben befindet sich der Palazzo Gallarati Scotti (Nr. 30) aus dem frühen 18. Jahrhundert. Die Via Pisoni gegenüber führt zu den Überresten des Kreuzgangs (15. Jh.) des Klosters Umiliate di Sant'Erasmo, jetzt Teil eines modernen Gebäudes. Im letzten Teil steht der Palazzo Borromeo d'Adda, ein Lieblingsort von Literaten und Künstlern, u. a. von Stendhal.

Museo Poldi Pezzoli ❷

Via Manzoni 12. **Stadtplan** 4 D5 & 10 D2. 📞 *02 79 48 89.* Ⓜ *3 Montenapoleone.* 🚊 *1, 2.* 🚌 *61, 94.* 🕐 *Di–So 10–18 Uhr.* 🚫 *1. Jan, Ostern, 25. Apr, 1. Mai, 15. Aug, 1. Nov, 7., 8., 25., 26. Dez.* 📷 *kein Blitz.* 📷 *nur Erdgeschoss.* 📖 *Lesesaal, Bibliothek.* **www**.museopoldipezzoli.it

D as Privatmuseum wurde von dem Adligen Gian Giacomo Poldi Pezzoli gegründet und 1881 eröffnet. Das Haus, ein singuläres Beispiel einer Mailänder Adelsresidenz des späten 19. Jahrhunderts, enthält Poldi Pezzolis erlesene Sammlung von Gemälden, Skulpturen, Rüstungen, Teppichen, Uhren, Glas und Textilien. Im Erdgeschoss sind Waffen und Rüstungen von der Antike bis zum 19. Jahrhundert zu sehen. Der Salone dell'Affresco, benannt nach dem Fresko *Die Apotheose des Bartolomeo Colleoni* von Carlo Innocenzo Carloni, zeigt einen Täbris mit Jagdszenen (1522/23). Der persische Teppich besteht aus Wolle und Silber auf Seide. In der Textiliensammlung sieht man einen Chorrock (15. Jh.) mit einer Florentiner Stickerei, die die *Krönung der hl. Jungfrau* nach einer Zeichnung von Botticelli darstellt.

Die Treppe ist mit Landschaften von Magnasco verziert und führt zu den Salette dei Lombardi hinauf, die lombardische Malerei (15./16. Jh.) zeigen. Hier gibt es Bilder von Bergognone, Luini und des Leonardo-Kreises, ein Polyptychon von Cristoforo Moretti und Vincenzo Foppas *Bildnis des Giovanni Francesco Brivio*. Lucas Cranachs Porträts von Luther und seiner

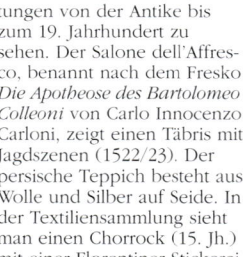

Logo des Museo Poldi Pezzoli

Frau (1529) hängen in der Sala degli Stranieri. Ein Schaukasten mit kostbarem Porzellan trennt den nächsten Raum vom Salone Dorato. Der von Poldi Pezzoli entworfene und 1943 durch Bomben zerstörte Saal wurde 1974 von Luigi Caccia Dominioni restauriert. Gezeigt werden Werke wie *Der hl. Nikolaus von Tolentino* von Piero della Francesca, *Madonna und Kind* von Botticelli, eine *Madonna und Kind* von Andrea Mantegna, Giovanni Bellinis *Pietà* und ein Antonio Pollaiolo zugeschriebenes *Bildnis einer jungen Frau.*

Drei kleine Räume enthalten die Visconti-Venosta-Sammlung mit Porträts von Fra Galgario, darunter *Herr mit Dreispitz*, sowie kostbare Uhren (16.–18. Jh.). Die Saletta dei Vetri Antichi di Murano zeigt herrliche Beispiele der Glasbläserkunst, das Gabinetto Dantesco enthält zwei Bleiglasfenster mit Episoden aus Dantes Leben. Die letzten Räume beherbergen Kleinbronzen, Gemälde von Tiepolo, eine *Sacra Conversazione* von Lotto und Giovanni Bellinis *Kreuzigung*. Den Abschluss bildet das Gabinetto degli Ori mit einer Sammlung antiker Preziosen.

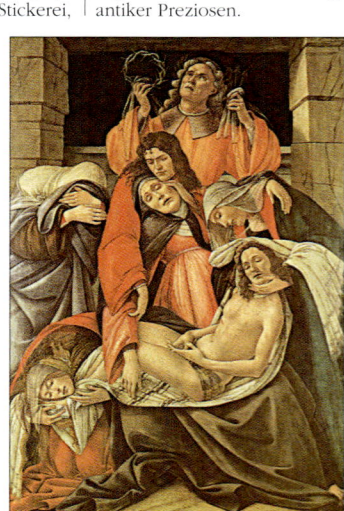

Botticellis *Pietà* (1495), Museo Poldi Pezzoli

Eine Wiege aus der Camera Rossa des Museo Bagatti Valsecchi

Museo Bagatti Valsecchi ❸

Via Gesù 5. **Stadtplan** 4 D5 & 10 E2. 🕻 02 76 00 61 32. Ⓜ 3 Montenapoleone. 🚋 1, 2. 🕐 Di–So 13–18 Uhr. 🌑 Mo, 1. Jan, Ostern, 25. Apr, 1. Mai, 2. Juni, 15. Aug, 7., 8., 25., 26. Dez. 🎟 🔲 nur Erdgeschoss. 📷 nach Vereinbarung. 🔲 www.museobagattivalsecchi.org

Das faszinierende Museum wurde 1994 in der berühmten Villa der Brüder Fausto und Giuseppe Bagatti Valsecchi eröffnet und ist ein wichtiges Zeugnis für den Kunstgeschmack des Fin de Siècle. Das Haus im Stil der Neorenaissance mit einer vornehmen Fassade und zwei wohlproportionierten Innenhöfen wurde mit Kunstwerken und Pseudo-Renaissance-Möbeln eingerichtet. Es galt als Privathaus, nicht als Museum, und war mit jedem denkbaren Komfort versehen. Die Räume zeigen Gobelins, Elfenbeinschnitzereien, Keramiken, Waffen sowie bedeutende Gemälde, etwa die anmutige *Santa*

Giustina von Giovanni Bellini (um 1475; im einstigen Schlafzimmer Giuseppe Bagatti Valsecchis), Bernardo Zenales Tafelbilder und einen Flügelaltar von Giampietrino. Die Bibliothek mit wertvollen Pergamenten (15. Jh.) und diversen Apothekergefäßen (16./17. Jh.) ist ebenfalls sehenswert.

Das beeindruckende Veltliner Schlafzimmer enthält ein Prachtbett aus dem 16. Jahrhundert mit Schnitzereien: Sie zeigen die Kreuztragung und Szenen aus dem Alten Testament. Die Sala della Stufa Valtellinese enthält eine wunderbare Täfelung aus dem 16. Jahrhundert, einen eleganten skulpierten Fries und ein Möbelstück, das raffiniert ein Klavier verbirgt. Die Camera Rossa zeigt eine entzückende kleine Sammlung von Kindermöbeln aus dem 15. bis 17. Jahrhundert, zu der ein Hochstuhl, ein Laufstuhl und eine Wiege gehören. Im Esszimmer ist eine Sammlung von Küchengeräten, Gobelins und Anrichten zu sehen.

Archi di Porta Nuova ❹

Stadtplan 4 D4 & 10 E1. Ⓜ 3 Montenapoleone. 🚋 1, 2. 🚌 61, 94.

Das Stadttor, das 1861 restauriert wurde, ist eines von zwei Toren, die von der mittelalterlichen Stadtmauer erhalten sind. Der Torbau begann 1171 und wurde wohl dem Gegenstück, der Porta Romana, nachgebildet, von der auch Baumaterial benutzt wurde. Die Seite zur Via Manzoni ist mit Kopien römischer Grabsteine (1. Jh. n.Chr.) geschmückt, die Außenseite zur Piazza Cavour zeigt ein Tabernakel mit einer *Madonna mit Kind und den Heiligen Ambrosius, Gervasius und Protasius* (1330–39).

Der Palazzo dei Giornali (Nr. 2) wurde 1942 als Hauptniederlassung der Zeitung *Il Popolo d'Italia* errichtet. Er ist mit Reliefs von Mario Sironi verziert und blickt zur Piazza. Der Platz wird von den Giardini Pubblici gerahmt, vor denen das Denkmal Cavours (1865) von Odoardo Tabacchi steht.

Die Bogen der Porta Nuova von der Via Manzoni aus gesehen

STADTGESCHICHTE IN DEN MAILÄNDER MUSEEN

Mehrere Museen («Civiche Raccolte Storiche») widmen sich der Geschichte der Stadt. Im Palazzo Morando Attendolo Bolognini (Via Sant'Andrea 6) befinden sich das Museo di Milano und das Museo di Storia Contemporanea. Ersteres zeigt Urkunden und Gemälde des alten Mailand und seiner berühmten Bürger, Letzteres Erinnerungsstücke aus der Zeit der beiden Weltkriege. Der Palazzo beherbergt auch das Civico Museo Marinaro Ugo Mursia, ein Seefahrtsmuseum. Das Museo del Risorgimento im Palazzo Moriggia (Via Borgonuovo 23) beschäftigt sich mit der Geschichte der italienischen Einigungsbewegung bis zur Einnahme von Rom (1870).

Eingangsschild zu einer Schokoladenfabrik, jetzt im Museo di Milano

Im Detail: Brera-Viertel

Der Name von Mailands traditionellem Künstlerviertel kommt vom germanischen Wort *braida*, das ein grasbedecktes Gelände bezeichnet. Die Kunststudenten der Accademia di Belle Arti und die weltberühmte Pinacoteca di Brera tragen zur Lebendigkeit des Viertels bei. Die vielen Cafés, Restaurants, Galerien, Antiquitätenläden und Nachtclubs haben die Brera zum Szeneviertel gemacht. Im Sommer stehen auf den engen Straßen Stände, das Viertel wird dann noch belebter. Jeden dritten Samstag im Monat findet in der Via Brera ein Trödelmarkt statt.

Das Indian Café ist eines der beliebtesten im Viertel.

Das Museo Minguzzi besitzt 100 Werke des Bologneser Bildhauers.

Der Naviglio della Martesana, der von der Adda die heutige Via San Marco entlang verlief, wurde zum Transport von Nahrungsmitteln und Baumaterialien benutzt. Am Ende der Straße regulierte ihn der Tombone di San Marco, eine hölzerne Schleuse.

★ **San Simpliciano**
Dies ist eine von vier Basiliken, die der hl. Ambrosius erbauen ließ. Ihre original frühchristliche Architektur ist zum großen Teil erhalten. ❾

Im Café Jamaica, Via Brera

CAFÉS IN DER BRERA

Die Cafés und Bars im Brera-Viertel sind voller Leben und Atmosphäre. Das Tombon de San Marc in der Via San Marco war einst die Kneipe der Schauerleute vom nahen Naviglio, heute trifft sich hier alle Welt. Im Café Jamaica in der Via Brera gibt es montags Jazz. Andere Treffs sind das Sans Égal in der Fußgängerzone der Via Fiori Chiari, das Indian Café am Corso Garibaldi und Soul to Soul in der Via San Marco *(siehe S. 187 und S. 198f).*

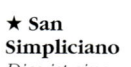

Straßennamen auf der Karte:
VIA SOLFERINO
VIA MOSCOVA
CORSO GARIBALDI
VIA SOLFERINO
VIA SAN MARCO
VIA MONTEBELLO
LARGO TREVES
VIA PALERMO
VIA SOLFERINO
VIA PONTAC
VIA MERCA

0 Meter   100

NICHT VERSÄUMEN

★ Pinacoteca di Brera

★ San Marco

★ San Simpliciano

★ San Marco
Die Fassade der 1254 erbauten Kirche wurde 1871 im neogotischen Stil umgestaltet. Nur das Portal ist original erhalten. Es zeigt auf einem Relief Christus zwischen zwei Heiligen und den Symbolen der Evangelisten. ❺

ZUR ORIENTIERUNG
Siehe Stadtplan, Karten 3, 4, 9, 10

Das Civico Museo del Risorgimento wurde 1896 eröffnet und befindet sich im klassizistischen Palazzo Moriggia.

★ Pinacoteca di Brera
Der Grundstock dieser bedeutenden Sammlung entstand durch die Auflösung der Orden im späten 18. Jahrhundert. Die Pinacoteca di Brera zeigt Meisterwerke von u. a. Piero della Francesca, Mantegna, Raffael und Caravaggio. ❻

Palazzo Cusani
Der Palazzo mit seiner spätbarocken Fassade (1719) ist das Hauptquartier des Dritten Armeekorps. Im ersten Stock befindet sich das Offizierscasino. ❼

Santa Maria del Carmine
Die Kirche aus dem 15. Jahrhundert wurde mit Material des naben Castello Sforzesco erbaut, als dieses teilweise abgerissen wurde. ❽

LEGENDE

– – – Routenempfehlung

Stadtplan *siehe Seiten 224–237*

Lünette über dem Portal von San Marco

San Marco ❺

Piazza San Marco 2. **Stadtplan**
3 C4 & 9 C1. 📞 02 29 00 25 98.
🚌 61, 94. ⭕ tägl. 7–12, 16–
19 Uhr. ✝ Mo–Fr 7.45, 9.30,
18.30, vor Feiertagen 18.30, Feiertage 9.30, 11, 12.15, 18.30 Uhr.

San Marco wurde 1254 von
dem Augustiner Lanfranco
Settala über einer älteren Kirche errichtet und von den
Mailändern als Dank an die
Venezianer für ihre Hilfe
gegen Kaiser Friedrich Barbarossa dem hl. Markus, dem
Schutzpatron Venedigs, geweiht. Um das Spitzbogen-
portal samt Tabernakel aus
der Campi-Schule errichtete
Carlo Maciachini 1871 eine
neue, neogotische Fassade.

Der Grundriss ist ein lateini-
sches Kreuz mit neun Kapellen, die zwischen dem 14.
und dem 19. Jahrhundert ans
rechte Längsschiff angesetzt
wurden. Die Malereien
(16./17. Jh.) stammen u. a.
von Paolo Lomazzo. Im
Querhaus rechts sieht man
die *Gründung des Augusti-
nerordens* der Brüder Fiammenghino, Settalas Sarkophag
von Balduccio (1317–49) und
Reste spätgotischer, 1956 bei
der Restaurierung entdeckter
Fresken. Im Altarraum hängen Gemälde von Camillo
Procaccini und Cerano, die
die Legende vom hl. Augustinus und den *Stammbaum des
Ordens* (17. Jh.) von Genove-
sino zeigen, von dem auch
die *Engelschar* in der Kuppel
stammt.

Vom linken Querhaus
kommt man in die Cappella
della Pietà mit der *Kreuztragung* von Ercole Procaccini.
Im linken Längsschiff finden
sich Gemälde von Camillo
und Giulio Cesare Procaccini

und Palma il Giovane sowie
ein Fresko der Leonardo-
Schule. Von außen sind das
romanische Querhaus und
der Glockenturm (13. Jh.) zu
sehen.

Pinacoteca di Brera ❻

Siehe S. 114–117.

Palazzo Cusani ❼

Via Brera 15. **Stadtplan** 3 C4 &
9 C1. Ⓜ 2 Lanza. 🚋 3, 12, 14.
🚌 61. ⭕ für Besucher.

Der Palazzo stammt aus
dem 16. Jahrhundert,
wurde aber 1719 von Giovanni Ruggeri umgebaut, der die
Barockfassade mit ihren reich
verzierten Fenstern und Bal-
konen entwarf. Die klassizistische Gartenfassade geht hin-
gegen auf Piermarini zurück.
Es heißt, dass die Brüder Cusani zwei Eingänge in Auftrag
gaben, damit jeder einen
separaten Zugang erhielt. Im
Salon sieht man ein allegori-
sches Fresko (1740) in Tiepo-
lo-Manier. Im 19. Jahrhundert
war der Palazzo Sitz des
Kriegsministeriums.

Santa Maria del Carmine ❽

Piazza del Carmine 2. **Stadtplan**
3 B4 & 9 C1. 📞 02 86 46 33 65.
🚋 1, 3, 12, 14, 27. 🚌 61. ⭕ tägl.
7.15–11.30, 15.30–19 Uhr. ✝ tägl.
8, 9.30, 18.30, Do 17 (auf Englisch),
So 8.30, 10.30 (auf Englisch), 11.30,
16.30 (auf Englisch), 18.30 Uhr.

Santa Maria del Carmine
wurde 1447 im gotischen
Stil über einer romanischen

Kirche errichtet und später im
Barockstil umgestaltet. Die
heutige Fassade entwarf Carlo
Maciachini erst 1880. Das geräumige Innere ist dreischiffig
und mit Kreuzgewölben ge-
schlossen. Die Schrägneigung
der ersten Pfeiler rührt daher,
dass der Bau lange Zeit keine
Fassade hatte und sich dann
nach und nach setzte.

Das rechte Querschiff ent-
hält einen Teil des Grabmals
des Herzoglichen Rats Angelo
Simonetta, darüber hängen
zwei Gemälde von Carlo
Francesco Nuvolone und
Fiammenghino. Das Querhaus
gegenüber ziert ein
Gemälde von Camillo
Landriani.

Die Statuen im
hölzernen Chor
(1579–85) sind die
originalen Gips-
modelle, die Künst-
ler im 19. Jahrhun-
dert für die
Turmspitzen des
Duomo schufen.
Gerolamo Quadrio
gestaltete die Cap-
pella del Rosario
rechts vom Chor
1673, sie ist ganz
mit Marmor ver-

Eine Statue
im Chor

kleidet und mit Gemälden
zum Thema *Marienlegende*
von Camillo Procaccini ausge-
schmückt.

Links von der Kirche kann
man den Kreuzgang des
Klosters mit Überresten von
Adelsgräbern und alten Grabsteinen besichtigen. Die
barocke Sakristei ist mit Mobi-
liar von Quadrio aus dem Jahr
1692 ausgestattet.

Teil der barocken Sakristei, Santa
Maria del Carmine

Musizierende Engel von Aurelio Luini (16. Jh.) in der Kirche San Simpliciano

San Simpliciano 9

Piazza San Simpliciano 7. **Stadtplan** 3 B4. **C** 02 86 22 74. **M** 2 Lanza. 🚊 3, 12, 14, 20. 🚌 43, 57, 70. ⭕ Mo–Fr 9–12, 14.15–19, Sa, So 9.30–19 Uhr. ✝ Mo–Fr 18, vor Feiertagen 18, Feiertage 10, 11.30, 18 Uhr.

D ie Kirche ließ der hl. Ambrosius als *Basilica Virginum* erbauen. 401 wurde sie vollendet. Sie hat einst Vorbau und besaß einst beiderseits offene Galerien, in denen Büßer und Neubekehrte an der Messe teilnehmen konnten. Die Fassade wurde 1870 von Maciachini angefügt, das Hauptportal beibehalten. Die Kapitelle (12. Jh.) zeigen die *Klugen und törichten Jungfrauen*. In der ersten Kapelle rechts erdeckte man Fresken aus dem 14. Jahrhundert. Die vierte Kapelle enthält Enea Salmeggias *Wunder des hl. Benedikt* (1619). In der Apsis ist das Fresko *Krönung der Maria* von Bergognone (1508) zu sehen. Der klassizistische Altar verdeckt das Chorgestühl (1588). An beiden Seiten gibt es Orgel-

podeste mit Fresken von Aurelio Luini (15. Jh.). Das Querhaus führt ins frühchristliche Sacellum San Simpliciano (geschlossen), das man für die Gebeine des Heiligen errichtet hatte.

Sant'Angelo 10

Piazza Sant'Angelo 2. **Stadtplan** 4 D3. **C** 02 63 24 81. 🚊 43. 🚌 94. ⭕ tägl. 6.30–20 Uhr. ✝ tägl. 7, 8, 10, 19, Feiertage 10, 11, 12.15, 19 Uhr.

S ant'Angelo ist ein wichtiges Beispiel für Mailänder Architektur im 16. Jahrhundert. Die Kirche wurde 1552 von Domenico Giunti an der Stelle der alten Franziskanerkirche vor der Porta Nuova errichtet. Letztere hatte man abgerissen, um Platz für die Spanischen Mauern zu schaffen. Ein Triumphbogen mit Legnaninos *Mariä Himmelfahrt* (17. Jh.) trennt das Schiff vom Altarraum. Die Kapellen enthalten Gemälde aus dem 16./17. Jahrhundert. Die erste rechts besitzt Bilder von Antonio Campi (1584) und eine Kopie des *Martyriums der hl. Katharina von Alexandrien*

von Gaudenzio Ferrari (Original in der Brera), die zweite zeigt Morazzones *Erhöhung des hl. Karl* und – in der Apsis – Procaccinis *Marienlegende*.

Santa Maria Incoronata 11

Corso Garibaldi 116. **Stadtplan** 3 C2. **C** 02 65 48 55. **M** 2 Garibaldi. 🚌 94. ⭕ Mo–Fr 7.15–13.30, 16–19, Sa, So 8–12.30, 16–19.30 Uhr. ✝ Mo–Sa 7.30, 9.30, 16.30, Feiertage 8.30, 10, 11.30, 18.30 Uhr.

D ie Kirche besteht aus zwei von Guiniforte Solari errichteten Bauten, die 1468 verbunden wurden. Die linke wurde 1451 für Francesco Sforza erbaut, die rechte kurz danach für seine Frau. Die Backsteinfassade ist doppelt vorhanden, ebenso das Schiff, das zwei Apsiden mit Fresken aus dem 15. und 17. Jahrhundert aufweist. In den Kapellen rechts erinnern Tafeln an Persönlichkeiten am Hof der Sforza. Die Kapellen gegenüber zeigen Fresken von Montalto und Bernardino Zenale (das Fresko der ersten Kapelle soll von Zenale sein).

Lünette über einer der Türen von San Simpliciano

SAN SIMPLICIANO, DIE DREI MÄRTYRER UND DER CARROCCIO

Der hl. Ambrosius bat die jungen Männer Sisinius, Martyrius und Alexander, nach Anaunia (heute Val di Non) zu gehen, um dort das Christentum zu verbreiten. Sie starben 397 als Märtyrer. Ihre Leichen übergab man Bischof Simpliciano, der sie in der *Basilica Virginum* begraben ließ. Angeblich sollen die Märtyrer den Mailändern in der Schlacht von Legnano gegen Barbarossa (1176) den Sieg gebracht haben, denn drei weiße Tauben flogen aus der Basilika und landeten auf dem Carroccio (Karren), dem Symbol Mailands, der vor der Schlacht gesegnet werden sollte. Am 29. Mai erinnert eine Feier an dieses Ereignis.

Pinacoteca di Brera ❻

Porträt von Moisè Kisling
Amedeo Modigliani malte das Bildnis 1915. Es zeigt sein Interesse an afrikanischer Plastik (Raum 10).

Die Pinakothek besitzt eine der bedeutendsten Kunstsammlungen Italiens mit Meisterwerken weltberühmter italienischer Künstler vom 13. bis 20. Jahrhundert, z. B. Werke von Raffael, Mantegna, Piero della Francesca und Caravaggio. Das Museum ist in dem Palazzo untergebracht, der Ende des 16., Anfang des 17. Jahrhunderts für die Jesuiten an der Stelle des Klosters Santa Maria di Brera Humiliati errichtet worden war. Die Jesuiten machten ein kulturelles Zentrum daraus, indem sie eine Schule, eine Bibliothek und das Observatorium einrichteten – unterstützt von Kaiserin Maria Theresia, die die Accademia di Belle Arti nach dem Verbot des Jesuitenordens (1773) gründete.

Auffindung des Leichnams von San Marco
Die kühne Perspektive und das fast übernatürlich wirkende Raumlicht machen das Bild (1562–66) zu einem Meisterwerk Tintorettos (Raum 9).

Mocchirolo-Kapelle

Eine Doppeltreppe führt zum ersten Stock.

LEGENDE

- ☐ Sammlung Jesi (20. Jh.)
- ☐ Italienische Malerei (13.–15. Jh.)
- ☐ Venezianische Malerei (15./16. Jh.)
- ☐ Lombardische Malerei (15./16. Jh.)
- ☐ Mittelitalienische Malerei (15./16. Jh.)
- ☐ Italienische, holländische und flämische Malerei (17./18. Jh.)
- ☐ Italienische Malerei (18./19. Jh.)

Der Kuss
Francesco Hayez' patriotisches und sentimentales Werk (1859) zeigt den Optimismus nach der Vereinigung Italiens. Es gehört zu den am meisten reproduzierten Werken des 19. Jahrhunderts (Raum 37).

★ Toter Christus

Faszinierend an diesem Meisterwerk von Mantegna (um 1480) sind das intensive Licht und die verwegene Verkürzung der Perspektive. Das Gemälde war bis zu Mantegnas Tod in seinem Besitz (Raum 6).

INFOBOX

Via Brera 28.
Stadtplan 3 C4 & 9 C1.
02 72 26 31.
1, 3 Duomo, 2 Lanza.
1, 8, 12, 14. 61.
Di–So 8.30–19.15 Uhr (letzter Einlass 45 Min. vor Schließung).
1. Jan, 1. Mai, 25. Dez.
www.brera.beniculturali.it

In Raum 15 finden sich Werke aus der Lombardei (Ende 15. bis Mitte 16. Jh.), darunter Bilder von Bergognone, Luini, Bramantino und Vincenzo Foppa.

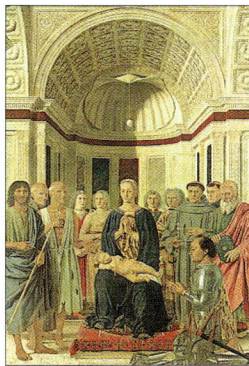

★ Montefeltro-Madonna

Piero della Francesca schuf das grandiose Werk 1475 für Federico da Montefeltro, Herzog von Urbino, der hier in einer Mailänder Rüstung dargestellt ist (Raum 24).

Der Innenhof mit Doppelsäulen ist das Werk Richinis (17. Jh.).

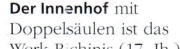

KURZFÜHRER

Die Pinacoteca hat 38 Räume, in denen die Werke chronologisch angeordnet sind. Einzige Ausnahme ist Raum 10, in dem sich die Sammlungen Jesi und Vitali befinden. Sie umfasst Werke des 20. Jahrhunderts, die künftig an anderer Stelle gezeigt werden. Die Bilder sind außerdem nach Schulen geordnet (venezianisch, toskanisch, lombardisch etc.). Die Sala della Passione im Erdgeschoss wird für Wechselausstellungen genutzt.

NICHT VERSÄUMEN

★ Die Vermählung Mariä

★ Montefeltro-Madonna

★ Toter Christus

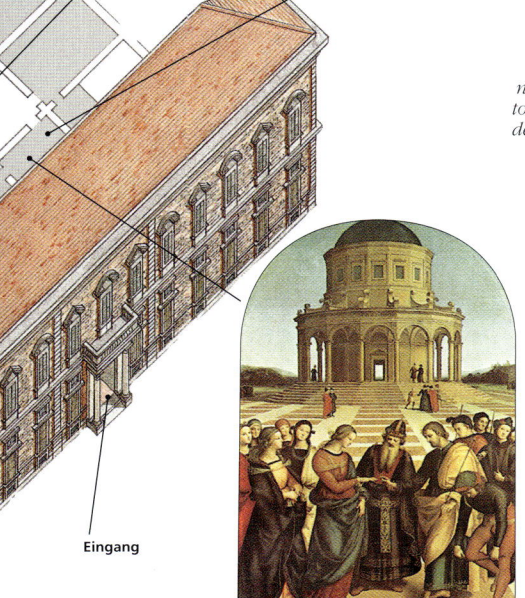

Eingang

★ Die Vermählung Mariä

Raffael signierte und datierte (1504) sein meisterliches Altarbild am Tempel im Hintergrund. Der junge Mann, der den Stab zerbricht, soll ein Selbstporträt des Künstlers sein (Raum 24).

Pinacoteca di Brera: Sammlungen

Grundstock der Pinacoteca di Brera waren Gipsabgüsse und Zeichnungen, die den Kunststudenten der 1776 gegründeten Accademia di Belle Arti als Vorbilder dienten. Die Sammlung wurde durch Werke aus säkularisierten norditalienischen Klöstern erweitert und 1809 offiziell eröffnet, wobei die Bilder in Reihen vom Boden bis zur Decke präsentiert wurden. 1882 wurde die Pinacoteca von der Accademia unabhängig. Ihre Sammlung vergrößerte sich im 19. und 20. Jahrhundert durch Stiftungen. Das Museum leidet schon immer unter Platzmangel – nun gibt es Pläne, den benachbarten Palazzo Citterio für Ausstellungen zu nutzen.

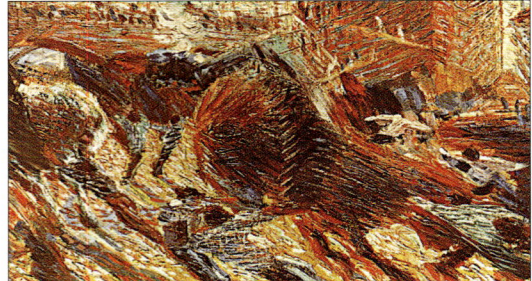

Die Stadt erhebt sich (um 1910) von Umberto Boccioni

SAMMLUNG JESI

Die 72 von Emilio und Maria Jesi 1976 und 1984 gestifteten Werke (Raum 10) stammen meist aus italienischen Künstlern aus der Zeit zwischen 1910 und 1940. Sehenswert sind u.a. Modiglianis *Porträt von Moisè Kisling*, Umberto Boccionis *Schlägerei in der Galleria* (1911) und *Die Stadt erhebt sich* (eine Studie für das Ölbild im New Yorker MoMA), Carlo Carràs *Die metaphysische Muse* (1917), Stillleben von Giorgio Morandi sowie Skulpturen von Medardo Rosso, Arturo Martini und Marino Marini.

ITALIENISCHE MALEREI (13.–15. JH.)

Diese Abteilung (Räume 2 bis 4) enthält Fresken (um 1365–70) eines unbekannten lombardischen Meisters, die aus der Mocchirolo-Kapelle stammen. Zu den Werken mit Goldhintergrund gehören u.a. der Flügelaltar *Santa Maria della Celestia* von Lorenzo Veneziano aus dem 14. Jahrhundert, die *Madonna mit Kind* von Ambrogio Lorenzetti und *Christus als Richter* von Giovanni da Milano.

Ein schönes Beispiel der europäischen Gotik ist das *Valle-Romita-Polyptychon* von Gentile da Fabriano. Daneben hängt Stefano da Veronas Werk *Anbetung der Könige* (1435), in der das Veilchen und die Nelke zu Füßen Jesu seine Demut und die Passion symbolisieren.

VENEZIANISCHE MALEREI (15.–16. JH.)

Die Räume 5 und 6 zeigen die Werke von Künstlern aus dem Veneto (15./16. Jh.), z.B. von Giovanni d'Alemagna und Antonio Vivarini, die das *Praglia-Polyptychon* (1448) malten. In Raum 6 hängen

Mantegnas *Toter Christus* und das *Sankt-Lukas-Polyptychon* (1453/54). Giovanni Bellini ist mit zwei Madonnen mit Kind und einer *Pietà* (um 1470) vertreten, Carpaccio mit der *Marienlegende*.

Raum 7 enthält Porträts von Tizian, Lotto und Tintoretto. *Der hl. Markus predigt in Alexandrien* (Raum 8) wurde von Giovanni und Gentile Bellini für die Scuola Grande in San Marco in Venedig gemalt.

Der nächste Raum zeigt Werke von Tizian und Paolo Veronese sowie die *Auffindung des Leichnams von San Marco*, das Tintoretto für Tommaso Rangone malte, der als kniender Mann in der Mitte der Szene dargestellt ist.

LOMBARDISCHE MALEREI (15.–16. JH.)

Eine umfassende Sammlung lombardischer Gemälde ist in den Räumen 15, 18 und 19 zu sehen. Der wichtigste Künstler, Vincenzo Foppa, ist mit *Politico delle Grazie* (um 1483) vertreten. Ein unbekannter Meister trug das *Sforzesca-Altarbild* (1494) bei, das Lodovico il Moro und seine Familie vor der Madonna kniend darstellt. In diesem Raum gibt es auch Werke von Bergognone, Gaudenzio Ferrari – mit auffälligem Erzähltalent, wie man an seinem *Martyrium der hl. Katharina* sehen kann – und Bramantinos *Kreuzigung*. Zu den von Leonardo da Vinci beeinflussten

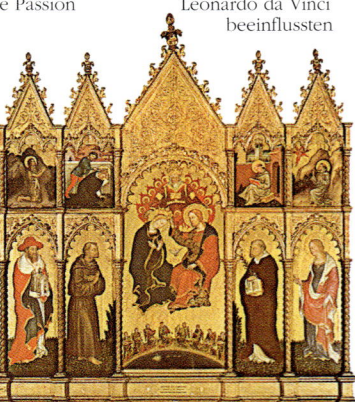

Gentile da Fabriano: *Valle-Romita-Polyptychon*

Christus in Emmaus (1606) von Caravaggio

Werken gehören die kleinen Gemälde, die de Predis und Luini *(Madonna del Roseto)* für Privatkapellen schufen. Das Gebiet um Cremona ist durch Namen wie Boccaccino, Campi und Piazza würdig vertreten.

MITTELITALIENISCHE MALEREI (15. – 16. JH.)

Künstlerische Bewegungen der Emilia und der Marken zeigen die Räume 20 bis 23. Die Ferrara-Schule ist mit ihren führenden Künstlern Cosmè Tura, Francesco del Cossa und Ercole de' Roberti *(Madonna mit Kind unter Heiligen,* um 1480) vertreten. Correggios *Geburt Jesu* ist ein wichtiges Werk der Emilia-Schule. Aus den Marken sind Werke von Carlo Crivelli zu sehen, u. a. seine *Madonna della Candeletta* (1490/91).

Raum 24 zeigt die zwei bekanntesten Meisterwerke in der Pinacoteca di Brera. Piero della Francescas *Montefeltro-Madonna* (um 1475) wurde für Federico da Montefeltro gemalt. Das von der Decke herabhängende Ei symbolisiert die Schöpfung und die unbefleckte Empfängnis. Daneben hängt Raffaels wunderbare *Vermählung Mariä (siehe S. 115). Christus als Schmerzensmann* ist ein seltenes Bild von Bramante. Die Werke von Bronzino und Genga repräsentieren den italienischen Manierismus.

ITALIENISCHE, HOLLÄNDISCHE UND FLÄMISCHE MALEREI (17. – 18. JH.)

Raum 28 zeigt Werke der von den Carraccis gegründeten Bologneser Schule, darunter Maler wie Guido Reni und Guercino. Im Nebenraum hängt ein Meisterwerk von Caravaggio: *Christus in Emmaus* (1606). auf dem alles Licht allein vom Gesicht Jesu auszugehen scheint. Zu den gezeigten lombardischen Künstlern gehören Cerano, Morazzone und Giulio Cesare Procaccini, die das *Martyrium der hl. Rufina und Seconda* gemeinsam malten. Die Barockmalerei ist durch Pietro da Cortona, die Stillleben sind von Baschenis vertreten. Unbedingt beachten sollten Sie die Nicht-Italiener in dieser Abteilung, etwa Rubens *(Abendmahl,* 1631/32), van Dyck, Rembrandt *(Bildnis der Schwester des Künstlers,* 1632), El Greco und Brueghel d. Ä. *(Das Dorf).*

ITALIENISCHE MALEREI (18. – 19. JH.)

Die Räume 34 bis 38 zeigen verschiedene Genres der italienischen Kunst aus dem 18. Jahrhundert. Großformatige religiöse Bilder hängen in Raum 34 neben Werken des Neapolitaners Luca Giordano und zwei Venezianern: Giovanni Battista Tiepolos *Madonna del Carmelo* (1721–27), die von der Seite betrachtet werden sollte, und Piazzettas *Rebecca am Brunnen.* Giacomo Ceruti (»il Pitochetto«) vertritt die im 18. Jahrhundert beliebte Genremalerei. Ihr folgt der venezianische *vedutismo,* Stadtansichten von Bernardo Bellotto, Guardi und Canaletto. Bellottos und Canalettos Werke fallen durch ihr helles Licht und die Genauigkeit im Detail auf (Canaletto benutzte sogar eine Camera obscura, um diese »fotografische« Wirkung zu erzielen).

Die Porträtmalerei ist u. a. durch Fra Galgario vertreten

Madonna della Candeletta von Crivelli

(Bildnis eines Edelmanns). Ein repräsentatives Werk des 19. Jahrhunderts ist Andrea Appians klassizistischer *Olympus,* während die Macchiaioli-Bewegung mit Werken von Silvestro Lega, Giovanni Fattori u. a. vertreten ist. Auch Bilder führender Künstler der lombardischen Romantik hängen hier, so Francesco Hayez' Bild *Der Kuss* und mehrere Porträts. Der Rundgang endet mit *Die Flut* (1895–97) des Secessionisten Giuseppe Pelizza da Volpedo, einer Hymne auf den Kampf der Arbeiterklasse – eine frühe Version von *Der vierte Stand,* das in der Villa Belgiojoso Bonaparte *(siehe S. 121)* hängt.

Cimitero Monumentale

Piazzale Cimitero Monumentale.
Stadtplan 3 A1. ☎ 02 88 46 56
00. 🚋 3, 12, 14, 29, 30, 33.
🚌 43, 70. ○ Di–So 8–18 Uhr
(letzter Eintritt 30 Min. vor
Schließung). Ein Friedhofs-
plan ist am Eingang gratis
erhältlich.

Das Pirelli-Hochhaus, Symbol für
den Wiederaufbau nach dem Krieg

Der von Carlo
Maciachini
1866 angelegte
Friedhof umfasst
250 000 Quad-
ratmeter. Der ek-
lektische Zeitgeschmack
ließ hier einen wahren
Stilmix entstehen: von
der lombardischen
Pseudoromanik bis zur
Neogotik mit toskani-
schen Anklängen.

Angelpunkt der
Anlage ist der Fame-
dio *(Famae Aedes)*,
die Ruhmeshalle, eine Art Pantheon berühmter, hier bestat-
teter Mailänder und Nicht-Mai-
länder. Alessandro Manzoni,
Luca Beltrami, der Architekt
der Restaurierung des Castello
Sforzesco, der Patriot Carlo
Cattaneo und der Literatur-
Nobelpreisträger Salvatore
Quasimodo – sie liegen hier
begraben. Auch die Büsten
von Garibaldi, Verdi und Cavour stehen im Famedio. Der
romantische Maler Hayez ist
in der Krypta bestattet.

Ein Besuch des Cimitero
Monumentale, der eine Art

Skulptur von Fontana,
Cimitero Monumentale

Freilichtmuseum der Kunst
vom späten 19. Jahrhundert
bis zur Gegenwart ist, beginnt
am großen Platz im Inneren,
auf dem sich die Grabmäler
bedeutender Mailänder Persönlichkeiten befinden. Um
diesen Platz liegen monu-
mentale Grabstätten und
das riesige Civico Mau-
soleo Palanti mit
Krypta, das 1943 als
Luftschutzbunker
diente. Unter den
Grabmälern
befinden sich
die des Komi-
kers Walter Chiari und
von Hermann Einstein,
Albert Einsteins Vater.
Auf den Terrassen links
liegen die Elisi (skulptiert
von Francesco Penna,
1916) und Morgagni. Es
gibt ein Epigraf
von Mussolini auf
einen tragischen
Flugzeugabsturz.

An der Hauptallee sieht
man zwei von Enrico Butti
gestaltete Grabmäler: das von
Isabella Casati, *Junge Frau,
von einem Traum hingerissen,*
typisch für den lombardischen
Realismus (1890), und den
Besenzanica-Schrein mit
Arbeit (1912). Rechts gelangt
man zur monumentalen
Toscanini-Grabstätte (Bistolfi,
1909–11) für den Sohn des
Dirigenten. Andere pompöse
Grabmäler bedeutender
Persönlichkeiten sind die von
Carlo Erba, Bocconi, Campari
und Falck. Viele berühmte
Bildhauer haben
Werke für diesen
Ort geschaffen:
Leonardo Bistolfi,
Giacomo Manzù,
Odoardo Tabacchi,
Adolfo Wildt und
Lucio Fontana. Die
Umfriedungen
neben dem Fame-
dio sind Juden und
Nicht-Katholiken
vorbehalten: Hier
liegen der Bild-
hauer Medardo
Rosso, die Verleger
Arnoldo Monda-
dori und Ulrico
Hoepli sowie Jules
Richard, der Grün-
der der Keramik-
fabrik Richard-
Ginori.

Pirelli-Hochhaus ⓭

Piazzale Duca d'Aosta–Via Pirelli.
Stadtplan 4 E1. Ⓜ 2, 3 Centrale.
🚋 2, 5, 9, 20, 33. 🚌 60, 82. ○ für
Besucher.

Das Symbol des Wieder-
aufbaus nach dem Krieg
in Mailand, das Pirelli-Hochhaus, von den Mailändern
zärtlich »Pirellone« (Großer
Pirelli) genannt, wurde 1955–
60 nach Entwürfen einer
Gruppe führender Architekten
und Ingenieure gebaut: Gio
Ponti, Antonio Fornaroli,
Alberto Rosselli, Giuseppe
Valtolina, Egidio Dell'Orto,
Pier Luigi Nervi und Arturo
Danusso. Mit gut 127 Meter
Höhe war es bis 1960 der
höchste Stahlbeton-Wolken-
kratzer der Welt. Der schlan-
ke, elegante Bau, die Zentrale
des Pirelli-Konzerns, nimmt
nur 1000 Quadratmeter Fläche
ein und steht an der Stelle, an
der 1872 Giovan Battista Pirelli seine erste Reifenfabrik erbauen ließ.

Zu den vielen Rekorden des
»Pirellone« gehört, dass er das
erste Bauwerk in Mailand
war, das die Madonnina auf
dem Duomo (108,50 m) über-
ragte. Als Zeichen der Ehr-
furcht wurde eine kleine
Madonnenstatue auf das
Pirelli-Dach montiert. Seit
1979 ist das Gebäude Sitz der
Regionalverwaltung der Lombardei. Gleich daneben steht
das luxuriöse Gallia Excelsior
Hotel, das in den 1930er Jahren eröffnet wurde.

Der Cimitero Monumentale, für den berühmte
Bildhauer Grabmäler und Schreine schufen

Hotels und Restaurants im Nordosten *siehe Seiten 162–164 und 176–178*

Die Stazione Centrale mit imposanter Glas-Eisen-Dachkonstruktion

Stazione Centrale ⓮

Piazzale Duca d'Aosta. **Stadtplan** 4
E1. Ⓜ *2, 3 Centrale.* 🚋 *2, 5, 9, 33.*
🚌 *42, 60, 82, 90, 91, 32.*

Mailands Hauptbahnhof ist
einer der größten und
vielleicht der monumentalste
in Europa. Ulisse Stacchinis
Entwurf wurde bereits 1912
gebilligt, doch die Bauarbeiten kamen so langsam voran,
dass das Gebäude erst 1931
eröffnet wurde. Der neue
Bahnhof ersetzte einen, der
sich an der heutigen Piazza
della Repubblica befand.

Der Bau ist mit Aurisina-
Marmor verkleidet und sicht-
lich vom späten Jugendstil
inspiriert, der Anfang des
20. Jahrhunderts Mode war –
in deutlichem Gegensatz zur
strengen 1930er-Jahre-Archi-
tektur der Gebäude rundum.

Die Fassade ist 207 Meter
breit und 36 Meter hoch. Sie
wird von zwei geflügelten
Pferden gekrönt. Die großen
Arkaden verbinden sich mit
der Galleria dei Transiti, die
mit vier Medaillons von Gian-
nino Castiglioni geschmückt
ist, Symbolen für Arbeit, Handel, Wissenschaft und Acker-
bau. Aus der Schalterhalle
führen Treppen zur riesigen
Ankunfts- und Abfahrtshalle
hinauf, in der Kachelbilder
die Städte Mailand, Rom,
Turin und Florenz zeigen.

Das massive Bauwerk ist
ein Wahrzeichen Mailands
und steht an Größe nur dem
Dom nach. Im Bahnhof gibt
es zahlreiche Läden, von
denen manche rund um die
Uhr geöffnet haben.

Bastioni di Porta Venezia ⓯

Stadtplan 4 E3. Ⓜ *1 Porta Venezia,
3 Repubblica.* 🚋 *5, 9, 11, 29, 30.*

Wo heute eine breite Straße verläuft, standen
einst Stadtmauern, die der
spanische Gouverneur Fer-
rante Gonzaga 1549–61
errichten ließ. 1789
wurde daraus eine
Allee, in der
man spazieren
gehen und die
Kutsche abstellen
konnte. Die Bastioni
di Porta Venezia ver-
binden, flankiert
von den Giardini
Pubblici, die Piazza
della Repubblica
mit der Piazza Oberdan.

Erstere wurde 1931 ange-
legt, als der Bahnhof aus dem
19. Jahrhundert abgerissen
und 800 Meter entfernt um
einiges größer neu gebaut

Eine Tafel erinnert
an das Lazzaretto

wurde – der Verkehr nach
Inbetriebnahme der Gotthard-
(1882) und der Simplonbahn
(1906) machte den Neubau
erforderlich. Nahebei, in der
Via Turati, steht der Palazzo
della Permanente, 1885 von
Luca Beltrami als Haus für die
»Ständige Kunstausstellung«
erbaut und heute für Wechselausstellungen genutzt.

Die Piazza Oberdan wird
von der Porta Venezia be-
herrscht, die 1828 am Standort
des spanischen Stadttors gleichen Namens errichtet und
als Zollstation genutzt wurde.
Die beiden Bauwerke sind
mit Statuen und Reliefs aus
der Geschichte Mailands geschmückt. Die Porta Venezia
trennt den Corso Venezia vom
Corso Buenos Aires, einer
großen Geschäftsstraße.
Lazzaro Palazzi wählte einen
Platz jenseits dieses Tors für
den Bau des Lazzaretto
(1488–1513), eines Hospitals
für Pestkranke, zu dem
Lodovico il Moro den
Auftrag erteilt hatte.
Die Reste vom
Abriss 1880 sind
in der Via San
Gregorio zu
sehen. Ein kleiner
Abstecher von der
Piazza Oberdan zur
Viale Piave führt
an interessanten
Jugendstil-Gebäu-
den vorbei, darun-
ter an der mit Schmiedeeisenarbeiten und Kachelbildern
verzierten Casa Galimberti
von Giovan Battista Bossi
(1904) und am Hotel Diana
Majestic.

Casa Galimberti mit Schmiedeeisenarbeiten und Kachelbildern

Planetarium ⓰

Corso Venezia 57. **Stadtplan** 4 E4 &
10 F2. 〖 02 88 46 33 40. Ⓜ *1 Por-*
ta Venezia–Palestro. 🚊 *9, 29, 30.*
◯ *Shows: Di, Do 21, Sa, So 15,*
16.30 Uhr.
www.comunemilano.it/planetario

Das Planetarium, eine
Schenkung des Verlegers
Ulrico Hoepli an die Stadt,
wurde 1930 von Piero Porta-
luppi im neoklassizistischen
Stil erbaut. Der Projektions-
saal besitzt eine große halb-
kugelförmige Kuppel und
600 Drehsitze, damit man den
Lauf der Gestirne verfolgen
kann. Angeboten werden
Gruppenführungen (auch für
Astronomiestudenten) sowie
Vorträge zum Thema.

Museo di Storia Naturale ⓱

Corso Venezia 55. **Stadtplan** 4 E4 &
10 F2. 〖 *02 88 46 33 37 oder 02*
88 46 32 80. Ⓜ *1 Porta Venezia–*
Palestro. 🚊 *9, 29, 30.* ◯ *Di–So 9–*
17.30 Uhr (letzter Einlass 30 Min. vor
Schließung). ● *1. Jan, 1. Mai,*
25. Dez. 🖼 � 🖾 📷 👤 *Lesesaal,*
Bibliothek.

Das Museum für Naturge-
schichte wurde 1838 mit
den gestifteten Sammlungen
von Giuseppe de Cristoforis
und Giorgio Jan gegründet,
der Bau jedoch erst 1893 von
Giovanni Ceruti im neoroma-
nischen Stil mit Terrakotta-
dekor errichtet. Das Museum
besitzt eine Spezialbibliothek
mit über 30 000 Bänden, dazu
Abteilungen zur Mineralogie
und Zoologie. Im Erdgeschoss
sind die mineralogischen und

Die Giardini Pubblici, eines der wenigen Grüngebiete in Mailand

entomologischen Sammlun-
gen sowie ein Teil des Museo
Settala untergebracht, gegründet vom Stifter Manfredo. Es
zeigt wissenschaftliche Instrumente und naturgeschicht-
liche Exponate verschiedener
Herkunft. In den paläonto-
logischen Sälen stehen Nach-
bildungen von Dinosauriern,
etwa ein Triceratops und ein
Allosaurus-Skelett. Im Erdgeschoss sind Mollusken und
Insekten zu sehen. Das Obergeschoss zeigt Reptilien, Wale
und andere Säugetiere sowie
Rekonstruktionen tierischer
Habitate.

Giardini Pubblici ⓲

Corso Venezia, Via Palestro, Via
Manin, Bastioni di Porta Venezia.
Stadtplan 4 E4 & 10 F1. Ⓜ *1 Porta*
Venezia–Palestro, 3 Repubblica–Tu-
rati. 🚊 *1, 2, 9, 11, 29, 30.* 🚌 *94.*
◯ *tägl. 6.30 Uhr–Sonnenuntergang.*

Der Stadtpark ist mit etwa
160 000 Quadratmetern
der größte Mailands. Er wurde
1786 von Piermarini angelegt,

1857 von Giuseppe Balzaretto
erweitert, der den Palazzo
Dugnani und seinen Garten
mit einbezog, und von Emilio
Alemagna nach den internationalen Ausstellungen 1871–
1881 nochmals verändert.
    In den Giardini Pubblici
stehen auch der Padiglione
del Caffè von 1863 (heute ein
Kindergarten) und das Museo
di Storia Naturale.

Palazzo Dugnani ⓳

Via Manin 2. **Stadtplan** 4 D3 &
10 E1. Ⓜ *3 Turati.* 🚊 *1, 2.* 🚌 *61,*
94. ◯ *nur die Tiepolo-Räume.*
Museo del Cinema 〖 *02 655 49*
77. ◯ *Fr–So 15–18.30 Uhr.* 🖼 👤

Der Palazzo Dugnani
wurde gegen Ende des
17. Jahrhunderts erbaut und
100 Jahre später umgestaltet.
Seit 1846 ist er Sitz des Mailänder Stadtrats. Eine imposante Treppe führt in einen
prachtvollen zweistöckigen
Salon mit Musikempore hinauf. Hier malte 1731 Giam-
battista Tiepolo die Fresken
Allegorie der Familie Dugnani
und *Die Sage von Scipio und*
Massinissa. Beide wurden erst
im Krieg beschädigt, dann
durch eine Bombe, die Terroristen 1993 in der Via Palestro
explodieren ließen.
    Im Palazzo befindet sich das
Museo del Cinema, das die
Entwicklung der Filmkamera
von der Camera obscura
(18. Jh.) bis zur Kamera der
Brüder Lumière zeigt, zudem
Apparate, die mit der Erfindung des Tonfilms überholt
waren. Auch Filmplakate von
1905 bis 1930 sind zu sehen.

Rekonstruktion eines Dinosaurierskeletts, Museo di Storia Naturale

Villa Belgiojoso Bonaparte – Museo dell'Ottocento ⑳

Mailands Galerie für Kunst des 19. Jahrhunderts ist in einer klassizistischen Villa untergebracht, die Leopold Pollack 1790 für Ludovico Barbiano di Belgiojoso errichtete. Hier wohnten 1802 Napoléon und später Radetzky. Die Sammlung zeigt Kunstrichtungen (19. Jh.) in Italien: von Hayez bis zu Piccio, von der Scapigliatura bis zu den Macchiaioli-Künstlern Fattori und Lega. Hier befinden sich auch die Galleria d'Arte Moderna, die Sammlungen Grassi und Vismara mit Werken des 19./20. Jahrhunderts (u. a. Impressionisten, Matisse, Picasso, Morandi) sowie das Museo Marino Marini.

INFOBOX

Via Palestro 16. **Stadtplan** 4 E4 & 10 E1. ☎ 02 76 34 08 09.
Ⓜ 1 Palestro. 🚋 1, 2. 🚌 61, 94. ◯ Zeiten tel. erfragen.
⬤ 1. Jan, Ostern, 1. Mai, 15. Aug, 25. Dez. 🖼 ♿ 📷
www.villabelgiojosobonaparte.it
Giardini di Villa ◯ tägl. 9–12, 14–19 Uhr (Nov–Feb: bis 16 Uhr; März, Okt: bis 18 Uhr) – nur für Erwachsene, die Kinder begleiten.

LEGENDE

- ☐ Sammlung Vismara
- ☐ Galleria d'Arte Moderna
- ☐ Museo Marino Marini
- ☐ Sammlung Grassi

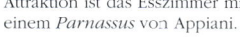

Sammlung Grassi
Zur Erinnerung an ihren Sohn Gino schenkte Nedda Grassi 1956 der Stadt diese erlesene Sammlung. Sie enthält Teppiche, orientalische Kunstgegenstände und 135 Gemälde des 19. und 20. Jahrhunderts von van Gogh, Cézanne, Corot, Gauguin, Fattori, Lega, Balla, Boccioni, Morandi u. a.

Antonio Canovas
Bronzebildnis von Napoléon ist hier zu sehen.

Möbel und Fresken schmücken das Hauptgeschoss. Größte Attraktion ist das Esszimmer mit einem *Parnassus* von Appiani.

NICHT VERSÄUMEN

★ Der vierte Stand

Marino-Marini-Museum
Die Abteilung wurde 1973 eröffnet. Sie zeigt von Marini selbst gestiftete Gemälde und Plastiken, u. a. Porträts von Menschen, die er bewunderte, etwa Arp, de Pisis, Carrà, Chagall und Strawinsky.

★ Der vierte Stand
Mit dem Gemälde von 1901 drückte Giuseppe Pelizza da Volpedo seine Solidarität mit den Kämpfen und Leiden der unteren Klassen aus.

Corso Venezia ㉑

Die berühmte und beliebte Straße hieß früher Corso di Porta Orientale nach dem Tor in der mittelalterlichen Stadtmauer, deren Verlauf die heutige Via Senato folgt. Denselben Namen erhielt auch das Viertel, dessen Emblem, der Löwe, auf der Säule vor der Kirche San Babila steht. Am Corso Venezia, der bis in die Mitte des 18. Jahrhunderts von Gemüse- und Obstgärten gesäumt wurde, standen nur relativ wenige Häuser. Erst die Reformen Maria Theresias führten zum Bau zahlreicher Patrizierpalais, die den Corso Venezia zu einer der elegantesten Straßen Mailands machten.

ZUR ORIENTIERUNG
Siehe Stadtplan, Karten 4, 10

Drei Innenhöfe
führen zum
Garten.

Auf der Balustrade stehen die
Statuen der zwölf römischen
Hauptgötter von Pompeo
Marchesi und Grazioso Rusca.

**Palazzo
Rocca-Saporiti** ①
*Der Palazzo
(1812) von Gio-
vanni Perego
spiegelt den
Geschmack
der napoleoni-
schen Zeit wider.
Auf dem Fries
der Fassade sieht
man Szenen
der Mailänder
Geschichte.*

Palazzo Castiglioni ②
*Der Palazzo wurde 1904
von Giuseppe Sommaru-
ga erbaut. Er hatte zwei
– später entfernte –
nackte Frauenfiguren
an der Fassade – daher
sein Name Ca' di Ciapp
(Haus der Pobacken).*

Im ersten Stock gibt es eine
hübsche dreiläufige Treppe
und die Sala dei Pavoni.

Eine Loggia mit ioni-
schen Säulen hebt den
mittleren Teil hervor.

Die Seite zur Via San Damiano hat ihr
einstiges Aussehen (17. Jh.) bewahrt.

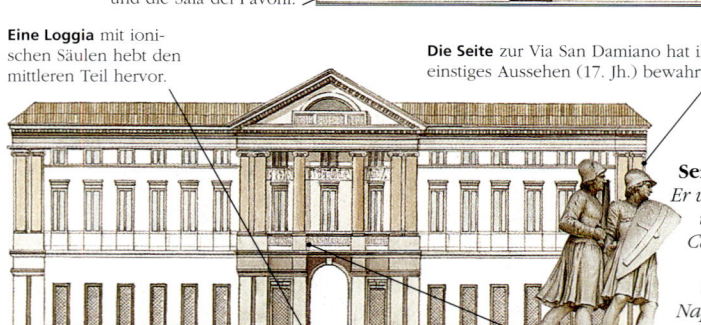

**Palazzo
Serbelloni** ③
*Er wurde 1793
von Simone
Cantoni voll-
endet und
beherbergte
Napoléon und
König Vittorio
Emanuele.*

Hotels und Restaurants im Nordosten *siehe Seiten 162–164 und 176–178*

INFOBOX

Stadtplan 4 E4. **M** *1 Porta Venezia–Palestro–San Babila.* 🚊 *9, 29, 30.* 🚌 *61, 94. Palazzi nicht zu besichtigen.*
San Babila *Piazza San Babila.*
📞 *02 76 00 28 77.* 🕐 *tägl. 7.30–12, 15.30–19 Uhr.* ⛪ *Mo–Fr 8.30, 10.30, 18.30, Feiertage 8, 10, 11.30, 12.30, 18.30 Uhr.*

★ Casa Fontana-Silvestri ④
Das seltene Beispiel einer Mailänder Renaissance-Residenz wurde Ende des 15. Jahrhunderts von Angelo Fontana errichtet. Die Fensterrahmen an der Fassade bestehen aus Backstein, das Portal wird von Kandelabersäulen flankiert.

Bramante hat nach Meinung einiger Kunsthistoriker an der Gestaltung der Fassade mitgewirkt.

Über dem Portal steht das Motto des hl. Karl: *Humilitas.*

Seminario Arcivescovile ⑤
Das Priesterseminar wurde 1565 von Seregni für San Carlo Borromeo begonnen. Das Portal (1652) stammt von Francesco M. Richini.

Der Campanile wurde 1820 nach dem Einsturz des Originals gebaut.

Die neoromanische Fassade wurde 1906 von Paolo Cesa Bianchi errichtet, von dem auch der Hochaltar stammt.

★ San Babila ⑥
Sie wurde im 11. Jahrhundert über einer alten Basilika (4. Jh.) errichtet und um 1500 umgebaut. Die recht plumpe Restaurierung des romanischen Originals begann 1853.

NICHT VERSÄUMEN

★ Casa
  Fontana-Silvestri

★ San Babila

Stadtplan *siehe Seiten 224–237*

ZWEI SPAZIERGÄNGE

Besucher, die sich nur mit der Metro durch Mailand bewegen, bekommen leicht den Eindruck, die Stadt habe nicht mehr zu bieten als den Dom, da Vincis *Letztes Abendmahl* und eine Handvoll teurer Modeläden. Doch wer zu Fuß durch die Straßen schlendert, kann das Mailand der Kunst, der reichen Geschichte und der großartigen Monumente entdecken. Unser erster Spaziergang ist den verborgenen Schätzen im historischen Zentrum auf der Spur – von schönen Kirchen bis zu imposanten Fassaden, die man oft gleich neben den Durchgangsstraßen findet, und von eleganten Designershops bis zu den ebenso eleganten Stadthäusern, die sich die Oberschicht im 19. Jahrhundert leistete. Der zweite Spaziergang veranschaulicht die lange Geschichte Mailands – von den römischen Wurzeln bis zu den frühchristlichen Kirchen, vom mittelalterlichen Castello Sforzesco bis zu den Meisterwerken der Renaissance, die Bellini, Mantegna und Leonardo da Vinci schufen. Dieser Spaziergang endet im Navigli-Viertel, einer lebhaften Gegend mit vielen Restaurants und Bars.

Auf diesem Gemälde ist La Scala zu sehen

SPAZIERGÄNGE AUF EINEN BLICK

Zwei Spaziergänge
Diese Karte zeigt im Überblick, wo Sie sich auf den beiden vorgeschlagenen Spaziergängen bewegen.

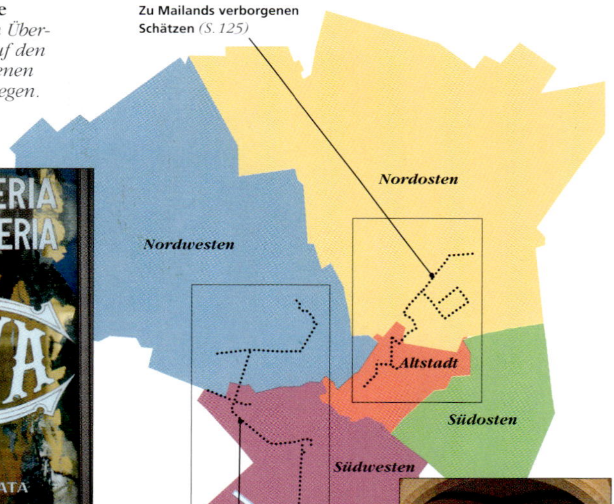

Zu Mailands verborgenen Schätzen *(S. 125)*

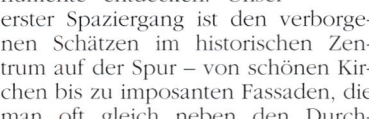

Nordwesten

Nordosten

Altstadt

Südosten

Südwesten

Cova, ein historisches Café im Herzen des Modeviertels
(siehe S. 125)

0 Meter   800

Zu Mailands Geschichte
(S. 126f)

LEGENDE

····· Spaziergang

Das Hauptschiff der Basilika Sant'Ambrogio *(siehe S. 126)*

Zu Mailands verborgenen Schätzen (1:30 Std.)

Mailands Schönheiten präsentieren sich nicht alle so unmittelbar wie der Dom und die Galleria. Dieser Spaziergang führt Sie zu wunderbaren Barockfassaden, die zwischen langweiligen Bauten auftauchen, aber auch zu den großen Modeläden im »Goldenen Viereck«.

Um den Duomo

Gleich zu Beginn des Spaziergangs können Sie eine wunderschöne Kirche entdecken: Santa Maria presso San Satiro ① *(siehe S. 55)* – sie ist zwischen all den modernen Gebäuden in einer Seitenstraße der Via Torino etwas schwer zu finden. Der Glockenturm in Via Speronari stammt aus dem 10. Jahrhundert. Die Via Mazzini führt zur Piazza del Duomo ② *(siehe S. 44f)*, vom Dach des Doms ③ *(siehe S. 46–49)* haben Sie einen prächtigen Panoramablick. Danach bietet sich eine kurze Pause im berühmten Caffè Zucca ④ *(siehe S. 187)* an, das nahe dem Eingang zur Galleria Vittorio Emanuele II ⑤ *(siehe S. 50)* liegt. Schlendern Sie durch die glasüberdachte Shopping-Passage aus dem 19. Jahrhundert. Es soll Glück bringen, auf die Hoden den Mosaikbullen in der Mitte zu stampfen. Sie kommen an der Piazza della Scala ⑥ wieder heraus und können sich überlegen, ob Sie das prächtige Opernhaus La Scala ⑦ *(siehe S. 52f)* nur von außen bewundern oder sein Museo Teatrale besuchen wollen.

Hinter dem Palazzo Marino ⑧ *(siehe S. 50)* kommen Sie zur Kirche San Fedele ⑨ *(siehe S. 50)*, danach passieren Sie die auffallende Casa degli Omenoni ⑩ *(siehe S. 51)*. Am Palazzo Belgiojoso ⑪ biegen Sie nach links in die Via Morone ein, dann nach rechts in die Via Manzoni ⑫ *(siehe S. 108)*, an der sich große Palazzi reihen.

LEGENDE

- ••• Routenempfehlung
- Fußgängerzone
- Ⓜ Metro-Station

Das Theatermuseum gehört zum Opernhaus La Scala ⑦

Im Cova serviert man seit 1817 Kaffee in elegantem Ambiente ⑭

Shopping-Meile

Am Grand Hotel et de Milan ⑬ vorbei, in dem Giuseppe Verdi 1901 starb, gehen Sie rechts in die Via Montenapoleone – und sind im Herzen des Modeviertels. Versace, Gucci und Prada haben hier ihre Flagship-Stores, auch das elegante Café Cova ⑭ *(siehe S. 187)* ist hier zu finden. Wenden Sie sich nach links, dann wieder nach links in die Via della Spiga, wo Dolce & Gabbana ⑮ residiert. In der links abbiegenden Via Gesù liegt das Museo Bagatti Valsecchi ⑯ *(siehe S. 109)*. Gehen Sie zurück zur Via Manzoni, und wenden Sie sich nach rechts. Durch die Archi di Porta Nuova ⑰ *(siehe S. 109)* erreichen Sie die Giardini Pubblici ⑱ *(siehe S. 120)*.

ROUTENINFOS

Start: Santa Maria presso San Satiro, in einer Seitenstraße der Via Torino.
Länge: 2,8 km.
Anfahrt: Metro-Station Duomo.
Beste Zeit: Vormittags.
Rasten: Historische Cafés wie das Zucca oder das Cova.

Spaziergang zu Mailands Geschichte (2 Std.)

Mailands geschichtsträchtige Vergangenheit versteckt sich in weiten Teilen unter einer modernen Oberfläche. Dieser Spaziergang führt Sie zu den Relikten der römischen Antike, des Mittelalters und der Renaissance. Dabei stößt man immer wieder auf die Spuren von Mailands berühmtestem Adoptivsohn, Leonardo da Vinci, der der Stadt ein großes Vermächtnis hinterlassen hat. Sein Genie kann man nicht nur in seinem *Letztem Abendmahl* entdecken, sondern auch in den Modellen seiner Erfindungen im Museo della Scienza e della Tecnica oder in den Resten des Kanalsystems, bei dessen Planung Leonardo beteiligt war.

Santa Maria delle Grazie birgt Leonardos *Letztes Abendmahl* ④

Vom Castello Sforzesco zu da Vincis *Letztem Abendmahl*

Ausgangspunkt ist Mailands prächtige Burg ① *(siehe S. 64–67)*, in der man archäologische Artefakte, Gemälde von Bellini und Mantegna sowie Skulpturen vom Mittelalter bis zu Michelangelo besichtigen kann. Vom Hauptportal gehen Sie zum Largo Cairoli und biegen dort nach rechts in die Via San Giovanni sul Muro ein. An der Kreuzung Via Meravigli wenden Sie sich nach rechts zum Corso Magenta. Sie kommen am Palazzo Litta ② *(siehe S. 74f)* vorbei und am Museo Archeologico ③ *(siehe S. 74)* – hier findet man im Kreuzgang ein Stück Mauer aus der Römerzeit. Gehen Sie auf dem Corso Magenta bis zur Kirche Santa Maria delle Grazie ④ *(siehe S. 71)* weiter, die im Refektorium da Vincis *Letztes Abendmahl* birgt *(siehe S. 72f*, Tickets sollte man lange vorher buchen).

Ein Arkadengang führt zur Basilika Sant'Ambrogio ⑦

ROUTENINFOS

Start: Castello Sforzesco.
Länge: 4,9 km.
Anfahrt: Metro-Station Cairoli.
Beste Zeit: Vormittags.
Rasten: Nicht weit vom Castello Sforzesco findet man die sehr gute historische Pasticceria Marchesi (siehe S. 186). Für einen Stopp bietet sich auch das Jugendstil-Café Magenta (siehe S. 186) in der Via Carducci an. Der Spaziergang endet im Navigli-Viertel, das voller Weinbars und Restaurants ist.

Römisches und mittelalterliches Mailand

Gehen Sie den Corso Magenta zurück, biegen Sie nach rechts in die Via Carducci ein. Am Ende dieser Straße sehen Sie die Pusterla di Sant'Ambrogio ⑤ *(siehe S. 86)*, ein Relikt der mittelalterlichen Stadtbefestigung. Nehmen Sie die Via San Vittore rechts zum Museo della Scienza e della Tecnica ⑥ *(siehe S. 88)*, in dem Sie Modelle bewundern können, die nach Leonardos Zeichnungen gefertigt wurden. Gehen Sie zurück. In der Via San Vittore, die auf der anderen Seite von der Via Carducci abzweigt, liegt Sant'Ambrogio ⑦ *(siehe S. 84–87)*, eine Basilika mit frühchristlichen Mosaiken, mittelalterlichen Schnitzereien und Renaissance-Fresken.

Gehen Sie die Via de Amicis hinunter, bei der Piazza Resistenza Partigiana nehmen Sie die Via G. G. Mora ⑧, deren Verlauf dem ehemaligen Fluss Olona folgt, der früher mit den Flüssen Nirone, Seveso und Vetra verbunden war. Die Vetra floss früher dort, wo heute die Piazza della Vetra und der Parco delle Basiliche ⑨ liegen. Durch die Via Pio IV und den Corso di Porta Ticinese kommen Sie zur Kirche San Lorenzo alle Colonne ⑩ *(siehe S. 80f)*, vor der römische Säulen stehen ⑪. Sie stammen wahrscheinlich aus einem Tempel (2. Jh. n. Chr.).

Der Corso di Porta Ticinese führt Sie zur mittelalterlichen Porta Ticinese ⑫ *(siehe S. 82)*, einem Relikt der Stadtbefestigung aus dem 12. Jahrhundert, die aber in den 1860er Jahren verändert wurde. Weiter die Straße hinunter erreichen Sie

Holzmodell von Leonardo

Sant'Eustorgio ⑬ (siehe S. 90), eine Kirche aus dem 4. Jahrhundert, die sich hinter einer Fassade aus dem 19 Jahrhundert versteckt. Die Cappella Portinari hinter dem Hauptaltar ist ein Meisterwerk der Frührenaissance mit Fresken von Vincenzo Foppa. Der große Marmorbogen stammt aus den 1330er Jahren.

Entlang den Navigli

Eine Querstraße weiter südlich erreichen Sie ein neoklassizistisches Tor, das verwirrenderweise auch Porta Ticinese ⑭ (siehe S. 82) heißt, aber 1801–14 erbaut wurde.

Die Fassade von Sant'Eustorgio verbirgt eine alte Kirche (4. Jh.) ⑬

Hier, an der Piazza XXIV Maggio, beginnt das Viertel, in dem man noch Reste der Navigli sehen kann, einem Kanalsystem, das im 12. Jahrhundert

sche Fluss Olona und zwei Kanäle mündeten. Nicht weit vom Platz sieht man den Naviglio Pavese ⑯, der 33 Kilometer weiter südlich bei Pavia in den Ticino mündet. Er war schon immer der meistbefahrene Kanal und wird seit 1978 als Teil eines Bewässerungssystems genutzt.

Südwestlich der Darsena fließt der Naviglio Grande ⑰ (siehe S. 89), ein 50 Kilometer langer Wasserweg, der seit dem Jahr 1177 Mailand mit dem Ticino verbindet. Wie der Naviglio Pavese dient auch er heute ausschließlich

Der hübsche Vicolo dei Lavandai ⑱

LEGENDE

••• Routenempfehlung

▢ Fußgängerzone

Ⓜ Metro-Station

begonnen und unter Lodovico il Moro erweitert wurde. Leonardo da Vinci arbeitete bei der Planung mit. Im späten 19. Jahrhundert gab es 150 Kilometer Kanäle, auf denen 8300 Schiffe jährlich rund 350 000 Tonnen Waren transportierten – beachtlich für einen Binnenstadt wie Mailand, das damit als Hafenstadt in Italien den 13. Platz einnahm. Mit dem Ausbau der Eisenbahn verloren die Kanäle ihre Bedeutung, ab den 1930er Jahren wurden sie nach und nach aufgefüllt.

Westlich der Piazza XXIV Marzo erstreckt sich der 1603 angelegte Haupthafen Darsena ⑮, in den der unterirdi-

zur Bewässerung. Wenn Sie am rechten Ufer (Alzaia Naviglio Grande) entlanggehen, kommen Sie zur Sackgasse Vicolo dei Lavandai ⑱, in der die Nachbauten steinerner überdachter Waschtröge stehen.

Das Navigli-Viertel hat sich zu Mailands schickstem Ausgehviertel entwickelt. Hier finden Sie massenhaft Jazzclubs und Weinbars, Trattorien und Pizzerien – ideal um den Spaziergang gemütlich ausklingen zu lassen. Zur Metro-Station Porta Genova ist es nicht weit.

Isola dei Pescatori (siehe S. 137), Lago Maggiore ▷

OBERITALIENISCHE SEEN

OBERITALIENISCHE SEEN

Schon von den alten Römern wurden sie wegen ihrer schönen Lage und ihres milden Klimas geschätzt: Die Oberitalienischen Seen, von denen die meisten in der Lombardei liegen, bieten eine einmalige Mischung aus grandioser Landschaft sowie dem historischen und künstlerischen Erbe ihrer charmanten Orte.

Außer dem Lago Maggiore, dem Comer See und Gardasee gibt es auch kleinere und weniger bekannte Seen wie Orta-, Varese-, Iseo- und Idrosee. Alle Seen haben wir der Vergletscherung im Pleistozän zu verdanken, die bereits vorhandene Klüfte im Gelände erweiterte. Die Seeufer waren bereits in prähistorischer Zeit bewohnt – Spuren alter Zivilisationen fand man fast überall – und wurden dann von den Römern besiedelt, wie man an den rechtwinkligen Straßenanlagen vieler Orte und an den Villen am Gardasee sieht. Im Mittelalter entstanden hier Kirchen, Klöster und Burgen. Im Winter können die Seeufer von Winden aus Mitteleuropa gepeitscht werden, doch das Klima bleibt dank des Wassers recht mild. Überall trifft man auf typisch mediterrane Vegetation: Weinberge, Olivenbäume, Oleanderbüsche und Palmen. Die vielen wunderschönen Villengärten entlang dem Seeufer tragen zum Charme der Gegend bei. Zur Wahrung mancher Gegenden wurde eine Reihe von Landschaftsschutzgebieten geschaffen.

Schon im 18. Jahrhundert war ein Besuch der Seen eine wichtige Station auf der großen Bildungsreise, die junge Leute aus gutem Haus durch Europa führte. Auch Schriftsteller, Musiker und Maler wie Goethe, Hesse, Klee, Toscanini, Hemingway, Stendhal, Byron und Nietzsche liebten die reizvolle Mischung aus Wasser und Bergen. Die vielen Aussichtspunkte, zu denen Schmalspur- und Seilbahnen führen, bieten eine herrliche Aussicht auf die Landschaft.

Das Ufer des Comer Sees südwestlich von Bellagio

◁ Torre di San Marco in Gardone Riviera *(siehe S. 149)* am Westufer des Gardasees

Überblick: Oberitalienische Seen

Die größeren Seen bieten für Besucher die besten Einrichtungen mit Hotels, Restaurants und Cafés entlang den Ufern, die mit hübschen Ortschaften, Burgen (Sirmione sul Garda), Villen und Gärten übersät sind, etwa der Villa Taranto oder dem Vittoriale, der Residenz des Dichters d'Annunzio am Gardasee. Auch eine Reihe kleiner Heimatmuseen kann man hier finden. Im Sommer gibt es kulturelle Ereignisse wie das berühmte Musikfestival Settimane Musicali di Stresa am Lago Maggiore. Die kleineren Seen bieten weniger Infrastruktur, sind dafür aber ursprünglicher.

Cannobio, Lago Maggiore

ANREISE

Um zu den Seen in Oberitalien zu gelangen, kann man nach Mailand oder Verona fliegen. Die Autobahnverbindungen von Mailand aus sind gut: Die A8 führt zu Lago Maggiore und Lago Varese, die A9 zum Comer See und die A4 zu Lago d'Iseo und Lago di Garda. Von Deutschland und Österreich führt die Brenner-Autobahn nach Südtirol und weiter in die Lombardei. Aus der Schweiz gelangt man durch den Sankt-Gotthard-Tunnel oder den San-Bernardino-Tunnel nach Norditalien. Der Verkehr auf Haupt- und Nebenstraßen ist oft sehr stark.

LEGENDE

Autobahn	Eisenbahn (Nebenstrecke)
Schnellstraße	Staatsgrenze
Hauptstraße	Regionalgrenze
Nebenstraße	Gipfel
Eisenbahn (Hauptstrecke)	

0 Kilometer   10

Map labels: S. Bernardino, St. Gotthard, Chiavenna, S36, Bag del Masir, Novate Mezzola, Lago Mezzola, Adda, Locarno, Gravedona, Dongo, Monte Legno △ 2609 m, Cannobio, S34, Cannero Riviera, Maccagno, Porlezza, LAGO DI COMO, Bellano, Premana, Luino, Varenna, Pizzo dei Tre Signori 2554 m, LAGO MAGGIORE, Lago di Lugano, Tremezzo, Verbania, Argegno, Bellagio, Laveno, Magreglio, Mogg, Omegna, Stresa, S394, Gavirate, Cernobbio, Laglio, Belgirate, Torno, Lecco, Orta San Giulio, A26, Angera, Varese, Como, Erba, Calolziocort, LAGO D'ORTA, Arona, LAGO DI VARESE, S36, Gozzano, S33, S35, Giussano, Merate, Borgomanero, Sesto Calende, Tradate, A8, Dalmin, S229, S32, Gallarate, A9, Seregno, Vimercate, PIEMONTE, Busto Arsizio, A8, Saronno, Monza, S525, Legnano, Nerviano, Sesto San Giovanni, Trevigli, Torino, Rho, A4, S11, Milano (Mailand), Magenta, S415, Pandino, Abbiategrasso, Paullo, Melegnano, Pavia, A7, A1, Piacenza, SCHWEIZ

Weitere Zeichenerklärungen *siehe hintere Umschlagklappe*

Der Glockenturm in Ossuccio

ZUR ORIENTIERUNG

SCHWEIZ | ÖSTERREICH

Hauptkarte

Milano (Mailand) · Verona · Venezia (Venedig)

Torino (Turin)

ITALIEN

FRANK-REICH

Genova (Genua) · Bologna

Blick über den Lago d'Iseo

Gardone Riviera am Gardasee, vor allem bekannt wegen des Vittoriale
egli Italiani, der Villa des Dichters d'Annunzio

DIE SEEN AUF EINEN BLICK

Lago Maggiore

Mit seiner Ausdehnung ins Piemont, in die Lombardei und in den Schweizer Kanton Tessin ist der Lago Maggiore (oder Verbano) der zweitgrößte See Italiens (212 km²). Er ist bis zu 972 Meter tief. Zum größten Teil wird er vom Fluss Ticino gespeist und durchflossen, auch der Toce fließt in den See. Die Orte um den See wurden ab 1449 dank der wohlhabenden Familie Borromeo durch Kirchen bereichert und im 18. und 19. Jahrhundert mit Villen und Gärten verschönert. Die Eröffnung der Simplonbahn und die Einführung von Fährdiensten (1826) trugen zum Erstarken des Handels in der Region bei.

Statue einer Villa, Isola Madre

★ Isole Borromee
Die bekannteste der drei Inseln ist Isola Bella. Sie wurde nach Isabella d'Adda benannt, der Frau von Karl III. Borromeo. ❺

Die zwei Burgen von Malpaga wurden im 13./14. Jahrhundert auf zwei Inseln gegenüber von Cannero Riviera erbaut. Sie gehörten den Mazzarditen, den Piraten, die den See unsicher machten.

Stresa
Das alte Fischerdorf wurde zur Touristenattraktion – dank der Beschreibungen so berühmter Schriftsteller wie Stendhal, Byron und Dickens. ❹

★ Villa Taranto
Auf ungefähr 16 Hektar Fläche legte der Engländer McEacharn 1931 einen der bekanntesten botanischen Gärten Italiens an. Viele Pflanzenarten aus der ganzen Welt, darunter die Victoria amazonica, *gedeihen hier* (siehe S. 138).

Magaduno

Vira

Locarno

San Nazzaro

Gerra-Gambarogno

Ascona

Sant'Abbondio

Porto Ronco

Isola di Brissago

Brissago

Maccagno

Luino ❾

Cannobio ❽

Cannero Riviera

Porto Veltravagl

Pieggio

Ghiffa

Intra

Verbania ❼

Isola Madre

Ba

Hotels und Restaurants am Lago Maggiore *siehe Seiten 164f und 178–180*

★ Santa Caterina del Sasso Ballaro

Ein hinreißender Anblick ist das an einen Felsen geschmiegte Kloster nahe Laveno. Ein Kaufmann ließ es im 12. Jahrhundert erbauen – als Erfüllung eines Gelübdes, nachdem er aus großer Gefahr gerettet worden war. ⓫

INFOBOX

ℹ️ *Örtliche Tourismusbüros.*
🚆 *FS Mailand–Domodossola oder Mailand–Bellinzona (89 20 21); Ferrovie Nord Milano nach Laveno (02 202 22).* 🚌 *nach Sesto Calende u. Angera: Autolinea Zani (02 86 46 48 54) oder Autolinee Varesi (03 32 73 11 10); nach Luino (03 32 53 02 71).* ⛴ *Navigazione Lago Maggiore (800 55 18 01).* **www**.navigazionelaghi.it

SEHENSWÜRDIGKEITEN AUF EINEN BLICK

Arona ❷
Baveno ❻
Cannobio ❽
Isole Borromee ❺
Laveno ❿
Lesa und Belgirate ❸
Luino ❾
Rocca di Angera ⓬
Santa Caterina
  del Sasso Ballaro ⓫
Sesto Calende ❶
Stresa ❹
Verbania ❼

★ Rocca di Angera

Die imposante mittel-alterliche Festung der Familie Borromeo enthält Fresken aus dem 14./15. Jahrhundert. Jetzt ist sie Sitz eines Puppenmuseums. ⓬

Arona

Die riesige San-Carlo-Borromeo-Statue (17. Jh.) wurde zu Ehren des berühmten Mitbürgers in Arona aufgestellt. Eine Wendeltreppe führt 35 Meter in den Kopf der Statue hinauf. ❷

In Sesto Calende zeigt das Stadtmuseum an der Piazza Mazzini Objekte aus der Bronzezeit, die in der Nähe gefunden wurden.

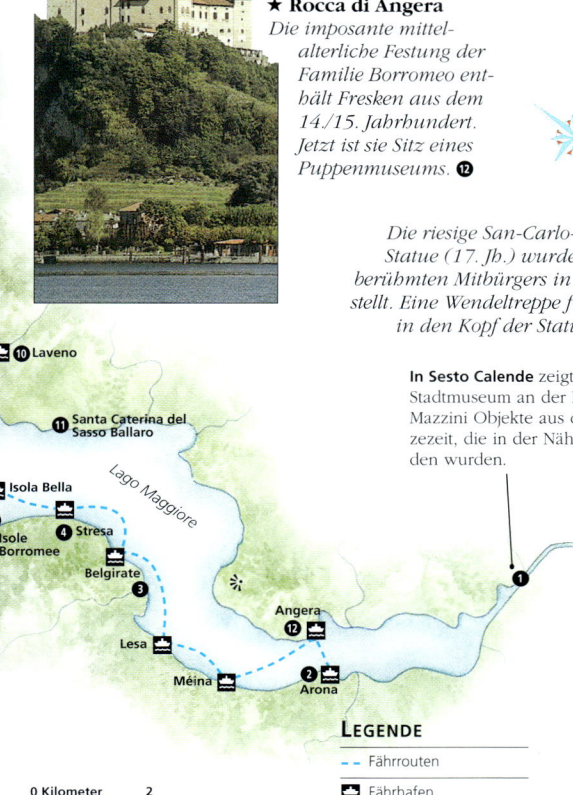

🚢 ❿ Laveno

⓫ Santa Caterina del Sasso Ballaro

Lago Maggiore

🚢 Isola Bella

Isole Borromee
❹ Stresa
🚢 Belgirate ❸
Lesa 🚢
Méina 🚢
Angera ⓬ 🚢
❷ 🚢 Arona
❶

LEGENDE

- - - Fährrouten
🚢 Fährhafen
❉ Aussichtspunkt

0 Kilometer 2

NICHT VERSÄUMEN

★ Isole Borromee

★ Rocca di Angera

★ Santa Caterina
  del Sasso Ballaro

★ Villa Taranto

Sesto Calende ❶

Varese. 🏠 *9500*. ℹ️ **IAT** Viale
Italia 3, Varese *(0331 92 33 29)*.
📧 *Antiquitäten, 3. Sa im Monat*.
www.prosestocalende.it.

In dem Ort enden zwei
Autobahnen. Auf der Straße
nach Arona kommt man zu
San Donato, »La Badia« (Abtei)
genannt, eine Basilika aus
dem 9. Jahrhundert, die im
11./12. Jahrhundert umgebaut
wurde. Die Figurenkapitelle
zeigen Menschen- und Tierge-
stalten. Im Schiff gibt es Fresken aus dem 15./16., in der
Krypta aus dem 18. Jahrhundert. Südlich von Sesto, bei
Golasecca, finden sich Gräber
aus der Eisenzeit (9.–5. Jh.
v.Chr.), die zur nach dem Ort
benannten Kultur gehören.
Die Fernstraße 33 nach Arona
führt zum **Regionalpark Lagoni di Mercurago**, wo es verschiedene Vogelarten und
Reste antiker Dörfer gibt.

🏛 **Abbazia San Donato**
Via San Donato 6. 📞 *0331 92 42
71*. 🕐 *tägl. 8–12, 16–19 Uhr*.

🌲 **Regionalpark Lagoni
di Mercurago**
Via Gattico 6, Mercurago.
📞 *0322 24 02 39*.
www.parchilagomaggiore.it

Arona ❷

Novara. 🏠 *16 000*. ℹ️ Piazzale
Duca d'Aosta *(0322 24 36 01)*.
📧 *Antiquitäten, 3. So im Monat*.

Arona war ein wichtiger
Handelsplatz zwischen
Mailand sowie den Seen und
Gebirgsregionen Oberitaliens.
Wegen der strategischen Lage
wurde hier eine Rocca (Fes-
tung) gebaut – das Gegen-

stück zur Anlage in
Angera *(siehe S. 139)*.
Die Borromeo ließen
sie vergrößern, Napo-
léon ließ sie abrei-
ßen. Vom Corso Mar-
coni, der zur Piazza
del Popolo führt,
blickt man auf die
Rocca in Angera. An
der Piazza stehen die
Casa del Podestà
(15. Jh.) mit Portikus
und die Kirche
Madonna di Piazza
(16. Jh.). Santi Martiri
enthält Gemälde
(15. Jh.) von Bergog-
none, Santa Maria
Nascente ein Altarbild
(1511) von Gauden-
zio Ferrari.

Gleich nördlich vom Zen-
trum steht die 23 Meter hohe
San-Carlo-Statue, die 1614
von Cerano entworfen und
1697 vollendet wurde. Die
innen begehbare Kolossalsta-
tue aus Kupfer war bis zum
Bau der Freiheitsstatue die
höchste der Welt. In der Kirche **San Carlo** sieht man eine
aus der abgerissenen Rocca
errichtete Rekonstruktion des
Zimmers, in dem San Carlo
geboren wurde.

Die **Villa Ponti**, eine Barock-
villa mit Art-déco-Ausstattung,
steht in einem Garten mit
Nymphäum und Brunnen.

🏛 **San-Carlo-Statue**
Piazza San Carlo. 📞 *0322 24 96
69*. 🕐 *März: Sa, So 9–12.30, 14–
16.30 Uhr; Apr–Sep: tägl. 9–12.30,
14–18.30 Uhr; Okt: Sa, So 9–12.30,
14–18.30 Uhr; Nov, Dez: Sa, So 9–
12.30, 14–16.30 Uhr (außer 1. Nov
8., 25., 26. Dez). Kinder unter acht
Jahren sind nicht zugelassen*. ♿

🚋 **Villa Ponti**
Via San Carlo 57. 📞 *0322 44 629*.
⚫ *für Besucher*.

Der »Carlone« (»Riesenkarl«), die Kolossal-
statue von San Carlo Borromeo in Arona

Lesa
und Belgirate ❸

Lesa (Novara). 🏠 *2400*. Belgirate
(Verbania). 🏠 *500*. ℹ️ **IAT** Via
Portici, Lesa *(0322 77 20 78)*.

Lesa, seit dem 18. Jahrhundert ein Lieblingsort lombardischer Adelsfamilien, liegt
an einem besonders hübschen
Teil des Sees zwischen Arona
und Stresa. Das **Museo Manzoniano di Villa Stampa** zeigt
Reminiszenzen an Alessandro
Manzoni, der hier zu Gast
war. Im Dörfchen Villa steht
die romanische Kirche San
Sebastiano. Fahren Sie weiter
nach Belgirate mit seinem bezaubernden historischen Zentrum und Häusern mit Portiken und Vorhallen. Von hier
aus schweift der Blick weit
über den See. Das Dorf war
der Lieblingsort des Philosophen Antonio Rosmini und
des Dichters Guido Gozzano.

Auf den Hügeln, etwa vier
Kilometer von Belgirate entfernt, liegt das im 13. Jahrhundert errichtete **Castello Visconti di San Vito** mit Fresken
aus dieser Zeit. In der Nähe
steht die romanische Kirche
San Michele mit einem schie-
fen Glockenturm.

🏛 **Museo Manzoniano
di Villa Stampa**
Via la Fontana, Lesa.
📞 *0322 764 21*.
⚪ *nach Vereinbarung*.

♣ **Castello Visconti
di San Vito**
Via Visconti 1, Massimo Visconti.
📞 *0322 21 97 13*. ⚫ *für Besucher*.

Blick über das Städtchen Arona

Stresa ❹

Verbania. 🏠 *4800.* 🛈 **IAT** Piazza
Marconi 16 *(0323 30' 50 oder
03 23 31 00).*

Die Ursprünge des mittel-
alterlichen Strixia sind
teils von den Palazzi und Villen verdeckt, die um die
Jahrhundertwende für die
Aristokratie gebaut wurden,
u. a. wegen der Eröffnung der
elektrischen Zahnradbahn
zum Monte Mottarone. Der
Ort ist heute ein Konferenzzentrum. Von hier kommt
man leicht zu den Isole Borromee. Am See stehen Villen
(19. Jh.), Sant'Ambrogio
(18. Jh.) und die **Villa Ducale**
(1770) mit Erinnerungsstücken
an den Philosophen Antonio
Rosmini, der hier 1855 starb
(die Villa ist Rosmini-For-
schungszentrum). Der Monte
Mottarone (1491 m), ein Skigebiet, bietet einen Blick von
den Alpen bis zur Po-Ebene.

🏛 **Villa Ducale**
Centro di Studi Rosminiani
Corso Umberto I 15. 📞 *0323 300
91.* ⏱ *Mo–Fr 10–12, 15–18 Uhr.*

Umgebung: Die **Villa Pallavicino** nahe Stresa ist für
ihren üppigen eng-
lischen Garten
oberhalb des
Lago Maggio-
re bekannt, in
dem es uralte
Bäume und exoti-
sche Tiere wie Lamas
und Pelikane gibt.

**Brunnen,
Villa Pallavicino**

🦜 **Parco della Villa Pallavicino**
A26, Ausfahrt Carpugnino, Richtung Stresa. 📞 *0323 324 07.*
⏱ *März–Okt: tägl. 9–18 Uhr.*
♿ 🚻 🍴
www.parcozoopallavicino.it

Gartenanlage des Palazzo Borromeo (16.–18. Jh.) auf der Isola Madre

Isole Borromee ❺

Verbania. ⛴ *von Arona, Laveno,
Stresa, Baveno, Pallanza. Zur Isola
Madre u. Isola Bella.* 📞 *0323 23 32
00 oder 800 55 18 01.* ⏱ *Mitte
März–Mitte Okt: tägl. 9–17.30 Uhr.*
⏱ *Nov–März.* 🈲 📷 *nach Verein-
barung.* 🍴
www.borromeoturismo.it

Die drei Inseln, die von
Stresa aus leicht erreichbar sind, wurden durch die
Borromeo-Familie berühmt,
die sich dort elegante Palazzi mit wundervollen Gärten
bauen ließ. Die
schönste ist
Isola Bella.
Die Familie
Borromeo
ließ das alte
Fischerdorf
1632–71 zu einem
grandiosen Kom-
plex aus Barockpalais und
terrassiertem Park im italienischen Stil umgestalten. Zu
sehen sind: ein Musikzimmer
(in dem Mussolini 1935 mit
britischen und französischen

Staatsmännern zusammentraf),
die Sala di Napoleone (in der
1797 Napoléon wohnte), Ballsaal, Thronsaal und Schlafzimmer in barocker Pracht mit
Möbeln und Gemälden von
Carracci, Cerano und Tiepolo.
Sechs Grotten sind mit Muscheln und Kieseln verziert.
Auf der größten Insel, der
Isola Madre, steht der Palazzo
Borromeo (16.–18. Jh.). Im
Park stolzieren Pfauen zwischen alten Bäumen, Azaleen,
Rhododendren und Magnoli-
en. Die Villa enthält Möbel
der Epoche und eine Puppensammlung (18./19. Jh.).
Die winzige **Isola dei Pescatori** hat sich ihre malerische
Fischerdorf-Atmosphäre bis
heute bewahrt.

Baveno ❻

Verbania. 🏠 *4500.* 🛈 **IAT** Piazza
Dante Alighieri 14 *(0323 92 46 32).*

Baveno ist für den rosa Gra-
nit berühmt, der hier u. a.
für die Galleria in Mailand
(siehe S. 50) gebrochen wurde. Seit Mitte des 19. Jahrhunderts ist es ein eleganter Kurort, in dem u. a. Königin
Victoria zu Gast war, die 1879
in der Villa Clara (heute Villa
Branca) wohnte. Sehenswert
ist die Kirche Santi Gervasio e
Protasio mit ihrer Fassade aus
dem 12. Jahrhundert und der
achteckigen Taufkapelle
(15. Jh.) mit Renaissance-
Fresken. In Richtung Verbania
steht die Kirche San Giovanni
in Montorfano, eine der
schönsten der Gegend.

Der Park der Villa Pallavicino beherbergt viele Tierarten

Verbania ❼

🚶 *31 000.* 🛈 **IAT** Corso Zanitello
6–8 *(0323 50 32 49).* **Pro Loco**
Viale delle Magnolie 1 *(0323 55 76
76).* 🛒 *Antiquitäten im Sommer: Fr
ab 19 Uhr.*

Pallanza und Intra wurden
1939 zur Stadt Verbania zu-
sammengefasst (Hauptstadt
der 1992 gegründeten Provinz
Verbano-Cusio-Ossola). Pallanza, gegenüber der Borro-
meo-Bucht, ist Sitz der Stadt-
verwaltung und hat sich seine
mittelalterliche Erscheinung
und Atmosphäre bewahrt.
Intra dagegen ragt über die
Landzunge Punta di Castagnola empor und besitzt ein ent-
schieden barockes und klassizistisches Flair. Es ist der
wichtigste Anlaufhafen am
See und eines der Industrie-
zentren: Im 18. Jahrhundert
war es in der Textilherstellung
führend in der Region.
  Pallanza war die einzige
Stadt am See, die nicht von
der Borromeo-Dynastie be-
herrscht wurde. Zu den wichtigen Bauwerken zählen die
romanische Kirche Santo
Stefano, San Leonardo und
der Palazzo Viani Dugnani
(18. Jh.), Sitz des **Museo del
Paesaggio**, das Landschafts-
malerei vom 16. bis 20. Jahrhundert sowie u. a. Plastiken
von Arturo Martini und Giulio
Branca zeigt. Nahe Isolino di
San Giovanni, dem Lieblingsort Arturo Toscaninis, steht
die Kirche Madonna di Cam-

**Büste von Neil McEacharn, der den
Park der Villa Taranto schuf**

pagna mit Fresken
(16./17. Jh.) von
Gerolamo Lanino
und Camillo Pro-
caccini.

🏛 **Museo
del Paesaggio**
Via Ruga 44.
📞 *0323 50 24 18.*
⏰ *Apr–Okt: Di–So
10–12, 15.30–
18.30 Uhr.*

Umgebung: 1931
schuf der Schotte
Neil McEacharn –
er liegt in der
kleinen Parkkir-
che begraben –
auf der Landzun-
ge Castagnola
einen der schöns-
ten botanischen Gärten Europas. Er legte Terrassen, einen
Wintergarten sowie einen
Sumpfgarten zwischen kleinen Wasserfällen und See-
rosenteichen an. Den Park
der **Villa Taranto** schenkte er
dem Staat, der ihn 1952 öffentlich zugänglich machte.
Zu sehen sind exotische
Pflanzen, u. a. die *Victoria
amazonica*, dazu Azaleen
und über 300 Arten von Rhododendren. Am schönsten ist
der Park im späten April.

🌿 **Giardini di Villa Taranto**
Via Rossano 22, Pallanza.
📞 *0323 55 66 67.* ⏰ *Mitte
März–Okt: tägl. 8.30–18.30 Uhr.*
🅿 🚫 ♿ 🚻

Cannobio ❽

Verbania. 🚶 *5300.* 🛈 **IAT** Viale
Vittorio Veneto 4 *(0323 711 12).*
www.cannobio.net

Der angenehme Kurort ist
der letzte italienische Ort
auf piemontesischer Seeseite.
Er hat sich seinen mittelalterlichen Charakter bewahrt.
Davon zeugt der Palazzo
della Ragione (Palazzo Parra-
sio), das frühgotische Rathaus
mit seinem Turm aus dem
12. Jahrhundert. Daneben erhebt sich der schöne romanische Turm der Pfarrkirche San
Vittore. Das Santuario della
Pietà, das von San Carlo Borromeo 1583 umgebaut wurde,
enthält ein schönes Altarbild
von Gaudenzio Ferrari.

Orrido di Sant'Anna im Val Cannobina

Im nahen Val Cannobina ist
der Orrido di Sant'Anna sehenswert. Die tiefe Schlucht
hat der Cannobino in den Fels
gegraben.

Luino ❾

Varese. 🚶 *15 300.* 🛈 **IAT** Via
Chiara 1 *(0332 53 00 19).*

Luino liegt in einer Bucht
auf der östlichen Seeseite.
Seine Ursprünge stammen aus
römischer Zeit. Der Name
könnte sich vom Wildbach
Luina oder dem Dialektwort
luina (Erdrutsch) ableiten. Im
Mittelalter kämpften die führenden Familien Comos und
Mailands um die Stadt. Berühmt wurde sie, als Garibaldi
1848 dort mit einer Gruppe
Freiwilliger landete und einen
ganzen österreichischen
Trupp in die Flucht schlug.
  Der große Bahnhof (1882)
zeigt die frühere Bedeutung
Luinos, das Italien mit Mitteleuropa verband. Heute
führt der Bahnverkehr über
Chiasso. Der Markt wurde
durch ein Edikt Karls V. 1541
ins Leben gerufen und ist
immer noch eine Attraktion.
  San Pietro in Campagna
besitzt Fresken von Bernardino Luini und einen schönen
romanischen Glockenturm.
Die Kapelle der Chiesa del
Carmine stammt von 1477.
Ein Muss ist das Wahrzeichen
der Stadt: die Kapelle San
Giuseppe (17. Jh.).

Hotels und Restaurants am Lago Maggiore *siehe Seiten 164f und 178–180*

Laveno ⑩

Varese. 🏛 8800. 🛈 IAT Piazza Italia
18 (0323 66 87 85).
www.laveno-online.it

Der Naturhafen von Laveno, einst
österreichische Flottenbasis

Der Name der Stadt leitet
sich von Titus Labienus
her, dem römischen General
und Gesandten Cäsars in
Gallien. Sie war wegen ihres
Hafens, des einzigen Natur-
hafens am Lago Maggiore,
strategisch wichtig. Hier lagen
die Kanonenboote der Österreicher, mit denen sie den See
kontrollierten. Heute ist die
Stadt der Hauptfährhafen zum
piemontesischen Ufer. Die
Eisenbahn Ferrovie Nord verband Laveno mit Varese und
Mailand und förderte so die
wirtschaftliche Entwicklung,
vor allem im Bereich der
Keramikindustrie (die Società
Ceramica Italiana Richard-
Ginori wurde 1856 gegrün-
det). Im Stadtzentrum ist der
Park der Villa Frua (18. Jh.)
sehenswert. Eine Seilbahn
fährt zum Sasso del Ferro
(1062 m) hinauf, wo man einen wunderbaren Blick auf
den See, den Monte Mottarone und den Monte Rosa hat.

Santa Caterina del Sasso Ballaro ⑪

Via Santa Caterina 5, Leggiuno.
📞 0332 64 71 72. 🕐 Apr–Okt:
tägl. 8.30–12, 14.30–18 Uhr; Nov–
Feb: Sa, So 9–12, 14–18 Uhr; März
u. 23. Dez.–6. Jan: tägl. 9–12, 14–
18 Uhr. 🏛 Feiertage 16.30 Uhr. 🏠

Um zu dem kleinen reizen-
den Kloster zu gelangen,
das 18 Meter über dem See
auf einem steilen Fels thront,
muss man nahe Leggiuno einige Treppen hinaufsteigen.
Das Kloster wurde Mitte des
12. Jahrhunderts von einem
hiesigen Kaufmann gegrün-
det. Die Dominikaner kamen
1230 hierher und sind nach
zahlreichen Wechselfällen
inzwischen zurückgekehrt. Im
Lauf der Zeit wurde der Bau
erweitert und verändert, wie
man an den verschiedenen
Baustilen sehen kann.
Der Kapitelsaal am Eingang
besitzt Fresken aus dem
14./15. Jahrhundert, darunter
eine *Kreuzigung mit Wappen-
trägern*. Das nur teilweise erhaltene barocke Fresko im
zweiten Portikus zeigt einen
Totentanz (17. Jh.), die Fresken in der Kirche stammen
aus dem 16. Jahrhundert, die
*Madonna mit Kind und Hei-
ligen* auf dem Hochaltar von
1612. Beim Eingang steht eine
große Weinpresse von 1759.

Rocca di Angera mit Fresken aus
dem 14./15. Jahrhundert

Rocca di Angera ⑫

Festung und Museum Via Rocca,
Angera. 📞 0331 93 13 00. 🕐 Apr–
Okt: tägl. 9–17 Uhr. 🚫 🔌 🏠 🏛

Die Rocca, eine vermutlich
über den Resten einer
römischen Anlage erbaute
majestätische Festung, gehörte einst den Erzbischöfen von
Mailand. Im 13. Jahrhundert
fiel sie an die Familie Visconti
und wurde 1449 der Familie
Borromeo als Lehen über-
geben, die sie noch immer
besitzt. Der Visconti-Bau hat
einzelne und doppelte
Spitzbogenfenster und lehnt
sich teilweise gegen den älteren Burgturm.
Die Fresken in den Sälen
sind sehenswert, vor allem
der Zyklus der *Schlachten
von Ottone Visconti gegen die
Torriani* (14. Jh.) im Salone
Gotico. Die Decke in diesem
Saal ist mit dem Wappen der
Visconti geschmückt, die De-
cken der anderen Säle zeigen
geometrische Muster und
Sternzeichen. Der Borromeo-
Flügel enthält Fresken, die
1946 dem Palazzo Borromeo
in Mailand entnommen wur-
den: *Äsops Fabeln* aus der
Schule Michelino da Besozzos
(15. Jh.). Die Rocca wird für
Kunstausstellungen genutzt
und beherbergt im Visconti-
Flügel das **Museo della Bam-
bola** (Puppenmuseum), eines
der besten Europas, das aus
der Sammlung der Prinzessin
Bona Borromeo hervorging.
Außer Puppen und Puppen-
häusern zeigt es Bücher,
Spiele und Kinderkleidung.

Santa Caterina del Sasso Ballaro auf einer Klippe über dem See

Comer See (Lago di Como)

Der auch Lario genannte See ist der drittgrößte und tiefste (410 m) Italiens. Er hat die Form eines auf dem Kopf stehenden Y mit Como, Lecco und Colico an den Enden. Die Seite von Como besitzt die beste Infrastruktur: Lokale, Hotels, Villen und üppige Gärten säumen eine Straße, die der antiken Via Regia durch malerische Landschaft folgt. Das Gebiet um Lecco ist kahler, mit kleinen Buchten. Der See ist für seine plötzlichen Böen bekannt, die das Segeln schwierig machen. Ab und zu sieht man die typischen »Lucia«-Boote, benannt nach der Heldin aus Manzonis Roman *Die Verlobten*, der teils hier spielt.

Figur an der Villa d'Este, Cernobbio

★ **Bellagio**
Seine Lage am Schnittpunkt der drei Seearme und der spektakuläre Blick von der Punta Spartivento machen den Ort zu einem der beliebtesten am Comer See. ⑫

★ **Como**
Die Bauarbeiten am Dom von Como begannen 1396 und endeten 1740 mit der Fertigstellung der gewaltigen Kuppel. Daneben steht der anmutige Broletto (13. Jh.), das alte Rathaus. ❶

Das Glockenturm von Santa Maria Maddalena in Ossuccio ist eines der Wahrzeichen am See.

NICHT VERSÄUMEN

★ Bellagio

★ Como

★ Tremezzo

Menaggio ⑥

Cadenabbia

Sala Comacina   Lenno Tremezzo ⑤

Argegno   Isola Comacina ❸ ④

Lago di Como

Lezzeno

Nesso

Careno

0 Kilometer   5

Torrigia

Ùrio

Moltrasio   Pognana Lario

Cernobbio ❷   Torno ⑬

Travernola   Belvio

Como ❶   Brunate

LEGENDE

- - - Fährrouten

🛳 Fährhafen

✳ Aussichtspunkt

Cernobbio
Die Villa d'Este in Cernobbio (1568), heute ein berühmtes Hotel, ist umgeben von einem wundervollen Landschaftspark mit vielen Brunnen. ❷

Hotels und Restaurants am Comer See *siehe Seiten 165f und 180f*

Gravedona

Santa Maria del Tiglio ist der berühmteste Bau der lombardischen Romanik im Alto Lario. Am auffälligsten sind die Schichten aus weißen und schwarzen Steinen und der ungewöhnliche, in die Fassade integrierte achteckige Glockenturm. ❼

INFOBOX

🛈 *Örtliche Tourismusbüros.*

🚆 *FS: Mailand–Chiasso (89 20 21), Ferrovie Nord Milano (031 30 48 00 oder 02 20 222).*

🚆 *SPT: Como–Colico (031 24 72 47).* ⛴ *Navigazione Lago di Como (800 55 18 01 oder 031 57 92 11).*

www.navigazionelaghi.it

Der Lago di Mezzola, der durch Schlick aus der Adda vom Comer See abgeschnitten ist, ist ein Naturschutzgebiet, in dem Graureiher leben.

Die »crotti« sind typische Berghöhlen im Alto Lario, die seit dem 19. Jahrhundert als Weinkeller genutzt werden.

Stazzona • Domase
Gravedona ❼
Dongo
Musso
Abbazia di Piona ❽
Colico
Pianello del Lario
Dèrvio
San Siro

Die mittelalterliche Burg Vezio, die an der Stelle eines römischen Turms erbaut wurde, erreicht man von Varenna aus in zehn Minuten zu Fuß. Sie bietet einen überwältigenden Rundblick.

❾ Bellano
❿ Varenna
Bellagio
Lierna
Limonta
Sala Vassena
Onno
Mandello del Lario
Abbadia Lariana
⓫ Lecco

Varenna

Einige Gassen in diesem Dorf, einem der besterhaltenen am See, bestehen aus Treppen oder erhöhten Plankenwegen über dem Wasser. ❿

★ Tremezzo

Die Villa Carlotta in Tremezzo war ein Hochzeitsgeschenk an Charlotte von Sachsen-Meiningen (1843). In ihr steht eine Kopie von Canovas Amor und Psyche.

Como ❶

Die Piazza del Duomo in Como, dem Geburtsort von Plinius d. Ä.

🚶 83 000. 🛈 **IAT** Piazza Cavour 17 *(031 330 01 28)*. **www**.lakecomo.org

Comum wurde 196 v. Chr. gegründet und kämpfte im 12. Jahrhundert an der Seite Barbarossas, der die mittelalterlichen Mauern errichten ließ, gegen Mailand. 1335 kam es unter den Einfluss der Visconti, 1451 unter den der Sforza. Die Stadt teilte unter spanischer und österreichischer Herrschaft das Schicksal Mailands und wurde 1859 Teil des Königreichs Italien.

Zu Comos vielen romanischen Kirchen gehören San Fedele (12. Jh.) und das Juwel der Comer Meister, die lombardisch-romanische Kirche Sant'Abbondio (11. Jh.).

Den **Duomo** (Baubeginn 1396) krönt Filippo Juvarras Barockkuppel. Die Skulpturen an der gotischen Fassade und der Porta della Rana stammen von Tommaso und Jacopo Rodari (um 1500). Schiff und Seitenaltäre schmücken Gobelins (16. Jh.) und Bilder von Ferrari und Luini. Nebenan steht der romanischgotische Broletto (1215).

Der **Tempio Voltiano** (1927) erinnert an den Physiker Alessandro Volta. Die Casa del Fascio (1936) ist ein Beispiel für italienischen Rationalismus. Die **Villa d'Olmo** mit ihren Fresken wurde 1797 von Simone Cantoni erbaut. Sie besitzt einen Park. Eine Standseilbahn fährt nach **Brunate**. Hier gibt es schöne Ausblicke sowie beliebte Wanderwege.

🏛 **Duomo**
Piazza Duomo. ☎ 031 26 52 44.
🕐 tägl. 7–12, 15–19 Uhr.

🏛 **Tempio Voltiano**
Viale Marconi. ☎ 031 57 47 05.
🕐 Apr–Okt: Di–So 10–12,
15–18 Uhr; Nov–März: Di–So
10–12, 14–16 Uhr. 🎫

🏛 **Villa d'Olmo**
Via Cantoni 1. ☎ 031 57 19 79.
🕐 Mo–Sa 9–12, 15–18 Uhr.
🔴 Feiertage. 🎫 ♿

Cernobbio ❷

Como. 🚶 7200. 🛈 Via Regina 33b
(031 51 01 98, geöffnet Apr–Sep);
Piazza Cavour 17, Como *(031
330 01 11).*

In der Villa d'Este in Cernobbio hielten sich der Herzog von Windsor und Mrs. Simpson auf

In Cernobbio beginnen die prächtigen Villen, die die Westseite des Sees berühmt gemacht haben. Aus der **Villa d'Este**, die Pellegrino Tibaldi 1570 für die Familie Gallio erbaute, wurde 1873 ein von Prinzen und Schauspielern geschätztes Luxushotel. Die stilvoll möblierten Räume werden für Konferenzen genutzt. Die Villa steht in einem italienischen Garten mit Nymphäum. Die **Villa d'Erba** (18. Jh., jetzt Konferenzzentrum) ist für ihr Interieur bekannt, u. a. für den Salone da Ballo, die Kapelle und die Sala delle Nozze, die von Giocondo Albertolli gestaltet wurden (Besuch auf Anfrage).

🏨 **Hotel Villa d'Este**
Via Regina 40. ☎ 031 34 81.
🔴 Nov–März.

🏨 **Villa d'Erba**
Via Regina 2. ☎ 031 34 91.
🏛 für Besucher (Visconti-Räume für Gruppen auf Anfrage).

Isola Comacina ❸

Como. 🛈 **IAT** Piazza Cavour 17,
Como *(031 330 01 11).* 🚢 bis Sala
Comacina, dann weiter per Schiff.

Die einzige Insel im Comer See ist seit römischen Zeiten bewohnt. Sie wurde von

VOM MAULBEERBAUM ZUR SEIDE

In Como werden etwa 80 Prozent der Seide Europas produziert. Die Seidenraupe wurde schon im 14. Jahrhundert eingeführt. Die Seidenproduktion blühte, als im 17. Jahrhundert Maulbeerbäume – ihre Blätter sind die Nahrung der Raupen – im großen Stil angebaut wurden. Die chinesische Konkurrenz zwingt Como heute, sich auf Qualitätsseide zu konzentrieren, wie sie im Comer Museo della Seta (Seidenmuseum) zu bewundern ist.

Kokons

Hotels und Restaurants am Comer See siehe Seiten 165f und 180f

den Byzantinern befestigt und erlebte im Mittelalter ihre Blüte. 1169 eroberte Como die Festung und zerstörte die sieben Kirchen auf der Insel. Ihre Ruinen samt denen eines mosaikgeschmückten Baptisteriums wurden nach dem Zweiten Weltkrieg entdeckt und werden jetzt erforscht. In Sala Comacina, von wo aus Schiffe zur Insel fahren, stehen eine Kirche aus dem 18. Jahrhundert mit einem Fresko von Carlo Carloni und die Villa von Cesare Beccaria, in der Manzoni zu Gast war.

Lenno ❹

Como. 👥 1600. 🛈 IAT Piazza Cavour 17, Como (031 330 01 11).

Der Ort ist wegen der **Villa del Balbianello** berühmt. Kardinal Durini ließ sie im 17. Jahrhundert über einem Gebäude erbauen, das Pellegrini zugeschrieben wird. Der prachtvolle Park mit den vielen Platanen besitzt eine Loggia mit Blick auf die Isola Comacina auf der einen und die Bucht von Tremezzina auf der anderen Seite. Zur Villa gelangt man nur per Boot von Sala Comacina aus.

Sehenswert sind auch die achteckige Taufkapelle und die Kirche Santo Stefano, die im 11. Jahrhundert über einem römischen Bau errichtet wurde und Fresken von Luini besitzt. Oberhalb des Ortes liegt die Zisterzienserabtei Acquafredda (im 17. Jh. umgebaut) mit Fresken von Fiammenghino. Im nahen Giulino di Mezzegra wurden

Die im 18. Jahrhundert erbaute Villa Carlotta in Tremezzo

Mussolini und seine Geliebte Claretta Petacci am 28. April 1945 erschossen.

🏛 Villa del Balbianello
Balbianello. 📞 0344 561 10 (FAI). **Park** ⭕ Mitte März–Mitte Nov: Do–Di 10–18 Uhr. **Villa** ⭕ nur nach Voranmeldung.

Tremezzo ❺

Como. 👥 1300. 🛈 IAT Via Regina 3 (0344 404 93, geöffnet Apr–Sep); Piazza Cavour 17, Como (031 330 01 11).

Tremezzo ist ein Ferienort, dessen Hauptattraktion die **Villa Carlotta** ist. Das von einem Terrassengarten im italienischen Stil umgebene Anwesen wurde im 19. Jahrhundert klassizistisch umgestaltet und enthält Gemälde von Hayez, Möbel von Maggiolini und Skulpturen von Canova, darunter Kopien von *Amor und Psyche* und *Terpsi-*

chore. Unter den vielen stuckverzierten Räumen findet sich ein mit Appianis Fresken aus Mailands Palazzo Reale. Der wundervolle Garten besitzt über 150 Arten von Rhododendren und Azaleen.

🏛 Villa Carlotta
Via Regina 2b. 📞 0344 404 05. ⭕ Mitte März–Okt: tägl. 9–11.30, 14–16.30 Uhr; Apr–Sep: tägl. 9–18 Uhr. www.villacarlotta.it

Menaggio ❻

Como. 👥 3200. 🛈 IAT Piazza Garibaldi 3 (0344 329 24). www.menaggio.com

Menaggio leitet sich wohl von zwei indogermanischen Wörtern ab: *men* (Berg) und *uigg* (Wasser), eine Anspielung auf die Mündung der Sanagra, an der der Ort liegt. Er ist das führende Wirtschaftszentrum im Alto Lario und ein beliebter Ferienort. Menaggio wird von einer Burgruine überragt und hat Teile seiner mittelalterlichen Anlage bewahrt. Sehenswert sind die Kirche Santo Stefano – deren Barockarchitektur ihre romanischen Ursprünge verdeckt – und San Carlo (17. Jh.) mit einem Gemälde von Giuseppe Vermiglio (1625). Die Seepromenade mit Arkadenhäusern und Villen ist ein Muss. Im nahen Loveno steht die klassizistische Villa Mylius-Vigoni mit Familienporträts von Hayez. Umgeben ist sie von einem 1840 von Balzaretto gestalteten hübschen Park.

Menaggio, ein beliebter Ferienort am Comer See

Gravedona ❼

Como. 🚹 2800. 🛈 **Pro Loco** Via Molo Vecchio 45 (0380 309 88 82); **IAT** Piazza Cavour 17, Como (031 330 01 11).

In römischer Zeit war Gravedona eine befestigte Stadt von Bedeutung. Im 13. Jahrhundert wurde sie von Como zerstört, weil sie mit Mailand verbündet war. Später wurde sie Hauptstadt der kleinen Republik Tre Pievi. Der Ort verfiel dann und wurde an Kardinal Tolomeo Gallio abgetreten, der 1583 Tibaldi beauftragte, den Palazzo Gallio zu bauen.
Santa Maria del Tiglio (12. Jh.) ist Gravedonas bekannteste Kirche. Der Zentralbau mit hohen Galerien besitzt ein hölzernes Kruzifix aus dem 12., ein Bodenmosaik aus dem 6. und Fresken aus dem 12. bis 14. Jahrhundert. Santi Gusmeo e Matteo wurde von Fiammenghino ausgemalt. Santa Maria delle Grazie (1467) enthält Fresken aus dem 16. Jahrhundert.
Im nahen Dongo produzierte das Stahlwerk Falck die Metallteile der Luftschiffe *Italia* und *Norge*. Sant'Eusebio in Peglio oberhalb von Gravedona hat schöne Fresken (17. Jh.). Das spanische Fort am Ortsrand wurde 1604 zum Schutz des Addatals erbaut.

🔒 Santa Maria del Tiglio
Piazza XI Febbraio. 📞 0344 852 61. 🕐 tägl. 9–18 Uhr.

Der Palazzo Gallio, 1583 vom Architekten Pellegrino Tibaldi erbaut

Die Zisterzienserabtei Piona, gegründet im 11. Jahrhundert

Abbazia di Piona ❽

Via Santa Maria di Piona 1, Colico. 📞 0341 94 03 31. 🕐 Sommer: tägl. 8.30–11.45, 14.30–17.30 Uhr; Winter: tägl. 9.30–12, 14.30–17 Uhr. 🔒

Ein Vorgebirge am nordöstlichen Seeufer verbirgt das im 11. Jahrhundert erbaute Kloster. Die romanische Kirche San Nicolò besitzt kleine Bogen und Pilaster, die Apsis Fresken (13. Jh.). Der Glockenturm stammt von 1700. Der Kreuzgang (1252–57) zeigt Kapitelle mit fantastischen Figuren und Fresken (13. Jh.). Die Mönche verkaufen Honig und Liköre.

Bellano ❾

Lecco. 🚹 3400. 🛈 **IAT** Via Nazario Sauro 6, Lecco (0341 36 93 90).

Im Mittelalter war Bellano die Sommerresidenz der Mailänder Bischöfe, diesen Charakter hat es bis heute bewahrt. Zwischen Häusern mit schmiedeeisernen Wappen liegt die Kirche Santi Nazaro, Celso e Giorgio, das Werk von Meistern der Campi-Schule (14. Jh.). Santa Marta besitzt eine *Pietà* von 1518. Die Hauptattraktion des Orts ist der Orrido, eine tiefe Klamm, die sich die Pioverna gegraben hat.

✳ Orrido
📞 0341 82 11 24. 🕐 Apr–Sep: tägl. 10–13, 14–22 Uhr; Okt–März: Sa, So 10–12, 14–19 Uhr. 🖼

Varenna ❿

Lecco. 🚹 800. 🛈 **Pro Loco** Via IV Novembre 3 (0341 83 03 67).

In dieses Dorf römischen Ursprungs mit völlig erhaltener mittelalterlicher Anlage flüchteten sich die Bewohner der Isola Comacina, als ihre Bauten 1169 von Como niedergebrannt wurden. San Giorgio (14. Jh.) im Ortszentrum besitzt ein Altarbild von Pietro Brentani (1467). Santa Marta enthält die Gemäldegalerie der Pfarrei. Berühmt sind die **Villa Cipressi** mit ihrem terrassierten Garten und die **Villa Monastero**, die über einem Zisterzienserkloster errichtet wurde. Die Villa, jetzt ein Konferenzzentrum, enthält noch Originalmöbel. Sehenswert ist der prächtige Garten. Nahe dem Ort wurde der schwarze Varenna-Marmor gebrochen, u. a. für die Böden im Mailänder Dom. Seit 1921 ist Mandello del Lario Sitz von **Moto Guzzi** und seinem Motorradmuseum.

🏛 Villa Cipressi
Via IV Novembre 18. 📞 0341 83 01 13. 🕐 (nur Garten) März–Juni: tägl. 9–18 Uhr; Juli–Okt: tägl. 9–19 Uhr. 🖼

🏛 Villa Monastero
Via Polvani 2. 📞 0341 83 01 29. 🕐 (nur Garten) März–Juni: tägl. 9–18 Uhr; Juli–Okt: tägl. 9–19 Uhr. 🖼

Hotels und Restaurants am Comer See siehe Seiten 165f und 180f

🏛 **Museo Moto Guzzi della Motocicletta**
Via Parodi 57, Mandello del Lario.
📞 *0341 70 91 11.* 🕐 *Mo–Fr 15–16 Uhr.* ● *Feiertage.*

Lecco ⓫

🏘 *47 000.* 🚉 **IAT** Via Nazario Sauro 6 *(0341 36 23 60).*
www.aptlecco.com

Lecco liegt an der südlichen Spitze des Seearms, der Lago di Lecco heißt. Es war in prähistorischer Zeit bewohnt und wurde im 6. Jahrhundert zur Festung. Um 1300 regierte es Azzone Visconti, der den Ponte Vecchio bauen ließ.

Manzonis Roman *Die Verlobten* spielt hier. Memorabilien sind im Haus seiner Kindheit zu sehen, der **Casa Natale di Manzoni** in Caleotto, die auch die Galleria Comunale d'Arte beherbergt. Im Zentrum stehen das Teatro della Società (1844) und San Nicolò, deren Taufkapelle Fresken aus dem 14./15. Jahrhundert besitzt. Das **Museo di Storia Naturale** im **Palazzo Belgioioso** (18. Jh.) ist sehenswert. Einige Orte in Manzonis Roman sind identifiziert worden, so die Burg des Namenlosen in Vercurago und Lucias Haus in Olate.

Nahe Civate steht die romanische Kirche **San Pietro al Monte** (12. Jh.) mit originalen Fresken und Reliefs, die die Passion zeigen. Eine Abzweigung der Straße nach Bellagio führt zur Wallfahrtskapelle Madonna del Ghisallo.

Der italienische Autor Manzoni, Verfasser von *Die Verlobten*

Ein Salon in der Villa Serbelloni mit Blick über den See

🏛 **Casa Natale di Manzoni**
Via Guanella 1. 📞 *0341 48 12 47.* 🕐 *Di–So 9.30–17.30 Uhr.* 🈲 ♿

🏛 **Palazzo Belgioioso und Museo di Storia Naturale**
Corso Matteotti 32. 📞 *0341 48 12 48.* 🕐 *Di–So 9.30–14 Uhr.* ● *1. Jan, Ostern, 1. Mai, 15. Aug, 25. Dez.*

🏰 **San Pietro al Monte**
Civate. 📞 *0341 319 15 01.* 🕐 *Sommer: tägl. 9–16 Uhr; Winter: tägl. 9–12, 14–15 Uhr (Mo–Fr nach Voranmeldung).*

Bellagio ⓬

Como. 🏘 *3050.* 🚉 Piazza della Chiesa 14 *(031 95 02 04).*
www.bellagiolakecomo.com

Seit der Antike ist Bellagio für sein mildes Klima und die schöne Lage berühmt. Noch heute besitzt es sein mittelalterliches Ortsbild mit den typischen Treppengassen. Im 18. Jahrhundert ließ der Adel hier Prachtvillen bauen, im 19. Jahrhundert wurde Bellagio zum mondänen Seebad mit noblen Hotels (die auch Vorbild für das Bellagio in Las Vegas wurden). Prachtvolle Residenzen sind u. a. die **Villa Serbelloni** und die **Villa Melzi d'Eril**. Erstere ist seit 1870 ein Hotel, zu ihren berühmten Gästen zählten Churchill und Kennedy. Die klassizistische Villa Melzi wurde 1810 von Giocondo Albertolli erbaut. Besichtigen

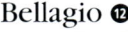

Eine der Statuen in der Villa Melzi d'Eril

kann man nur das Museo Archeologico, die Kapelle und den Park. In Ortsnähe stehen die Villen Trivulzio und Trotti (18. Jh.). Ein Muss ist San Giacomo (12. Jh.) mit seiner verzierten Kanzel.

🏛 **Villa Serbelloni**
Piazza Garibaldi *(Tickets bei IAT).* 📞 *031 95 02 04.* 🕐 *Apr–Okt: Di–So 11–16 Uhr.* 🈲 für Gruppen tel. buchen.

🏛 **Villa Melzi d'Eril**
Lungolario Marconi. 📞 *031 95 02 04.* 🕐 *Apr–Okt: 9–18 Uhr.* 🈲

Torno ⓭

Como. 🏘 *1200.* 🚉 **IAT** Piazza Cavour 17, Como *(031 330 01 11).*

In dem Örtchen Torno stehen die Kirchen Santa Tecla mit einem schönen Marmorportal (1480) und San Giovanni (14. Jh.) mit einem sehenswerten Renaissance-Portal. Am bekanntesten ist Torno jedoch wegen der Villa Pliniana, die 1573 für den Grafen Anguissola, Gouverneur von Como, erbaut wurde (der Bau wird Tibaldi zugeschrieben). Die Villa liegt in einem Park direkt am See. Die Schriftsteller Foscolo, Stendhal und Lord Byron sowie der Komponist Rossini waren einst hier zu Gast. Außerhalb gibt es eine Etruskersiedlung.

Gardasee (Lago di Garda)

Mosaikreste in der römischen Villa, Desenzano del Garda

D er größte See Italiens entstand durch Vergletscherung in der letzten Eiszeit. Die Landschaft ist vielgestaltig: steile, schroffe Felsen im Norden, sanfte Hügel im Süden, wo sich der See erweitert und eine mediterrane Flora vorherrscht. Den Gardasee haben im Lauf der Zeit Größen wie Catull, Dante und Goethe besungen. Heute hat er betuchten Besuchern wie auch Reisegruppen etwas zu bieten. Aufgrund der Winde ist der See ideal zum Surfen und Segeln. Hier finden auch Regatten wie die Centomiglia statt.

★ **Desenzano del Garda**
Sie ist eine der quirligsten und beliebtesten Städte am Gardasee. Oben abgebildet ist ein Mosaik aus der römischen Villa (4. Jh.), die 1921 wiederentdeckt wurde. ❷

Die Villa Bettoni in Bogliaco (1756) besitzt Räume mit anmutigen Fresken, darunter Meisterwerke von Reni und Canaletto, sowie einen Park mit einem Nymphäum.

★ **Gardone Riviera**
In dem angenehmen Urlaubsort liegt der Vittoriale degli Italiani, in dem der Schriftsteller Gabriele d'Annunzio von 1921 bis 1938 lebte. Er spiegelt die Dekadenz wider, deren letzter Vertreter der Dichter war. ❺

★ **Sirmione**
Die römische Villa, die sich über ein großes Areal erstreckt und einmal als Wohnhaus des lateinischen Dichters Catull galt, ist eines der eindrucksvollsten Beispiele eines römischen Wohnsitzes in Oberitalien. ❶

Bog

Toscolano
Maderno ❻

Gardone
Riviera ❺   Fasano

Salò ❹

Valtènesi und
San Felica ❸
del Benaco   Isola
di Garda

Manerba

Moniga
del Garda

Lago di Garda

Sirmione ❶

San Pietro
in Mavino

Desenzano
❷

LEGENDE

- – – – Fährrouten
- Fährhafen
- Aussichtspunkt
- Bahnhof

0 Kilometer   5

Hotels und Restaurants am Gardasee siehe Seiten 166f und 181–183

INFOBOX

ℹ️ *Örtliche Tourismusbüros.*
🚆 *FS Mailand–Venedig (89 20 21).* 🚌 *Azienda Provinciale Trasporti di Verona (045 805 78 11) oder Società Italiana Autoservizi (840 62 00 01).* 🚢 *Navigazione Lago di Garda (800 55 18 01).* **www**.navigazionelaghi.it

Limone sul Garda

Der Reichtum an Zitrusfrüchten ist angeblich der Grund dafür, dass die Einwohner Limones die höchste Lebenserwartung in Italien haben. ⑦

In Torbole, jetzt ein Surferparadies, wurden venezianische Schiffe – die 1440 die Visconti verteidigten – nach dem Transport durch das Val d'Adige zusammengebaut.

🚢 ⑧ Riva del Garda
🚢 Torbole
🚢 ⑦ Limone sul Garda
🚢 Campione del Garda
🚢 ⑨ Malcesine
🚢 Gargnano
🚢 Isola di Trimelone
🚢 Porta di Brenzone
🚢 Castelletto di Brenzone
🚢 Pai
🚢 ⑩ Torri del Benaco
🚢 ⑪ Garda
🚢 Bardolino ⑫
🚢 Lazise
🚢 ⑭ Gardaland
🚆 ⑬ Peschiera del Garda

Punta San Vigilio wurde nach dem Bischof von Trient benannt, der im 4. Jahrhundert das Christentum in diese Region brachte.

Die Kamaldulenser-Eremitage (16. Jh.), die erst seit Kurzem Frauen als Besucher zulässt, bietet einen herrlichen Rundblick.

SEHENSWÜRDIGKEITEN AUF EINEN BLICK

Bardolino und Lazise ⑫
Desenzano del Garda ②
Garda ⑪
Gardaland ⑭
Gardone Riviera ⑤
Limone sul Garda ⑦
Malcesine ⑨
Peschiera del Garda ⑬
Riva del Garda ⑧
Salò ④
Sirmione ①
Torri del Benaco ⑩
Toscolano Maderno ⑥
Valtènesi und
    San Felice del Benaco ③

NICHT VERSÄUMEN

★ Desenzano del Garda

★ Gardone Riviera

★ Sirmione

Torri del Benaco

Der Ort, der am Beginn des nördlichen Seeteils liegt, lebt von Tourismus und Fischfang. Er genießt seit dem 15. Jahrhundert besondere Fischereirechte. ⑩

Sirmione ❶

Brescia. 🏔 7500.
ℹ Viale Marconi 8 (030 91 61 14).
www.comune.sirmione.bs.it

Das römische Sirmio lag im Hinterland, nur das Villenviertel grenzte direkt an den See. Im 13. Jahrhundert machten es die Scaliger, die Herren von Verona, zur Festung, um den See zu verteidigen. Von 1405 bis ins 18. Jahrhundert regierte Venedig Sirmione.

Highlight ist die **Rocca Scaligera**, die von Mastino I della Scala erbaute Burg (13. Jh.), deren innerer Graben als Liegeplatz für Veroneser Schiffe diente. In der Eingangsarkade gibt es römische und mittelalterliche Tafeln. Santa Maria Maggiore (15. Jh.), die über einem antiken Tempel erbaut wurde, besitzt Fresken (15./16. Jh.), eine Madonna (15. Jh.) und in der Vorhalle eine römische Säule. Der Campanile war ein Scaliger-Turm. San Pietro in Mavino (1320 umgebaut) besitzt schöne Fresken (13.–16. Jh.). Das berühmte **Thermalbad** nutzt das Wasser der seit 1546 bekannten Boiola-Quelle.

Bekannt ist Sirmione auch wegen der **Grotte di Catullo** an der Spitze der Halbinsel, einer 30 v. Chr. bis 70 n. Chr. erbauten Anlage. Eindrucksvoll sind die Grotta del Cavallo, die Wandelhalle und das Bad. Sala della Trifora del Paradiso und Sala dei Giganti blicken auf den See. Im Antiquarium gibt es Funde aus der Villa, u. a. das Mosaik einer Seelandschaft und ein Porträt Catulls (1. Jh. v. Chr.).

⚓ **Rocca Scaligera**
Piazza Castello. 📞 030 91 64 68.
⏲ Mitte März–Mitte Okt: Di–So 8.30–19 Uhr (Mitte Okt–Feb: bis 17 Uhr). ● Feiertage. 🖼

Terme Catullo (Thermalbad)
Piazza Castello 12.
📞 030 990 49 33.

🏛 **Grotte di Catullo**
Via Catullo. 📞 030 91 61 57.
⏲ März–Mitte Okt: Di–So 8.30–19 Uhr (Mitte Okt–Feb: bis 16.30 Uhr). ● Mo (Di, falls Mo Feiertag ist). 🖼 www.sirmioneonline.net

Thronender Christus mit Engeln und Heiligen, San Pietro in Mavino

Desenzano del Garda ❷

Brescia. 🏔 26000. ℹ Via Porto Vecchio 34 (030 914 15 10).
🏛 Antiquitäten, 1. So im Monat (außer Jan u. Aug).

Das von den Römern gegründete Desenzano wurde, nachdem es zur führenden Stadt am See aufgestiegen war, im 15. Jahrhundert venezianisch. Seit dem 19. Jahrhundert ist es Ferienort. Das Zentrum bildet die Piazza Malvezzi mit ihrem für Silber und Stiche bekannten Antiquitätenmarkt. Auch das Rathaus (16. Jh.) und das Gebäude des Provveditore Veneto stehen hier. Im **Duomo** (16. Jh.) hängt ein erlesenes *Abendmahl* von Tiepolo. Das **Museo Civico Archeologico** im Kreuzgang von Santa Maria de Senioribus zeigt Funde aus der Bronzezeit und den ältesten bekannten Holzpflug (2000 v. Chr.).

Die **Villa Romana** (4. Jh. n. Chr.) wurde erst 1921 wiederentdeckt. Sie war durch einen Erdrutsch verschüttet, wodurch einige kostbare Mosaike mit geometrischen Motiven, etwa der *Gute Hirte* und *Psyche und Amoretten*, erhalten blieben. Die Funde aus der Villa befinden sich im Antiquarium.

🏛 **Duomo**
Piazza Duomo. 📞 030 914 18 49.
⏲ tägl. 8–11.30, 16–18.30 Uhr.

🏛 **Museo Civico Archeologico**
Via Santa Maria. 📞 030 914 45 29 oder 030 999 42 75. ⏲ Di, Fr–So, Feiertage 15–19 Uhr. ● Mo, Mi, Do.

🏛 **Villa Romana**
Via Crocifisso 22. 📞 030 914 35 47. ⏲ März–Mitte Okt: Di–So 8.30–19 Uhr; Mitte Okt–Feb: Di–So 9–16.30 Uhr. ● Mo (Di, falls Mo Feiertag ist). 🖼

Valtènesi und San Felice del Benaco ❸

Brescia. 🏔 2500. ℹ Via Portovecchio 34, Desenzano del Garda (030 914 15 10).

Valtènesi, das Gebiet zwischen Desenzano und Salò, ist reich an mittelalterlichen Kirchen und Burgen. In Padenghe führt eine Zugbrücke zur Rocca (9./10. Jh.). In der Nähe liegt Sant'Emiliano (12. Jh.). Moniga del Garda umgibt eine Mauer mit Türmen aus dem 10. Jahrhundert. Hier steht Santa Maria della Neve, die im 14. Jahrhundert errichtet wurde. Die Rocca di Manerba del Garda (8. Jh.) liegt auf einer Landzunge über dem See, auf der

Rocca Scaligera mit Turm und Wehrgängen, Sirmione

Hotels und Restaurants am Gardasee siehe Seiten 166f und 181–183

Cappella del Santissimo Sacramento (18. Jh.) im Duomo, Salò

einst eine Burg stand. Die Ruinen sind Teil eines Parks. In Solarolo besitzt die Santissima Trinità (15. Jh.) einen Freskenzyklus mit einem *Letzten Abendmahl*. Prähistorische Funde der Gegend zeigt das **Museo Archeologico della Valtènesi** in Montinelle.

Die Bucht zwischen Punta Belvedere und Punta San Fermo wird von San Felice del Benaco beherrscht. Südlich steht das Heiligtum Madonna del Carmine (1452) mit Fresken (15./16. Jh.). Die Stadtkirche birgt eine *Madonna mit Heiligen* von Romanino. Gegenüber der Punta San Fermo liegt die Isola di Garda. Die Franziskaner des Klosters (13. Jh.) sollen den Anbau von Zitrusfrüchten am Gardasee eingeführt haben.

🏛 Museo Archeologico della Valtènesi
Piazzale Simonati, Montinelle.
📞 030 914 15 10. ◐ wg. Renovierung (Öffnungszeiten bitte tel. erfragen).

Salò ❹

Brescia. 👥 10.300. 🛈 Lungolago Zanardelli, Palazzo Municipale *(0365 214 23)*.

Salò, eine römische Gründung, wurde 1337 Sitz des Consiglio della Magnifica Patria, des Rats der 42 Städte, der in dem von Sansovino 1524 erbauten Palazzo (jetzt Museo Archeologico) tagte. Ab 1440 kontrollierte Venedig die Stadt. Der spätgotische Duomo besitzt eine *Madonna mit Heiligen* von Romanino (1529) und ein Altarbild von 1476. Im Palazzo Fantoni befinden sich die Biblioteca dell'Ateneo di Salò und das **Museo del Nastro Azzurro**, ein Militärmuseum mit Exponaten von 1796 bis 1945. Der Palazzo Terzi-Martinengo in Barbarano war Sitz von Mussolinis Marionettenregierung.

🏛 Museo del Nastro Azzurro
Via Fantoni 49. 📞 0365 29 68 27. ◐ Sa, So 10–12, 15–18 Uhr.

WEIN, KIRCHEN UND BURGEN

Das Valtènesi-Gebiet ist für seine Weinberge bekannt, an denen der Chiaretto della Riviera del Garda, ein Rosé, gedeiht. Ein Besuch der Weinkellereien bietet die Möglichkeit, sich auch das Land auf dieser Seite des Gardasees und die mittelalterlichen Burgen Soiano del Lago, Puegnago sul Garda und Polpenazze del Garda anzusehen. Auf dem Friedhof von Polpenazze steht die romanische Kirche San Pietro in Lucone mit Fresken (15. Jh.), die das Leben von Petrus und den Aposteln erzählen.

Die mittelalterliche Kirche San Pietro in Lucone

Gardone Riviera ❺

Brescia. 👥 2700. 🛈 Corso Repubblica 8 *(0365 203 47)*. www.gardone.de

Wegen des trockenen Klimas und der mildesten Wintertemperaturen in Oberitalien wurde Gardone Riviera Ende des 19. Jahrhunderts zum mondänen Kurort, vor allem für Menschen mit Lungenproblemen. Berühmt sind die Villen Alba und Fiordaliso.

Hier liegt auch der weltbekannte **Vittoriale degli Italiani** von Gabriele d'Annunzio, in dem der Dichter mehr als 10000 Objekte, Kunstwerke, Bücher und Andenken zusammentrug, die er später dem Staat schenkte. Im Park zu sehen sind die Prioria, d'Annunzios Wohnhaus, der Schifamondo mit Andenken, ein Auditorium und das Mausoleum. Die Exponate sind mit den Taten des Kriegshelden verbunden, z.B. sein Motorboot und sein Flugzeug.

Der **Giardino Botanico Hruska**, ein botanischer Garten mit über 2000 alpinen, mediterranen und subtropischen Pflanzenarten, ist eine weitere Attraktion.

Gabriele d'Annunzio, der bis zu seinem Tod im Vittoriale wohnte

🎭 Vittoriale degli Italiani
Gardone. 📞 0365 29 65 11. ◐ Apr–Sep: tägl. 8.30–20 Uhr; Okt–März: tägl. 9–17 Uhr. 🎫 **Haus** ◐ Apr–Sep: Di–So 8.30–20 Uhr; Okt–März: Di–So 9–17 Uhr. 🎫 📷 📹 www.vittoriale.it

🌺 Giardino Botanico Hruska
Via Motta 2. 📞 0365 203 47 (IAT Gardone). ◐ Mitte März–Mitte Okt: tägl. 9–18 Uhr. 🎫

Gemälde von Celesti in der Kirche Santi Pietro e Paolo, Toscolano

Toscolano Maderno ➏

Brescia. 🚶 7600. 🛈 Via Lungolago 18, Maderno (0365 64 13 30).

Der Ort besteht aus den Dörfern Toscolano und Maderno. In Maderno sind die romanische Kirche Sant'Andrea mit einem Bild von Paolo Veneziano und die Pfarrkirche Sant'Ercolano mit Gemälden von Veronese und Andrea Celesti sehenswert. Die Gonzaga-Familie erbaute hier die Palazzina del Serraglio (17. Jh.) für die amourösen Abenteuer Vincenzos I.

Toscolano, das römische Benacum, war damals die größte Stadt am See. Hier fanden Archäologen römische und etruskische Gegenstände und Reste einer Villa mit Mosaiken (1. Jh. n.Chr.). Santa Maria del Benaco bietet schöne Fresken (16. Jh.). Die Kirche Santi Pietro e Paolo besitzt 22 Gemälde von Andrea Celesti.

Im einige Kilometer entfernten Gargnano stehen San Francesco (1289) mit einem Kreuzgang mit venezianischen Bogen und San Giacomo di Calino (11./12. Jh.). Interessant ist die Villa Feltrinelli, Mussolinis Wohnsitz während der Republik von Salò.

Limone sul Garda ➐

Brescia. 🚶 1100. 🛈 Via Comboni 15 (0365 95 40 70).

Limone ist für sein mildes Klima bekannt. Es ist möglicherweise nach den in dieser Gegend einst üblichen Terrassen mit Zitronenbäumen benannt. Der Name könnte sich auch von *limen* (Grenze) ableiten, weil hier bis 1918 die österreichische Grenze verlief. Im Stadtzentrum finden sich die Kirche San Rocco (15. Jh.) und eine Pfarrkirche (1685) mit Bildern von Celesti. Nahe Tignale steht die Kapelle **Monte Castello** (13./14. Jh.) mit einer *Krönung Mariä* (14. Jh.) und Medaillons aus der Schule von Palma il Giovane. In Richtung Tremosine liegt die malerische Schlucht der Brasa.

🔒 Kapelle Monte Castello
Via Chiesa, Tignale
◻ Mitte März–Okt: tägl. 9–17 Uhr.
☎ 0365 730 20.

Riva del Garda ➑

Trento. 🚶 15500. 🛈 Largo Medaglie d'Oro (0464 55 44 44). **www**.gardatrentino.it

Riva liegt strategisch günstig am Nordende des Sees im Trentino und war bis 1918 österreichisch. Die Rocca und die Torre Apponale (13. Jh.) wurden zum Schutz der Stadt gebaut. Ein Engel, Symbol der Stadt, steht auf der Turmspitze. Auf dem Platz gegenüber sieht man die Palazzi Pretorio (1370) und del Provveditore (1482). Die Rocca (12. Jh.) ist Sitz des **Museo Civico** mit Gemälden aus dem 14. bis 20. Jahrhun-

dert. In Santa Maria Assunta hängen zwei Bilder von Piazzetta. In der oktagonalen, freskenreichen Kirche Inviolata (1603) bestechen Werke von Palma il Giovane. Die Wasserfälle des Varone oberhalb Rivas sind 80 Meter hoch.

Das nahe Torbole beschrieb Goethe in der *Italienischen Reise*. Es ist ein Segelparadies.

🏛 Museo Civico
Piazza Battisti 3. ☎ 0464 57 38 69.
◻ März–Okt: Di–So 10–18 Uhr.
◻ Nov–Feb.

Kreuzabnahme (16. Jh.), Pfarrkirche Malcesine

Malcesine ➒

Verona. 🚶 3500. 🛈 Via del Capitanato 6/8 (045-740 00 44, nur in der Saison geöffnet).

Malcesine, einer der faszinierendsten Orte am Ufer des Gardasees, steht auf einem Felssporn, daher sein Name: *mala silex*, unbesteigbarer Fels. Das **Castello** aus dem 12. Jahrhundert wurde 1277 von den Scaligern aus Verona umgebaut. Es beherbergt das Museo di Storia Naturale del Garda e del Monte Baldo, das u.a. zeigt, wie die Venezianer Schiffe nach Torbole transportierten (1438–40). In der Pfarrkirche hängt eine *Kreuzabnahme* (16. Jh.). Den Ort überragt der Monte Baldo (2218 m), der mit der Seilbahn erreichbar ist und grandiose Aussichten sowie schöne Wanderwege bietet.

Marienlegende (ca. 1614–20) von Martino Teofilo Polacco in der Inviolata, Riva del Garda

Hotels und Restaurants am Gardasee siehe Seiten 166f und 181–183

Die Burg in Torri del Benaco, die 1393 erbaut wurde

🏛 **Castello Scaligero**
Via Castello. 📞 *045 6547 04 99.*
🕐 *tägl.9–18 Uhr.* ● *3., 4. Jan,
Nov, 25., 28., 29. Dez.*

Torri del Benaco ⑩

Verona. 🏘 *2800.* 🚉 V a Fratelli
Lavanda *(045 722 51 20).*

Das römische Castrum Turrium war ein wichtiger
Halt zwischen Riva und Garda und hat den typischen Gittergrundriss bewahrt. Wegen
seiner Lage ist Torri befestigt
und hat eine Burg (jetzt **Museum** mit prähistorischen
Funden). In der Santissima
Trinità sieht man Fresken aus
dem 15. Jahrhundert.

🏛 **Museo del Castello**
Via Fratelli Lavanda. 📞 *045 629 61
11.* 🕐 *Juni–Sep: tägl. 9.30–13,
16.30–19.30 Uhr; Okt: tägl. 9.30–
12.30, 14.30–18 Uhr; Nov–Mai:
Sa, So 9–14.30 Uhr.*

Garda ⑪

Verona. 🏘 *3800.* 🚉 Lungolago
Regina Adelaide *(045 627 03 84).*

Garda entstand an einer
kleinen Bucht und war
eine der wichtigsten Städte
am Südteil des Sees. Der
Name kommt vom germanischen *Warten* (Festung), er
bezog sich auf die Mauer um
die Altstadt mit dem kleinen
Hafen. Man gelangte durch
die Torre dell'Orologio hinein. Sehenswerte, historische
Bauwerke sind die beiden
Palazzi del Capitano (15. Jh.)
und Iosa, der Pier des von
Sanmicheli erbauten Palazzo
Carlotti und **Santa Maria Mag-**

giore (18. Jh.) mit einem Gemälde von Palma il Giovane
und einem Kreuzgang aus
dem 15. Jahrhundert.
Am neuen Hafen liegt die
Villa Albertini mit englischem
Garten. An der Punta San Vigilio steht die von Sanmicheli
erbaute Villa Guarienti (1542),
in der Felszeichnungen der
Bronzezeit ausgestellt sind.

🔒 **Santa Maria Maggiore**
Piazzale Roma. 📞 *045 725 68 25.*

Bardolino und Lazise ⑫

Verona. 🏘 *6300.* 🚉 Piazzale Aldo
Moro *(045 721 00 78).* 🛍 *Antiquitäten, 3. So im Monat.*

Die Landzungen Cornicello
und Mirabello, die Bardolino umschließen, machten es
zum Naturhafen. Die prähistorische Siedlung wurde später
ein römisches Lager. Die Altstadt bietet zwei mittelalterliche Kirchen, San Zeno
und San Severo.
Erstere hat noch
das karolingische
Kreuz aus dem
9. Jahrhundert als
Grundriss. Die
romanische Kirche
San Severo (9. Jh.)
wurde im 12. Jahrhundert umgebaut.
Sie enthält Fresken
(12./13. Jh.) mit
Schlachtenszenen
und Episoden aus
der Bibel. Bedeutsam ist die Krypta
(10. Jh.). Sehenswert ist die Loggia
Rambaldi im gleichnamigen Palazzo.

Das Weinbaugebiet um Bardolino ist für seinen Rotwein
berühmt.
Auch Lazise war eine prähistorische Siedlung. Im 11. Jahrhundert erhielt es eine Burg.
Nach 1300 bauten die Herzöge von Verona Stadtmauern.
Vom alten Hafen ist nur das
Zollhaus der Venezianer
(16. Jh.) erhalten. Daneben
steht San Nicolò aus dem
12. Jahrhundert mit Fresken
der Giotto-Schule. Bei Colà
gibt es ein Thermalbad.

🌿 **Terme di Villa Cedri**
Piazza di Sopra 4, Località Colà di
Lazise. 📞 *045 759 09 88.* 🕐 *Mo–
Do 9–21, Fr, Sa 9–2 Uhr.* ♿

Peschiera del Garda ⑬

Verona. 🏘 *8700.* 🚉 Piazzale
Betteloni 15 *(045 755 16 73).*
www.tourism.verona.it

Peschiera hat – mehr als andere Städte am Gardasee –
ein militärisches Ambiente bewahrt. Die Altstadt liegt, von
der sternförmigen Mauer umgeben, auf einer Insel – laut
Dante »ein schönes starkes
Werk«. Die Mauern wurden
von den Scaligern verstärkt,
1556 von Sanmicheli für die
neuen Herrscher aus Venedig
neu errichtet und von den
Österreichern 200 Jahre später
mit zwei Forts vollendet.
Neben der freskenverzierten
Barockkirche San Martino gibt
es die Wallfahrtskirche Madonna del Frassino (16. Jh.)
mit schönem Kreuzgang.

San Zeno (9. Jh.) in Bardolino – mit Spuren der
Originalfresken im Turm

Gardaland ⑭

Kanu-Safari, eine der vielen Attraktionen

Der Themenpark wurde 1975 eröffnet und ist mit 500 000 Quadratmetern Fläche einer der größten in Italien. Die über 40 Attraktionen reichen von der Achterbahn bis zu rekonstruierten Pyramiden und einem künstlichen Dschungel, vom Delfinbecken PalaBlù bis zum Elfendorf – ein Paradies für Familien mit Kindern. Der Vergnügungspark ist gut organisiert: Überall gibt es Erfrischungen, Themenläden und Erinnerungsfotos. In Stoßzeiten werden die Anstehenden über die Länge der Wartezeit informiert.

PalaBlù
Dies ist Italiens größtes Delfinbecken: Die hier gehaltenen Delfine führen akrobatische Kunststücke vor.

Weltraum-Gefühl
Bakterienalarm in der Raumstation – alle müssen raus! Die einzige Möglichkeit ist, bei vollem Tempo von einem 40-Meter-Turm in den Weltraum zu springen. Nervenkitzel für jeden.

Arabischer Basar

Riesenschaukel

Insel der Dinosaurier
Die Ungetüme haben auf einer abgelegenen Insel überlebt. Man kann an einer »Expedition« teilnehmen, um das Leben der Giganten zu erforschen.

Bahnhof der Einspurbahn

Schwimmende Baumstämme – mit dem Colorado-Boot gibt es eine Wildwasserfahrt.

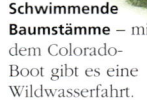

Zauberberg
Dies ist eine superschnelle Achterbahn mit zwei Haarnadelkurven und zwei haarsträubenden Loops – nur für unerschrockene Besucher.

Das Tal der Könige
Ägypten-Fans können im Tempel von Abu Simbel zwischen Hieroglyphen und einem rätselhaften grünen Licht das Geheimnis der Pharaonen lüften.

INFOBOX

Peschiera del Garda 045
644 97 77. Anfang Apr–Mitte Juni: tägl. 10–18 Uhr; Mitte
Juni–Mitte Sep: tägl. 10–23 Uhr;
Okt: Sa, So, 31. Okt: 10–18 Uhr;
Dez–1. Woche Jan: nur an einigen Tagen 10–18.30 Uhr.
Nov, März. (frei für u.
Kinder unter 1 m Größe). Kameras zu mieten.
www.gardaland.it

★ Blauer Tornado
*Die neue Attraktion ist
noch aufregender als
die Achterbahn. Sie
bietet das prickelnde
Gefühl, am Steuer
eines amerikani-
schen Düsen-
jets zu
sitzen.*

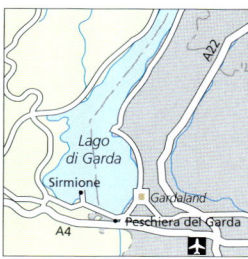

ZUR ORIENTIERUNG

Stromschnellen
*In einem Schlauchboot
fährt man über die
Stromschnellen eines
Canyons, vorbei an
einem Vulkan und ins
Herz eines geheimnis-
vollen Südostasiens mit
seinen Tempeln.*

★ Reich der Fantasie
*Sprechende Bäume, singen-
de Tiere und Puppenspiele
fesseln Kinder für Stunden.*

Prezzemolo
*Das Maskottchen von Garda-
land, der Drache Prezzemolo
(Petersilie), begrüßt alle Besucher am Eingang zum Park.*

0 Meter   100

NICHT VERSÄUMEN

★ Blauer Tornado

★ Reich der Fantasie

Die Treppengasse Salita della Motta, wo im April und Mai die Ortafiori-Feste stattfinden

Lago d'Orta

🛈 **APTL** Via Panoramica, Orta San Giulio *(0322 90 56 14).* 🚆 *FS Novara–Domodossola (848 88 80 88).* ⛴ *Nav. Lago d'Orta (0322 84 48 62).*

Der Lago d'Orta oder Lago Cusio ist der westlichste See in den tiefer liegenden Alpenausläufern mit ihren sanften Hügeln. Die Orte ziehen sich am See entlang oder schmiegen sich zwischen grüne Terrassen. Der Mottarone, ein Skigebiet, und die anderen Berge um den See bieten attraktive Wanderwege.

Schon im 18. Jahrhundert war der See ein Feriengebiet. Viele Villen wurden in großen Parks errichtet. Hauptort ist Orta San Giulio auf einer in den See ragenden Landzunge. Die Gassen schlängeln sich um die Piazza Motta herum, an der der Palazzetto della Comunità (1582) liegt und die Treppengasse Salita della Motta beginnt. Dem Platz gegenüber liegt die Insel San Giulio, auf der der griechische Diakon Julius missionierte. Er ließ die erste **Basilika** errichten (im 11./12. Jh. umgebaut). Sie besitzt noch eine romanische Marmorkanzel (12. Jh.) und Fresken (15. Jh.).

Figur an der Kanzel in San Giulio

Gleich nebenan steht der Palazzo del Vescovo (16.–18. Jh.).

Sehenswert ist auch der **Sacro Monte**, ein 1591 erbautes Heiligtum am Hang über Orta. Es ist dem hl. Franz von Assisi geweiht und besteht aus 20 Kapellen mit Terrakottafiguren und Fresken aus dem 17. und 18. Jahrhundert. Gegenüber liegt an einem Steilhang das Heiligtum Madonna del Sasso (1748).

An der Nordspitze des Sees liegt Omegna, in dessen mittelalterlichem Teil sich die spätromanische Stiftskirche Sant'Ambrogio befindet.

In Quarna zeigt das **Museo Etnografico e dello Strumento Musicale a Fiato** Blasinstrumente, die jahrhundertelang in diesem Dorf hergestellt wurden. Weitere interessante Dörfer sind Vacciago di Ameno mit der Calderara-Sammlung zeitgenössischer Kunst, die 327 internationale AvantgardeWerke der 1950er und 1960er Jahre umfasst, Gozzano mit der Kirche San Giuliano (18. Jh.), dem Palazzo Vescovile, dem Priesterseminar und der Torre di Buccione. San Maurizio d'Opaglio besitzt eine kuriose Attraktion: ein WasserhahnMuseum.

🏛 **Basilica di San Giulio**
Isola di San Giulio. **APTL** Ringstraße, Orta San Giulio *(0322 90 56 14).* ⏷ *Mo 11–12.15, Di–So 9.30–12.15, 14–18.45 Uhr.*

🏛 **Sacro Monte**
Via Sacro Monte. 📞 *0322 91 19 60.* **Kapellen** ⏷ *Sommer: tägl. 8.30–18.30 Uhr; Winter: tägl. 9–16.30 Uhr.* ⬤ *1., 6. Jan, 25., 26., 31. Dez.*

🏛 **Museo Etnografico e dello Strumento Musicale a Fiato**
Quarna Sotto. 📞 *0323 82 63 68.* ⏷ *Mitte Juni–Mitte Sep: Di–So 10–12, 14–18 Uhr.* **www** *.quarnasotto.com*

Lago di Varese

🛈 **IAT** Via Carrobbio 2, Varese *(0332 28 36 04).* 🚆 *Ferrovie Nord Milano, Mailand–Laveno bis nach Gavirate (02 202 22).* 🚌 *Autolinea Zani (0332 73 11 10).*

Gletscherbewegungen im Quartär schufen diesen See und seine angenehme Umgebung mit welliger Hügellandschaft und dem Massiv des Campo dei Fiori. Er war bereits in prähistorischer Zeit besiedelt. Bedeutende Funde gab es auf der Insel Isolino Virginia (von Biandronno aus erreichbar), die im dortigen **Museo Preistorico** ausgestellt sind.

Das Seeufer steht mittlerweile zum Teil als BrabbiaFeuchtgebiet unter Naturschutz. Nahebei, in Cazzago Brabbia, gibt es Kühlhäuser, wie sie im 18. Jahrhundert für den Fischfang benutzt wurden. An der Nordspitze des Sees, in Voltorre di Gavirate, steht die Kirche **San Michele**.

Fischerboote am Ufer des Lago di Varese

Hotels und Restaurants in dieser Region *siehe Seiten 167 und 183*

Sie gehörte zu einem Zisterzienserkloster (12. Jh.) und wird heute für Ausstellungen genutzt.

An den Hängen des Campo dei Fiori liegt der **Sacro Monte** di Varese, ein Wallfahrtsberg, auf dem 14 Kapellen aus dem 17. Jahrhundert stehen. Fresken und lebensgroße Statuen erzählen die Mysterien des Rosenkranzes.

🏛 Museo Preistorico
Isolino Virginia. 📞 0332 28 15 90 (Musei Civici di Varese). ⏰ Apr–Nov: Sa, So 14–18 Uhr (Okt: So 14–18 Uhr). 📷 📞 tel. anmelden.

⛪ San Michele
Voltorre di Gavirate. 📞 0332 74 39 14. ⏰ Di–So 10–17 Uhr. www.museoartemoderna.it

⛪ Sacro Monte
Varese. 📞 0332 83 03 73. ⏰ tägl.

Lago d'Iseo

ℹ️ **IAT** Lungolago Marconi 26, Iseo (030-98 02 09). 🚆 FS bis Brescia, dann Ferrovie Nord Milano (02 20 222). 🚌 SAB (035 28 90 11). 🚢 Navigazione Lago d'Iseo (035 97 14 83). www.lagodiseo.org

Der Lago d'Iseo (Lago Sebino) erstreckt sich zwischen den Provinzen Bergamo und Brescia. Er ist der siebtgrößte See Italiens und der viertgrößte der Lombardei. Der See entstand durch einen Gletscher aus dem Val Camonica. Hauptorte sind Iseo, Sarnico, Lovere und Pisogne. In der mittelalterlichen Altstadt von Iseo findet man die Kirche Sant'Andrea

(1150), deren klassizistisches Inneres ein Gemälde von Hayez enthält. Daneben stehen das Grabmal des feudalen Grundbesitzers Giacomo Oldofredi und auf einem Hügel am Eingang der Stadt das Castello degli Oldofredi (beide 14. Jh.), das 1585 ein Kapuzinerkloster wurde. In Provaglio d'Iseo gibt es das 1030 gegründete Zisterzienserkloster San Pietro in Lamosa. Seine romanische Kirche (11./12. Jh.) enthält Fresken der Romanino-Schule. Sarnico, am Südende des Sees, war einst eine wichtige Handels- und Industriestadt. Unter den von Giuseppe Sommaruga erbauten Jugendstil-Häusern befindet sich die Villa Faccanoni (1912), eines der schönsten Beispiele für diesen Stil.

Auf der Straße am westlichen Seeufer gelangt man zur Landzunge Corno. Von dort eröffnet sich ein schöner Blick auf Monte Isola, die größte Binnenseeinsel Europas, deren typische Dörfer von der Kapelle Madonna della Ceriola und der Rocca Oldofredi (15. Jh.) überragt werden. Am Nordende des Sees liegt Lovere mit seinen malerischen mittelalterlichen Turmhäusern.

Am See steht die **Galleria dell'Accademia Tadini** mit Kunst des 14. bis 20. Jahrhunderts, u.a. Jacopo Bellini, Strozzi, Tiepolo, Hayez und Canova. Santa Maria in Valvendra (1483) zeigt Gemälde von Floriano Ferramola und Moretto sowie ein hölzernes

Einige der Piramidi-Felsen sind bis zu 30 Meter hoch

Altargemälde (16. Jh.) am Hochaltar. In Pisogne beeindruckt Santa Maria della Neve (15. Jh.) mit Passionsfresken von Romanino (1534). Von hier aus ist es nicht weit bis zum Park Val Camonica mit seinen Felszeichnungen.

Zur beeindruckenden Landschaft um den See zählen auch die Piramidi di Zone, durch Erosion entstandene Felsspitzen, und Torbiere d'Iseo, ein Marschland mit Torfgruben, das jetzt Naturschutzgebiet ist.

🏛 Galleria dell'Accademia Tadini
Via Tadini 40, Lovere. 📞 035 96 27 80. ⏰ Mitte Apr–Mitte Okt: Di–Sa 15–19, So, Feiertage 10–12, 15–18 Uhr. 📷

Lago d'Idro

ℹ️ **Pro Loco** Via Trento 27, Idro (0365 83224). 🚌 SIA (02 63 79 01).

Der höchstgelegene See der Lombardei (368 m ü.d. Meer) bekam 1932 ein künstliches Becken, um die Wasserversorgung und Stromgewinnung zu sichern. Über ihm erhebt sich die Rocca di Anfo, die einen herrlichen Rundblick bietet. Sie wurde 1540 von den Venezianern über älteren Anlagen errichtet und mehrmals umgebaut. Von hier aus gelangt man zu den bezaubernden Steinhäusern von Bagolino und nach San Rocco (1478) mit einem Freskenzyklus von Giovan Pietro da Cemmo.

Rocca Oldofredi auf der Monte Isola, eine Martinengo-Residenz (16. Jh.)

Zu Gast in Mailand

ÜBERNACHTEN

Es ist nicht ganz einfach, in Mailand gemütliche Hotels oder nette Pensionen zu finden, da die Stadt vor allem auf Geschäftsleute eingestellt und die Mehrheit der Hotels bei Zimmern und Lobbys auf deren Bedürfnisse zugeschnitten ist. Dieser Hoteltyp rangiert in der mittleren Preiskategorie und bietet gewöhnlich eigene Parkplätze oder Garagen in der Nähe. Die Vier-Sterne-Hotels haben nicht nur renommierte Restaurants, die zu den besten der Stadt gehören, sie besitzen zum Teil auch schöne Hofgärten, die man von der Straße nicht sieht. Es ist ratsam,

Gepäckträger im Westin Palace *(siehe S. 164)*

frühzeitig zu buchen, vor allem während der internationalen Modenschauen (März und Oktober) und der vielen Messen. An den Seen dagegen hat man die Auswahl zwischen Pensionen und hinreißenden historischen Hotels, die schon im 19. Jahrhundert Besucher aus der ganzen Welt angezogen haben. Die teuersten Hotels befinden sich in Villen aus dem 17. und 18. Jahrhundert mit Blumenterrassen, Fitness-Center und beheizten Pools. Genauere Infos zu Hotels in Mailand und an den Seen *siehe S. 160–167.*

HOTELAUSWAHL

Auf Italienisch nennt sich ein Hotel oft *albergo. Pensione* oder *locanda* bezeichnet ursprünglich ein bescheideneres Quartier, doch in der Praxis sind die Unterschiede fließend.

Die meisten Hotels in Mailand gibt es um den Corso Buenos Aires/Hauptbahnhof, um die Fieramilanocity herum und im Città-Studi-Viertel. Die erste Gruppe liegt überwiegend an der Piazza della Repubblica und nahe zum Bahnhof, was für Kurzbesucher praktisch ist. Zu den interessanteren Hotels zählen das **Westin Palace** *(siehe*

Die Foyer-Lounge im Hotel Four Seasons in Mailand *(siehe S. 163)*

Eingang zum Hotel Regency *(siehe S. 161)* in Mailand

◁ **Straßencafés beim Castello Sforzesco *(siehe S. 64–67)*, Mailand**

S. 164) mit fünf Sternen, das **Sanpi** *(siehe S. 163)* mit hübschem Innenhof und das **Principe di Savoia** *(siehe S. 163)* im Stil der 1930er Jahre. Um die Messe liegen große Hotels für Geschäftsreisende. Kleiner und gemütlich ist das **Regency** *(siehe S. 161)*. In Città Studi findet man saubere, preiswerte Zwei-Sterne-Hotels wie etwa das **San Francisco** *(siehe S. 162)*.

In der Altstadt überzeugen ein paar bezaubernde kleinere Hotels. Die **Antica Locanda Solferino** *(siehe S. 162)* ist familiär. Das **Grand Hotel et de Milan** *(siehe S. 163)* und das **Four Seasons** *(siehe S. 163)* sind elegant-historisch.

An den Seen sind Hotels stärker auf Urlauber und Familien eingestellt. Einige der berühmtesten Luxushotels Italiens stehen hier. Das **Grand Hotel Iles de Borromées** *(siehe S. 165)* am Lago Maggiore war einst königliche Residenz. Am Comer See gibt es Luxushotels wie das **Grand Hotel Villa d'Este** *(siehe S. 165)* in Cernobbio und das **Grand Hotel Villa Serbelloni** *(siehe S. 165)* in Bellagio.

HOTELRESERVIERUNG

Hotels kann man telefonisch oder per Fax buchen. In der Regel fragt man Sie dabei nach Ihrer Kreditkartennummer. Fast alle Mailänder Hotels haben E-Mail-Anschluss, nicht nur die Luxushotels besitzen heutzutage Websites, auf denen man online buchen kann. Für Mailand empfiehlt es sich, möglichst früh zu reservieren.

Das Grand Hotel Villa Serbelloni *(siehe S. 165)* am Comer See

HOTELKATEGORIEN

Wie überall sind die Hotels nach Sternen klassifiziert, von einem Stern (niedrigste Klasse) bis zu fünf Sternen. Luxushotels haben fünf Sterne plus »L«. In Mailand (nicht im übrigen Italien) sollten Sie Hotels mit nur einem Stern meiden. Zwei-Sterne-Hotels bieten meist Übernachtung und Frühstück. Die Zimmer haben manchmal kein eigenes Bad. Drei-Sterne-Hotels besitzen Zimmer mit Bädern, TV und manchmal Minibar, oft gibt es Zimmerservice. Vier-Sterne-Hotels bieten zusätzlich Wäscheservice, Dienste für Geschäftsreisende und (in Mailand) Shuttleservice vom und zum Flughafen. Fünf-Sterne-Hotels sind luxuriös mit exquisiten Restaurants und Konferenzräumen.

An den Seen reichen die Kategorien vom Luxushotel bis zur Familienpension. Es gibt Jugendherbergen und Campingplätze für Zelte und Caravans, bisweilen auch mit Apartments für Selbstversorger.

HOTELPREISE

Hotels in Mailand sind im Allgemeinen teuer. Da Mailand vor allem Geschäftsstadt ist, gibt es bei den Preisen kaum saisonale Unterschiede, sie steigen sogar, wenn die Modenschauen oder eine der großen Messen abgehalten werden. Einige größere Hotels verlangen zum Teil, dass man Halbpension bucht. Etwas günstigere Preise können Sie allerdings im August

bekommen, wenn die Mailänder selbst Urlaub machen und ihre Stadt verlassen.

An den Seen variieren die Preise je nach Saison: Im Frühling und Sommer ist alles teuerer – wobei im August, Italiens Urlaubsmonat, der Trubel am größten ist. Viele Hotels erwarten, dass man Vollpension bucht, vor allem in den Sommermonaten. Einige Hotels schließen für einige Monate im Winter.

Laut Gesetz müssen die Preise in jedem Hotelzimmer aushängen. Vorsicht bei Extras: Drinks aus Minibars sind teuer. Aussicht und Klimaanlage steigern den Preis. Telefonieren im Hotel ist teuer als anderswo. Hotels sind verpflichtet, beim Bezahlen eine Quittung auszustellen, die man am besten aufbewahrt, bis man Italien verlässt.

MIT KINDERN REISEN

Im Allgemeinen sind Kinder überall in Italien willkommen, selbst in Hotels für Geschäftsreisende. Manche Häuser bieten für Kinder allerdings keinen besonderen Service. In einigen günstigeren Hotels kann es an Kinderbetten fehlen. Doch in der Regel sind alle Hotels – vom einfachsten bis zum luxuriösesten – bereit, ein oder auch zwei Kinderbetten in ein Zweibettzimmer zu stellen, wofür 30 bis 40 Prozent auf den Preis aufgeschlagen werden.

Hotels an den Seen sind oft besser auf Kinder eingestellt. Einige größere von ihnen bieten auch Babysitter-Dienste an. Außerdem bekommt man an den Seen leichter ein Apartment, was sich oft als ideale Lösung für Reisen mit Kindern erweist.

HAUSTIERE

Manche Hotels heißen Reisende mit Hund oder anderen Tieren ausdrücklich willkommen und bieten einen speziellen Service für Tiere, vor allem an den Seen. In Mailand ist es schwieriger, Unterkünfte zu finden, die Tiere akzeptieren, doch einige der größeren Hotels bieten speziell möblierte Zimmer oder einen Hundesitter-Service an. Vor einer Reise mit Haustier sollten Sie Details beim Buchen klären.

Zimmer mit Himmelbett in der Villa Crespi *(siehe S. 167)*, Lago d'Orta

Hotelauswahl

Hier finden Sie Hotels in (fast) allen Preiskategorien von zwei Sternen bis zu fünf Sternen. Ausgewählt wurden die Häuser nach Ausstattung, Einrichtung, Lage und Service. Hotels mit derselben Preiskategorie im selben Viertel oder in derselben Region sind in alphabetischer Reihenfolge aufgeführt.

PREISKATEGORIEN
Die Preise gelten für ein Doppelzimmer pro Nacht in der Hochsaison, ohne Frühstück (falls nicht anders angegeben):
€ unter 120 Euro
€€ 120–160 Euro
€€€ 160–210 Euro
€€€€ 210–275 Euro
€€€€€ über 275 Euro

MAILAND

ALTSTADT Gran Duca di York
€€€
Via Moneta 1, 20123 (*02 87 48 63* FAX *02 869 03 44* **Zimmer** *33*   **Stadtplan** *7 B1, 9 C3*

Der kürzlich renovierte Palazzo aus dem 18. Jahrhundert liegt nahe der Piazza del Duomo und den besten Designerläden. Die Bäder sind im Retro-Look gehalten, die nicht allzu großen Zimmer in behaglichem Ocker. Neben der Lobby gibt es eine kleine Bar. Parkmöglichkeit (gebührenpflichtig) in einer nahen Garage. **www.ducadiyork.com**

ALTSTADT Spadari al Duomo
€€€€
Via Spadari 11, 20123 (*02 72 00 23 71* FAX *02 86 11 84* **Zimmer** *40*   **Stadtplan** *7 C1, 9 C3*

Behagliches Hotel, das nur einen Sprung vom Dom, dem berühmten Restaurant und Delikatessenladen Peck und anderen exquisiten Shops entfernt liegt. In Blau gehaltene, mit Kunst und Designermöbeln ausgestattete Zimmer, teils mit Balkon. Kleine Bar mit Internet-Zugang. Freundliches Personal. **www.spadarihotel.com**

ALTSTADT The Gray
€€€€€
Via San Raffaele 6, 20121 (*02 720 89 51* FAX *02 86 65 26* **Zimmer** *21*   **Stadtplan** *7 C1, 10 D3*

Jedes Zimmer im Gray ist individuell eingerichtet und hat eine spezielle Note. Ob Fitness-Center oder Dampfbad – es fehlt an nichts. In Mailands ultimativem Lifestyle-Hotel kann man Design vom Feinsten erleben. Das Restaurant ist hinreißend, die Lage unschlagbar, nur einen Steinwurf von Dom, Scala und Galleria entfernt. **www.sinahotels.com**

ALTSTADT Hotel de la Ville
€€€€€
Via Hoepli 6, 20121 (*02 87 91 31* FAX *02 86 66 09* **Zimmer** *109*   **Stadtplan** *4 D5, 10 D3*

Vom Hotel kann man den Dom und die elegante Via Montenapoleone leicht zu Fuß erreichen. Im Stil erinnert es an ein englisches Landhaus. Beeindruckend ist die holzgetäfelte Halle. Die Zimmer prunken mit Seidentapeten und Marmorbädern. In der Hausbar Il Visconteo trifft man sich zum Aperitif. **www.sinahotels.com**

ALTSTADT Park Hyatt Milano
€€€€€
Via Tommaso Grossi 1, 20121 (*02 88 21 12 34* FAX *02 88 21 12 35* **Zimmer** *117*   **Stadtplan** *7 C1, 9 C3*

Elegantes Hotel in einer ehemaligen Bank. Das luxuriöse, moderne, in gedämpften Tönen gehaltene Ambiente und der hervorragende Service sind ein Markenzeichen der Hyatt-Gruppe. Großzügige Bäder. Am Eingang findet man einige der besten Fashion-Läden. **www.milan.park.hyatt.com**

ALTSTADT Straf
€€€€€
Via San Raffaele 3, 20121 (*02 80 50 81* FAX *02 89 09 52 94* **Zimmer** *64*   **Stadtplan** *7 C1, 10 D3*

Hinter der von 1883 stammenden klassizistischen Fassade des Straf verbirgt sich ein ultramodernes Interieur – unverwechselbarer Materialmix und elegante, minimalistische italienisches Design. Es gibt fünf Räume für Chroma- und Aromatherapie. Sehr beliebt ist auch die gestylte Lounge Bar. Zentrale Lage. **www.straf.it**

NORDWESTEN Hotel Fiera
€
Via Spinola 9, 20149 (*02 48 00 53 74* FAX *02 48 00 84 94* **Zimmer** *29*   **Stadtplan** *1 C3*

Das ganz in der Nähe der Fieramilanocity gelegene Hotel ist ideal für Geschäftsreisende. In der Nähe liegen außerdem das Giuseppe-Meazza-Stadion und der Corso Vercelli. Das Haus ist einfach, aber sauber, die Zimmer sind geräumig, die meisten dem Garten zugewandt. Nichtraucherzimmer verfügbar. **www.hotelfiera.it**

NORDWESTEN Johnny
€€
Via Prati 6, 20145 (*02 34 18 12* FAX *02 33 61 05 21* **Zimmer** *31*   **Stadtplan** *2 D3*

Das jüngst renovierte, freundliche Hotel in Familienhand liegt in Messenähe und zugleich in einer ruhigen Seitenstraße. Die Zimmer sind gemütlich. Gefrühstückt wird in einem Raum mit Ziegelgewölbe, aufhalten kann man sich in einem schönen Wintergarten. Die Metro braucht etwa zehn Minuten ins Zentrum. **www.hoteljohnny.com**

NORDWESTEN Antica Locanda dei Mercanti
€€€
Via San Tomaso 6, 20121 (*02 805 40 80* FAX *02 805 40 90* **Zimmer** *13*   **Stadtplan** *3 B5, 9 C2*

Freundliches, persönliches Haus mitten in der Fußgängerzone, nahe Scala, Dom, dem Castello Sforzesco und den Designerläden. Achtung: kein Hotelschild, nur eine Hausnummer. Vier Zimmer haben eine Terrasse und sind mediterran eingerichtet, die restlichen Zimmer sind deutlich kleiner. Internet-Zugang im ganzen Haus. **www.locanda.it**

Zeichenerklärung siehe hintere Umschlagklappe

NORDWESTEN Antica Locanda Leonardo

Corso Magenta 78, 20123 [02 46 33 17] FAX *02 48 01 90 12* **Zimmer** *14* **Stadtplan** *3 A5, 9 A3*

Von hier sind es nur wenige Minuten zu Fuß bis zur Santa Maria delle Grazie mit Leonardos *Letztem Abendmahl*. Die Zimmer sind mit Stilmöbeln ausgestattet, komfortabel und elegant. Einladend ist der Garten mit schmiedeeisernen Möbeln. Mit der Tram sind es nur wenige Minuten ins Zentrum. **www.anticalocandaleonardo.com**

NORDWESTEN Europeo 2005

Via Luigi Canonica 38, 20154 [02 331 47 51] FAX *02 33 10 54 10* **Zimmer** *45* **Stadtplan** *3 A3*

Das Haus liegt nahe am Parco Sempione, also sehr praktisch für Messebesucher. Auch zu den Restaurants im chinesischen Viertel ist es nicht weit. Die Zimmer sind elegant und komfortabel, den Gästen steht ein Swimmingpool zur Verfügung. Garagenparkplatz gegen Gebühr.

NORDWESTEN King

Corso Magenta 19, 20123 [02 87 45 45] FAX *02 89 01 07 98* **Zimmer** *48* **Stadtplan** *3 A5, 9 A3*

Das Hotel liegt in Gehweite zum Castello Sforzesco und zum Bahnhof Cadorna, wo der Malpensa Express abfährt. Das Interieur mit Stilmöbeln und schweren Dekostoffen wirkt etwas überladen. Manche Zimmer bieten einen schönen Blick über die Dächerlandschaft. Fahrradverleih. **www.hotelkingmilano.com**

NORDWESTEN Montebianco

Via Monterosa 90, 20149 [02 48 01 21 30] FAX *02 48 00 06 58* **Zimmer** *44* **Stadtplan** *1 B3*

Das Montebianco liegt in einem Jugendstil-Haus in Messenähe. Es verfügt über Bar, Lounge, Parkmöglichkeiten, Internet-Zugang und Fahrradverleih. Im Entree findet man Samtfauteuils und Kronleuchter vor. Die heiteren, eleganten Räume sind teils jedoch recht klein. Restaurants in naher Umgebung. **www.hotelmontebianco.com**

NORDWESTEN Palazzo delle Stelline

Corso Magenta 61, 20123 [02 481 84 31] FAX *02 49 51 90 97* **Zimmer** *105* **Stadtplan** *6 F1*

Der Palazzo delle Stelline aus dem 15. Jahrhundert war früher ein Kloster, ist heute restauriert und zugleich ein Tagungszentrum. Der Blick von den Gängen auf den Klostergarten vermittelt Ungestörtheit und Ruhe. Schlichte, geschmackvolle Ausstattung. Café-Bar, Terrasse und im Sommer Gartenzugang. **www.hotelpalazzostelline.it**

NORDWESTEN Ariosto

Via Ariosto 22, 20145 [02 481 78 44] FAX *02 498 05 16* **Zimmer** *49* **Stadtplan** *2 E5*

Das Jugendstil-Haus mit seiner aufwendigen Fassade, dem eindrucksvollen Treppenaufgang und den schmiedeeisernen Geländern liegt nahe der Metro-Station Conciliazione, den Läden auf dem Corso Vercelli und Leonardos berühmtem *Letzten Abendmahl*. Hochwertige Bäder und Innenhof mit Mosaikboden. **www.brerahotels.com**

NORDWESTEN Enterprise

Corso Sempione 91, 20154 [02 31 81 81] FAX *02 31 81 88 11* **Zimmer** *120* **Stadtplan** *2 D1*

Das Designhotel in einem ehemaligen Industriegebäude liegt nur wenige Gehminuten von der Messe und einigen angesagten Nachtclubs entfernt. Es überzeugt mit seiner minimalistischen Einrichtung und seinem in Rot gehaltenen Top-Restaurant Sophia's. Alle Zimmer mit Lärmschutzfenstern und Multimedia. **www.enterprisehotel.com**

NORDWESTEN Regency

Via G. Arimondi 12, 20155 [02 39 21 60 21] FAX *02 39 21 77 34* **Zimmer** *71*

Das Regency hat Charakter, Stil und Raffinesse. Untergebracht ist es in einem edlen Palazzo mit spektakulärer Fassade, offenem Kamin, Marmorbädern, Bleiglasdetails und Innenhof. Die eleganten Zimmer sind in floralem Design gehalten. Die Halle weist gekachelte Wände im Schachbrettmuster auf. **www.regency-milano.com**

SÜDWESTEN Hotel dei Fiori

Via Renzo e Lucia 14, 20142 [02 843 64 41] FAX *02 89 50 10 96* **Zimmer** *53* **Stadtplan** *7 A5*

Das Hotel ist gut von der Autobahn aus zu erreichen und liegt nahe dem für sein Nachtleben berühmten Navigli-Viertel. Die angrenzende Straße ist zwar laut, doch alle Zimmer sind schalliso liert, sauber, komfortabel und mit schlichten Holzmöbeln ausgestattet. Zentraler Internet-Zugang, Wäscheservice. **www.hoteldeifiori.com**

SÜDWESTEN Liberty

Viale Bligny 56, 20136 [02 58 31 85 62] FAX *02 58 31 90 61* **Zimmer** *52* **Stadtplan** *8 D4*

Klassisch-elegantes Hotel nahe der Bocconi-Universität mit geschmackvoll eingerichteten, behaglichen und geräumigen Zimmern mit Jugendstil-Touch auf sechs Stockwerken. Über der Lobby wölbt sich ein kunstvoll bemaltes Glasdach, die Marmorbäder haben Jacuzzi. Park in nächster Nähe. **www.hotelliberty-milano.com**

SÜDWESTEN Carrobbio

Via Medici 3, 20123 [02 89 01 07 40] FAX *02 805 33 34* **Zimmer** *56* **Stadtplan** *7 B2, 9 B4*

Das Carrobbio ist ein modernes, voll klimatisiertes Hotel in bester Stadtlage. Es verfügt über Bar, Entspannungsraum und Fernsehlounge. Die Zimmer gehen zur Straße oder auf den Innenhof. Die Suiten haben Gartenanteil, manche Zimmer eine Terrasse. Internet-Zugang im Aufenthaltsraum. **www.hotelcarrobbio.it**

SÜDWESTEN Corte del Naviglio

Via Lodovico il Moro 117, 20143 [02 89 18 12 92] FAX *02 89 15 55 16* **Zimmer** *51* **Stadtplan** *5 A5*

Das hübsche Hotel ist in einem charmanten alten Haus am Kanal untergebracht. Besonderen Reiz erhält es durch Balkone, Terrakottaböden und einen Garten mit Wasserspielen und Statuen. Das Hotelrestaurant bietet Mailänder Küche und gelegentlich auch Live-Unterhaltung.

Stadtplan *siehe Seiten 224–237*

SÜDWESTEN Regina

🔲📋 €€€€

Via C. Correnti 13, 20123 ☎ *02 58 10 69 13* 📠 *02 58 10 70 33* **Zimmer** *43* **Stadtplan** *7 B2, 9 B4*

Das behagliche Hotel, eine Residenz aus dem 18. Jahrhundert, liegt nahe der Metro-Station Cordusio. Zur Piazza del Duomo kommt man schnell mit der Straßenbahn. Die glasüberdachte Lobby im Kolonialstil schmücken Palmen und Säulen. Zimmer teils mit Balkon. Im Sommer kann man im Freien frühstücken. **www.hotelregina.it**

SÜDWESTEN Zurigo

🔲📋🅿 €€€€

Corso Italia 11/a, 20122 ☎ *02 72 02 22 60* 📠 *02 72 00 00 13* **Zimmer** *39* **Stadtplan** *7 C2, 9 C5*

Das Zurigo, ein Haus mit Tradition, liegt nur zehn Gehminuten vom Dom entfernt. Gemütliche und komfortable Zimmer und gutes Frühstück. Internet-Zugang (kabellos und auch hoteleigener Computer). Das Hotel bietet auch Einzelzimmer. Snacks erhält man an der Bar. Kostenloser Fahrradverleih. **www.brerahotels.com**

SÜDWESTEN Pierre

🔲🍽♿📋🅿 €€€€€

Via de Amicis 32, 20123 ☎ *02 72 00 05 81* 📠 *02 805 21 57* **Zimmer** *51* **Stadtplan** *7 A2, 9 A5*

Das ruhige, luxuriöse Pierre liegt inmitten eines lebendigen Viertels mit guten Restaurants und Läden. Der aufmerksame, diskrete Service und die Ausstattung – Wandteppiche, barocke Tapeten und viel Licht – werden seinen fünf Sternen gerecht. Internet-Zugang, Schallschutz und Pianobar. **www.hotelpierremilano.it**

SÜDOSTEN Hotel del Sud

🔲📋 €

Corso Lodi 74, 20139 ☎ *02 57 40 99 18* 📠 *02 569 34 57* **Zimmer** *27* **Stadtplan** *8 F4*

Das Hotel del Sud ist ein kleines, einfaches Hotel (ein Stern) am Corso Lodi, einer belebten Straße. Man ist schnell an der Porta Romana. Die Metro-Station Brenta liegt direkt gegenüber, sodass man schnell und problemlos ins Zentrum gelangt. Die Zimmer sind klein und schlicht, haben aber alle Bad und TV. **www.hoteldelsud.it**

SÜDOSTEN Vittoria

🔲📋 €

Via Pietro Calvi 32, 20129 ☎ *02 545 65 20* 📠 *02 55 19 02 46* **Zimmer** *40* **Stadtplan** *8 F1*

Das familiengeführte Vittoria mit seiner modernen Glasfassade liegt ziemlich zentral, nicht weit von Dom und Galleria Vittorio Emanuele. Es wurde kürzlich komplett renoviert. Das Personal ist sehr freundlich. Die relativ kleinen Zimmer sind klassisch möbliert. Im Sommer kann man im Garten frühstücken. **www.hotelvittoriamilano.it**

SÜDOSTEN Piacenza

🔲📋 €€

Via Piacenza 4, 20135 ☎ *02 545 50 41* 📠 *02 546 52 69* **Zimmer** *24* **Stadtplan** *8 F4*

Das nahe der Porta Romana gelegene Piacenza kann mit freundlichem Service und anderen Annehmlichkeiten aufwarten. Die schlicht möblierten Zimmer haben Parkettboden, Schallschutzfenster und Internet-Zugang. Bars und Restaurants in der Nähe. Freitags ist Markt in der nahen Via Crema. **www.hotelpiacenza.com**

SÜDOSTEN Townhouse 31

🔲📋 €€€€

Via Goldoni 31, 20129 ☎ *02 70 15 60 01* 📠 *02 71 31 67* **Zimmer** *20* **Stadtplan** *4 F5*

Mit nur 20 Zimmern wirkt das Hotel sehr behaglich, die Atmosphäre ist freundlich und entspannt. Man legt hier Wert darauf, dass sich der Gast wohlfühlt. Die Ausstattung ist geschmackvoll, die Lobby gemütlich, die Kunstwerke haben eine persönliche Note. Gutes Frühstück, beliebte Gartenbar. **www.townhouse.it**

NORDOSTEN San Francisco

🔲📋 €

Viale Lombardia 55, 20131 ☎ *02 236 10 09* 📠 *02 26 68 03 77* **Zimmer** *31* **Stadtplan** *4 F3*

Das familiengeführte Hotel im Universitätsviertel ist klein, erschwinglich und nur sechs Metro-Stationen vom Dom und drei vom Hauptbahnhof entfernt. Die Zimmer sind sehr schlicht, aber in Ordnung. Nehmen Sie, wenn möglich, ein Zimmer, das zu dem hübschen Garten hinausgeht. Internet-Zugang. **www.hotel-sanfrancisco.it**

NORDOSTEN Alle Meraviglie

🔲📋🅿 €€€

Via San Tomaso 8, 20121 ☎ *02 805 10 23* 📠 *02 805 40 90* **Zimmer** *6* **Stadtplan** *3 B5, 9 C2*

Versteckt in einer Seitenstraße zwischen Dom und Schloss, ist das Meraviglie ein Geheimtipp in Mailand. Der Bau stammt aus dem 18. Jahrhundert. Läden, Museen und Restaurants sind ganz in der Nähe. Diskret und stilvoll. Nur sechs Zimmer. Das Frühstück wird auf dem Zimmer serviert. **www.allemeraviglie.it**

NORDOSTEN Antica Locanda Solferino

📋 €€€

Via Castelfidardo 2, 20121 ☎ *02 657 01 29* 📠 *02 657 13 61* **Zimmer** *11* **Stadtplan** *3 C3*

Dieses B&B der gehobenen Klasse besitzt den Charme der alten Zeit, ist erschwinglich und hat mehr Stil als die meisten konventionellen Hotels. Es liegt im berühmten Brera-Viertel. Auffällig sind seine liebevollen Details, z.B. die schmalen schmiedeeisernen Balkone oder die alten Dielenböden. **www.anticalocandasolferino.it**

NORDOSTEN Baviera

🔲📋🅿 €€€

Via Panfilo Castaldi 7, 20124 ☎ *02 659 05 51* 📠 *02 29 00 32 81* **Zimmer** *50* **Stadtplan** *4 E3*

Traditionelles Hotel mit großzügiger Lobby, der Plüsch und Satin einen edlen Anstrich verleihen. Das Haus liegt in der Nähe der Piazza della Repubblica, wo auch eine Metro-Station ist. Restaurants in der Nähe, sicheres Parken, Shuttleservice zum Hauptbahnhof, Fahrradverleih und Internet-Zugang. **www.hotelbaviera.com**

NORDOSTEN Cavour

🔲🍽📋 €€€

Via Fatebenefratelli 21, 20121 ☎ *02 62 00 01* 📠 *02 659 22 63* **Zimmer** *113* **Stadtplan** *3 C4, 10 D1*

Das Hotel Cavour liegt nicht nur ganz in der Nähe von Dom und Scala, auch ins lebhafte Brera-Viertel mit seinen Galerien und Bars ist es nicht weit. Die Lobby mit Säulen und Treppenaufgang ist großzügig-elegant, die Zimmer sind sauber und modern. Das Hotelrestaurant Conte Camillo ist hervorragend. **www.hotelcavour.it**

Preiskategorien *siehe S. 160* **Zeichenerklärung** *siehe hintere Umschlagklappe*

NORDOSTEN Hermitage €€€

Via Messina 10, 20154 02 31 81 70 FAX 02 33 10 73 99 *Zimmer 131*   *Stadtplan 3 A1*

Das großzügige, heitere Hotel liegt zwischen dem Bahnhof Porta Garibaldi und dem Corso Sempione, nahe beim Cimitero Monumentale. Geboten werden viele Annehmlichkeiten: Garten, Spa und Fitness-Center. Das Restaurant Il Sambuco ist für seine Fischspezialitäten berühmt. Sonnenterrasse und Garage. **www.monrifhotels.it**

NORDOSTEN Lombardia €€€

Viale Lombardia 74–76, 20131 02 289 25 15 FAX 02 289 34 30 *Zimmer 78*   *Stadtplan 4 F3*

Der alte Palazzo, in dem das Lombardia untergebracht ist, besitzt eine wundervolle Fassade. Die Lobby ist in Marmor gehalten, für Atmosphäre sorgen Orientteppiche. Einige der hübschen Zimmer liegen zum begrünten Innenhof hin. Angeboten werden auch Apartments mit Küchenzeile. **www.hotellombardia.com**

NORDOSTEN Marriott €€€€

Via Washington 66, 20146 02 485 21 FAX 02 481 89 25 *Zimmer 323*   *Stadtplan 5 C2*

Typisches Marriott-Hotel mit floral-edlem Design, ideal für Konferenzen oder Hochzeiten. Der Service ist zuverlässig gut. Das Hotel liegt nicht im Zentrum, bietet aber große Annehmlichkeiten, z.B. Fitness-Center, Restaurant und große Lobby, in der man Kaffee trinken und Zeitung lesen kann. **www.marriott.com**

NORDOSTEN Ritter €€€€

Corso Garibaldi 68, 20121 02 29 00 68 60 FAX 02 657 15 12 *Zimmer 89*   *Stadtplan 3 B3*

Das Ritter liegt im Brera-Viertel, dem Künstlerviertel der Stadt. Das Design ist zwar etwas altmodisch, doch das Hotel ist komfortabel und eine gute Basis, um Mailand zu erkunden. Es liegt in der Nähe von Parco Sempione und Castello Sforzesco. Außerdem bietet es Gartenterrasse, Solarium und Internet-Zugang. **www.ritter-hotel.com**

NORDOSTEN Bulgari €€€€€

Via Privata Fratelli Gabba 7b, 20122 02 805 80 51 FAX 02 805 80 52 22 *Zimmer 58*   *Stadtplan 3 C4*

Das Bulgari hält an Luxus und Stil, was der Name des weltberühmten Designers verspricht. Auch die Lage ist entsprechend: ruhig, doch nur wenige Gehminuten von den besten Shops und vom Botanischen Garten entfernt. Die Zimmer sind stilvoll-exquisit. Spa mit Massageanwendungen und innovatives Restaurant. **www.bulgarihotels.com**

NORDOSTEN Carlton Baglioni €€€€€

Via Senato 5, 20121 02 770 77 FAX 02 78 33 00 *Zimmer 92*   *Stadtplan 4 D4, 10 E1*

Das Carlton Baglioni liegt ideal im Shopping-Viertel, ganz in der Nähe der berühmten Via della Spiga. Das exzellente Restaurant Il Baretto, die Bar auf der Dachterrasse und die gemütliche Bibliothek mit offenem Kamin sind nur einige der Highlights. Das Haus besticht durch vornehme Eleganz. **www.baglionihotels.com**

NORDOSTEN Four Seasons €€€€€

Via Gesù 8, 20121 02 770 88 FAX 02 77 08 50 00 *Zimmer 118*   *Stadtplan 4 D5, 10 E2*

Das Four Seasons liegt sehr ruhig in einem ehemaligen Kloster. Von den Zimmern aus blickt man über den Klosterhof aus dem 15. Jahrhundert. Der Service ist untadelig (24-Stunden-Zimmerservice), das Essen hervorragend, die Zimmer sind luxuriös und geschmackvoll eingerichtet und die Betten sehr gut. **www.fourseasons.com/milan**

NORDOSTEN Grand Hotel et de Milan €€€€€

Via Manzoni 29, 20121 02 72 31 41 FAX 02 86 46 08 61 *Zimmer 95*   *Stadtplan 4 D4, 10 D1*

Seit 1863 besitzt das Grand Hotel einen legendären Ruf. Hemingway und die Callas stiegen hier ab, Giuseppe Verdi wohnte 27 Jahre lang im Haus. Hier herrschen gediegener Luxus und Eleganz. Die Möbel sind aus dem 19. Jahrhundert, die Oberlichter in der Bar Jugendstil. Die Zimmer haben Marmorbäder. **www.grandhoteletdemilan.it**

NORDOSTEN Le Méridien-Gallia €€€€€

Piazza Duca d'Aosta 9, 20124 02 678 51 FAX 02 66 71 32 39 *Zimmer 238*   *Stadtplan 4 E1*

Das Luxushotel prägt den Platz beim Hauptbahnhof. Mit eleganten Zimmern, antiken Möbeln und der beliebten Baboon Bar hat es sich seinen Jugendstil-Touch erhalten. Schönheitsstudio, Fitness-Center, 24-Stunden-Zimmerservice und das exzellente Hotel-restaurant Gallia sind weitere Pluspunkte. **www.lemeridien.excelsiorgallia.com**

NORDOSTEN Manin €€€€€

Via Manin 7, 20121 02 659 65 11 FAX 02 655 21 60 *Zimmer 118*   *Stadtplan 4 D4*

Das Manin liegt in einer ruhigen Seitenstraße und ist auf die Parkanlage an der Via Palestro hin ausgerichtet, also auf beruhigendes Grün und Wasser. Das Hotel gehört zur Tulip-Gruppe und bietet alle Annehmlichkeiten dieser Kette. Es verfügt über Restaurant, American Bar und einen hübschen Garten mit Pergola. **www.hotelmanin.it**

NORDOSTEN Principe di Savoia €€€€€

Piazza della Repubblica 17, 20124 02 623 01 FAX 02 659 58 38 *Zimmer 404*   *Stadtplan 4 D2*

Das Hotel mit seinem Charme aus dem 19. Jahrhundert kann als ein Wahrzeichen Mailands bezeichnet werden. Es ist berühmt für Eleganz und Service (24-Stunden-Zimmerservice). VIP-Atmosphäre, gepaart mit modernster Ausstattung. Ganz oben gibt es ein Spa mit Beauty-Center, Sauna, Jacuzzi und Pool. **www.principedisavoia.com**

NORDOSTEN Sanpi €€€€

Via Lazzaro Palazzi 18, 20124 02 29 51 33 41 FAX 02 29 40 24 51 *Zimmer 79*   *Stadtplan 4 E3*

Das Sanpi mit seiner modernen Fassade und seinem raffinierten Styling liegt in der Nähe der Läden am Corso Buenos Aires, der Grünanlagen und einer Metro-Station. Buchen Sie ein Zimmer mit Gartenblick. Einige Zimmer haben Balkon. Die Suiten verfügen über Jacuzzi. Kabelloser Internet-Zugang und Restaurant. **www.hotelsanpimilano.it**

Stadtplan *siehe Seiten 224–237*

NORDOSTEN Sheraton Diana Majestic 🔊 🍴 🛏 P 📶 ♿ €€€€€

Viale Piave 42, 20129 📞 *02 205 81* FAX *02 20 58 20 58* **Zimmer** *107* **Stadtplan** *4 F4*

Ein wahrlich majestätisches Hotel von 1908, das sich mit einem der schönsten Gärten der Stadt schmückt. Berühmte Designer- und Modeläden, Kunstgalerien und Restaurants sind ganz in der Nähe. Wer in Mailand etwas auf sich hält, lässt sich in der Hotelbar zur Happy Hour sehen. **www.sheraton.com/dianamajestic**

NORDOSTEN Westin Palace 🔊 🍴 🛏 P 📶 ♿ €€€€€

Piazza della Repubblica 20, 20124 📞 *02 633 61* FAX *02 65 44 85* **Zimmer** *228* **Stadtplan** *4 E3*

Das Westin Palace liegt nur wenige Minuten von Dom, Scala und den berühmten Shopping-Meilen entfernt. Zum palastartigen Touch tragen Säulen, Holzvertäfelung und Kronleuchter bei. Die komfortablen Betten garantieren guten Schlaf. Genießen Sie die Cocktails in der Bar oder das Training im Fitness-Center. **www.westin.com**

LAGO MAGGIORE

BELGIRATE Villa Carlotta 🔊 🍴 ♨ 🛏 P ♿ 📶 €€

Via Sempione 121–125, 28832 📞 *0322 764 61; 800 82 00 80 (innerhalb Italiens)* FAX *0322 767 05* **Zimmer** *129*

Villa Carlotta ist eine prächtige alte Villa inmitten eines Parks am Ufer des Lago Maggiore. Die Ausstattung der eher kleinen Zimmer hat altmodischen Charme. Weitläufige Grünanlagen, Fahrradvermietung, Reiten, Tennisplätze und Golfplatz in der Nähe. **www.bestwestern.it/villacarlotta_vb**

CANNOBIO Hotel Cannobio 🔊 🍴 🛏 P 📶 €€

Piazza Vittorio Emanuele III 6, 28822 📞 *0323 73 96 39* FAX *0323 73 95 96* **Zimmer** *18*

Schöner alter Hotelbau – mitten im Ort und doch am See. Die Räume sind sauber und freundlich, elegant und mit Mut zur Farbe gestaltet. Auffällig sind die bemalten Kopfteile der Betten. Komplettiert wird alles durch moderne technische Ausstattung, freundlichen Service und ein gutes Restaurant mit Terrasse. **www.hotelcannobio.com**

CANNOBIO Hotel Pironi 🔊 🍴 🛏 P 📶 €€

Via Marconi 35, 28822 📞 *0323 706 24; 0323 70 87* FAX *0323 721 84* **Zimmer** *12*

Das Hotel befindet sich in einem ehemaligen Franziskanerkloster. Erhalten sind noch originale Fresken, Antiquitäten und Deckenbemalungen. Die Einrichtung ist geschmackvoll. Manche Zimmer bieten ein hübschen Ausblick, andere einen Balkon. Lobby mit offenem Kamin, Taverne im Souterrain. *Geschlossen: Nov–März.* **www.pironihotel.it**

GHIFFA Castello di Frino 🔊 🍴 ♨ 🛏 P 📶 €

Via C. Colombo 8, 28823 📞 *0323 591 81* FAX *0323 597 83* **Zimmer** *14*

Die vormalige Residenz von Kardinal Morigia (1623–1701) ist seit ihrer Restaurierung wieder zu ihrer früheren Pracht erblüht. Sie schmückt sich mit Park und streng angelegtem Garten, mit Pool und See. Die dunklen Möbel und schlicht gestalteten Zimmer wirken etwas sakral. Gutes Restaurant mit Terrasse. **www.castellodifrino.com**

GHIFFA Hotel Ghiffa 🔊 🍴 ♨ 🛏 P 📶 €

Corso Belvedere 88, 28823 📞 *0323 592 85* FAX *0323 595 85* **Zimmer** *39*

Das Ghiffa bietet seinen Gästen viele Möglichkeiten, Sport zu treiben und sich zu erholen: großer Pool mit Sonnenterrasse und Liegestühlen, Privatstrand, Bootsanlegestelle. Die Zimmer des villenartigen Hauses sind von schlichter Eleganz. Buchen Sie, wenn möglich, ein Zimmer mit Balkon oder Terrasse. **www.hotelghiffa.com**

GHIFFA Park Hotel Paradiso 🔊 🍴 ♨ 🛏 P 📶 €

Via Marconi 20, 28823 📞 *0323 595 48* FAX *0323 598 78* **Zimmer** *15*

Die charmante Jugendstil-Villa in einmaliger, ruhiger Lage ist heute ein Familienbetrieb. Zum See sind es nur 50 Meter Fußweg. Das Haus ist umgeben von Parklandschaft und subtropischer Vegetation. Gepflegtes Hotel mit vielen Jugendstil-Details, Pool und Tennisplatz.

ISOLA DEI PESCATORI, STRESA Verbano 🍴 🛏 📶 €€€

Via Ugo Ara 2, 28838 📞 *0323 304 08; 0323 325 34* FAX *0323 331 29* **Zimmer** *12*

Das Verbano liegt idyllisch auf einer kleinen Insel, mit Blick auf Isola Bella und Palazzo Borromeo. Die charmanten Zimmer haben Blumennamen. Genießen Sie das Frühstück auf der Terrasse, und lassen Sie sich vom Klang der Wellen und vom Seeblick verführen. Shuttleboot-Service von und nach Stresa. **www.hotelverbano.it**

RANCO Il Sole di Ranco 🔊 🍴 ♨ 🛠 🛏 P 📶 €€€€

Piazza Venezia 5, 20120 📞 *0331 97 65 07* FAX *0331 97 66 20* **Zimmer** *14*

Das Hotel ist umgeben von wundervoller Parklandschaft, die zum See hinunterführt. Im exzellenten Restaurant kann man im Freien speisen, für ganz Eilige gibt es einen Hubschrauberlandeplatz. Durch einen Umbau wurden Einrichtungen wie Pool, Sauna und Hammam geschaffen. **www.ilsolediranco.it**

STRESA Villa Aminta 🔊 🍴 ♨ 🛏 P 📶 €€€€

Via Sempione Nord 123, 28838 📞 *0323 93 38 18* FAX *0323 93 39 55* **Zimmer** *66*

Die nördlich von Stresa inmitten eines Parks gelegene Villa bietet einen großartigen Blick auf die Inseln. Das Fünf-Sterne-Hotel ist durch und durch elegant. Dazu gehören Kronleuchter, Trompe-l'Œil-Malereien und Blattgold. Pianobar, exzellentes Restaurant, Pool und Tennisplätze. Kochkurse. *Geschlossen: Nov–Feb.* **www.villa-aminta.it**

Preiskategorien *siehe S. 160* **Zeichenerklärung** *siehe hintere Umschlagklappe*

STRESA Grand Hotel des Iles de Borromées 🏷️🍴⛴️👥🛗🅿️♿🖼️ €€€€€

Corso Umberto I 67, 28838 📞 *0323 938 938* FAX *0323 324 05* **Zimmer** *172*

Das Belle-Époque-Hotel beherbergte einst gekrönte Häupter – dementsprechend ist das Dekor. Der Blick auf See und Alpen ist großartig. Geboten wird alles, von Pianobar über Garten, Pool und Tennisplätze bis hin zum Fitness- und Beauty-Center. Exzellentes Restaurant und hervorragender Service. **www.borromees.it**

COMER SEE

BELLAGIO Florence 🏷️🍴🛗 €€€

Piazza Mazzini 46, 22021 📞 *031 95 03 42* FAX *031 95 17 22* **Zimmer** *30*

Das Hotel in fantastischer Seelage beherbergte schon Berühmtheiten wie Mark Twain, Puccini oder Toscanini – eine Residenz mit Charme und Gefühl. Dazu tragen auch Himmelbetten, die Bar und das Gourmetrestaurant bei. Terrasse mit Seeblick, außerdem Spa mit Sauna, Türkischem Bad und Jacuzzi. **www.hotelflorencebellagio.it**

BELLAGIO La Pergola 🍴🖼️ €€€

Piazza del Porto 4, 22021 📞 *031 95 02 63* FAX *031 95 02 53* **Zimmer** *11*

Das Hotel in einem ehemaligen Kloster aus dem 15. Jahrhundert liegt in einem malerischen kleinen Fischerdorf. Erhalten sind Deckenmalereien, Fresken und Antiquitäten. Genießen Sie den Blick von der Terrasse des Restaurants. Regionale Küche, keine Kreditkarten. *Geschlossen: Dez–Feb.* **www.lapergolabellagio.it**

BELLAGIO Grand Hotel Villa Serbelloni 🏷️🍴⛴️🛗🅿️🖼️ €€€€€

Via Roma 1, 22021 📞 *031 95 02 16* FAX *031 95 15 29* **Zimmer** *81*

Die klassizistische Villa Serbelloni, die sich in atemberaubender Lage auf einer Landzunge erhebt, umgeben von den Wassern des Comer Sees, war einst Feriendomizil der Mailänder Aristokratie. Fresken, wundervoll angelegte Gärten, Wandtäfelungen, Marmoraufgänge und Kristall lassen ihre Glanzzeit erahnen. **www.villaserbelloni.com**

COMO Hotel Firenze 🏷️🛗🅿️ €€

Piazza Volta 16, 22100 📞 *031 30 03 33* FAX *031 30 01 01* **Zimmer** *44*

Das erst kürzlich renovierte klassizistische Hotel liegt zentral in der Fußgängerzone, ist aber nur wenige Gehminuten vom See entfernt. Genießen Sie auf der Terrasse Ihren Aperitif. Die Zimmer sind zeitgemäß ausgestattet, in manchen findet man noch alte Deckenbalken und Parkettböden. **www.albergofirenze.it**

COMO Le Due Corti 🏷️🍴⛴️🛗🅿️ €€€

Piazza Vittoria 12/3, 22100 📞 *031 32 81 11* FAX *031 32 88 00* **Zimmer** *60*

Der Palazzo aus dem 18. Jahrhundert, früher ein Kloster, liegt im Zentrum der Altstadt und bietet hübsche Zimmer mit originalen Ziegelwänden. In einem der Innenhöfe wurde ein Pool angelegt. Das Restaurant ist in den ehemaligen Stallungen untergebracht. Im Sommer kann man draußen speisen. Es gibt auch Apartments für Selbstversorger.

COMO Metropole Suisse 🏷️🍴🛗🅿️🖼️ €€€

Piazza Cavour 19, 22100 📞 *031 26 94 44* FAX *031 30 08 08* **Zimmer** *71*

Das Hotel im Herzen von Como bietet einen großartigen Blick auf den See. Die Fassade, die der berühmte Architekt Comasco Terragni 1892 entwarf, wird durch schmiedeeiserne Balkone gegliedert. Die Schiffe legen am Landesteg vor dem Hotel an. Elegantes Restaurant und legere Terrasse. **www.hotelmetropolesuisse.com**

COMO Terminus 🏷️🍴🛗🅿️🖼️ €€€

Lungo Lario Trieste 14, 22100 📞 *031 32 91 11* FAX *031 30 25 50* **Zimmer** *40*

Was heute Hotel ist, war im 19. Jahrhundert Wohnsitz lombardischer Adeliger. Jugendstil-Anklänge, wundervolle Fresken und Gobelins geben dem Haus Atmosphäre. Die Ausstattung ist farbenfroh, mit kostbaren Raumtextilien und Bettgarnituren. Wundervoll angelegte Gärten, Terrasse und kleines Restaurant. **www.hotelterminus-como.it**

COMO Grand Hotel Villa d'Este 🏷️🍴⛴️👥🛗🅿️🖼️ €€€€€

Via Regina 40, 22012 📞 *031 34 81* FAX *031 34 88 44* **Zimmer** *154*

Villa d'Este mit ihren verschwenderisch eleganten Räumen ist eine *grande dame* unter den Luxushotels. Stilmöbel, Gemälde, Lüster, Marmorkamine und feinste Seide geben der Villa mit dem Charme vergangener Zeiten die herrschaftliche Note. Das Haus atmet Geschichte, bietet aber dennoch modernste Ausstattung. **www.villadeste.it**

LENNO San Giorgio 🏷️🍴👥🛗🅿️ €€

Via Regina 81, 22016 📞 *0344 404 15* FAX *0344 415 91* **Zimmer** *26*

Ruhiges Hotel mit großem Garten, zum See hin ausgerichtet und mit wundervollem Ausblick. Das Haus wurde 1920 erbaut. Die Zimmer sind mit Stilmöbeln eingerichtet, Bäder und Ausstattung entsprechen aber modernen Anforderungen. Schöne Terrasse, Tennisplätze, Restaurant mit guter Fischkarte. *Geschlossen: Mitte Okt–Ostern.*

TORNO Villa Flora 🏷️🍴⛴️🛗🅿️🖼️ €

Via Torrazza 10, 22020 📞 *031 41 92 22* FAX *031 41 83 18* **Zimmer** *20*

Alte Villa mit geräumigen Zimmern, hübschem Garten und Terrasse zum See, etwa sieben Kilometer von Como entfernt. Gäste schätzen das Haus wegen seiner einmalig ruhigen Lage, nicht unbedingt wegen der etwas spartanischen Ausstattung. Pool und Strand mit Bootsanlegestelle. **www.vademecumturistico.com/villaflora.htm**

TREMEZZO Grand Hotel Tremezzo
Via Regina 8, 22019 **☎** *0344 424 91* **FAX** *0344 402 01* **Zimmer** *98*

Das am See gelegene, renovierte Jugendstil-Hotel ist umgeben von Gärten und Terrassen. Inmitten der antiken Objekte und Kunstwerk atmet man hier Geschichte. Das Haus bietet mehrere Pools, darunter einen »schwimmenden Pool« im See. Sauna, Fitness-Center, Tennis- und Golfplatz in der Nähe. **www.grandhoteltremezzo.com**

VARENNA Hotel du Lac
Via del Prestino 4, 23829 **☎** *0341 83 02 38* **FAX** *0341 83 10 81* **Zimmer** *17*

Recht kleines Hotel direkt am Wasser, ruhig und erholsam. Genießen Sie das Terrassenrestaurant. Hier sitzen Sie unter Reben und können sich vom Wellenschlag bezaubern lassen. Zum Charme des Hauses tragen Marmorsäulen und schmiedeeiserne Balkone bei. Die Zimmer haben Blumennamen. **www.albergodulac.com**

GARDASEE

DESENZANO DEL GARDA Piroscafo
Via Porto Vecchio 11, 25015 **☎** *030 914 11 28* **FAX** *030 991 25 86* **Zimmer** *32*

Das historische Gebäude liegt sehr ruhig am alten Hafen. Die ebenerdige Terrasse wird von altem Gewölbe überdacht. Manche Zimmer haben Blick auf den Quai. Genießen Sie die Aussicht vom Terrassenrestaurant, wo Sie mit Fisch und internationalen Gerichten verwöhnt werden. Parkmöglichkeit in der Nähe. **www.hotelpiroscafo.it**

DESENZANO DEL GARDA Tripoli
Piazza Matteotti 18, 25015 **☎** *030 914 13 05* **FAX** *030 914 43 33* **Zimmer** *24*

Das hübsche und relativ ruhige Hotel liegt an der Fußgängern vorbehaltenen Hafenpromenade von Desenzano und blickt auf Hafen und See. Die schlichten Schlafzimmer sind hübsch und komfortabel. Achten Sie bei der Buchung darauf, dass Sie ein Zimmer mit Balkon und Seeblick erhalten. **www.gardalake.it/hotel-tripoli**

FASANO, GARDONE RIVIERA Grand Hotel Fasano
Corso Zandarelli 190, 25083 **☎** *0365 29 02 20* **FAX** *0365 29 02 21* **Zimmer** *87*

Was früher Jagdsitz des österreichischen Kaiserhauses war, ist heute ein luxuriöses und romantisches Hotel. Es liegt inmitten eines Parks mit teils tropischer Vegetation. Die Zimmer haben Balkon und sind liebevoll eingerichtet, manche mit Himmelbett. Empfehlenswert: Hotelrestaurant Il Fagiano und Aveda-Spa. **www.grand-hotel-fasano.it**

GARDONE Villa Capri
Via Zandarelli 172, 25083 **☎** *0365 215 37* **FAX** *0365 227 20* **Zimmer** *55*

Die zwischen Fasano und Gardone gelegene Villa Capri, ein Familienbetrieb, atmet das Flair vergangener Zeiten. Wundervolle Grünanlage mit gepflegtem Rasen, alten Bäumen, einem Pool und einem eigenen Bootsanleger. Die Standardzimmer sind nicht sehr groß und schlicht möbliert. *Geschlossen: Nov–März.* **www.hotelvillacapri.com**

GARDONE RIVIERA Hotel du Lac
Via Repubblica 58, 25083 **☎** *0365 215 58* **FAX** *0365 219 66* **Zimmer** *44*

Das am Wasser, fast direkt am Fährhafen gelegene Hotel bietet eine Panoramaterrasse, eine Snackbar, eine Loungebar und ein Restaurant. Die Zimmer sind schlicht, aber geschmackvoll, die Hälfte hat Seeblick. Das Hotel organisiert Bootsfahrten, Golf und Fahrten zum Vergnügungspark Gardaland. **www.gardalake.it/hotel-dulac**

GARDONE RIVIERA Villa Fiordaliso
Corso Zandarelli 132, 25083 **☎** *0365 201 58* **FAX** *0365 29 00 11* **Zimmer** *7*

Die wundervolle, viergeschossige Villa erhebt sich über dem Gardasee und ist nur zehn Minuten vom Zentrum Gardones entfernt. Die Zimmer haben Blumennamen – und die erlesene Einrichtung orientiert sich an diesen Namen. Der Garten ist sehr schön. Im Restaurant wird regionale Küche mit viel Fisch angeboten. **www.villafiordaliso.it**

GARDONE RIVIERA Villa del Sogno
Via Zandarelli 107, 25083 **☎** *0365 29 01 81* **FAX** *0365 29 02 30* **Zimmer** *30*

Die großartige klassizistische Villa kann sich mit Recht einer einzigartigen Panoramalage rühmen. Sie ist von einem großen Park umgeben und dennoch nicht weit vom Zentrum. Genießen Sie den Tennisplatz und den großen Pool, oder erkunden Sie per Auto die Gegend, bevor Sie sich im Restaurant verwöhnen lassen. **www.villadelsogno.it**

GARDONE SOPRA Locanda Agli Angeli
Piazza Garibaldi 2, 25083 **☎** *0365 208 32* **FAX** *0365 207 46* **Zimmer** *16*

Von dem kleinen Hotel kommt man zu Fuß schnell zum See. Es befindet sich zwischen Botanischem Garten und Vittoriale. Die Zimmer sind auf zwei Häuser verteilt und liegen über einer beliebten Trattoria. Sie sind geräumig-elegant und – wie auch das Restaurant – mit Möbeln aus Bali eingerichtet. Schöne Sonnenveranda. **www.agliangeli.com**

LIMONE SUL GARDA Capo Reamol
Via IV Novembre 92, 25010 **☎** *0365 95 40 40* **FAX** *0365 95 42 62* **Zimmer** *58*

Das Hotel liegt am Ufer im Grünen, drei Kilometer von Limone entfernt, doch es gibt einen Bus und hoteleigene Fahrräder. Jedes Zimmer hat Seeblick. Privatstrand, Pool und eine hervorragende Surfschule. Ideal für den sportlichen Familienurlaub. *Geschlossen: Mitte Okt–Mitte Apr.* **www.hotelcaporeamol.com**

Preiskategorien *siehe S. 160* **Zeichenerklärung** *siehe hintere Umschlagklappe*

RIVA DEL GARDA Feeling Hotel Luise

Viale Rovereto 9, 38066 **☎** *0464 55 08 58* FAX *0464 55 42 50* **Zimmer** *68*

Das kürzlich renovierte Hotel liegt zentrums- und seenah. Der Garten ist sehr gepflegt und besitzt einen Swimmingpool. Fahrradfahrer und Mountainbiker sind hier herzlich willkommen. Gutes Familienhotel mit Restaurant und betreutem Miniclub für die Kleinen im Hochsommer. **www.feelinghotelluise.com**

RIVA DEL GARDA Du Lac et du Parc

Viale Rovereto 44, 38066 **☎** *0464 56 66 00* FAX *0464 56 65 66* **Zimmer** *164*

Du Lac et du Parc ist ein weitläufiges, modernes Hotel am Nordufer des Gardasees, umgeben von einer Parkanlage mit alten Bäumen und exotischen Pflanzen. Mit seinem Sportangebot – renommierter Segelclub und Surfschule, Pools und Spa – eignet es sich hervorragend für einen aktiven Familienurlaub. **www.dulacetduparc.com**

RIVA DI SOLTO Albergo Ristorante Miranda

Via Cornello 8, 24060 **☎** *035 98 60 21* FAX *035 98 00 55* **Zimmer** *25*

Ruhige Panoramalage mit Blick auf den Lago d'Iseo. Die schlichte, familiengeführte Pension bietet komfortable Zimmer, alle mit Balkon. Der Pool liegt malerisch in einem Olivenhain. Es gibt auch einen Kinderspielplatz. Im Terrassenrestaurant werden die Gäste mit frisch gefangenem Fisch verwöhnt. **www.albergomiranda.it**

SALÒ Laurin

Viale Landi 9, 25087 **☎** *0365 220 22* FAX *0365 223 82* **Zimmer** *30*

Romantische Villa am See mit weitläufigen Gärten, großzügigen Zimmern, Pool und Tennisplätzen, die durch ihre Hanglage einen grandiosen Blick über den Gardasee bietet. Speisen Sie unter antiken Fresken im eleganten Restaurant, oder genießen Sie die Hotelterrasse. Mindestaufenthalt: drei Übernachtungen. **www.laurinsalo.com**

SIRMIONE Villa Cortine

Via Grotte 6, 25019 **☎** *030 990 58 90* FAX *030 91 63 90* **Zimmer** *54*

Ausladende klassizistische Luxusvilla in ruhiger Lage mit grandioser Gartenlandschaft. Schlendern Sie auf gewundenen Pfaden durch den Park mit seinen Teichen, mythologischen Brunnen, Statuen und dem verschwiegenen Zypressenhain. Auf der Terrasse werden Sie mit Fisch oder Fleisch vom Grill verwöhnt. **www.hotelvillacortine.com**

LAGO D'ISEO

ERBUSCO L'Albereta

Via Vittorio Emanuele 23, 25030 **☎** *030 776 05 50* FAX *030 776 05 73* **Zimmer** *57*

Der herrschaftliche Landsitz wurde zu einem Luxushotel umgebaut. Im Gourmetrestaurant hat Gualtiero Marchesi das Sagen. Das Haus liegt etwas abseits vom Lago d'Iseo, inmitten von Weinbergen. Essen und Weine sind hervorragend. Hochwertige, geschmackvolle Zimmer, Wellness- und Beauty-Einrichtungen sowie Spa. **www.albereta.it**

ISEO I Due Roccoli

Via Silvio Bonomelli, 25049 **☎** *030 982 29 77* FAX *030 982 29 80* **Zimmer** *19*

Das charmante herrschaftliche Haus liegt 500 Meter oberhalb des Sees und bietet folglich – auch von den Zimmern und der Terrasse – einen großartigen Blick über den See. Im ehemaligen Bauerngehöft ist heute das gute Restaurant untergebracht. Pool, Tennisplätze und wundervolle Parklandschaft. **www.idueroccoli.com**

LAGO D'ORTA

ORTA SAN GIULIO Hotel Orta

Piazza Motta 1, 28016 **☎** *0322 902 53* FAX *0322 90 56 46* **Zimmer** *25*

Das charmante Hotel Orta ein Haus von 1864, besitzt typisch südländisches Flair. Es liegt an einem von hohen Häusern mit Laubengängen begrenzten Platz, zum See hin stehen dichte Kastanienbäume. Einige Zimmer haben Seeblick und kleine Balkone. Restaurant und Uferterrasse und eigenem Bootsanlegesteg. **www.hotelorta.it**

ORTA SAN GIULIO Hotel San Rocco

Via Gippini 11, 28016 **☎** *0322 91 19 77* FAX *0322 91 19 64* **Zimmer** *85*

Prächtiges Hotel, früher ein Kloster (17. Jh.), mit Blick über den Lago d'Orta. Auf der Terrasse zu speisen und den Blick auf sich wirken zu lassen ist ein Genuss. Das Haus hat sich die Stille des Orts bewahrt. Zu den Pluspunkten gehören ein Spa mit Sauna und Massagen sowie ein eigenes Boot für Rundfahrten. **www.hotelsanrocco.it**

ORTA SAN GIULIO Villa Crespi

Via Fava 18, 28016 **☎** *0322 91 19 02* FAX *0322 91 19 19* **Zimmer** *14*

Das von Wald umgebene Hotel im maurischen Stil wirkt wie ein Märchen aus Tausendundeiner Nacht. Die wertvollen Materialien, der Marmor und die Mosaiken, aber auch das Luxusrestaurant sowie der Fitness- und Saunabereich tragen zu diesem Eindruck bei. Ein Erlebnis der besonderen Art. **www.hotelvillacrespi.it**

RESTAURANTS

Mailand ist eine kosmopolitische Stadt und bietet eine Riesenauswahl an Lokalen mit Küchen aus allen Ländern. Neben der eigenen Mailänder, der regionalen und der toskanischen Küche sind seit einiger Zeit Ethno-Restaurants en vogue: Ob nordafrikanisch, asiatisch oder südamerikanisch – hier spiegelt sich das multikulturelle Ambiente der Stadt wider. Exzellent sind in der Regel die Fischrestaurants. An

Der Küchenchef des Barchetta (siehe S. 180)

Wochenenden sind die Lokale meist voll. Vor allem samstagabends sollten Sie rechtzeitig reservieren. Der Sonntagsbrunch ist ein wesentlicher Teil des Mailänder Lebensstils geworden, viele Cafés bieten ihn an. An den Seen gibt es oft Terrassenrestaurants mit Blick aufs Wasser und Cafés mit Tischen im Freien. Hier überwiegen Fischgerichte und lokale Spezialitäten. Eine breit gefächerte Auswahl von Restaurants aller Preisklassen finden Sie auf den Seiten 172–183.

RESTAURANTAUSWAHL

Im Mailänder Brera- und Navigli-Viertel findet man zahlreiche preiswerte Lokale ebenso wie extrem trendige (und teure) Restaurants. Modeleute in der Brera lieben das **La Briciola** *(siehe S. 178)*, Vegetarier gehen gern ins **Joia** *(siehe S. 178)*, das auch Fischgerichte serviert. Wer etwas weniger ausgeben möchte, hat in den Navigli die beste Auswahl unter guten Lokalen wie der **Pizzeria Tradizionale con Cucina di Pesce** *(siehe S. 173)*. Unweit der Porta Genova bietet die **Osteria dei Binari** *(siehe S. 174)* Gerichte aus der Lombardei und dem Piemont. Das **Centro Ittico** *(siehe S. 177)* und **Malavoglia** *(siehe S. 176)*, nahe dem Fischmarkt, servieren wunderbar frischen Fisch.

Klassische Mailänder Küche tischen im Zentrum u. a. **Boeucc** *(siehe S. 172)* und

Das Schild der Pizzeria Tradizionale, Mailand *(siehe S. 173)*

Savini *(siehe S. 173)* auf. Beliebt sind auch **Aimo e Nadia** *(siehe S. 174)* im Viertel Bande Nere sowie **Il Pesce d'Oro** *(siehe S. 178)* nahe Città Studi.

Einige der besten Restaurants Italiens findet man an den Seen. Am Lago Maggiore steht das edle **Il Sole di Ranco** *(siehe S. 179)*. Am Comer See zählen u. a. **Barchetta** *(siehe S. 180)* in Bellagio und **Raimondi del Villa Flori** *(siehe S. 180)*, ein Hotelrestaurant nahe Como, zu den Feinschmeckerlokalen. Auch am Gardasee gibt es exzellente Restaurants, etwa das **Villa Fiordaliso** *(siehe S. 182)* in Gardone. Im **Gualtiero Marchesi** *(siehe S. 183)* in Erbusco (Lago d'Iseo) wirkt der berühmteste Küchenchef Italiens.

Damit Sie nicht enttäuscht werden, sollten Sie im Restaurant Ihrer Wahl rechtzeitig einen Tisch vorbestellen.

ESSENSZEITEN

Zu Mittag isst man in Norditalien zwischen 13 und 14.30 Uhr. Das Abendessen nimmt man ab etwa 20 Uhr bis 23 Uhr (oder auch später) ein. Bedenken Sie, dass im August viele Mailänder Restaurants geschlossen haben.

Theke von La Briciola in Mailands Brera-Viertel *(siehe S. 178)*

ETIKETTE

Es überrascht nicht, dass Mailänder sehr modebewusst sind. Wenn sie ein gutes Restaurant besuchen, kleiden sie sich entsprechend. Auf jeden Fall wird Ihnen korrekte Kleidung fast überall einen besseren Service sichern.

In Italien ist seit 2005 das Rauchen in allen Restaurants und Cafés untersagt, außer es gibt abgeschlossene Raucherräume. Dies führt dazu, dass viele Gäste lieber im Freien sitzen, wenn es die Witterung zulässt.

RESTAURANTTYPEN

Mailand bietet für eine italienische Stadt eine ungewöhnlich breite Auswahl an Küchen. Neben den heimischen Spezialitäten findet man auch asiatische, nordafrikanische und mexikanische Speisen. Die klassische Mailänder Küche wird vor allem in traditionellen Restaurants im Zentrum serviert, internatio-

Im eleganten Restaurant Boeucc in der Altstadt von Mailand *(siehe S. 172)*

nale Küche eher dort, wo hauptsächlich Geschäftsleute verkehren. Doch auch die variationsreichen italienischen Regionalküchen – von der Toskana und dem Piemont bis hin zu Neapel und Sizilien – werden in Mailand immer beliebter.

Es gibt verschiedene Restauranttypen. Oft ist ein *ristorante* schicker und teurer als eine *osteria* oder eine *trattoria*, doch die Unterschiede verwischen sich zunehmend. Eine Pizzeria ist normalerweise nicht teuer, viele servieren neben Pizza auch Pasta, Fleisch und Fisch. Pizzerien mit Holzkohleöfen *(forno a legna)* sind die beliebtesten. Die Mailänder Pizzerien sind oft teurer als diejenigen im übrigen Italien, dafür ist die Qualität dank der vielen neapolitanischen Pizzabäcker in der Stadt exzellent. In einer *enoteca* oder *vineria* probiert man Wein und kann sich dazu Snacks bestellen.

Echte kleine Trattorien gibt es noch reichlich. Die traditionellen *latterie* (Milchbars) dagegen sind seltener geworden. Der Mailänder Fischmarkt gehört zu den besten Italiens. Die exzellenten Fischlokale der Stadt garantieren fast immer frischeste Ware.

An den Seen werden oft heimische Fische wie Karpfen, Schleie und Alse serviert sowie regionale Spezialitäten – vor allem aus dem Piemont, Veltlin und Veneto.

Gourmetküche: Gualtiero Marchesi in Erbusco, Lago d'Iseo *(siehe S. 183)*

Raimondi del Villa Flori, Comer See *(siehe S. 180)*

Der Weinkeller im berühmten Restaurant Il Sole di Ranco, Lago Maggiore *(siehe S. 179)*

SPEISEKARTE

Ein klassisches Mittagessen beginnt mit *antipasti*, der Vorspeise. Der erste Gang *(il primo)* besteht meist aus Nudeln oder Risotto, kann aber auch eine Suppe sein. Als Hauptgang *(il secondo)* gibt es Fleisch oder Fisch, serviert mit Gemüse *(contorni)*. Die Nachspeise *(il dessert)* kann aus Eis, Obst oder Kuchen bestehen. Espresso *(il caffè)* und eventuell ein Digestif beschließen das Ganze.

Ein klassisches Mailänder Mittagessen könnte sich so zusammensetzen: *nervetti* (oder *nervitt*, Kalbfleisch mit Zwiebeln in Essig und Öl), dann *risotto alla Milanese*, darauf Kalbskotelett. Typische Gerichte sind auch *ossobuco (siehe S. 171)* und *cassoeula* (Schweinefleisch und Kohl mit Polenta serviert).

Für Vegetarier gibt es viele fleischlose Pastagerichte und junges Gemüse im Frühsommer. Im Herbst stehen Wildpilze und Kürbis auf der Speisekarte.

BEZAHLUNG

Speisekarten mit Preisen hängen normalerweise am Eingang. Unumgänglich ist der Aufpreis für das Gedeck *(coperto)*, der pro Person erhoben wird. In der Regel werden alle gängigen Kreditkarten (etwa Visa oder MasterCard) akzeptiert. Nur in kleinen Familienbetrieben muss man oft noch bar bezahlen. Selbst Restaurants in den Dörfern um die Seen akzeptieren jetzt mehr und mehr Kreditkarten. Beim Bezahlen (Rechnung heißt auf Italienisch *il conto*) ist ein Trinkgeld (fünf bis zehn Prozent) üblich.

BEHINDERTE REISENDE

Leider sind nicht alle Mailänder Restaurants barrierefrei. An den Seen können Rollstühle ein noch größeres Problem sein, da die Lokale oft am Ende von Steigungen oder Treppengassen liegen. Man sollte sich deshalb vorab telefonisch beim Restaurant erkundigen.

MIT KINDERN ESSEN

Weniger teure Lokale wie Trattorien und Pizzerien sind für Kinder ideal. In einigen vornehmen Mailänder Lokalen kann es passieren, dass die Kleinen weniger willkommen sind. Restaurantbesitzer an den Seen sind Familien mit Kindern gegenüber aufgeschlossener und bieten oft Kinderteller an.

Mailänder Spezialitäten

Mailand, das Zentrum von Industrie, Finanzen und Mode, hat sich intensiver mit der internationalen Küche angefreundet als andere italienische Städte. Kulinarische Trends werden hier schnell aufgegriffen (und verschwinden oft ebenso schnell wieder), konstant dagegen bleibt das Interesse an der bodenständigen traditionellen Küche. Entsprechend dem Wohlstand der Region ist auch das regionale Essen üppig. Risottos kocht man mit viel Butter und Parmesan, auch die Spargelgerichte werden oft mit Ei und geriebenem Käse serviert. Doch der Trend zu gesundem Essen ist auch hier angekommen.

Grüner Spargel

Salami-Auswahl in einem Delikatessenladen in Cremona

MAILAND

Die Stadt ist umgeben von weiten landwirtschaftlich genutzten Ebenen. Auf diese Weise kommt eine Fülle frischer regionaler Produkte auf die Märkte und in die Küchen: Fleisch, Getreide, Käse und Gemüse. Fleisch ist in Mailand beliebt –

vor allem Schwein, Kalb oder Wild. Typisch sind herzhafte Eintöpfe, einst die Grundnahrung der Bauern, und sättigende Gemüsesuppen, in die oft Reis oder Nudeln gegeben werden.

An den Höfen der Visconti und Sforza entwickelte sich eine feinere Küche. Rezepte aus jener Zeit tradieren die Mailänder Köche bis heute. Im 16. Jahrhundert wurde unter den Spaniern der Reis-

anbau in der Po-Ebene eingeführt. So entstand das Risotto als Nachfolger der spanischen Paella. Safran, der in der Region angebaut wird, gibt dem Risotto die typische Note. Die Zutaten variieren – je nach Saison – von verschiedenen Gemüsen bis hin zu Fisch und Fleisch. Im Herbst ist Kürbis ein beliebtes Gemüse, im Sommer verarbeitet man oft auch Walderdbeeren.

Grana Padano   Gorgonzola   Fontina   Bel Paese

Mascarpone

Taleggio

Auswahl an Käsesorten aus dem nordwestlichen Italien

TYPISCHE GERICHTE

In Mailand isst man herzhaft – mit viel Fleisch. Als Vorspeise gibt es oft geräucherten Schinken oder die feine *salame di Milano*. Zu den beliebten Hauptgerichten gehört *cassoeula*, ein Eintopf aus Schweinefleisch, Wurst und Weißkohl, serviert mit Polenta. *Busecca alla Milanese* sind Kutteln mit Zwiebeln, Möhren, Sellerie und Salbei. Als *fritto misto alla Milanese* kommen diverse Innereien paniert auf den Tisch. Im Herbst findet man *fagiano alla Milanese* (Fasan) auf der Karte, im Frühjahr *rise spargitt* (Reis mit Spargel). Spezialitäten an den Seen sind *alborelle fritte* (kleine frittierte Weißfische) oder *missoltini* (gesalzene, getrocknete und eingelegte Finten). Am Ende eines Menüs wird oft eine Käseauswahl serviert.

Panettone

Risotto alla Milanese *ist in Brühe und Wein gekochter Reis, verfeinert mit Butter, Parmesan und Safran.*

Kürbisse, anderes Gemüse und Obst an einem Mailänder Gemüsestand

Im 18. Jahrhundert begann der Maisanbau in der Region. Bald lernten die Menschen, aus Maismehl und Wasser leckere Polenta herzustellen. Dagegen eroberte die italienische Pasta erst in jüngerer Zeit die Mailänder Speisekarten – heute findet man sie jedoch als Gericht oder als Beilage ebenso häufig wie Reis oder Polenta.

Auch die österreichische Herrschaft im späten 18. Jahrhundert hat in der Mailänder Küche ihre Spuren hinterlassen. Das fast weltweit bekannte panierte Kalbsschnitzel, *costoletta alla Milanese*, ist im Prinzip ein Wiener Schnitzel. Der Mailänder *panettone*, ein Weihnachtskuchen mit Rosinen und kandierten Früchten, steht ebenfalls in der Tradition der üppigen österreichischen Mehlspeisen.

DIE SEEN

Zwar ist die Fischerei an den oberitalienischen Seen kein wichtiger Wirtschaftsfaktor mehr, doch für die regionale Küche spielt sie immer noch eine wesentliche Rolle. Auf den Speise-

Im sauberen Wasser des Comer Sees leben noch reichlich Fische

karten findet man in vielen Lokalen Hecht, Flussbarsch, Forelle, Schleie, Alse oder Aal. Karpfen dagegen gilt als Spezialität. Fische kommen nicht nur gebacken, gegrillt und gedünstet auf den Tisch, sondern werden auch mariniert oder in Risottos, Suppen, Pâtés und als Ravioli-Füllung verarbeitet.

Vor allem in den Regionen um den Gardasee wird viel Wein gebaut. Als delikat gilt das heimische Olivenöl, das man *extra vergine* direkt beim Erzeuger kaufen kann. Weitere regionale Produkte sind Kapern und Honig.

REGIONALE WEINE

Franciacorta Mailänder schätzen die roten und weißen Weine vom Lago d'Iseo, vor allem den *spumante*.

Oltrepo Pavese Auf den alten Weingütern südwestlich von Mailand werden über 20 Weinsorten ausgebaut.

Valtellina Diese Rotweine und der *sforzato*, der aus halbgetrockneten Trauben gekeltert wird, kommen von Lagen an der Schweizer Grenze nördlich des Comer Sees.

Garda In den Regionen um den See wachsen verschiedene Rebsorten. Hier baut man rote, weiße und Rosé-Weine aus. Bekannt sind der leichte Bardolino, der Garda Classico Groppello und der Garda Classico Chiaretto. Der weiße Lugana passt besonders gut zu Süßwasserfisch.

Minestrone *ist eine herzhafte Suppe aus frischem Gemüse, in Mailand oft noch mit Rindermark und Reis.*

Ossobuco *sind in Weißwein geschmorte Beinscheiben vom Kalb. Das Mark gilt als Delikatesse.*

Trota Ripiena *ist eine mit Pilzen, Zwiebeln und Petersilie gefüllte Forelle, die in Rotwein gedünstet wird.*

Restaurantauswahl

Mailand bietet eine breite Palette an internationalen Küchen. Um die oberitalienischen Seen sind regionale Traditionen stärker verwurzelt. Die hier vorgestellten Restaurants wurden nach Qualität, Service, Atmosphäre, Lage und Preis-Leistungs-Verhältnis ausgewählt. Innerhalb der Viertel sind sie nach Preiskategorien geordnet.

PREISKATEGORIEN
Die Preise gelten für ein Drei-Gänge-Menü pro Person, einschließlich einer halben Flasche Hauswein, Gedeck, Steuern und Service:
€ unter 30 Euro
€€ 30–45 Euro
€€€ 45–55 Euro
€€€€ 55–85 Euro
€€€€€ über 85 Euro

MAILAND

ALTSTADT Serendib
€

Via Pontida 2, 20121 📞 *02 659 21 39*   **Stadtplan 3 B2**

Das im Isola-Viertel gelegene sri-lankische Lokal ist eines der besten Ethno-Restaurants in Mailand. Hier gibt es eine Fülle köstlicher Currys. Ein Muss ist die Serendib-Suppe (verschiedene Gemüse und Gewürze in Fleischbrühe). Ebenfalls sehr empfehlenswert: gebratene Artischocken in Kokosmilch oder Hühnchen in würziger Sauce.

ALTSTADT Bistrot Duomo
€€

Via San Raffaele 2, 20121 📞 *02 87 71 20*   **Stadtplan 7 C1, 10 D3**

Der Blick vom Bistrot Duomo aus ist unschlagbar, denn es ist ganz oben im Kaufhaus La Rinascente untergebracht. Ideal für einen Cappuccino oder eine Kleinigkeit zum Essen zwischendurch. Abends gibt es eine große Karte mit typischer Mailänder Küche. Im Sommer ist die Terrasse mit Blick auf die Domtürme geöffnet.

ALTSTADT Hostaria Borromei
€€

Via Borromei 4, 20123 📞 *02 86 45 37 60*   **Stadtplan 7 B1**

Eine einfache, familiengeführte Taverne mitten in Mailands Geschäftsviertel in einem alten Palazzo mit Innenhof. Im Sommer kann man hier unter Weinstöcken speisen. Zu den Spezialitäten gehört hausgemachte, mit Kürbis gefüllte Pasta sowie eine Fleischplatte mit diversen köstlichen Saucen. *Geschlossen: Sa mittags, So.*

ALTSTADT Trattoria Milanese
€€

Via Santa Marta 11, 20123 📞 *02 86 45 19 91*   **Stadtplan 7 B1, 9 B4**

Die Trattoria zwischen Duomo und Basilica di Sant'Ambrogio ist in Mailand eine regelrechte Institution. Ganz in der Nähe zur Börse serviert gut geschultes Personal seit Generationen originale Mailänder Küche in schlichtem Ambiente. Zu den Klassikern gehören *ossobuco* und Safranrisotto. *Geschlossen: Di; Mitte Juli–Aug.*

ALTSTADT Boeucc
€€€

Piazza Belgioioso 2, 20121 📞 *02 76 02 02 24*   **Stadtplan 4 D5, 10 D2**

Das 1696 eröffnete Boeucc ist wahrscheinlich das älteste Restaurant Mailands. Es liegt nahe der Scala im Erdgeschoss eines alten Palazzo. Der Name ist ein alter Mailänder Begriff für *buco* (Loch). Gekocht wird klassisch, z. B. Safranrisotto und *cassoeula* (Eintopf aus Schweinefleisch, Kraut und Wurst). *Geschlossen: Sa, So mittags.*

ALTSTADT Le Noir
€€€

Via San Raffaele 6, 20121 📞 *02 720 89 51*   **Stadtplan 7 C1, 10 D3**

Le Noir, das Restaurant des Gray-Hotels *(siehe S. 160),* besticht durch raffiniertes Design. Rosenthal-Porzellan kontrastiert hier mit den grob gefügten Holztischen – und das bei subtil changierender Beleuchtung. Die Küche hält, was das Design verspricht. Kreative mediterrane und internationale Gerichte. *Geschlossen: zur Mittagszeit.*

ALTSTADT The Park
€€€€

Via Tommaso Grossi 1, 20121 📞 *02 88 21 12 34*   **Stadtplan 7 C1, 9 C3**

Eleganz, die Liebe zum Detail und eine raffinierte Küche machen das Speisen im Hotelrestaurant Park Hyatt zum Vergnügen. Der Küchenchef bereitet moderne italienische Gerichte mit mediterranem Touch sowie regionale Gerichte mit überraschenden Geschmacksnuancen. Serviert wird auf feinstem Porzellan. *Geschlossen: Sa mittags; So; Aug.*

ALTSTADT Trussardi alla Scala
€€€€

Piazza della Scala 5, 20121 📞 *02 80 68 82 01*   **Stadtplan 3 C5, 10 D2**

Genießen Sie das großräumig-elegante Ambiente im ersten Stock des Palazzo Trussardi und den Blick auf die Piazza della Scala. Unten im Palazzo befinden sich ein Designerladen und ein salopperes Bistro, das mittags sehr frequentiert ist. Im Marino ist exzellente mediterrane Küche angesagt. *Geschlossen: Sa mittags, So.*

ALTSTADT Cracco Peck
€€€€€

Via Victor Hugo 4, 20123 📞 *02 87 67 74*   **Stadtplan 7 C1, 9 C3**

Eines der besten Restaurants Mailands. Am Herd steht der Zwei-Sterne-Koch Carlo Cracco. Zu den Hits gehören Kalb im Brotmantel und Spanferkel mit Artischocken. Umwerfende Desserts. Zum Restaurant gehört das gleich um die Ecke liegende berühmte Delikatessengeschäft Peck. *Geschlossen: Sa mittags, So (Juni–Aug: Sa und So).*

Zeichenerklärung *siehe hintere Umschlagklappe*

ALTSTADT Savini
Galleria Vittorio Emanuele II, 20121 **(** *02 72 00 34 33*   **Stadtplan** 7 C1, 10 D3

Das elegante Restaurant in der Galleria Vittorio Emanuele mit seinem Charme der Belle Époque wird von Geschäfts-leuten bevorzugt. Hervorragende Küche. Spezialitäten sind typische Mailänder Gerichte: gebratene Kutteln vom Rind mit roten Zwiebeln, Balsamico und Rosinen sowie *ossobuco. Geschlossen: So; 3 Wochen im Aug.*

NORDWESTEN Tagiura
Via Tagiura 5, 20146 **(** *02 48 95 06 13*   **Stadtplan** 5 C2

Bei Kennern heißt das Tagiura nur Il Bar Bello. Mittags geht es hier sehr lebhaft zu, doch auch zu anderen Tageszei-ten ist das Bar-Restaurant stark frequentiert. Abends ist es nur donnerstags und freitags geöffnet. Spezialisiert hat man sich hier auf die Küche von Piacenza. Reservierung erforderlich. *Geschlossen: So.*

NORDWESTEN La Fermata
Via Saronno 3, 20154 **(** *02 345 15 96*   **Stadtplan** 2 E2

La Fermata ist ein kleines, immer volles Restaurant, schlicht möbliert und mit hervorragender neapolitanischer Küche. Die süditalienischen Gerichte sind eine willkommene Abwechslung zur Mailänder Küche, besonders gut ist der Fisch. Spezialitäten sind Tintenfisch-Salat und Ricotta-Kuchen. *Geschlossen: mittags; So; 3 Wochen im Aug.*

NORDWESTEN Osteria della Cagnola
Via D. Cirillo 14, 20100 **(** *02 331 94 28*   **Stadtplan** 2 F3

Das kleine Restaurant existiert bereits seit 1940. Es liegt nahe dem Parco Sempione und dem Arco della Pace und ist schlicht und gemütlich. Die Gäste kommen allerdings wegen des Essens hierher und nicht wegen des Dekors. Es gibt hervorragende Fisch- und Fleischgerichte, gute Antipasti und hausgemachte Desserts. *Geschlossen: So.*

NORDWESTEN Primo Novecento
Via Ruggero di Lauria 17, 20100 **(** *02 33 61 16 43*   **Stadtplan** 2 D1

Hier wird klassische italienische Küche serviert, vor allem Fisch. Schwarz-Weiß-Fotos der 1920er Jahre zieren die Wän-de. Zu den Spezialitäten gehören die Linguini mit Scampi in Ingwer und Sherry, die Platte mit frittiertem Seafood oder das Schokoladenfondue Bourguignonne. *Geschlossen: Sa mittags; So; 3 Wochen im Aug; 26. Dez – 7. Jan.*

NORDWESTEN Quattro Mori
Largo Maria Callas 1, 20121 **(** *02 87 84 83*   **Stadtplan** 3 B5, 9 B3

Das Quattro Mori ist zwar auf Fischgerichte spezialisiert, bietet aber auch köstliche Fleisch- und Gemüsegerichte sowie hausgemachte Pasta. Die Eigentümer sind gastfreundlich, die Antipasti ein Genuss. Lassen Sie im Magen noch ein bisschen Platz für ein leckeres Dessert. Gartenterrasse. *Geschlossen: Sa mittags; So; Aug.*

NORDWESTEN Taverna dela Trisa
Via Ferruccio 1, 20145 **(** *02 34 13 04*   **Stadtplan** 2 E2

Die typische Trattoria hat sich auf die Küche des Trentino spezialisiert. Sie liegt in der Nähe der Messe und hat einen Garten. Zu den herzhaften Gerichten – Rauchfleisch und Knödel mit Pilzen – werden Weine aus der Region ausge-schenkt. Gemütliche Atmosphäre mit dunklem Holz und raffinierter Beleuchtung. *Geschlossen: So, Mo; Aug.*

NORDWESTEN Alfredo Gran San Bernardo
Via Borgese 14, 20154 **(** *02 331 90 00*   **Stadtplan** 2 D1

Traditionelles Mailänder Restaurant östlich der Piazza Firenze, das 1964 von Seniorchef Alfredo Valli eröffnet wurde. Alfredos *costoletta alla Milanese* ist legendär. Empfehlenswert sind auch der Risotto, die Tagliatelle oder das in Rot-wein geschmorte Rindfleisch. Schicker Speiseraum. *Geschlossen: Juni, Juli: Sa, So.*

NORDWESTEN Da Leo
Via Trivulzio 26, 20146 **(** *02 40 07 14 45*   **Stadtplan** 1 B5

Einfaches Restaurant mit absoluter Frischequalität. Jeden Morgen geht Giuseppe Leo auf den Mailänder Fischmarkt, um für sein Restaurant einzukaufen. Auf der Karte stehen gebratener und gegrillter Fisch, aber auch Spaghetti mit Meeresfrüchten. Nur wenige Tische. Reservierung empfehlenswert. *Geschlossen: So abends, Mo.*

NORDWESTEN Trattoria Franca
Viale Certosa 235, 20151 **(** *02 38 00 62 38*   **Stadtplan** 2 D1

Das Franca, ein Familienbetrieb, ist eine hervorragende Trattoria am nördlichen Stadtrand. Gekocht wird hier lom-bardisch. Fragen Sie nach den Tagesgerichten, und kosten Sie die exzellenten Weine. Das gemütliche und hübsche Restaurant ist immer voll. Reservieren Sie deshalb rechtzeitig. *Geschlossen: Sa, So.*

SÜDWESTEN L'Oca Giuliva
Viale Bligny 29, 20136 **(** *02 58 31 28 71*   **Stadtplan** 7 C4

In der »Fröhlichen Gans«, wie der Restaurantname übersetzt heißt, geht es sehr lebhaft zu. Die beliebte apulische Küche hat eine mediterrane Note. Versuchen Sie die Garnelen in Safran oder die Gnocchi mit Kastanien und Käse. Auch die Pizza ist gut. Die Küche hat bis 23 Uhr geöffnet. *Geschlossen: Mo mittags; 2 Wochen im Aug.*

SÜDWESTEN Pizzeria Tradizionale con Cucina di Pesce
Ripa di Porta Ticinese 7, 20144 **(** *02 839 51 33*   **Stadtplan** 6 D4

In der traditionellen Pizzeria wird im Holzkohleofen Pizza gebacken. Außerdem gibt es Pasta, Fisch und Meeresfrüch-te. Die Tageskarte bietet wechselnde Fischgerichte. Das Interieur ist im Altmailänder Stil gehalten. Im Sommer kann man draußen am Kanal sitzen. Reservierung empfohlen. *Geschlossen: Mi mittags.*

Stadtplan *siehe Seiten 224 – 237*

SÜDWESTEN Premiata Pizzeria   🖼️📋   €
Via Alzaia Naviglio Grande 2, 20144 📞 *02 89 40 06 48*   **Stadtplan 7 A4**

Große, bezahlbare Pizzeria bei den Kanälen. Man sitzt hier zusammen mit anderen Gästen an langen Tischen. Der Service ist manchmal überfordert, aber Pizza und Pasta sind gut. Versuchen Sie auch die leckere Focaccia mit Parmaschinken oder den Rucolasalat. Bei warmer Witterung kann man im Innenhof essen.

SÜDWESTEN Al Pont de Ferr'   🖼️📋🍷   €€
Ripa di Porta Ticinese 55, 20143 📞 *02 89 40 62 77*   **Stadtplan 6 D4**

Typische Mailänder Taverne an den Navigli mit traditioneller Küche und modernem Flair. Zu den Spezialitäten zählen Flans mit Zucchiniblüten, Salami und Bohnensuppe. Beliebt ist das Lokal auch wegen seines Käseangebots – von Taleggio und Gorgonzola bis zu Fontina. Ebenfalls hervorragend: argentinisches Rinderfilet. Große Weinkarte.

SÜDWESTEN Aurora   🖼️🍷   €€
Via Savona 23, 20144 📞 *02 89 40 49 78*   **Stadtplan 5 B4**

Hier wird im Herzen Mailands piemontesisch gekocht. Empfehlenswert sind Vitello Tonnato (hauchdünn geschnittenes Kalbfleisch an Thunfischsauce), Ravioli in Salbeibutter und Fleischspießchen. Im Sommer speist man im Garten, im Winter im Speisesaal mit Möbeln aus der Zeit um 1900. *Geschlossen: Mo.*

SÜDWESTEN Osteria dei Binari   ♿🖼️📋🍷   €€
Via Tortona 1, 20100 📞 *02 89 40 94 28*   **Stadtplan 6 E3**

Hinter dem Bahnhof Porta Genova liegt das zwanglose Restaurant in einem traditionellen Mailänder Haus, einer *casa ringhiera*, und hat deshalb eine Terrasse. Serviert wird lombardische Küche, etwa *ossobuco* und eine Vielfalt an kalten Fleischgerichten. Das Personal ist freundlich und schnell. *Geschlossen: mittags; So.*

SÜDWESTEN Osteria di Via Pre   📋   €€
Via Casale 4, 20144 📞 *02 837 38 69*   **Stadtplan 6 F4**

Schlichte Taverne, in der Seafood nach ligurischer Art serviert wird. Hier schmeckt man die Frische des Meers. Auch einen Versuch wert: Gemüse-Antipasti, Carpaccio vom Schwertfisch, Bio-Pesto aus Albenga, *pansotti* (Teigtaschen mit Ricotta, Zitrone und Kräutern) mit Nusssauce oder Fisch-Ravioli. *Geschlossen: Mo.*

SÜDWESTEN Osteria Grand Hotel   🖼️📋🍷   €€
Via Ascanio Sforza 75, 20136 📞 *02 89 51 15 86*   **Stadtplan 7 A4**

Der Besitzer Fabrizio ist Leiter einer der Mailänder Slow-Food-Gruppen – und er praktiziert, was er predigt: frische Zutaten, mit Sorgfalt zubereitetes Essen. Lassen Sie sich mit Ricotta-Gnocchi oder Steak in Apfel-Käse-Sauce verwöhnen. Kompetenter Service, gute Weinkarte, gemütliche Atmosphäre. *Geschlossen: mittags; Mo; Aug.*

SÜDWESTEN Osteria Porta Cicca   📋   €€
Ripa di Porta Ticinese 51, 20143 📞 *02 837 27 63*   **Stadtplan 6 D4**

Die typische Osteria im Navigli-Viertel bietet traditionelle italienische Küche mit kreativem Touch. Es gibt hervorragende Fisch- und Fleischgerichte sowie hausgemachte Pasta. Man sitzt gut in dem kleinen Restaurant. Angenehmes Ambiente und dezente Musik. Reservierung empfohlen. *Geschlossen: Sa mittags; So.*

SÜDWESTEN Pace   📋   €€
Via G. Washington 74, 20146 📞 *02 46 85 67*   **Stadtplan 5 C1**

Einfache toskanische Trattoria mit holzgetäfelten Wänden und weißen Leinentischdecken. Es gibt vor allem traditionelle Fisch- und Fleischgerichte. Empfehlenswert sind die Ravioli in Fleischbrühe, Muschel- und Bohnensuppe sowie *bollito misto* (üppiger Fleischeintopf), der montags auf der Karte steht. *Geschlossen: Mi, Sa mittags.*

SÜDWESTEN Rifugio Pugliese   🖼️📋   €€
Via Costanza 2, 20144 📞 *02 48 00 09 17*   **Stadtplan 6 D2**

Im Rifugio Pugliese im Universitätsviertel geht es sehr lebhaft zu. Wie der Name schon sagt, wird hier apulische Küche serviert, z. B. Pasta mit Rübenspitzen, hausgemachte *orecchiette* (ohrenförmige Pasta) mit verschiedenen Saucen oder Mozzarella mit Kirschtomaten. Reservierung empfohlen. *Geschlossen: So; Aug.*

SÜDWESTEN Noy   📋   €€€
Via Soresina 4, nahe der Via Mauri, 20144 📞 *02 48 11 03 75*   **Stadtplan 6 E1**

Das Noy gehört zum trendigen Habits-Culti-Komplex: Eine alte Garage wurde zum Lifestyle-Laden, Spa und »Healthy Restaurant« mit Lounge und Bar umgemodelt. Gekocht wird modern mit Fleisch, Fisch und Gemüse. Das Motto heißt »sich wohlfühlen« – und das ist trotz Industriedesign gelungen. *Geschlossen: Mo; 2 Wochen im Aug.*

SÜDWESTEN Aimo e Nadia   ♿📋🍴🍷   €€€€
Via Montecuccoli 6, 20147 📞 *02 41 68 86*   **Stadtplan 5 A5**

Mit kreativer italienischer – Michelin-Stern gekrönter – Küche verwöhnen Aimo und Nadia ihre Gäste. Pasta und Wild, Kalbslende und Perlhuhn bestimmen die Speisekarte im Herbst. Aus feinsten Zutaten werden kulinarische Highlights gezaubert. Allein der Trüffelrisotto lohnt eine Fahrt in die Vorstadt. *Geschlossen: Sa mittags; So; Aug.*

SÜDWESTEN Al Porto   📋🍷   €€€€
Piazzale Generale Cantore 📞 *02 89 40 74 25*   **Stadtplan 6 F3**

Das 1907 gegründete Al Porto ist eines der beliebtesten Fischrestaurants in Mailand. Highlights sind der Wolfsbarsch in Weißwein, der Risotto mit Meeresfrüchten und das traditionelle *fritto misto* (gemischte Platte mit frittiertem Fisch und Meeresfrüchten). Gute Antipasti und Weine aus dem Friaul. *Geschlossen: So, Mo mittags; Aug.*

Preiskategorien *siehe S. 172* **Zeichenerklärung** *siehe hintere Umschlagklappe*

SÜDWESTEN L'Assassino 🍴 €€€€
Via Amedei 8, 20123 📞 02 805 61 44 **Stadtplan** 7 C2, 9 C4

Die Trattoria besitzt eine klassische italienische Gewölbeküche. Hier wird toskanisch gekocht. Gute Antipasti, leckere Fleischeintöpfe und Desserts. Berühmt sind die feurig-scharfen *penne all'arrabbiata* (Pasta mit Chili-Tomaten-Sauce). Das Restaurant ist teuer, die Atmosphäre dennoch locker-entspannt. Reservierung empfohlen. *Geschlossen: Mo.*

SÜDWESTEN L'Ulmet 🍴🚩 €€€€
Via Disciplini, Ecke Via Olmetto, 20123 📞 02 86 45 27 18 **Stadtplan** 7 B2, 9 C5

L'Ulmet serviert traditionelle Mailänder Kost, z.B. *ossobuco*, Risotto mit Spargel und Morcheln oder ein Steak in schwerer Rotweinsauce und Frühlingszwiebeln. Gespeist wird in einem eleganten, freundlichen Speisesaal mit Holzdecke, mattgrünen Wänden und offenem Kamin. *Geschlossen: So, Mo mittags; Aug.*

SÜDWESTEN Marghera 37 🍴 €€€€
Via Marghera 37, 20149 📞 02 481 43 86 **Stadtplan** 1 C5

Das Marghera ist Lounge, Café und Restaurant in einem, ein raffinierter Mix aus vergoldetem und afrikanisch inspiriertem Design. Angeboten wird eine große Auswahl an Fisch, Fleisch und Meeresfrüchten sowie Antipasti. Drei Speiseräume und Innenhof. Essen kann man hier auch noch nach dem Theaterbesuch. *Geschlossen: Mi; Aug.*

SÜDWESTEN Sadler ♿🍴🍴🚩 €€€€
Via Conchetta, Ecke Via Troilo 14, 20149 📞 02 58 10 44 51 **Stadtplan** 7 A5

Claudio Sadler versteht es, in seinem gut besuchten, elegant-ungezwungenen Restaurant Tradition und Innovation zu vereinen. Aus sorgfältig ausgewählten Zutaten komponiert er originelle Gerichte, z.B. Strudel vom Wolfsbarsch mit Auberginen oder geeiste Melone mit Zabaglione und weißem Port. *Geschlossen: So mittags; Aug.*

SÜDOSTEN Dongio 🍴 €
Via Corio 3, 20135 📞 02 551 13 72 **Stadtplan** 8 F4

Das Dongio ist eine schlichte Trattoria, in der es einfach schmeckt. Die rustikal-gemütliche Atmosphäre eignet sich perfekt für ein entspanntes Essen. Gekocht wird kalabrisch und à la Piacenza. Es gibt viel Salami, Pasta, Käse und Paprika. Versuchen Sie die hausgemachten Gnocchi. *Geschlossen: Sa und So mittags; Aug.*

SÜDOSTEN Pizzeria Napoletana La Taverna 🍴 €
Via F. Anzani 3, 20135 📞 02 59 90 07 93 **Stadtplan** 8 F1

Süditalienische Gastfreundschaft im Herzen Mailands. Der gute Ruf der Pizzeria zeigt sich schon an der Zahl der Neapolitaner, die La Taverna schätzen. Die Pizzen sind perfekt: dünn und knusprig. Auch die frittierten Gerichte sind lecker. Reservierung empfohlen. Im Sommer kann man draußen sitzen. *Geschlossen: So mittags; Aug.*

SÜDOSTEN Al Merluzzo Felice 🍴 €€
Via L. Papi 6, 20135 📞 02 545 47 11 **Stadtplan** 8 F4

Das winzige Restaurant hat sich auf Fischgerichte und Desserts der sizilianischen Küche spezialisiert. Der Eigentümer rattert die Tagesgerichte herunter, die mit frischesten Zutaten zubereitet werden: Fisch, Muscheln, Garnelen, Knoblauch und Ingwer. Gemütliches Lokal mit aromatischer Küche. *Geschlossen: So, Mo mittags.*

SÜDOSTEN Cueva Maja ♿🍴 €€
Viale Monte Nero 19, 20135 📞 02 55 18 57 40 **Stadtplan** 8 F2

Gutes mexikanisches Restaurant mit landestypischer Küche. Die Fassade besteht aus weißen Arkaden, beim Interieur fallen die Objekte aus der Maya-Kultur auf. Die Terrasse ist mit einer Markise geschützt. Versuchen Sie den Sonntagsbrunch als Alternative zur italienischen Küche. *Geschlossen: Mo; 1 Woche im Aug.*

SÜDOSTEN Masuelli San Marco 🍴🚩 €€
Viale Umbria 80, 20135 📞 02 55 18 41 38 **Stadtplan** 8 F3

Die Trattoria ist schon seit 1921 in Familienhand. Hier ist man stolz auf die Mailänder Küche. Passend ist der Speiseraum mit Terrakottaboden, schwarzer Decke und bunten Leuchten. Hervorragende Antipasti, Risottos, Suppen, Kalbskoteletts, Eintöpfe und Desserts. Gute Weine. *Geschlossen: So, Mo mittags; 3 Wochen im Aug.*

SÜDOSTEN Mauro 🍴🚩 €€
Via Colonnetta 5, Ecke Via Cesare Battisti, 20122 📞 02 546 13 80 **Stadtplan** 8 E1, 10 F4

Im Mauro erwartet Sie klassisch-moderne italienische Küche mit einigen herausragenden Fischgerichten. Das Familienunternehmen serviert z.B. geräucherten Lachs mit *scamorza*, gegrillten Fisch, aber auch *pappardelle* mit Scampi in Currysauce. Guter Service und gute Weinkarte. Parkmöglichkeiten. *Geschlossen: Mo; Sa mittags.*

SÜDOSTEN Taverna degli Amici 🍴🚩 €€
Via Spartaco 4, 20100 📞 02 55 19 40 05 **Stadtplan** 8 F2

Das einladende *locale* von Rita und Ernesto liegt im Südosten der Stadt. Angeboten werden Fleischgerichte, deftige Pasteten, Gegrilltes und Vesperplatten. Reservierung empfohlen. Essen kann man à la Carte, doch es gibt auch Menüs. Die Taverna ist ziemlich klein, schlicht und rustikal. *Geschlossen: Sa mittags, So; 3 Wochen im Aug.*

SÜDOSTEN Trattoria dei Decemviri 🍴 €€
Via Decemviri 14, 20100 📞 02 70 10 24 42 **Stadtplan** 8 F1

Die Trattoria liegt mitten im Parco Forlanini. Im Sommer geht es hier immer sehr lebhaft zu. Köstlich sind die Spaghetti mit Fisch und Meeresfrüchten (Hummer, Muscheln, Schwertfisch, Krabben und Wolfsbarsch), die in großen Schüsseln für zwei oder mehr Personen serviert werden. Parkmöglichkeit. *Geschlossen: Mo; Mitte Juli–Aug.*

Stadtplan *siehe Seiten 224–237*

SÜDOSTEN Trattoria del Pescatore

Via Vannucci 5, 20135 📞 *02 58 32 04 52*

Stadtplan 8 E4

Wie der Name schon sagt, ist das Restaurant vor allem ein Fischlokal. Es liegt im Viertel um die Porta Romana, also nicht im Zentrum, doch das Essen ist köstlich. Versuchen Sie den katalanischen Hummer oder die Spaghetti mit Tintenfisch und Meeräschen-Rogen. Man sollte rechtzeitig reservieren. *Geschlossen: So; Aug.*

SÜDOSTEN Da Giacomo

Via Sottocorno 6, Ecke Via B. Cellini, 20129 📞 *02 76 02 33 13*

Stadtplan 4 F5

Hier tummeln sich die Reichen und Schönen. Gestyltes Ambiente, Art-déco-Lampen und an den Wänden die Fotos von Berühmtheiten. Eine Spezialität des Hauses ist der Schwertfisch *alla Giacomo*. Große Weinkarte mit guten Jahrgängen. Die Desserts sind ein Muss. *Geschlossen: Mo, Di mittags; Aug, 10 Tage um Weihnachten.*

SÜDOSTEN Yar

Via Mercalli 22, 20122 📞 *02 58 30 96 03*

Stadtplan 7 C3

Trendiges russisches Bistro. In der Bar werden alle erdenklichen Wodkasorten ausgeschenkt, im Restaurant sorgen Samt und Kerzenlicht für Romantik. Auf der Karte findet man Kaviar, Fleisch, Fisch, auch Hering, und den traditionellen russischen Borschtsch. Dienstags wird französisch gekocht. *Geschlossen: mittags; So; Aug.*

NORDOSTEN Da Rino Vecchia Napoli

Via Chavez 4, 20131 📞 *02 261 90 56*

Stadtplan 4 F1

Das Vecchia Napoli steht schlechthin für Pizza. Die Preise sind niedrig, die Pizzen köstlich – kein Wunder, dass das Lokal immer voll ist und mit seinen Kreationen bereits Preise eingeheimst hat. Genießen Sie die köstliche Pizza mit gebratenen Auberginen und Parmesan, die Früchtepizza oder die glutenfreie Sojapizza. *Geschlossen: Mo.*

NORDOSTEN Massawa

Via Sirtori 6, 20129 📞 *02 29 40 69 10*

Stadtplan 4 F4

Das Massawa liegt an einer der Straßen hinter dem Corso Buenos Aires, wo man häufig die Düfte Afrikas schnuppern kann. Man wird hier mit typischen, bezahlbaren eritreischen Gerichten verwöhnt, z.B. *zighini* (Fleisch mit pikantem Gemüse) oder freitags Fisch. Man kann auch à la carte italienisch speisen. *Geschlossen: Mo; Aug.*

NORDOSTEN Mykonos

Via Tofane 5, 20217 📞 *02 261 02 09*

Stadtplan 4 F1

Die griechische Taverne liegt in der Gegend des Corso Buenos Aires, ganz in der Nähe des Hauptbahnhofs und mit Blick auf den Martesana-Kanal. Klassiker sind die Vorspeisen und *tiropita*, köstliche Teigtaschen mit Ziegenkäse. Reservierung empfohlen. Küche bis 1 Uhr geöffnet. *Geschlossen: mittags; Di; 3 Wochen im Aug.*

NORDOSTEN Princi

Piazza XXV Aprile 5, 20154 📞 *02 29 06 08 32*

Stadtplan 3 C2

Die »Luxusbäckerei« Princi in Mailand beruht auf einem neuartigen Konzept, dem der »gläsernen Bäckerei«. In gestyltem Ambiente sitzt die *beau monde*, genießt frische Croissants und Brötchen, Kuchen und Torten bei einer Tasse Kaffee, die perfekte Mahlzeit für zwischendurch. Dazu kann man den Bäckern bei der Arbeit zusehen.

NORDOSTEN Taiwan

Via Adda 10, 20124 📞 *02 670 24 88*

Stadtplan 4 E2

Im Taiwan wird gute chinesische Küche serviert. Das elegante Restaurant liegt in der Nähe der Metro-Station Gioia und bietet eine große Auswahl an Fleisch-, Seafood-, Nudel- und Reisgerichten. Das Lokal ist teurer als andere Chinarestaurants, aber die Qualität rechtfertigt die Preise. *Geschlossen: Di; 2 Wochen im Aug.*

NORDOSTEN Fortunio

Via del Carmine 3, 20121 📞 *02 72 00 31 85*

Stadtplan 3 B4, 9 C1

Die Speisekarte im Fortunio wechselt monatlich und richtet sich nach den Produkten der Saison. Die Küche ist international und kreativ. Zu den Spezialitäten zählen mit Ricotta und Pesto gefüllte Zucchiniblüten. Die Einrichtung ist auf spartanisch getrimmt, mit roten Ledersitzen. Gutes Preis-Leistungs-Verhältnis.

NORDOSTEN Il Coriandolo

Via dell'Orso 1, 20121 📞 *02 869 32 73*

Stadtplan 3 C5, 9 C2

Il Coriandolo, ein elegantes, recht minimalistisch gehaltenes Lokal mitten im Brera-Viertel, dem Mailänder Künstlerviertel, ist ideal für ein Abendessen. Es liegt nicht weit von der Scala entfernt und hat als eines der wenigen Restaurants im August geöffnet. Gute Weine, hervorragende Küche. Der Risotto Milanese ist köstlich.

NORDOSTEN Il Doge di Amalfi

Via Sangallo 41, 20133 📞 *02 73 02 86*

Stadtplan 4 F5

»Neapel sehen und sterben.« Das gemütliche Restaurant wirkt vom Interieur her etwas chaotisch – Fotos von Neapel und Fischereizubehör zieren die Wände –, doch die Pizzen und anderen Gerichte schmecken auch wie in Neapel. Versuchen Sie Linguini mit Hummer, Pasta und den *limoncello* (Zitronenlikör). *Geschlossen: Mo; Aug.*

NORDOSTEN Malavoglia

Via Lecco 4, 20124 📞 *02 29 53 13 87*

Stadtplan 4 E3

Das Restaurant wird seit 1973 von einem sizilianischen Paar geführt: Sie steht am Herd, er sorgt für den Rest. Die nach sizilianischen Rezepten zubereiteten Fischgerichte haben einen modernen Touch. Spezialitäten sind Pasta mit Thunfisch oder Schwertfisch und Thunfischsteak. Reservierung erforderlich. *Geschlossen: mittags; So; Aug.*

NORDOSTEN Matarel 🍽 €€
Corso Garibaldi 75, 20121 ☎ *02 65 42 04*　　　　　　　　　　**Stadtplan 3 B3**

Traditionelle Mailänder Küche mit Kalbfleisch und Safranrisotto ist im Matarel an der Tagesordnung. Spezialität des Hauses ist allerdings *cassoeula*, ein klassischer Eintopf mit Schweinefleisch. Das Restaurant macht von außen nicht viel her, aber drinnen drängen sich die Gäste. Gute Adresse im Herzen Mailands. *Geschlossen: Di.*

NORDOSTEN Osteria del Treno ♿🚇🍽🍷 €€
Via San Gregorio 46, 20100 ☎ *02 670 04 79*　　　　　　　　　　**Stadtplan 4 E2**

Die Betreiber der Osteria, die sich in einer ehemaligen Eisenbahnerkantine befindet, kochen innovativ italienisch. Sie sind Slow-Food-Anhänger. Serviert werden z. B. Gnocchi mit Kakao und Gorgonzola in Thymian-Pecorino-Sauce oder Tatar mit Zwiebeln, Kapern und Anchovis. *Geschlossen: Sa, So mittags.*

NORDOSTEN Piccola Cucina 🍽 €€
Viale Piave 17, 20129 ☎ *02 76 01 28 60*　　　　　　　　　　**Stadtplan 4 F4**

Das winzige Lokal ist farbenfroh und unprätentiös, aber dennoch hübsch. Hier verkehren vor allem Architekten und Leute aus der Design- und Modebranche. Zu den Spezialitäten gehören Oktopus, Tintenfisch an Kichererbsen oder Schokoladenbiskuit mit heißer Schokoladensauce. Wenige Tische. *Geschlossen: Sa mittags, So; Aug.*

NORDOSTEN Piero e Pia ♿🚇🍽🍷 €€
Piazza Aspari 2, 20219 ☎ *02 71 85 41*　　　　　　　　　　**Stadtplan 4 F4**

Piero e Pia ist ein kleines, familiengeführtes Lokal in der Città Studi, dem schicken Viertel in der Nähe des Polytechnikums. Den Gast erwartet die typische Küche von Piacenza (Emilia-Romagna): Pasta, Schweinebraten und geschmorte Fleischgerichte. Zwanglose Atmosphäre. *Geschlossen: So; 3 Wochen im Aug.*

NORDOSTEN Ran 🍽 €€
Via Bordoni 8–10, 20124 ☎ *02 669 69 97*　　　　　　　　　　**Stadtplan 4 D1**

Das Ran ist der lokale Favorit, wenn's um japanisches Essen geht. Sie können entweder ein Menü bestellen oder sich ihr Sushi vom Sushi-Chef frisch zubereiten lassen und dabei zusehen. Auf der Karte findet man Sushi, Sashimi, Tempura, Suppen und Sukiyaki. *Geschlossen: Mo.*

NORDOSTEN Rigolo ♿🚇🍽 €€
Largo Treves, Ecke Via Solferino, 20121 ☎ *02 86 46 32 20*　　　　　　　**Stadtplan 3 C3**

Das Rigolo liegt sehr zentral, ganz in der Nähe des Vergnügungsviertels Brera. Die Küche ist landestypisch, vorwiegend toskanisch. Versuchen Sie das Wildschwein mit *pappardelle*, das große Angebot an Würsten oder den deftigen Fleischeintopf *(bollito misto)*, den es immer donnerstags gibt. Hervorragender Service. *Geschlossen: Mo; Aug.*

NORDOSTEN Valtellina ♿🚇 €€
Via Taverna 34, 20134 ☎ *02 756 11 39*

Ein Restaurant im alpenländischen Stil, das Veltliner Spezialitäten anbietet. Dazu gehören Salami und Rauchschinken aus dem Veltlin sowie gute Fleisch- und Wildgerichte mit Pilzen und Polenta. Das Essen abrunden sollte man mit hausgemachtem Pudding. Parkplätze vorhanden. *Geschlossen: Fr, Sa mittags; Aug.*

NORDOSTEN 10 Corso Como ♿🚇🍽🍷 €€€
Corso Como 10, 20154 ☎ *02 29 01 35 81*　　　　　　　　　　**Stadtplan 3 C2**

Carla Sozzanis Designtempel am Corso Como ist eine beliebte Adresse in Modekreisen. Das Zen-Restaurant befindet sich im Erdgeschoss des Komplexes, wo man auch im begrünten, ruhigen Innenhof sitzen kann. Angeboten wird, was gesund ist und der schlanken Linie guttut. Bistro-Atmosphäre. *Geschlossen: Mo mittags.*

NORDOSTEN Bulgari Restaurant ♿🚇🍽🍷🍷 €€€€
Via Privata Fratelli Gabba 7b, 20122 ☎ *02 80 58 03 28*　　　　　　　**Stadtplan 3 C4**

Elegant speisen in stilvollem Ambiente – nicht billig, aber die Erfahrung ist ihr Geld wert. Das Bulgari ist ein Ort der Ruhe am Rand des botanischen Gartens. Es erstreckt sich über zwei Geschosse. Man kann auch wundervoll im Freien sitzen. Ein typisches Gericht ist Zitronenrisotto. Dazu passend gibt es fruchtige Weine. Sonntagsbrunch.

NORDOSTEN Centro Ittico 🍽 €€€€
Via Martiri Oscuri 19, 20125 ☎ *02 26 24 47 74*　　　　　　　　**Stadtplan 4 F1**

Das ungewöhnliche Fischrestaurant liegt nahe dem Fischmarkt, und die Betreiber sichern sich dort immer die frischeste Ware, um ihre kreativen Gerichte zu zaubern. Das Design des Centro Ittico ist zeitgeistig, so wird z. B. die gläserne Theke mit unten mit Neonlicht angestrahlt. Reservierung erforderlich. *Geschlossen: So; Aug.*

NORDOSTEN Da Ilia 🚇 €€€€
Via Lecco 1, 20124 ☎ *02 29 52 18 95*　　　　　　　　　　**Stadtplan 4 E3**

Klassisches norditalienisches Restaurant mit üppigem Vorspeisenbüfett. Wählen Sie zwischen köstlichen toskanischen Salamisorten, verschiedenen Fleischgerichten mit Steinpilzen *(porcini)*, Seeteufel mit Rosmarin oder Ravioli mit Ricotta und Spinat in Butter. Alles ist lecker und hausgemacht. *Geschlossen: Fr und Sa mittags; Aug.*

NORDOSTEN Il Baretto al Baglioni ♿🍽🍷🍷 €€€€
Via Senato 7, 20121 ☎ *02 78 12 55*　　　　　　　　　　**Stadtplan 4 E5, 10 E1**

Das Baretto al Baglioni ist eher eine Bar, in der man auch essen kann, also kein eigentliches Restaurant, obwohl es italienische Küche vom Feinsten bietet. Probieren Sie Trüffelrisotto oder Meeresfrüchtesalat. Das Ambiente ist raffiniert, das Personal sehr aufmerksam und die Weinkarte umfangreich.

Stadtplan *siehe Seiten 224–237*

NORDOSTEN Il Pesce d'Oro

Via Nullo 14, Ecke Via Goldoni, 20129 02 70 12 34 76   **Stadtplan 4 F5**

Gediegenes Fischlokal, das für seinen guten Service bekannt ist. Das Ambiente ist passend: große Auslage mit Vorspeisen, Aquarium, marines Dekor und Fischereiszenen an den Wänden. Versuchen Sie die katalanischen Krabben oder die Platte mit Thunfisch, Wolfsbarsch, Scampi und mehr. *Geschlossen: So, Mo mittags.*

NORDOSTEN Joia

Via Panfilo Castaldi 18, 20124 02 29 52 21 24   **Stadtplan 4 E3**

Das Joia in der Nähe der Metro-Station Porta Venezia ist ein vegetarisches Gourmetrestaurant, das seine Küche als *alta cucina naturale* bezeichnet. Und das zu Recht, denn es gibt köstliche Kreationen aus Gemüse und Kräutern. Der Speiseraum ist minimalistisch eingerichtet. *Geschlossen: Sa mittags, So; 3 Wochen im Aug.*

NORDOSTEN La Briciola

Via Solferino 25, 20121 02 655 10 12   **Stadtplan 3 C3**

La Briciola ist ein Wohlfühllokal, der Wirt begrüßt seine Gäste persönlich. Serviert wird mediterranes Essen aus saisonalen Produkten. Das Bistro-Feeling wird durch lichte Gewölbedecken, Grünpflanzen und Säulen betont. Probieren Sie Parmaschinken, *foie gras*, Gnocchi in Käsesauce oder gebratenen Reis. *Geschlossen: So, Mo mittags; Aug.*

NORDOSTEN La Terrazza di Via Palestro

Via Palestro 2, 20121 02 76 00 22 77   **Stadtplan 4 E4, 10 F1**

La Terrazza liegt im Nordosten der Stadt. Vom Restaurant aus hat man einen Blick auf die Parkanlagen und die Museen im Nordosten. Der Gast wird hier mit einer innovativen Fischküche verwöhnt. Lassen Sie sich die berühmte Spezialität des Hauses nicht entgehen: mediterranes Sushi. *Geschlossen: Sa, So; Aug.*

NORDOSTEN Le Langhe

Corso Como 6, 20154 02 655 42 79   **Stadtplan 3 C2**

Le Langhe liegt nur wenige Schritte vom Designertempel 10 Corso Como entfernt. Serviert wird in zwei Räumen: Im oberen geht es lockerer zu, im unteren wird elegant gespeist. Auf der Karte findet man klassische Gerichte aus dem Piemont, z. B. Barolo-Risotto oder *tomini alle erbe* (Ziegenkäse mit Kräutern). *Geschlossen: So; 3 Wochen im Aug.*

NORDOSTEN Nobu/Armani

Via Pisani 1, 20121 02 62 31 26 45   **Stadtplan 4 E2**

Im weißen Armani-Megastore an der Via Manzoni findet man das berühmte Nobu, das schicke Restaurant des japanischen Meisterkochs Nobuyuki Matsuhisa, der hier mit artistischer Kreativität frappiert. Das Essen ist exquisit, einmalig und sein Geld wert. Lassen Sie sich von einem Menü überraschen. *Geschlossen: So, Mo mittags.*

NORDOSTEN Da Giannino

Via Vittor Pisani 16, 20124 02 66 98 69 98   **Stadtplan 4 E2**

Klassische italienische Küche der gehobenen Preisklasse: Die mondäne Atmosphäre im Stil der Belle Époque wird vor allem von den einflussreichen Leuten der Stadt sehr geschätzt. Gianninos *costoletta alla milanese* ist eines der besten der Stadt. Auch nicht zu verachten sind Safranreis, hausgemachte Pasta, Fischgerichte und Desserts.

NORDOSTEN Il Sambuco

Hotel Hermitage, Via Messina 10, 20154 02 33 61 03 33   **Stadtplan 3 A2**

Il Sambuco, eines der Top-Restaurants in Mailand, ist ein Muss für Fischliebhaber. Zu den Highlights zählen die Ravioli mit Mittelmeer-Seebarsch und Schafskäse, der schwarze Risotto mit der »Tinte« des Tintenfischs und die Linguini mit Hummer, Auberginen und Kirschtomaten. *Geschlossen: Sa mittags; So; 3 Wochen im Aug.*

NORDOSTEN Il Teatro (Four Seasons)

Four Seasons Hotel, Via Gesù, 20121 02 770 88   **Stadtplan 4 D5, 10 E2**

Il Teatro ist eines der exquisitesten Speiserestaurants Mailands, wurde mehrfach ausgezeichnet und bewirtet Gäste königlich. Exzellenter Service, erlesene Tischdekoration und köstliche Menüs. Versuchen Sie in Zwiebeln und Wein marinierten Dorsch mit Spinat und Artischocken oder Kalbsmedaillons mit *foie gras*, Trüffeln und Gemüse.

LAGO MAGGIORE

ARONA Del Barcaiolo

Piazza del Popolo 23, 28041 0322 450 84

Das behagliche Lokal, das sich auf Piemonteser Küche spezialisiert hat, liegt in einem ehemaligen Palazzo am Hauptplatz von Arona. Verwöhnt wird der Gast mit Antipasti, gegrilltem Fleisch und Fisch und anderen herzhaften regionalen Gerichten. Im Sommer sitzt man draußen. *Geschlossen: Mi; 2 Wochen Jan–Feb, 2 Wochen Dez–Jan.*

ARONA La Vecchia Arona

Lungolago Marconi 17, 28041 0322 24 24 69

Einladendes Restaurant mit fantasievoller Piemonteser Küche. Die heimelige Atmosphäre ist vor allem bei Paaren beliebt. Ob hausgemachte Pastete, Pasta mit Käse oder Fleischsauce oder mediterrane Fischgerichte, alles schmeckt hier köstlich. Versäumen Sie keinesfalls das Dessert. Gute Weinkarte. *Geschlossen: Fr; Juni, Nov.*

Preiskategorien *siehe S. 172* **Zeichenerklärung** *siehe hintere Umschlagklappe*

ARONA Taverna del Pittore 🏠🍽🍷🅿 €€€€

Piazza del Popolo 39, 28041 📞 *0322 24 33 66*

Das Restaurant, das am Hauptplatz von Arona liegt, zählt zu den besten der Region. Nur noch der grandiose See-blick von der Terrasse aus kann das exzellente Menü toppen. Neben einfacher toskanischer Küche stehen auch raffi-niertere Gerichte mit Wild oder frisch gefangenem Fisch auf der Karte. *Geschlossen: Mo; Dez – 21. Jan.*

CANNOBIO Cà Bianca 🏠 €

Via Casali Cà Bianca 1, 28822 📞 *0323 78 80 38*

Zwischen Cannobio und Cannero findet man das Cà Bianca in bester Lage direkt am See, mit Blick auf die Burgruine von Malpaga. Im verträumten Garten lässt man sich bei schönem Wetter die hausgemachten Ravioli in Salbeibutter, den frischen Barsch und die Desserts auf der Zunge zergehen. *Geschlossen: Mi; Jan – Mitte Feb.*

CANNOBIO Porto Vecchio 🏠🍽 €€

Piazza Vittorio Emanuele III 6, 28822 📞 *0323 73 99 98*

Das hübsche, kleine Restaurant des Hotels Cannobio liegt sehr ruhig an der Promenade. Die warme Atmosphäre ist dem Interieur zu verdanken: Parkettboden, Rattanstühle und sanftes Licht. Fisch und Meeresfrüchte, Salate und Pasta schmecken hervorragend. Keine Reservierung für die Tische auf der Terrasse zum See.

CANNOBIO Del Lago 🏠🍷🅿 €€€€

Via Nazionale 2, Località Carmine Inferiore, 28822 📞 *0323 705 95*

Raffinierte italienische und internationale Küche mit Blick auf den Lago Maggiore – das animiert die Gäste dieses Restaurants zum Wiederkommen. Gekocht werden fantasievolle, aromatisch-würzige Gerichte mit frischesten Zuta-ten. Im Sommer schöne Terrasse inmitten grüner Gartenanlagen. *Geschlossen: Di, Mi mittags; Nov – Feb.*

LAVENO Il Porticciolo 🏠🍽🅿 €€€

Via Fortino 40, 21014 📞 *0332 66 72 57*

Der Besitzer ist verantwortlich für die leckeren Kreationen von fangfrischem Fisch, während die Dame des Hauses den passenden Wein empfiehlt. Von der Sommerterrasse aus überblickt man die Bucht von Laveno. Lassen Sie sich die Forellenravioli oder die Felchen in Zitronensauce nicht entgehen. *Geschlossen: Di, Mi mittags; Jan – Mitte Feb.*

LESA L'Antico Maniero 🏠🍽🅿 €€€€

Via alla Campagna 1, 28040 📞 *0322 74 11*

Ein Schloss aus dem 18. Jahrhundert, umgeben von Parklandschaft – ein schöner Platz zum Speisen. Spiegel, Kron-leuchter, erlesene Stoffe und Stilmöbel runden das Bild ab. Offeriert wird eine große Auswahl delikat und aroma-tisch zubereiteter Gerichte mit Schwerpunkt auf Fisch und Gemüse. *Geschlossen: So abends, Mo.*

PALLANZA Dell'Angolo 🏠 €€

Piazza Garibaldi 35, 28048 📞 *0323 55 63 62*

Dell'Angolo ist eine typische Taverne, wie man sie in der Region häufiger findet. Es gibt viele leckere Fischgerichte nach Rezepten aus dem Piemont oder der Lombardei – und man bekommt etwas für sein Geld. Im Sommer stehen Tische draußen auf dem kleinen Platz. Reservierung empfohlen. *Geschlossen: Mo; Jan.*

PALLANZA Il Torchio 🍽🅿 €€

Via Manzoni 20, 28048 📞 *0323 50 33 52*

Mit den dicken Holzbalken und dem entsprechenden Interieur wirkt das kleine und sehr beliebte Il Torchio sehr rusti-kal. Gekocht wird regional, aber kreativ. Neben Fisch aus dem Lago Maggiore werden Piemonteser Fleischgerichte angeboten. Erfreuliche Weinkarte. Reservierung empfohlen. *Geschlossen: Mi, Do mittags.*

PALLANZA Milano 🏠🅿 €€€

Corso Zanitello 2, 28048 📞 *0323 55 68 16*

Das Milano liegt in einem neogotischen Bau im Zentrum von Pallanza. Von der hübschen Terrasse aus blickt man auf den Lago Maggiore. Serviert werden fangfrische Fische, z. B. Barsch und Saibling, sowie biologisch angebautes Ge-müse und wunderbare Weine. *Geschlossen: Mo abends, Di; 1 Woche im Juni, Mitte Nov – Feb.*

RANCO Il Sole di Ranco ♿🏠🍽🍷🅿 €€€€

Piazza Venezia 5, 20120 📞 *0331 97 65 07*

Das Gourmetrestaurant liegt in einer Parklandschaft und verwöhnt den Gast mit schöner Aussicht. Chef Carlo Bro-velli verwendet nur frischeste Zutaten und setzt auf deren Eigengeschmack, den er nicht unter Saucen und Gewür-zen begräbt. Im Sommer kann man auch draußen sitzen. *Geschlossen: Mo mittags, Di; Mitte Dez – Mitte Feb.*

SESTO CALENDE La Biscia ♿🏠🍽🅿 €€€

Piazza de Cristoforis 1, 21028 📞 *0331 92 44 35*

Das Biscia, ein freundlich und luftig wirkendes Restaurant im Stadtzentrum, setzt auf regionale Küche und die Schätze des Sees, verzichtet aber nicht auf Meeresfrüchte. Zu den Spezialitäten zählen frische Fische aus dem See in Rucola oder Linguini mit sizilianischen roten Krebsen sowie viele leckere Desserts. *Geschlossen: So abends, Mo.*

STRESA Piemontese 🪑🏠🅿 €€€€

Via Mazzini 25, 28838 📞 *0323 302 35*

Das Piemontese im Zentrum von Stresa ist preisverdächtig, wenn es um kreative Umsetzung lokaler Küchenkultur geht. Es zeichnet sich durch entspannte Eleganz aus. Im Sommer sitzt man auf der Terrasse unter Reben. Probieren Sie die Spaghetti mit Chili oder die Stopfleber-Pâté. Gute Weinkarte. *Geschlossen: Mo; Dez – Jan.*

Stadtplan *siehe Seiten 224 – 237*

VERBANIA Boccon di Vino   🍷   €

Via Troubetzkoy 86, 28900 📞 *0323 50 40 39*

Elegante Taverne mit verlässlich gutem Essen. Hier gibt es lokale Spezialitäten wie Pasta mit Lauch, ansonsten stehen hausgemachte Pasta, Räucherfisch, Piemonteser Fleischgerichte und viele leckere Desserts auf der Karte. Über Wein weiß der Hausherr bestens Bescheid. *Geschlossen: So, Mo abends; Mitte Jan – Mitte Feb.*

COMER SEE

BELLAGIO Silvio   🈺 ♿ 🚇   €

Via Carcano 12, 22021 📞 *031 95 03 22*

Der Restaurantbesitzer und sein Sohn sind Fischer. Deshalb bekommt der Gast hier garantiert fangfrischen Fisch auf den Tisch. Empfehlenswert ist z. B. der Barsch mit Salbei und Parmesan oder die Seeforelle in feiner Petersiliensauce. Gäste können auch mit auf Fischfang gehen. Großartiger Blick auf den Comer See. *Geschlossen: Jan – Feb.*

BELLAGIO Barchetta   🚇   €€€

Salita Mella 13, 22021 📞 *031 95 13 89*

Der Küchenchef verarbeitet Zutaten aus der Region zu deftigen, kreativen Gerichten auf der Basis lombardischer und mediterraner Küche. Große Fischkarte und hausgemachte Kuchen. Das 1887 gegründete Barchetta bietet im Sommer auch eine schöne Terrasse. Parkmöglichkeiten. Reservierung empfohlen. *Geschlossen: Di.*

BRIENNO Crotto dei Platani   🚇 🍷   €€

Via Regina 73, 22010 📞 *031 81 40 38*

In einem Keller, in dem früher Wein und Lebensmittel gelagert sowie Schmuggler versteckt wurden, wird man heute mit exzellentem Süßwasserfisch, z. B. Maifisch, und mit regionalem Wein- und Käseangebot verwöhnt. Im Winter ist es am offenen Kamin gemütlich, im Sommer genießt man die Terrasse mit Seeblick. *Geschlossen: Di, Mi mittags.*

CERNOBBIO Trattoria del Vapore   ♿ 🍷   €€

Via Garibaldi 17, 22012 📞 *031 51 03 08*

In der Trattoria im Stadtzentrum sitzt man sehr angenehm. Die regionalen Gerichte sind geschmacklich ausgereift. Versuchen Sie die Spezialität des Hauses: Risotto mit Karpfen und Barsch. Alte Möbel, Steinmauern und ein offener Kamin tragen zur gemütlichen Atmosphäre bei. Guter Weinkeller. *Geschlossen: Di; Mitte Dez – Jan.*

CERNOBBIO Al Musichiere   ♿ 🍷   €€€

Via Cinque Giornate 32, 22012 📞 *031 34 22 95*

Ein zentral in Cernobbio gelegenes Restaurant, nüchtern, aber elegant. Die Küche bietet klassische lokale Gerichte, fangfrischen Süßwasser-, aber auch Salzwasserfisch. In den zwei Räumen ist nicht allzu viel Platz, deshalb sollte man rechtzeitig reservieren. *Geschlossen: Sa mittags, So; 2 Wochen im Aug, Weihnachten und Neujahr.*

CERNOBBIO Gatto Nero   🚇   €€€

Via Monte Santo 69, Località Rovenna, 22012 📞 *031 51 20 42*

Vom Gatto Nero aus hat man einen überwältigenden Blick auf Comer See, Monte Bisbino und Canobbio. Die Karte beschränkt sich auf wenige regionale Gerichte in höchster Qualität. So gibt es Tagliatelle mit frischen Trüffeln oder in Weinbrand geschmorte Nierchen. Reservierung erforderlich. *Geschlossen: Mo, Di mittags.*

COMO La Forchetta d'Oro   €€

Via Borsieri 24, 22100 📞 *031 27 15 37*

Das Restaurant im Refektorium des früheren Margarethenklosters, ganz in der Nähe der alten Stadtmauer, verfügt über zwei geräumige Speisesäle. Man sitzt hier sehr zwanglos. Zu den Spezialitäten zählen Salami vom Wild, Wildpilze und Kalbskoteletts in Ingwer mit *pizzoccheri* (Buchweizennudeln). *Geschlossen: So mittags, Mo.*

COMO Locanda dell'Oca Bianca   🚇 🍷   €€

Via Canturina 251, 22100 📞 *031 52 56 05*

Das Restaurant, ursprünglich ein Bauernhaus aus dem 17. Jahrhundert, liegt außerhalb von Como im Dörfchen Trecallo. Gekocht wird italienisch mit französischem Einschlag: fangfrischer Fisch, Fleischgerichte, diverse Suppen und hausgemachte Desserts. Innen ist es gemütlich, im Sommer gibt es einen Gastgarten. *Geschlossen: Mo; Jan.*

COMO Raimondi del Villa Flori   ♿ 🚇 📋 🍷 🍷   €€€

Via Cernobbio 12, 22100 📞 *031 338 20*

Das elegant-romantische Raimondi gehört zu einem Hotel aus dem 19. Jahrhundert. Der Blick auf See und Parklandschaft ist großartig, die Terrasse im Sommer ein Hochgenuss. Die klassisch italienische Küche bietet eine Auswahl typisch lombardischer Gerichte und exzellenten fangfrischen Fisch. *Geschlossen: Mo; Dez – Feb.*

COMO Sant'Anna 1907   ♿ 🚇 📋 🍷   €€€

Via Turati 3, 22100 📞 *031 50 52 66*

Das traditionelle Restaurant mit seinen vier eleganten, klar gestalteten Räumen bietet kreative lokale Küche an. Auf der Karte findet man Kalb im Oliven-Teigmantel, Filet vom roten Thunfisch mit Chicorée oder ein Safran-Fisch-Risotto. Artischocken und Polenta sind besonders typische Beilagen. *Geschlossen: Sa mittags, So; Aug.*

Preiskategorien *siehe S. 172* **Zeichenerklärung** *siehe hintere Umschlagklappe*

COMO Navedano

Via Pannilani, 22100 📞 *031 30 80 80*

Das Gourmetrestaurant ist seit Generationen in Familienhand. Blumen und Grünpflanzen spielen hier eine große Rolle. Die Räume der alten Villa sind damit geschmückt, auch die experimentelle Küche verzichtet nicht darauf. So werden zu den Nudeln mit Kaninchen Kürbisblüten serviert. Beachtlicher Weinkeller. *Geschlossen: Di; Jan.*

ISOLA COMACINA Locanda dell'Isola Comacina

Sala Comacina, 22010 📞 *0344 567 55*

Ein Restaurant, das allein auf einer Insel liegt und nur mit dem Boot erreichbar ist – eine einzigartige Esserfahrung. Das Menü steht seit 1947 auf der Karte, es wurde in 60 Jahren wenig verändert. Das Richtige für Freunde ausgedehnter Tafelfreuden. Reservierung erforderlich. *Geschlossen: Di (im Frühling); 2. Nov–1. März.*

LECCO Antica Osteria Casa di Lucia

Via Lucia 27, Località Acquate, 23900 📞 *0341 49 45 94*

Das Gourmetrestaurant hat einen guten Ruf und viele treue Stammgäste. Das Haus aus dem 17. Jahrhundert dient außerdem als Ausstellungsort für Fotografien. Zu den Slow-Food-Spezialitäten des Hauses zählen frischer Fisch aus dem See, Wild, Pastagerichte und ein köstlicher, hausgemachter Nusskuchen. *Geschlossen: Sa mittags, So.*

LECCO Al Porticciolo

Via Valsecchi 5–7, 23900 📞 *0341 49 81 03*

Fisch und Meeresfrüchte in höchster Qualität, hausgemachte Pasta und köstliche Antipasti – was will man mehr? Im gemütlichen Restaurant prasselt im Winter Feuer im Kamin, im Sommer sitzt man auf der Terrasse. Reservierung empfohlen. Parkmöglichkeiten. *Geschlossen: mittags (außer in den Ferien); Mo, Di; 2 Wochen im Jan, Aug.*

LECCO Nicolin

Via Ponchielli 54, Località Maggianico Sud, 23900 📞 *0341 42 21 22*

Das klassische Restaurant liegt im Ortsteil Maggianico Sud und ist seit 30 Jahren in Händen der Familie Cattaneo. Heute wird es gemeinsam von Vater und Sohn geführt. Gewagtere Kreationen stammen vom Sohn, die handfeste lombardische Küche trägt die Handschrift des Vaters. Sommerterrasse und Parkplätze. *Geschlossen: Di; Aug.*

MANDELLO OLCIO Il Ricciolo

Via Statale 165, 23826 📞 *0341 73 25 46*

Das kleine Restaurant hat sich der leichten Küche verschrieben: Basis sind Süßwasserfische aus dem See (z. B. Barsch und Aal). Aus dem reichhaltigen Angebot seien nur die Fischsuppe und Pasta mit Flusskrebsen genannt. Köstliche eigene Öle und Grappa. Parkplätze. *Geschlossen: So abends, Mo; 2 Wochen im Sep, Weihnachten–Jan.*

MOLTRASIO Imperialino

Via Antica Regina 26, 22010 📞 *031 34 61 11*

Das Restaurant gehört zum Hotel Imperial, einer großartigen Villa hoch über dem Comer See. Die Küche verwendet regionale Zutaten, serviert aber auch Seafood. Es gibt drei Speiseräume, man sollte dennoch reservieren. Empfehlenswert: die Cannelloni und die Garnelen. *Geschlossen: Mo (außer im Sommer); Jan–Mitte Feb.*

SALA COMACINA La Tirlindana

Piazza Matteotti, 22010 📞 *0344 566 37*

Das elegante Restaurant liegt malerisch mit Blick auf den See und den Landungssteg, von dem die Boote zur Isola Comacina ablegen. Der Gast wird mit frischem Fisch und einer Küche mit französischem Touch verwöhnt. Eine der Spezialitäten: Ravioli gefüllt mit »Zitronenkäse«. Im Sommer kann man draußen sitzen. *Geschlossen: Mi; Nov–Feb.*

VARENNA Vecchia Varenna

Contrada Scoscesca 10, 23828 📞 *0341 83 07 93*

Das Restaurant liegt direkt am See, nahe einem kleinen Hafen. Im Sommer kann man wundervoll im Freien sitzen. Der Koch mixt kreativ, was die Region hergibt. Zu den Highlights zählen die Regenbogenforelle mit Oliven, Kapern und Anchovis, die Lasagne mit Fischsauce und das Rindfleisch mit Rosmarin in Madeira. *Geschlossen: Mo; Jan.*

GARDASEE

DESENZANO Esplanade

Via Lario 10, 25015 📞 *030 914 33 61*

Das Esplanade liegt nahe am historischen Zentrum. Vom Speiseraum und von der im Sommer geöffneten Terrasse hat man einen wundervollen Blick auf den See. Das Ambiente ist elegant, ebenso die Speisekarte. Versuchen Sie Gnocchi mit Kürbisblüten und *foie gras* oder Kaninchen mit Rosmarin und schwarzen Oliven. *Geschlossen: Mi.*

DESENZANO Cavallino

Via Gherla 22, Ecke Via Murachette, 25015 📞 *030 912 02 17*

Das Cavallino bietet Gourmetküche in Sachen Süßwasser- und Salzwasserfisch. Ein Gaumenkitzel ist der Kaviarrisotto, verfeinert mit Wein aus der Franciacorta. Der große Speiseraum ist luftig und freundlich ausgestattet, doch man kann auch in einem kleineren Raum reservieren. Sommerterrasse. *Geschlossen: So abends, Mo.*

GARDONE RIVIERA Villa Fiordaliso

Corso Zandarelli 150, 25083 **☎** *0365 201 58*

Hochwertige Zutaten und raffinierte Aromen zeichnen die Küche des Fiordaliso aus. Das Jugendstil-Restaurant bietet kreative Variationen von Fleisch, Fisch und Meeresfrüchten an. *Tagliolini neri ai crostacei (schwarze Pasta mit Meeresfrüchten)* sind eine Spezialität. Wundervolle Parkanlage und schöne Terrasse. *Geschlossen: Di; Jan – März.*

GARDONE SOPRA Locanda Agli Angeli

Piazza Garibaldi 2, 25083 **☎** *0365 208 32*

Das Restaurant liegt in den engen Gassen von Gardone Sopra, doch es sind nur wenige Minuten zu Fuß zum See. Es gehört zu einem charmanten Hotel mit Rundbogen und Balkendecken. Serviert wird italienische und mediterrane Hausmannskost. Empfehlung: Risotto mit Forelle oder Wolfsbarsch mit *porcini. Geschlossen: Mitte Nov – Feb.*

GARGNANO Tortuga

Via XXIV Maggio 5, 25084 **☎** *0365 712 51*

In dem raffinierten Restaurant am Seeufer ist leichte, fantasievolle Küche angesagt. Obwohl auch hier *foie gras,* Hummer und Pasta serviert werden, sind die Kreationen dennoch leicht und aromatisch. Gute Weinkarte. Die Gäste reisen kilometerweit an – man sollte also reservieren. *Geschlossen: Mo abends, Di; Mitte Jan – März.*

MANERBA Capriccio

Piazza San Bernardo 6, 25080 **☎** *0365 55 11 24*

Mondänes Etablissement mit einmaligem Blick auf den See und die umliegenden Hügel. In der Gourmetküche werden die Delikatessen wie Wolfsbarsch, Jakobsmuscheln mit Grapefruitsauce, Ricciola-Filets (Bernsteinmakrele) oder Garnelen in Fenchelcreme kreiert. Dessert-Highlight ist das Sorbet von der Passionsfrucht. *Geschlossen: Di; Jan – März.*

PESCHIERA DEL GARDA Trattoria al Combattente

Strada Bergamini 60, Località San Benedetto, 37019 **☎** *045 755 04 10*

Die beliebte Trattoria im Dörfchen Bergamini, das zwischen Sirmione und Peschiera liegt, serviert ehrliche Hausmannskost, darunter leckere Fische aus dem Gardasee. Die gegrillten Sardinen oder der Hecht schmecken, wie sie schmecken sollen. Nichts wird durch Gewürze verfälscht. Köstliche Antipasti. *Geschlossen: Mo; Okt.*

RIVA DEL GARDA Restel de Fer

Via Restel de Fer 10, 38066 **☎** *0464 55 34 81*

Restel de Fer, ursprünglich ein Bauernhaus, wurde im Jahre 1400 erbaut und liegt nur einen Steinwurf vom Seeufer entfernt. Das kleine, aber feine Restaurant hat alte Gewölbedecken und einen hervorragenden Weinkeller. Alles ist hausgemacht, Highlights sind die marinierte Lachsforelle und die Sardinen mit Zwiebeln. *Geschlossen: Di; Nov – Feb.*

SALÒ Alla Campagnola

Via Brunati 11, 25087 **☎** *0365 221 53*

Angelo del Bon, eine Legende in Sachen Slow Food, machte das Alla Campagnola, eines der ältesten Restaurants am Gardasee, zu einem der bekanntesten der Lombardei. Ob regionale oder internationale Gerichte – alles strotzt vor Frische. Im Angebot sind rund 600 Weinsorten. Reservierung erforderlich. *Geschlossen: Mo, Di mittags; Jan.*

SALÒ Antica Trattoria Alle Rose

Via Gasparo da Salò 33, 25087 **☎** *0365 432 20*

Die alte Trattoria am Seeufer zieht mit ihrer innovativen Küche vor allem jüngere Gäste an. Verarbeitet werden hier nur marktfrische Produkte. Auf der Karte findet man frischen Fisch vom Gardasee und Gerichte wie Steinpilz-Carpaccio, Kaninchen oder Spaghetti mit Rucola, Tomaten und Langusten. *Geschlossen: Mi.*

SALÒ Osteria dell'Orologio

Via Butturini 26, 25087 **☎** *0365 29 01 58*

Schöner alter Gasthof im Zentrum von Salò, der immer gut besucht ist. Sie sollten rechtzeitig reservieren, um in den Genuss der hausgemachten Köstlichkeiten zu kommen. Angeboten wird auch Wild, z.B. Rebhuhn mit *pappardelle.* Große Weinkarte (auch glasweise) und lockere Atmosphäre. *Geschlossen: Mi; Juli – Nov.*

SAN VIGILIO Locanda San Vigilio

Località San Vigilio, 37016 **☎** *045 725 66 88*

Stattliche Taverne mit idyllischem Garten und großartigem Blick. Sie wurde um 1500 erbaut, die mittelalterlichen Gewölbe sind noch erhalten. Gekocht wird, was Region und See bieten. Von Juni bis August gibt es freitags und samstags ein Candle-Light-Dinner mit geerbte Büfett. Rechtzeitig reservieren. *Geschlossen: Dez – Mitte März.*

SIRMIONE Al Porticciolo

Porto Galeazzi, Via XXV Aprile 83, 25019 **☎** *030 919 61 61*

Die beliebte Taverne liegt außerhalb von Sirmione am Seeufer. Die Gäste können zwischen frischen Salaten, Süßwasser- und Salzwasserfischen sowie wunderbaren Pastagerichten wählen. Die Portionen sind üppig. Essen können Sie im Speisesaal, draußen unter dem Schutz des Dachs oder auf der Terrasse. *Geschlossen: Mi mittags; Nov – Mitte Jan.*

SIRMIONE La Rucola

Via Strentelle 7, 25019 **☎** *030 91 63 26*

Das Rucola im historischen Zentrum Sirmiones verbindet den Charme alter Gemäuer mit einer innovativen mediterranen Küche mit Fleisch und Fisch. Zu den aufwendig angerichteten Speisen zählen Creme von Wildpilzen mit Wachtelei auf Ravioli oder Crostini mit Stopfleber. Reservierung ist mittags unabdingbar. *Geschlossen: Do.*

Preiskategorien *siehe S. 172* **Zeichenerklärung** *siehe hintere Umschlagklappe*

SIRMIONE Signori ⠿ 🚋 🅿 €€€€
Via Romagnoli 17, 25019 📞 *030 91 60 17*

Das elegante Restaurant beim Castello Scaligero ist die ideale Adresse für ein lauschiges Abendessen. Gehen Sie etwas früher hin, um bei den Sonnenuntergang über dem See zu genießen. Das moderne Interieur wird ergänzt durch großformatige Bilder an den Wänden. Frischeste regionale und saisonale Produkte. *Geschlossen: Mo; Nov.*

SOIANO DEL LAGO Aurora 🚋 🗏 €€
Via Ciucani 1, 25080 📞 *0365 67 41 01*

Gutes, einfaches Restaurant in einer eleganten, geschmackvoll eingerichteten Villa. Im Sommer sitzt man auf der Veranda. Köstlich sind hier z. B. *rotoloni di pasta* (Nudelteigrollen), gefüllt mit Tintenfisch und Spinat, der marinierte Räucherlachs oder die Pasta mit fangfrischem Fisch. Gutes Preis-Leistungs-Verhältnis. *Geschlossen: Mi.*

Lago d'Iseo

ERBUSCO Mongolfiera dei Sodi 🚋 🗏 🅿 €€€€
Via Cavour 7, 25030 📞 *030 726 83 03*

Traditionelle Wild-, Fleisch- und Fischgerichte, aber auch innovative Kreationen stehen in dem exzellenten, behaglichen Restaurant zur Wahl. Probieren Sie das legendäre Florentiner Steak, die hausgemachte Pasta mit Taubenragout, Zucchini-Crêpes oder Garnelen in Curry. Auf der Karte stehen auch Franciacorta-Weine. *Geschlossen: Di.*

ERBUSCO Gualtiero Marchesi ⠿ 🚋 🗏 🍴 🅿 €€€€€
Via Vittorio Emanuele II 23, 25030 📞 *030 776 05 62*

Weingut im Herzen der Franciacorta-Region mit Haute Cuisine vom Feinsten. Maitre Gualtiero Marchesi (u. a. drei Michelin-Sterne) hat hier das Sagen. Lassen Sie sich den Safranrisotto mit Goldblatt, die geschmorten *porcini* (Steinpilze) oder den gebratenen Steinbutt auf der Zunge zergehen. *Geschlossen: So abends, Mo.*

ISEO Osteria Il Volto 🗏 🅿 €€€€
Via Mirolte 33, 25049 📞 *030 98 14 62*

Das rustikale Volto ist zwar weniger bekannt, aber die landestypischen Gerichte sind von hervorragender Qualität. Beste Zutaten werden hier authentisch zubereitet, nichts wird mit Gewürzen verfälscht. Zu den Highlights zählen die Pasta mit Fischragout, die Kaviarpasteten und das in Olivenöl geschmorte Rindfleisch. *Geschlossen: Mi, Do mittags.*

MONTE ISOLA La Foresta 🚋 🗏 €€€
Località Pescheria Maraglio 174, 25050 📞 *030 988 62 10*

Frischer Fisch aus dem Lago d'Iseo dominiert die Speisekarte und macht dieses Lokal am See so beliebt. Passend dazu wird u. a. ein moussierender Franciacorta-Wein ausgeschenkt. Luftgetrockneter, gesalzener, in Olivenöl marinierter Fisch gehört zu den Spezialitäten des Hauses. *Geschlossen: Mitte Dez–Feb.*

SARNICO Al Desco di Puledda Mario 🚋 🗏 🅿 €€€€
Piazza XX Settembre 19, 24067 📞 *035 91 07 40*

Im Sommer müssen Sie damit rechnen, dass die Terrasse des Al Desco voll besetzt ist. Die Gäste des eleganten Restaurants kommen immer wieder – wegen des Seeblicks, aber auch wegen der guten Küche: fangfrischer Fisch, hausgemachte Pasta, landestypische und internationale Kreationen. Gute Weinkarte. *Geschlossen: Mo; Jan.*

Lago d'Orta

ORTA SAN GIULIO Taverna Antico Agnello 🗏 €€€
Via Olina 18, 28016 📞 *0322 902 59*

Der rustikale Gasthof, ein Familienbetrieb in einem Anwesen aus dem 17. Jahrhundert, bietet lombardische Traditionsküche, z. B. Fisch aus dem See und Wild, eine reichhaltige Käseauswahl, hausgemachte Pasta und Desserts. Tipp: Pasta mit Ziegenkäse oder die Variationen von der Entenbrust. *Geschlossen: Di; Mitte Dez–Mitte Feb.*

ORTA SAN GIULIO Villa Crespi ⠿ 🗏 🍴 🅿 €€€€
Via G. Fava 18, 28016 📞 *0322 91 19 02*

In der Villa Crespi, einer prachtvollen maurischen Villa, kocht einer der besten Küchenchefs der Gegend. Die regionale und innovativ-mediterrane Gourmetküche wird hochgelobt. Auch die Weine brillieren, einige der weltbesten Tropfen stehen auf der Karte. Probieren Sie Hummer oder die *fusilli* mit Flusskrebsen, Seeigeln und Äpfeln.

SORISO Al Sorriso ⠿ 🗏 🍴 🅿 €€€€€
Via Roma 18, 28018 📞 *0322 98 32 28*

Elegantes, kühl anmutendes Gourmetrestaurant mit exquisiter Küche und legendärem Weinkeller. Der Küchenchef hat sich der einfallsreichen, aromatischen Küche aus dem Piemont verschrieben. Zu den Spezialitäten gehören Trüffelgratin, Safranrisotto mit Zucchini und San-Remo-Garnelen. *Geschlossen: Mo und Di mittags; Jan, Aug.*

Bars und Cafés

Bars und Cafés besuchen Mailänder meist zum Lunch oder für einen Aperitif. Das Frühstück besteht für viele Büroangestellte aus einem Cappuccino mit Croissant, das stehend an der Bar eingenommen wird. Im Brera-Viertel sind die Cafés quirlig und voller Atmosphäre. Am frühen Abend entspannt man sich hier gern mit Kollegen und Freunden. Moden kommen und gehen, ein Café, das heute »in« ist, kann morgen leer sein. Um dem zu begegnen, haben viele Mailänder Bars eine Happy Hour eingeführt, in der

Logo der Bar Jamaica
(siehe S. 187)

Drinks billiger sind. Die Cafés sind in der Mittagspause oft voll, wenn Büroangestellte zu einem schnellen Salat oder einem *panino* kommen. In Mailand gibt es aber auch ganz ausgezeichnete Konditoreien *(pasticcerie)*, in denen man Torten und Kuchen erhält. Für den formelleren Nachmittagstee gibt es Teesalons *(sala da thè)*, die aber mittags auch voll sind. Viele sind sehr alt und mit Stilmöbeln eingerichtet. An den Seen bieten manche Bars und Cafés Abendunterhaltung mit einem Pianisten oder einer kleinen Band.

Mailands Bar-Viertel

In Mailand gibt es viele Optionen – ob man nun einen Aperitif trinken oder eine Kleinigkeit essen möchte. Die Auswahl variiert von Gegend zu Gegend. Im quirligen Brera-Viertel haben die Bars im Sommer gewöhnlich Tische im Freien. Diese Lokale sind bei Modeleuten und Kunststudenten sehr beliebt. Das **Jamaica** *(siehe S. 187)* ist eine Institution und ideal für einen Cocktail vor dem Abendessen, einen Salat zu Mittag oder einen Drink nach dem Abendessen. Das **Sans Égal** *(siehe S. 187)* ist ebenfalls populär. Am Sonntagnachmittag läuft dort Fußball im Fernsehen, am Abend tummeln sich junge Rockmusikfans.

Um die Navigli herum, die ab 20 Uhr Fußgängerzone sind, haben alle Bars und Cafés im Sommer Tische im Freien. Man kann dort leicht vergessen, dass Mailand eine hastige Geschäftsmetropole ist.

Um die Conca del Naviglio gibt es viele Lokale, etwa das **Caffè della Pusterla** *(siehe S. 187)* in der ausgebauten mittelalterlichen Stadtmauer, das **Julep's New York** *(siehe S. 186)*, das sich für den Sonntagsbrunch empfiehlt, und das **Colonial Fashion Café** *(siehe S. 186)*, das für seine Aperitifs berühmt ist.

Im Ticinese-Viertel ist das **Coquetel** *(siehe S. 186)* meist voller Gäste, vor allem zur Happy Hour, wenn sich die jungen Mailänder zu einem Drink am frühen Abend versammeln.

Für Naschkatzen, die Croissants und Kuchen zum Frühstück lieben, sind **Angela**

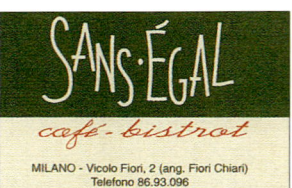

Visitenkarte des Sans Égal *(siehe S. 187)*

(siehe S. 186) nahe der Messe oder **Sissi** *(siehe S. 186)* die richtigen Tipps. Dort gibt es auch exzellente Sahnetorten.

Zum Brunch, der in Mailand immer populärer wird, hat man die Wahl zwischen **Café l'Atlantique** *(siehe S. 186)*, das VIPs bevorzugen, **Speak Easy** *(siehe S. 186)*, wo es auch gute Salate gibt, und dem faszinierend altmodischen **Orient Express** *(siehe S. 186)*.

Historische Cafés und Bars

Einige der beliebtesten Cafés und Konditoreien haben eine lange Tradition und befinden sich in alten Palazzi mit erlesenen Interieurs. Eine uralte Pasticceria ist **Sant'Ambroeus** *(siehe S. 187)*, die für ihren Panettone berühmt ist. Einen Prunkrahmen für Frühstück oder Aperitif bietet auch das **Taveggia** *(siehe S. 187)*, ein Favorit der Mailänder seit 1910.

Gehen Sie nicht an **Zucca in Galleria** *(siehe S. 187*, früher

Dem Leben zusehen in einem Café auf der Piazza del Duomo

Camparino) vorbei, einer historischen, immer noch schön altmodischen Bar, in der der weltberühmte Campari erfunden wurde. Ein weiteres Muss der Kaffeehauskultur ist **Cova** *(siehe S. 187)*, eine seit 1817 existierende Konditorei mit Café in der Via Montenapoleone mitten im Modeviertel, ideal für eine Tasse Schokolade oder den abendlichen Aperitif. Die Bar **Magenta** *(siehe S. 186)* ist schon seit Jahren ein Renner und mittlerweile ein beliebter Abendtreff für junge, schicke Mailänder.

GETRÄNKEAUSWAHL

Eine Riesenauswahl an Bieren, Weinen, Aperitifs, herrlichen Cocktails und alkoholfreien Getränken gibt es in allen Mailänder Bars. Viele internationale Biere sind zu haben, aber auch italienische Marken wie Peroni und Moretti. Mode sind lateinamerikanische Cocktails, die allmählich Klassiker wie Alexander und Bloody Mary verdrängen. Fast jede Bar hat ihren eigenen Haus-Aperitif.

Pikantes Gebäck, das zum Aperitif serviert wird

Italien ist Weinland. Im Piemont, in der Lombardei und im Veneto gibt es große Anbaugebiete. Aus dem Piemont sind die Rotweine Barolo und Barbaresco und die (preisgünstigeren) Barbera und Dolcetto am bekanntesten. Gute Rotweine kommen auch aus Franciacorta in der Lombardei, aus dem Veltlin und der Umgebung von Verona, wo Bardolino und Valpolicella produziert werden. Zu den bekannten Weißweinen gehören Gavi, Soave, Bianco di Custoza und Lugana, außerdem sehr guter *spumante*.

Die historische Konditorei Cova, Via Montenapoleone *(siehe S. 187)*

Die meisten Bars bieten zu den Drinks Snacks an. Die können simpel sein (Chips, Nüsse) oder auch raffinierter. Im **Honky Tonks** *(siehe S. 186)* sind die Snacks besonders lecker. Dort serviert man zur Happy Hour Ascoli-Oliven und Pasta-Salat sowie klassische *pinzimoni* (Dips mit rohem Gemüse) und Canapés.

NÜTZLICHE HINWEISE

Am besten bewegt man sich in Mailand mit öffentlichen Verkehrsmitteln, denn einen Parkplatz zu finden ist schwierig. Die beliebten Bars sind oft von Rollern, Motorrädern und Autos geradezu umstellt. Die meisten Bars und Cafés haben zwei Preiskategorien: Wenn man sich an einen Tisch setzt, sind die Preise höher, am Tresen zu bestellen und zu konsumieren ist billiger.

Viele Bars haben zwischen 18.30 und 21.30 Uhr Happy Hour, dann gibt es Cocktails zum halben Preis. Allerdings kann es dann auch sehr voll sein. In Bars mit jungen Leuten wird oft laute Musik gespielt. Wenn Sie eher Ruhe und Entspannung suchen, ist die Happy Hour nicht ganz das Richtige.

HOTELBARS

Im Gegensatz zu den anderen Bars der Stadt werden die Bars in den großen Hotels oft zu geschäftlichen Verabredungen genutzt. Dafür sind sie ideal, denn sie sind prachtvoll möbliert und versprechen Diskretion – hervorragende Bedingungen, um Geschäfte zu besprechen.

Zu den vornehmsten Lokalen zählen die Bar im **Westin Palace** *(siehe S. 164)* mit einem Brunnen in der Mitte und die mit Bühnenbildentwürfen dekorierte Bar im **Hotel Four Seasons** *(siehe S. 163)*. Ein alter Kamin vermittelt hier das Flair alter Mailänder Palazzi.

Foyer im Hotel Four Seasons *(siehe S. 163)*

HAPPY HOUR

Colonial Fashion Café

Via De Amicis 12. **Stadtplan** 7 A2
& 9 A5. [C] *02 89 42 04 01.*
[O] *tägl. 17–2 Uhr.*

Das Café voller Möbel und Objekte, von denen viele an den Kolonialstil erinnern, ist sehr beliebt
wegen seiner Aperitifs und bietet
auch eine reichhaltige Auswahl an
köstlichen Snacks.

Coquetel

Via Vetere 14. **Stadtplan** 7 B3 &
9 B5. [C] *02 836 06 88.* [O] *Mo–Sa
8–2, So 18–2 Uhr.*

Seit Jahren ist das Etablissement
bei jungen Mailändern beliebt. Im
Sommer geht es besonders quirlig
zu, wenn man über die Rasen-
flächen der angrenzenden Piazza
della Vetra flaniert und auf ein
Bier und einen Plausch vorbei-
schaut. Sehr gute Cocktails. Happy
Hour ist von 18.30 bis 20.30 Uhr.

Honky Tonks

Via Fratelli Induno, Ecke Via Lomazzo. **Stadtplan** 2 F1. [C] *02 345 25
62.* [O] *Mo–Sa 18–2 Uhr.*

Die Bar in einer umgebauten Garage ist bekannt für die Vielfalt
und Menge der Snacks, die während der Happy Hour angeboten
werden. Auf dem Tresen häufen
sich Ascoli-Oliven, Kroketten, gefüllte *focaccia* (flache Brote) und
geräucherte Wurstwaren. Gute
Auswahl an traditionellen und
karibischen Cocktails.

Magenta

Via Carducci 13. **Stadtplan** 3 A5,
7 A1 & 9 A3. [C] *02 805 38 08.*
[O] *Di–Sa 7–3 Uhr.*

Das alte Café ist ideal für ein leich-
tes Mittagessen oder ein Bier am
Abend. Nehmen Sie einen Aperitif
am Tresen – zusammen mit köstlichen Appetizern und *bruschetta*.
Stammgäste sind junge Mailänder
oder Studenten von der Università
Cattolica und dem Gymnasium
San Carlo, die beide in der Nähe
liegen.

Makia

Corso Sempione 28. **Stadtplan**
2 E2. [C] *02 33 60 40 12.*
[O] *Mo–Sa 8–15, 18–2 Uhr.*

Das schicke Cocktailbar-Restaurant
bietet gute italienisch-europäische
Küche mittags und abends sowie
eine große Snack-Auswahl, die an
den Tischen serviert wird, sodass
man das Gedränge an der Bar zur
Cocktailstunde vermeidet.

BRUNCH

Café l'Atlantique

Viale Umbria 42. **Stadtplan** 8 F4.
[C] *199 11 11 11.* [O] *Di–Sa 9–3,
So ab 12.30 Uhr zum Brunch.*
www.cafeatlantique.com

Das Etablissement hat eine originelle, extravagante Ausstattung,
darunter den berühmten riesigen
Kronleuchter. Der Sonntagsbrunch
lockt viele junge Leute an. Das
Atlantique ist auch Disco und
Restaurant.

Julep's New York

Via Torricelli 21. **Stadtplan** 7 A2.
[C] *02 89 40 90 29.* [O] *Mo–Sa
19–2, So 12–16 Uhr.*

In dieser American Bar erwartet
den Besucher eine fantastische Atmosphäre und guter Service. Das
Interieur ist im Stil der 1930er
Jahre gehalten. Die Küche ist
nordamerikanisch orientiert. Sonntags gibt es Brunch mit Tex-Mex-
Gerichten.

Orient Express

Via Fiori Chiari 8. **Stadtplan** 3 C4 &
9 C1. [C] *02 805 62 27.* [O] *tägl.
11–2 Uhr.*

Dekor, Atmosphäre und Service
des Bar-Restaurants erinnern an
die guten alten Tage, als der Orient Express seine große Zeit hatte.
Sonntagsbrunch.

Speak Easy

Via Castelfidardo 7. **Stadtplan**
3 C2. [C] *02 65 36 45.* [O] *Mo–Sa
12–15, 18.30–2.30 Uhr, So
12–17 Uhr.*

»Essen so viel, wie Sie wollen« ist
das Motto dieses Lokals im Brera-
Viertel, das ein verlockend reichhaltiges Büfett und frische Salate
anbietet.

FRÜHSTÜCK

Angela

Via Ruggero di Lauria 15.
Stadtplan 2 D1. [C] *02 34 28 59.*
[O] *Di–Fr 8–19.30, Sa, So 8.30–
13.30, 15–19 Uhr.*

In der kleinen Konditorei nahe der
Messe kann man den Creme- und
Sahnetorten, der warmen Baiser-
torte mit Ricotta und den frischen
Croissants mit warmer Creme
kaum widerstehen.

De Cherubini

Via Trincea delle Frasche 2. **Stadtplan** 7 B3–4. [C] *02 54 10 74 86.*
[O] *tägl. 6.45–23 Uhr.*

Nettes Café südlich der Piazza
XXIV Maggio in einem Lauben-
gang. Gutes Mittagessen, Snacks
und exzellente Croissants. Sichern
Sie sich bei gutem Wetter einen
Tisch im Freien.

Leonardo

Via Aurelio Saffi 7. **Stadtplan** 2 F5.
[O] *Di–So 7.15–20.30 Uhr.*

Die Eisdiele und Konditorei ist für
ihre Crème patissière berühmt. Die
Törtchen und Sahnebaisers sind
deliziös. Versuchen Sie auch den
Joghurt oder das Vanilleeis aus
eigener Herstellung.

Marchesi

Via Santa Maria alla Porta 11a.
Stadtplan 7 B1 & 9 B3. [C] *02 87
67 30.* [O] *Di–Sa 8–20, So 8.30–
1 Uhr.*

Die uralte Konditorei zwischen Via
Meravigli und Piazza Cordusio ist
eine Institution. Croissants, pikan-
tes Gebäck, Salate, eine große
Auswahl an Kuchen und köstliche
Törtchen.

San Carlo

Via Bandello 21, Ecke Corso
Magenta. **Stadtplan** 6 E1.
[C] *02 48 12 227.* [O] *Di–So
6.30–20.30 Uhr.*

Wenige Schritte von Santa Maria
delle Grazie entfernt bietet diese
Konditorei köstliche Leckereien
auf Schokoladenbasis und unwi-
derstehliche (leider sehr gehalt-
volle) Sahnetorten.

Sissi

Piazza Risorgimento 20. **Stadtplan**
4 F5 & 8 F1. [C] *02 76 01 46 64.*
[O] *Mi–Mo 7–20 Uhr.*

Die kleine Konditorei mit ihren
verlockenden Küchlein, Croissants
mit Eiercremefüllung und pikanten
Schinkentörtchen ist mit ihrer
Laube im schönen Hof ideal für
den entspannten Sonntagnach-
mittagstee.

SNACKS

Coin – The Globe

Piazza Cinque Giornate 1a. Waren-
haus Coin, 8. Etage. [C] *02 55 18
19 69.* [O] *Mo 11.30–20.30, Di–So
11.30–2 Uhr.*

Die oberste Etage des Coin ist Restaurant, Bar und Lebensmittelmarkt in einem und ähnelt der
6. Etage im Berliner KaDeWe. Das
Restaurant bietet sehr gute leichte
Mittag- und Abendessen. In der
Bar bekommt man gute Aperitifs.
Im Lebensmittelmarkt findet man
die köstlichsten Delikatessen.

De Santis

Corso Magenta 9. **Stadtplan** 3 A5, 6 F1 & 9 A3. 📞 02 87 59 68. ⏰ Mo–Sa 12–15, 20–1 Uhr. 🔴 Aug.

Spezialität des Hauses sind belegte Brötchen. An den Wänden hängen Geldscheine aus der ganzen Welt und signierte Fotos von Prominenten, die aus den 150 Sandwich-Sorten mit frischen, leckeren Zutaten ihre Wahl getroffen haben.

El Tombon de San Marc

Via San Marco 20. **Stadtplan** 3 C3. 📞 02 659 95 07. ⏰ Mo–Sa 12.30–14, 17–2 Uhr. 🔴 Aug.

Ein altehrwürdiges Lokal, das flüchtigen Moden seit den 1930er Jahren widerstanden hat. Behagliche Atmosphäre. Es gibt Sandwiches und Salate, köstliche Suppen sowie verschiedene warme und kalte Gerichte.

Latteria di Via Unione

Via dell'Unione 6. **Stadtplan** 7 C1 & 9 C4. 📞 02 87 44 01. ⏰ Mo–Sa 11.30–16 Uhr.

Eine Milchbar im Stadtzentrum mit guten vegetarischen Gerichten. Zeitig hingehen, denn das kleine Lokal ist meist recht voll.

Luini

Via Santa Radegonda 16. **Stadtplan** 7 C1. 📞 02 86 46 19 17. ⏰ Mo–Sa 10–20 Uhr.

Seit über 30 Jahren gibt es bei diesem Bäcker apulische *panzerotti* (Ravioli) mitt Tomaten-Mozzarella-Füllung.

Salumeria Armandola

Via della Spiga 50. **Stadtplan** 4 D4 & 10 E1. 📞 02 76 02 16 57. ⏰ Mo–Sa 8–19 Uhr.

Sehr gut für einen schnellen Happen am Tresen. Zur Auswahl stehen gebackene Pasta, Braten, Gemüsegerichte und Snacks.

BARS UND CAFÉS

Biffi

Corso Magenta 87. **Stadtplan** 3 A5, 6 F1 & 9 A3. 📞 02 48 00 67 02. ⏰ Di–So 7.30–20 Uhr.

Die Bar-Konditorei im Stil der Jahrhundertwende liegt am Corso Magenta/Ecke Piazzale Baracca. Bekannt ist das Biffi für seine Milchbrötchen mit Räucherschinken oder Butter und Anchovis. Der *panettone*, der in der Weihnachtszeit hier gebacken wird, ist einer der besten in Mailand.

Caffè della Pusterla

Via De Amicis 22. **Stadtplan** 7 A2 & 9 A5. 📞 02 89 40 21 46. ⏰ Mo–Sa 7–2, So 8–2 Uhr.

Das charmante Café in der ehemaligen Pusterla, dem kleineren Stadttor Mailands, bietet viele Cocktails und eine gute Weinkarte. Die zu den Aperitifs servierten Appetizer sind ebenfalls sehr gut.

Cova

Via Montenapoleone 8. **Stadtplan** 4 D5 & 10 E2. 📞 02 76 00 05 78. ⏰ Mo–Sa 8–20.30 Uhr.

Die elegante, 1817 gegründete Konditorei liegt mitten im Herzen des Modeviertels und eignet sich gut für eine Pause beim Shopping-Bummel. Sie ist bekannt für ihre Schokoladen und den gefüllten *panettone*.

Jamaica

Via Brera 32. **Stadtplan** 3 C4 & 9 C1. 📞 02 87 67 23. ⏰ tägl. 9–2.30 Uhr. 🔴 Aug.

Das uralte Mailänder Café ist ein Treffpunkt für Künstler und Intellektuelle, die an diese faszinierende Ecke im Brera-Viertel strömen. Hier ist es immer umtriebig. Drinks und gute, riesige Salate.

Sans Égal

Vicolo Fiori 2. **Stadtplan** 3 B4. 📞 02 869 30 96. ⏰ Mo 18.30–2.30, Di–So 10–2.30 Uhr.

Das Lokal in einer Gasse im Brera-Viertel ist eine Sportkneipe am Sonntag, ein kleines Mittagsrestaurant während der Woche, Cocktailbar am Abend und Musikkneipe in der Nacht.

Sant'Ambroeus

Corso Matteotti 7. **Stadtplan** 4 D5 & 10 E2. 📞 02 76 00 05 40. ⏰ tägl. 7.45–20.15 Uhr. 🔴 Aug.

Die Atmosphäre in Mailands elegantester Konditorei mit ihren luxuriösen Schaufenstern und dem perfekten Service ist vornehm. Die Torten, Pralinen und Kuchen sind berühmt. Es gibt eine hübsche Teestube und Tische im Freien unter der Arkade gegenüber.

Taveggia

Via Visconti di Modrone 2. **Stadtplan** 8 E1 & 10 F3. 📞 02 76 02 12 57. ⏰ Di–So 7.30–20.30 Uhr.

Dies ist ebenfalls eine historische Konditorei (1910). Fantastischer Reispudding, viele Arten Croissants und verschiedene andere Leckereien. Das Taveggia ist auch wegen der Aperitifs beliebt.

Victoria Café

Via Clerici 1. **Stadtplan** 3 C5 & 9 C2. 📞 02 805 35 98. ⏰ Mo–Sa 18.30–3 Uhr.

Die Café-Bar liegt hinter der Piazza della Scala – ein Lokal im Pariser Fin-de-Siècle-Stil mit roten Lampen auf den Tischen und roten Lederbänken. Beliebt für Aperitifs und für Treffs nach dem Abendessen.

Zucca in Galleria

Piazza del Duomo 21. **Stadtplan** 7 C1 & 10 D3. 📞 02 86 46 44 35. ⏰ Di–So 7.30–20.30 Uhr.

Die berühmte Bar (früher Camparino), einst der Rückzugsort von Verdi und Toscanini, hat Tische in der Galleria stehen. Der weltberühmte Campari soll um 1900 hier kreiert worden sein.

AN DEN SEEN

Matella (Lago Maggiore)

Via Ruga 1, Pallanza. 📞 0323 50 19 88. ⏰ Mi–Mo 7.30–20 Uhr (Sommer: 7.30–24 Uhr). 🔴 Mitte Okt–Mitte Nov.

Bar-Pasticceria in den Arkaden des Palazzo Municipale. Spezialität des Hauses sind *amaretti* (Mandelmakronen). Tische im Freien für einen Drink an der frischen Luft.

Mimosa (Gardasee)

Via RV Cornicello 1, Bardolino. 📞 045 621 24 72. ⏰ 8–2 Uhr. 🔴 Mitte Okt–Mai.

Der Barmann ist ein wahrer Cocktail-»Zauberer«. Im Garten kann man aus der Musik aus der Pianobar lauschen, während man an seinem Drink nippt oder gutes hausgemachtes Eis genießt.

Monti (Comer See)

Piazza Cavour 21, Como. 📞 031 30 11 65. ⏰ Mi–Mo 7–1 Uhr. 🔴 Di (im Winter).

Bar-Konditorei an der schönen Piazza Cavour mit Tischen im Freien und Blick auf den See. Ideal für einen Kaffee mit Kuchen in ruhiger Umgebung.

Vassalli (Gardasee)

Via San Carlo 84, Salò. 📞 0365 207 52. ⏰ Mi–Mo 8–21 Uhr.

Die altehrwürdige Bar-Konditorei in Salò wird seit über 100 Jahren beliebt. Die Aperitifs und Cocktails sind gut, doch bekannt sind vor allem die Desserts, etwa die köstlichen Pralinen Bacetti di Salò und die Zitronenmousse.

SHOPPING

Ob man kauft oder nur schaut: In Mailand zu bummeln ist ein wahres Vergnügen. Neben den führenden nationalen und internationalen Modedesignern – deren Flagship-Stores alle im Viereck zwischen Via Manzoni, Via Montenapoleone, Via della Spiga und Via Sant'Andrea, dem sogenannten *quadrilatero*, liegen – gibt es überall in der Stadt kleinere Läden. Sie sind gewöhnlich stilvollelegant, insbesondere im Stadtzentrum, da gutes Design in Italien geschätzt wird und Mai-

land eine der reichsten Städte ist. Auch an Wohndesign Interessierte finden eine reiche Auswahl vor. Liebhaber von Antiquitäten werden das Brera- und das Navigli-Viertel mögen, dort finden regelmäßig Antiquitätenmärkte im Freien statt. Es gibt in der Stadt auch einige exzellente Konditoreien, die traditionelle Mailänder Süßwaren und andere Köstlichkeiten anbieten. An den Seen ist in den größeren Orten auch die Auswahl am größten. Kunsthandwerksgeschäfte und Weinläden bieten ihre regionalen Erzeugnisse an.

Shopping in Mailand

ÖFFNUNGSZEITEN

Läden in Mailand haben gewöhnlich von 9.30 bis 13 Uhr und von 15.30 bis 19.30 Uhr geöffnet. Viele Shops im Zentrum und die Kaufhäuser haben den ganzen Tag, größere Buchhandlungen sogar bis 23 Uhr durchgehend geöffnet.

Am Sonntag und montagmorgens sind die Läden geschlossen. In der Vorweihnachtszeit allerdings haben sie die ganze Woche über offen. Lebensmittelläden, mit Ausnahme der Supermärkte, schließen dagegen montagnachmittags. Die meisten Läden bleiben fast den ganzen August über geschlossen, bis auf Kaufhäuser und Einkaufszentren, die auch in diesem umsatzschwachen Monat normal geöffnet bleiben.

Schaufensterbummel in der eleganten Via Montenapoleone

Das Kaufhaus Coin an der Piazza Cinque Giornate

KAUFHÄUSER

Wie überall in Italien gibt es in Mailand nicht sehr viele Kaufhäuser. Eines der zentralen, **La Rinascente** (gegenüber dem Dom, geöffnet an sieben Tagen die Woche bis 22 Uhr), ist eines der angesehensten der Stadt. Dort findet man alles, von Kleidung und Parfüm bis zu Spielsachen und Papierwaren. Das Restaurant des Kaufhauses blickt auf den Dom.

An der Piazza Cinque Giornate steht das kürzlich renovierte **Coin**, ein siebenstöckiges Kaufhaus mit Qualitätsprodukten in mittlerer Preislage, darunter Kleidung und Haushaltswaren. Das **Upim** in der Via Spadari ist dagegen eher ein Billigkaufhaus.

Das **Centro Bonola** ist ein großes Einkaufszentrum mit einem Coop-Supermarkt, einem Upim-Kaufhaus, 60 Einzelhandelsgeschäften sowie

vielen Bars und Cafés. Auch das neue **Il Portello** ist ein Einkaufszentrum mit Läden und einem Supermarkt.

MÄRKTE

Straßenmärkte in Italien sind immer lustig. In Mailand gibt es außerdem einige spezielle Märkte. Der Mercatone dell'Antiquariato, der am letzten Sonntag im Monat in der Alzaia Naviglio Grande stattfindet, ist ein riesiger Antiquitätenmarkt mit über 400 Ständen, die Antiquitäten und Trödel feilbieten. Jeden Samstag gibt es an der Darsena an der Viale d'Annunzio die Fiera di Senigallia – wo man fast alles findet, von Kleidung über Schallplatten bis zu ethnischem Kunsthandwerk.

Auch der Mercato dell'Antiquariato im Brera-Viertel zwischen der Via Fiori Chiari und der Via Madonnina ist einen Besuch wert. Jeden dritten

Die Fiera di Senigallia an der Darsena

Samstag im Monat gibt es hier Antiquitäten, Bücher, Postkarten und Schmuck. Versäumen Sie nicht den Mercato del Sabato am Viale Papiniano, wo man Designerwäsche, -mode und -taschen fast aller bekannten Marken kaufen kann.

DELIKATESSEN

Feinschmecker wissen die gut sortierten Mailänder Feinkostläden zu schätzen. Der vielleicht berühmteste ist **Peck**, seit 1883 der Inbegriff von erlesenen Speisen und Delikatessen. Neben dem Hauptgeschäft in der Via Spadari, wo man Schinken, Würste und Käse aller Art findet, gibt es die beliebte *rosticceria* von Peck in der Via Cantù, in der man die besten Fertiggerichte Mailands kaufen kann.

Ein anderes erstklassiges Geschäft ist **Il Salumaio** in der Via Montenapoleone, Delikatessenladen und Restaurant in einem. Im obersten Stock-

werk des **La Rinascente** gibt es einige Lokalen sowie eine Terrasse mit einer grandiosen Sicht auf den Duomo. Auch der Delikatessen- und Weinladen ist exzellent.

N'Ombra de Vin ist eine von Mailands besten Enotheken und führt (die besten) Weine aus ganz Italien.

Das Paradies schlechthin für Schokoladenfreunde ist **Neuhaus Maitre Chocolatier**. Seine Spezialitäten sind frische Pralinen und hausgemachte Kuchen. **Garbagnati**, der bekannteste Bäcker der Stadt, wird vor allem für seinen *panettone* gerühmt. Der traditionelle Mailänder Kuchen wird dort seit 1937 gebacken.

Für Süßigkeiten ist **Fabbrica di Marroni Giovanni Galli** die erste Adresse. Hier werden seit 1898 die besten Marrons glacés hergestellt. Ebenso berühmt ist **L'Angolo di Marco** im Brera-Viertel, eine wunderbare *pasticceria* (Konditorei) mit köstlichen Leckereien. Bei **Ranieri** gibt es einen *panettone* mit Ananas sowie Süßigkeiten und Obsttorten. **Marchesi** schließlich ist die beste Adresse für zartschmelzende helle und dunkle Schokolade.

SCHLUSSVERKAUF

Schlussverkäufe *(saldi)* gibt es in Mailand zweimal im Jahr, Anfang Juli und im Januar gleich nach dem Dreikönigstag. Die Rabatte können bis zu 70 Prozent betragen, doch sehen Sie sich alles genau an, wenn der Rabatt allzu großzügig erscheint. Ausverkäufe können auch als Anlass dienen, Ladenhüter

oder beschädigte Waren loszuwerden. Auf der sicheren Seite sind Sie bei Factory-Outlets, etwa bei Il Salvagente in der Via Bronzetti 16 oder bei Diffusione Tessile in der Galleria San Carlos.

AUF EINEN BLICK

KAUFHÄUSER

Centro Bonola
Via Quarenghi 23. ☎ 02 33 40
06 25. www.centrobonola.it

Coin
Piazza Cinque Giornate 1. **Stadtplan** 8 F1. ☎ 02 55 19 20 83.

Il Portello
Piazzale Accursio.

La Rinascente
Piazza del Duomo. **Stadtplan**
7 C1 & 10 D3. ☎ 02 88 521.

Upim
Via Spadari 2. **Stadtplan** 7 C1.
☎ 02 39 25 91.

DELIKATESSEN

Fabbrica di Marroni Giovanni Galli
Corso di Porta Romana 2.
Stadtplan 7 C2 & 10 D5.
☎ 02 86 45 31 12.
Via Hugo. ☎ 02 86 46 48 33.

Garbagnati
Via Hugo 3. ☎ 02 87 53 01.
Via Dante 13. ☎ 02 86 46 06 72.

Il Salumaio
Via Montenapoleone 12.
Stadtplan 4 D5 & 10 E2.
☎ 02 76 00 11 23.

L'Angolo di Marco
Piazza del Carmine 6. **Stadtplan**
3 B4 & 9 C1. ☎ 02 87 43 60.

Marchesi
Via Santa Maria alla Porta 13.
Stadtplan 7 B1 & 9 B3.
☎ 02 86 27 70.

Neuhaus Maitre Chocolatier
Via San Vittore 6. **Stadtplan**
6 E1. ☎ 02 72 00 00 96.

N'Ombra de Vin
Via San Marco 2. **Stadtplan**
3 C3. ☎ 02 659 96 50.
www.vinoplease.it

Peck
Via Spadari 9. **Stadtplan** 7 C1 &
9 C3. ☎ 02 86 08 42.
Via Cantù 3 (Restaurant/Bar).
Stadtplan 7 C1. ☎ 02 869 30
17. www.peck.it

Ranieri
Via della Moscova 7. **Stadtplan**
3 B3. ☎ 02 659 53 08.

Der Corso Vittorio Emanuele, eine beliebte Shopping-Meile

Stadtplan *siehe Seiten 224–237*

Mode und Accessoires

Die Modeläden in Mailand sind wegen ihrer Verbindung zu den renommierten italienischen Modemachern weltberühmt. Das Modeviertel im Zentrum der Stadt wird jedes Jahr von Italienern und Besuchern gestürmt, die die neuesten Top-Modeartikel suchen. Doch in Mailand geht es nicht nur um teure Dinge. Das wahre Geheimnis eines erfolgreichen Bummels kann in der Entdeckung unbekannterer Geschäfte liegen, die hohe Qualität zu günstigem Preis bieten.

KLASSISCHE MODE

Damen auf der Suche nach schicker klassischer Mode für sich und ihre Kinder sollten **Pupi Solari** aufsuchen, wo auf Bestellung auch Brautkleider angefertigt werden. Wer eher farbenfrohe sportliche Kleidung mag, wird bei **Urrà** das Richtige finden. Elegante Kinderkleidung und Schuhe bekommt man bei **Gusella**, während **Host** vor allem Sport- und Freizeitkleidung für Herren führt.

Elegante, stilvolle Herrenmode ist bei **Bardelli** oder **Gemelli** zu finden. **Ravizza** ist ideal für diejenigen, die eher klassische Mode mit einem saloppen Touch bevorzugen. **Ermenegildo Zegna** ist der richtige Designer für elegante klassische (und teure) Herrenmode aus den besten Stoffen.

Brian & Barry bietet klassische und sportliche Kleidung zu vernünftigen Preisen. **Neglia**, vor Kurzem renoviert, bietet zwei Etagen voller modischer Herrenbekleidung und Accessoires.

DESIGNERMODE

Fast alle Stores, die das Neueste an Top-Designermode führen, liegen nahe am oder im Stadtzentrum *(siehe S. 106f)*. **Hugo Boss** hat jüngst ein ziemlich großes Geschäft für elegante Herrenmode eröffnet. **Giò Moretti**, eine Institution in der Via della Spiga, führt Artikel der Top-Labels, aber auch Mode aufstrebender Designer. **Marisa** ist auf italienische und ausländische Designer spezialisiert und bietet immer Neues und Interessantes, während **Fay** Mode für junge, anspruchsvolle Leute führt. **Biffi** ist berühmt

für seine große Auswahl an Top-Designermode.

Zu den ausländischen Designern, die immer beliebter werden, zählt **Jil Sander**. **Guess**, der New Yorker Shootingstar in Sachen Mode, bringt die neuesten Entwürfe.

Die Flagship-Stores der berühmtesten Designer sind alle im Modeviertel zu finden – von **Miu Miu** bis zu **D&G** und **Emporio Armani**, dessen Shop in der Via Manzoni die Sushi-Bar Nobi und eine Kunstgalerie beherbergt. In letzter Zeit zieht auch **Antonio Fusco** eine begeisterte Klientel an.

ACCESSOIRES

Sportliche Schuhe in guter Qualität führt **Tod's**. Weniger bekannt, aber ebenso gut ist die **Stivaleria Savoia**, wo man vor allem klassische Formen findet, die hier auch nach Maß angefertigt werden.

Ferragamo, der für seine hochmodischen Kreationen berühmte italienische Designer, bietet elegante klassische Schuhe. Unkonventionellere Dinge findet man in **La Vetrina**, während **Camper** originelle Schuhe führt, die für ihre gute Verarbeitung bekannt sind. **Garlando** bietet eine reiche Auswahl an Stilen und Farben für junge Leute.

Krokodil-, Straußen- und Normallederhandtaschen findet man bei **Colombo**, sehr gute Koffer und Aktentaschen bei **Valextra**. Originelles bietet das **Atelier Anne Backhaus**, wo Handtaschen und Accessoires aus den verschiedensten Materialien gefertigt sind. Die **Mandarina-Duck**-Läden

UMRECHNUNGSTABELLE

Kinderkleidung

Italien	2–3	4–5	6–7	8–9	10–11	12	14	14+	(Alter)
D, A, CH	2–3	4–5	6–7	8–9	10–11	12	14	14+	(Alter)

Kinderschuhe

Italien	24	25½	27	28	29	30	32	33	34
D, A, CH	24	25½	27	28	29	30	32	33	34

Damenkleider und -röcke

Italien	38	40	42	44	46	48	50	52
D, A, CH	34	36	38	40	42	44	46	48

Damenblusen und -pullover

Italien	40	42	44	46	48	50	52
D, A, CH	38	40	42	44	46	48	50

Damenschuhe

Italien	36	37	38	39	40	41
D, A, CH	36	37	38	39	40	41

Herrenbekleidung

Italien	44	46	48	50	52	54	56	58
D, A, CH	44	46	48	50	52	54	56	58

Herrenhemden

Italien	36	38	39	41	42	43	44	45
D, A, CH	36	38	39	41	42	43	44	45

Herrenschuhe

Italien	40	41	42	43	44	45	46
D, A, CH	40	41	42	43	44	45	46

führen modische Sport- und Reisetaschen, lässige Handtaschen und Matchbeutel.

Borsalino ist die Adresse für allerbeste klassische Hüte. **Giusy Bresciani** zeigt neuere Entwürfe, dazu Handschuhe und andere hochelegante Accessoires. **Cappelleria Melegari** führt Hüte aus der ganzen Welt, die auch nach Kundenwunsch umgeformt werden können. Ein großes Sortiment an Krawatten und Strickwaren findet man bei **Fedeli** und bei **Oxford**, wo auch eine gute Auswahl an Oberhemden bereitliegt.

SCHMUCK

Auf eleganten, klassischen Schmuck ist das historische Juweliergeschäft **Rocca 1872** spezialisiert, das u. a. die neuesten Rolex-Modelle in Gold, Platin und mit Diamanten präsentiert. Gleiches gilt für **Cusi**, der seit 1885 in Sachen edlem Schmuck für betuchte Kundinnen tätig ist. **Tiffany & Co.** ist auf der ganzen Welt für erstklassigen, edlen Schmuck bekannt, auch **Mario Buccellati** führt Gold- und Silberschmuck in eleganter Verarbeitung.

Ein weiterer traditioneller Shop ist **Bulgari**, der für seine schönen Juwelen und vor allem für seine Uhren bekannt ist. **Mereú** bietet originellen und modernen handgefertigten Schmuck an.

Preziosen vom 19. Jahrhundert bis zu den 1950er Jahren findet man bei **Mirella Denti**. Modernen Modeschmuck in großer Auswahl hat **Donatella Pellini** im Angebot. Auch bei **Sharra Pagano** gibt es eine gute Auswahl an neuestem Modeschmuck und Schmuck aus ausgefallenen und edlen Materialien.

AUF EINEN BLICK

KLASSISCHE MODE

Bardelli
Corso Magenta 13.
Stadtplan 3 A5 & 9 A3.
📞 02 86 45 07 34.

Brian & Barry
Via Durini 28.
Stadtplan 8 D1 & 10 E3.
📞 02 76 00 55 82.

Ermenegildo Zegna
Via Montenapoleone 27.
Stadtplan 4 D5 & 10 E2.
📞 02 76 00 64 37.

Gemelli
Corso Vercelli 16.
Stadtplan 2 D5.
📞 02 48 00 00 57.

Gusella
Corso V. Emanuele II 37b.
Stadtplan 8 D1 & 10 E3.
📞 02 79 65 33.

Host
Piazza Tommaseo 2.
Stadtplan 2 E5.
📞 02 43 60 85.

Neglia
Corso Venezia 2.
Stadtplan 4 E4 & 10 F2.
📞 02 79 52 31.

Pupi Solari
Piazza Tommaseo 2.
Stadtplan 2 E5.
📞 02 46 33 25.

Ravizza
Via Hoepli 3. **Stadtplan**
4 D5 & 10 D3.
📞 02 869 38 53.

Urrà
Via Solferino 3.
Stadtplan 3 C2
📞 02 86 43 85.

DESIGNERMODE

Antonio Fusco
Via Sant'Andrea 11.
Stadtplan 4 D5 & 10 E2.
📞 02 76 00 29 57.

Biffi
Corso Genova 6.
Stadtplan 7 A2 & 9 A5.
📞 02 831 16 01.

D&G
Corso Venezia 7.
Stadtplan 4 E4 & 10 F2.
📞 02 76 00 40 91.

Emporio Armani
Via Manzoni 31.
Stadtplan 3 C5 & 10 D2.
📞 02 62 69 07 29.

Fay
Via della Spiga 15.
Stadtplan 4 D4 & 10 E2.
📞 02 76 01 75 97.

Giò Moretti
Via della Spiga 4.
Stadtplan 4 D4 & 10 E2.
📞 02 76 00 31 86.

Guess
Piazza San Babila 4b.
Stadtplan 4 D5 & 10 E2.
📞 02 76 39 20 70.

Hugo Boss
Corso Matteotti 11.
Stadtplan 4 D5 & 10 E2.
📞 02 76 39 46 67.

Jil Sander
Via P. Verri 6.
Stadtplan 4 D5 & 10 E2.
📞 02 777 29 91.

Marisa
Via della Spiga 52.
Stadtplan 4 D4 & 10 E2.
📞 02 76 00 20 82.

Miu Miu
Corso Venezia 3.
Stadtplan 4 E4 & 10 F2.
📞 02 76 01 44 48.

ACCESSOIRES

Atelier Anne Backhaus
Corso di Porta Vigentina 10. **Stadtplan** 8 D3.
📞 02 58 30 27 93.

Borsalino
Galleria V. Emanuele II.
Stadtplan 7 C1 & 10 D3.
📞 02 86 45 72 42.

Camper
Via Torino 15.
Stadtplan 7 B1 & 9 C4.
📞 02 805 71 85.

Cappelleria Melegari
Via P. Sarpi 19.
Stadtplan 3 A2.
📞 02 31 20 94.

Colombo
Via della Spiga 9.
Stadtplan 4 D4 & 10 E2.
📞 02 76 02 35 87.

Fedeli
Via Montenapoleone 8.
Stadtplan 4 D5 & 10 E2.
📞 02 76 02 33 92.

Ferragamo
Via Montenapoleone 3.
Stadtplan 4 D5 & 10 E2.
📞 02 76 00 00 54.

Garlando
Via Madonnina 1.
Stadtplan 3 B4 & 9 C1.
📞 02 87 46 65.

Giusy Bresciani
Via del Carmine 5.
Stadtplan 3 C4 & 9 C2.
📞 02 89 01 35 05.

La Vetrina
Via Statuto 4.
Stadtplan 3 B3.
📞 02 65 42 78.

Mandarina Duck
Corso Europa.
Stadtplan 8 D1 & 10 E3.
📞 02 78 22 10.

Oxford
Via Verri 2.
Stadtplan 4 D5 & 10 E2.
📞 02 76 02 34 04.

Stivaleria Savoia
Via Petrarca 7. **Stadtplan**
2 E2. 📞 02 46 34 24.

Tod's
Via della Spiga 22.
Stadtplan 4 D4 & 10 E2.
📞 02 76 00 24 23.

Valextra
Via Manzoni 3.
Stadtplan 4 D5 & 10 E2.
📞 02 76 00 29 89.

SCHMUCK

Bulgari
Via Montenapoleone 2.
Stadtplan 4 D4 & 10 E2.
📞 02 77 70 01.

Cusi
Via Montenapoleone 21a.
Stadtplan 4 D5 & 10 E2.
📞 02 76 02 19 77.

Donatella Pellini
Via S. Maria alla Porta 13.
Stadtplan 7 B1 & 9 B3.
📞 02 72 01 05 69.

Mario Buccellati
Via Montenapoleone 23.
Stadtplan 4 D5 & 10 E2.
📞 02 76 00 21 53.

Mereú
Via Solferino 3.
Stadtplan 3 C3.
📞 02 86 46 07 00.

Mirella Denti
Via Montenapoleone 29.
Stadtplan 4 D5 & 10 E2.
📞 02 76 02 25 44.

Rocca 1872
Via Montenapoleone 16.
Stadtplan 4 D5 & 10 E2.
📞 02 76 00 12 93.

Sharra Pagano
Corso Garibaldi 35.
Stadtplan 3 B3.
📞 02 89 01 35 42.

Tiffany & Co.
Via della Spiga 19a.
Stadtplan 4 D4 & 10 E2.
📞 02 76 02 23 21.

Stadtplan *siehe Seiten 224–237*

Design und Antiquitäten

Mailand ist die anerkannte Hauptstadt des modernen Designs und ein Eldorado für Enthusiasten, die unendlich lange in den zahlreichen Läden und Ausstellungsräumen stöbern könnten. Jedes Frühjahr lockt der Salone del Mobile, die berühmte Mailänder Möbelmesse, alle Top-Designer und Händler an. Während der Messe verlängern viele Mailänder Wohndesign-Shops ihre Öffnungszeiten und setzen Veranstaltungen für Fachhändler und Besucher aufs Programm.

WOHN- UND INDUSTRIEDESIGN

Bei **De Padova** werden elegante, avantgardistische Objekte für die Wohnung, u. a. Möbel, aus den besten Materialien gebaut. Für modische Leuchten ist **Artemide** bekannt. Das moderne Design wird von bekannten Namen kreiert. Auch bei **Flos** am Corso Monforte findet man schnittige, hypermoderne Leuchten aller Art.

Fontana Arte ist eine Art Galerie und führend auf dem Gebiet der Innenarchitektur. Sie wurde 1933 gegründet und stellt u. a. schöne Leuchten aus, meist aus Kristall.

Da Driade, mitten im Modeviertel, führt vor allem in den letzten 30 Jahren geschaffene Gegenstände, die Sammelobjekte geworden sind. Die **Galleria Colombari** wiederum bietet moderne Antiquitäten und zeitgenössische Designobjekte.

Im **Spazio Cappellini** findet man informelle, elegante Möbel. **Zani & Zani** präsentiert Wohndesign-Accessoires auf einem Schachbrettmuster, um den einzelnen Gegenstand möglichst schön zur Geltung zu bringen.

Kartell führt verschiedene Artikel für Wohnung und Büro, während **Arform** sich auf skandinavisches Design spezialisiert hat. **Venini** ist eine Institution, was mundgeblasene venezianische Vasen betrifft. **Barovier & Toso** führen äußerst edle Kronleuchter und Vasen. **Cassina** bietet Produkte führender Designer an.

Spazio 900 ist eine gute Adresse für Möbel und Dekorationsobjekte, die Top-Designer zwischen den 1950er und 1980er Jahren entwarfen. Auslaufmodelle der großen Designer bekommt man hier oft zum Schnäppchenpreis.

Bei **Officina Alessi** findet man eine große Auswahl der weltweit geschätzten schicken Objekte aus Edelstahl und buntem Plastik.

Kitchen hat alles für den Koch und bietet Kochkurse für alle, die sich in dieser Disziplin weiterbilden möchten.

Wer Stilmöbel liebt, sollte bei **Dimorae** vorbeischauen, wo die Möbel in einem einladenden Raum ausgestellt werden.

MEGASTORES

Der Megastore, in dem man fast alles, was es gibt, kaufen kann, vom kleinsten Haushaltsartikel bis zum größten Möbelstück, wird jetzt in Mailand wie auch in anderen italienischen Städten große Mode. Diese riesigen Stores (*empori*) haben oft spät am Abend und auch sonntags geöffnet und können ihren Kunden häufig noch verschiedene andere Dienstleistungen bieten.

High Tech war einer der Ersten, die diese neue Art des Shoppings anboten. Hier findet man exotische Möbel, Stoffe und Tapeten für die Wohnung, Küchengeräte, Parfüm und Accessoires aus der ganzen Welt.

Besuchen Sie **Cargo High-Tech** mit chinesischen Lackarbeiten, aber auch mit ultramodernen italienischen Designleuchten. Es gibt auch eine Abteilung mit indischen Stoffen oder Bambusmöbel von den Philippinen.

Emporio 31 ist ein weiterer interessanter Laden, der in einem alten Industrieviertel nahe den Navigli liegt. Hier findet man Inneneinrichtung. Die Teile sind akkurat ausgewählt und platziert. Der Shop erstreckt sich über drei große Etagen. Oft finden Designausstellungen statt.

Corso Como 10 ist ein ungewöhnliches Geschäft, in dem Designartikel aus dem Nahen und Fernen Osten angeboten werden. Hier gibt es auch eine Galerie und ein modernes Café. Das ultramoderne und unkonventionelle **Moroni Gomma** führt Stiefel, Regenmäntel, Küchengeräte und Haushaltsartikel aus Plastik und Gummi.

STOFFE UND WÄSCHE

In Eleganz und hochkarätigem Wohndesign ist Mailand nicht zu übertreffen. Viele Geschäfte führen Artikel aus Stoff, die auch nach Wunsch angefertigt werden können. **Etro** in der Via Montenapoleone ist berühmt für seine Stoffe und eleganten Accessoires. **KA International**, eine spanische Stoffladenkette, die außerordentlich günstig ist, bietet mehrere Filialen.

Neben vielen anderen Läden der Stadt bekommt man bei **Lisa Corti** echte indische Baumwoll- und Gazestoffe mit dekorativen Blumen- und Streifenmustern. **Mimma Gini** bietet eigenwillige Stoffe aus Indien, Japan und Indonesien an.

Castellini & C ist für seine hochwertigen Leinenstoffe bekannt.

Originelle und exklusive Stoffe gibt es bei **Fede Cheti**. Unter den Läden, die Haushaltswäsche führen, ist **Pratesi** für seine klassischen und eleganten Waren bekannt.

Zucchi ist ein wohlbekannter Name für schöne Stoffe in Italien. Bett- und Tischwäsche in modernem und praktischem Design ist Spezialität von **Mirabello**.

Seit 1860 ist **Frette** Garant für hochwertige Bett- und Tischwäsche sowie für Badezimmerartikel wie Handtücher und Bademäntel. Die Firma liefert ihre Waren in die ganze Welt und ließ als eine der ersten ihre Kunden bei der Badgestaltung von Innenarchitekten beraten.

ANTIQUITÄTEN

In Mailand finden Sie viele Antiquitätenläden und Werkstätten für Antiquitäten. Subert in der Via della Spiga 22 ist auf Möbel des 18. Jahrhunderts und wissenschaftliche Instrumente spezialisiert. In derselben Straße führt **Mauro Brucoli** Möbel und Gegenstände aus dem 19. Jahrhundert sowie schönen alten Schmuck.

Bis Ende 2006 konnte man bei Franco Sabatelli Bilderrahmen aller Epochen finden, manche aus dem 16. Jahrhundert. Jetzt hat er seinen Laden geschlossen. Man muss ihn daher auf seiner Website www.sabatelli.com besuchen.

Liebhaber englischer Möbel aus dem 18. und 19. Jahrhundert sollten zu Old English Furniture in der Via San Simpliciano 6 (Tel. 02 87 78 07) gehen, wo man auch schöne wissenschaftliche Instrumente findet. Wenn Sie das Ungewöhnliche oder Bizarre vorziehen, schauen Sie bei **L'Oro**

dei Farlocchi vorbei, einer historischen Antiquitätengalerie im Brera-Viertel. Die **Galleria Blanchaert** ist eines der bekanntesten Geschäfte für antike Gläser, Murano-Lüster und Venini-Vasen.

Bei **Antichità Caiati** findet man beeindruckende italienische Gemälde aus dem 17. und 18. Jahrhundert. Wertvolle Bilder werden auch bei **Walter Padovani** verkauft. **Carlo Orsi** führt exklusive Antiquitäten, u. a. Bronzeskulpturen, schöne Gemälde, edle Möbel, Elfenbeinarbeiten und Edelsteine.

AUF EINEN BLICK

WOHN- UND INDUSTRIEDESIGN

Arform
Via della Moscova 22.
Stadtplan 3 B3.
📞 02 655 46 91.

Artemide
Corso Monforte 19.
Stadtplan 4 E5 & 10 F2.
📞 02 76 00 69 30.

Barovier & Toso
Via Manzoni 40.
Stadtplan 4 D5.
📞 02 76 00 09 06.

Cassina
Via Durini 16.
Stadtplan 8 D1.
📞 02 76 02 07 58.

Da Driade
Via Manzoni 30. **Stadtplan** 4 D5 & 10 D2.
📞 02 76 02 30 98.

De Padova
Corso Venezia 14. **Stadtplan** 4 E4. 📞 02 77 72 01. www.depadova.it

Dimorae
Corso Magenta 69.
Stadtplan 3 A5 & 9 A3.
📞 02 48 01 18 03.

Flos
Corso Monforte 9.
Stadtplan 4 E5 & 10 F2.
📞 02 76 00 36 39.

Fontana Arte
Via Santa Margherita 4.
Stadtplan 3 C5 & 9 C3.
📞 02 86 46 45 51.

Galleria Colombari
Via Maroncelli 10.
Stadtplan 3 B1.
📞 02 29 00 25 33.

Kartell
Via Turati/Ecke Corso Porta 1. **Stadtplan** 4 D3.
📞 02 659 79 16.

Kitchen
Via De Amicis 45.
Stadtplan 7 A2.
📞 02 58 10 28 49.

Officina Alessi
Corso Matteotti 9.
Stadtplan 4 D5 & 10 E2.
📞 02 79 57 26.

Spazio 900
Corso Garibaldi 42.
Stadtplan 3 B2.
📞 02 70 12 57 37.
www.spazio900.com

Spazio Cappellini
Via S. Cecilia 4.
📞 02 72 00 17 75.

Venini
Via Montenapoleone 9.
Stadtplan 4 D5 & 10 E2.
📞 02 76 00 05 39.

Zani & Zani
Via S. Damiano/Ecke C. Venezia. **Stadtplan** 4 E4.
📞 02 79 80 96.

MEGASTORES

Cargo High-Tech
Via Meucci 39.
📞 02 27 22 131.
www.cargomilano.it

Corso Como 10
Corso Como 10.
Stadtplan 3 C2.
📞 02 29 00 26 74.

Emporio 31
Via Tortona 31.
Stadtplan 6 D3.
📞 02 42 22 577.

High Tech
Piazza XXV Aprile 12.
📞 02 624 11 01.

Mondadori Multicenter
P. del Duomo. **Stadtplan** 1 C5. 📞 02 481 00 63.

Moroni Gomma
Corso Matteotti 14.
Stadtplan 4 D5 & 10 E2.
📞 02 76 00 68 21.
Via Giusti 10. **Stadtplan** 3 A2. 📞 02 33 10 65 65.

STOFFE/WÄSCHE

Castellini & C
V. B. Zenale 3. **Stadtplan** 6 F1. 📞 02 48 01 50 69.

Etro
Via Montenapoleone 5.
Stadtplan 4 D5 & 10 E2.
Via Bigli 2. **Stadtplan** 4 D5. 📞 02 76 00 50 49.

Fede Cheti
Via Manzoni 23.
Stadtplan 3 C5 & 10 D2.
📞 02 86 46 40 05.

Frette
Via Montenapoleone 21.
Stadtplan 4 D5 & 10 E2.
📞 02 76 00 37 91.
Via Manzoni 11.
Stadtplan 3 C5 & 10 D2.
📞 02 86 45 06 46.
Corso Vercelli 23–25.
Stadtplan 2 D5.

KA International
Via Pontaccio 3.
Stadtplan 3 B4 & 9 C1.
📞 02 86 45 12 44.
Via Marghera 14.
Stadtplan 1 C5.
📞 02 48 00 63 53.

Lisa Corti
Via Lecco 2. **Stadtplan** 4 E3. 📞 02 29 40 55 89.

Mimma Gini
Via Santa Croce 21.
Stadtplan 7 B3.
📞 02 89 40 07 22.

Mirabello
Via Montebello/Ecke Via San Marco. **Stadtplan** 4 D3. 📞 02 65 48 87.

Pratesi
Via G. Verdi 6. **Stadtplan** 3 C5. 📞 02 80 58 30 58.

Zucchi
Via Ugo Foscolo 4.
📞 02 89 01 14 14.

ANTIQUITÄTEN

Antichità Caiati
Via Gesà 17. **Stadtplan** 4 D5. 📞 02 79 48 66.

Carlo Orsi
Via Bagutta 14.
📞 02 76 00 22 14.

Galleria Blanchaert
Piazza Sant'Ambrogio 4.
Stadtplan 7 A1 & 9 A3.
📞 02 86 45 17 00.

L'Oro dei Farlocchi
Via Madonnina (gegenüber Nr. 5). **Stadtplan** 3 B4. 📞 02 86 05 89.

Mauro Brucoli
Via della Spiga 17.
Stadtplan 4 D4 & 10 E2.
📞 02 76 00 22 14.

Walter Padovani
Via della Spiga 25.
Stadtplan 4 D4 & 10 E2.
📞 02 76 31 89 07.

Stadtplan *siehe Seiten 224–237*

Bücher und Geschenke

Mailand ist mit Buchhandlungen, von denen viele auch fremdsprachige Bücher führen, gut bestückt. Die größeren liegen im Stadtzentrum und haben gewöhnlich bis spätabends und auch am Sonntag geöffnet. Sie bieten viel Platz, wo man in aller Ruhe in den ausgelegten Büchern schmökern kann. Außerdem gibt es viele kleine Buchläden, in denen oft seltene oder vergriffene Bücher zu finden sind. Rund um die Universität haben sich die Fachbuchhandlungen angesiedelt. Musikfans gehen am besten in die Megastores oder die vielen Plattenläden in der Stadt. In den teilweise witzigen Geschenkartikelläden finden Interessierte viele schöne Mitbringsel.

BUCHLÄDEN

Das **Mondadori Multicenter** liegt zentral und hat täglich bis 23 Uhr offen. Man findet neben Zeitungen und Zeitschriften (auch internationalen) die italienischen Neuerscheinungen (Belletristik und Sachbücher). Für Computerfans ist **Mondadori Informatica** ideal.

Eine große, gut sortierte und beliebte Buchhandlung in der Galleria Vittorio Emanuele ist **Rizzoli**, das eine Kunstbuchabteilung hat.

Feltrinelli ist mit fünf Buchläden vertreten, die täglich, auch sonntags, offen haben. Im Hauptgeschäft an der Piazza del Duomo mit seinen über 60 000 Büchern auf fast 500 Quadratmetern werden dem Kunden auch verschiedene andere Dienste angeboten.

Die fünfgeschossige Buchhandlung **Hoepli** ist ein traditionsreicher Laden und auf naturwissenschaftliche Publikationen und ausländische Zeitschriften spezialisiert. Der **American Bookstore** und der **English Bookshop** führen englischsprachige Literatur. Die **Libreria Francese Ile de France** bietet eine gute Auswahl an französischen Büchern. Für antiquarische Bücher ist **Il Libraccio** mit einer Reihe Filialen eine gute Adresse. Hier gibt es Romane, Comic-Hefte und CDs.

Ein kleiner Laden, in dem Opernfans fündig werden können, ist **Il Trovatore**. Vergriffene Editionen, Partituren und Libretti sind neben wertvollen Raritäten wie Faksimiles von Partituren mit den Signaturen der Komponisten zu erwerben. Der Laden bietet auch einen Katalog seiner Veröffentlichungen an.

Books Import führt kunsthistorische Bücher und Bücher über Architektur, Design und Fotografie (meist ausländische Publikationen). Die Abteilung über Hobbys ist exzellent.

Der **Bookshop Armani** liegt im ersten Stock des Armani-Komplexes und bietet Bücher über Mode, Reise- und Hotelführer sowie Kunstbücher.

L'Archivolto, vorwiegend auf Architektur und Design spezialisiert, hat auch eine antiquarische Abteilung mit Büchern vom 15. Jahrhundert bis zur Gegenwart. Hier werden auch moderne Designobjekte präsentiert. Auch die **Libreria della Triennale** führt hauptsächlich Bücher über Architektur und Design, hat aber zudem eine gute Kinderbuchabteilung. Kunstliebhabern wird die **Libreria Bocca** in der Galleria Vittorio Emanuele II gefallen.

Die **Libreria dei Ragazzi** ist die einzige Buchhandlung der Stadt, die nur Kinderbücher führt, dazu Spiele und pädagogisch wertvolle Bücher.

Die **Libreria del Mare** bietet, wie der Name sagt, eine breite Auswahl an Drucken und Büchern über das Meer (*il mare*), während die **Libreria Milanese** Bücher (auch Fotobücher, Drucke, Plakate und technische Spielzeuge) zum Thema »Mailand« führt.

Milano Libri, immer auf der Höhe der Zeit, hat eine Abteilung über die neuesten Modetrends und eine über Fotografie. **Luoghi e Libri** führt Reisebücher, Romane und Sachbücher. Für Comic-Fans ist **La Borsa del Fumetto** eine gute Anlaufstelle, die auch seltene und alte Ausgaben von Comics führt.

Außer Reiseführern gibt es in der **Libreria dell'Automobile** Handbücher und illustrierte Bücher über Autos und Motorräder. Die **Libreria dello Sport** verkauft Bücher und Videos zu allen Sportarten. Die **Libreria dello Spettacolo** ist auf Theater und Biografien berühmter Schauspieler und Schauspielerinnen spezialisiert. **White Star Adventure** bietet Bücher über u. a. Natur, Kunst, Archäologie und veranstaltet Ausstellungen.

MUSIK, CDS & PLATTEN

Ein guter Musikalienladen ist der **Ricordi Media Store**, in dem man Noten, Partituren und Bücher über Komponisten und ihre Werke findet. Er hat auch sonntags bis 20 Uhr geöffnet und bietet mindestens einmal im Monat Artikel zu Sonderpreisen an. Außerdem gibt es Konzertkarten im Vorverkauf.

Messaggerie Musicali führt auf drei Etagen eine Großauswahl an Platten und CDs aller Art sowie eine gut sortierte Abteilung mit Musikbüchern in vielen Sprachen.

Die **Bottega Discantica** ist ein Eldorado für Opernfans und Liebhaber von symphonischer und Kirchenmusik. **DeeJay Mix** hat etwas Britisch-Skurriles: Neben den neuesten Trends gibt es hier Platten zu kaufen, die anderswo kaum zu finden sind, zudem viele italienische und ausländische Zeitschriften und seltene T-Shirts mit musikalischer Thematik.

Buscemi Dischi ist einer der bestsortierten und preiswertesten Plattenläden und vor allem Jazzliebhabern ans Herz zu legen. **Rasputin** an der Piazza Cinque Giornate ist auf Rockmusik vor allem amerikanischer Bands spezialisiert und bietet die neuesten Charts-Spitzenreiter zu günstigen Preisen an.

GESCHENKE

Wer ein Geschenk sucht, hat gute Chancen, bei **MacKenzy Gadgets** in der Galleria Vittorio Emanuele II fündig zu werden. Im Sortiment gibt es vor allem hochwertige italienische Markenartikel. **Co Import** führt Haushaltswaren und witzige Teile. Ausgefallenes findet man bei **Penelopi 3**.

Wenn Sie auf der Suche nach einem anspruchsvolleren Geschenk sind, versuchen Sie es am besten bei **Ca' Albrizzi**, einem berühmten

Buchbinder, der sehr schöne Notizbücher, Alben und andere handgearbeitete Artikel führt. Eine gute Alternative ist **Tra le Pagine** mit hervorragenden handgearbeiteten Papierwaren, darunter Schreibpapier und Mappen.

Rauchern wird **Lorenzi** gefallen, der neben einem reichhaltigen Sortiment an Messern, Scheren sowie Geschenk- und Toilettenartikeln wertvolle Pfeifen und Accessoires für Raucher führt. **Savinelli** ist eine Mailänder Institution. Seit 1876 verkauft man hier Pfeifen aller Art und

aller Preisklassen bis hin zu Unikaten und anderen äußerst teuren Exemplaren.

Für Spielzeug und Spiele ist **Città del Sole** ideal. Hier findet man die größte Auswahl an Holzspielzeug, pädagogisch wertvollen Spielen und Brettspielen für Kinder und Erwachsene. **Movo** gibt es seit 1932. Es ist die erste Adresse für Modellbau-Freaks.

Pergioco liegt zwar nicht direkt im Zentrum, ist aber sehr zu empfehlen, wenn Sie Konsolenspiele und Computerspiele suchen oder DVDs aller Art.

AUF EINEN BLICK

BUCHLÄDEN

American Bookstore
Via Camperio 16.
Stadtplan 3 B5 & 9 B2.
℡ 02 87 89 20.

Books Import
Via Maiocchi 11.
℡ 02 29 40 04 78.

Bookshop Armani
Via Manzoni 37.
Stadtplan 3 C5.
℡ 02 657 24 01.

English Bookshop
Via Mascheroni 12.
Stadtplan 2 E4
℡ 02 469 44 68. **www. englishbookshop.it**

Feltrinelli
Piazza Piemonte 2.
Stadtplan 1 C5.
℡ 02 43 35 41.
Via Manzoni 12.
Stadtplan 3 C5 & 10 D2.
℡ 02 76 00 03 86.
Via Foscolo 1–3.
℡ 02 86 99 68 97.
Corso Buenos Aires 33.
Stadtplan 4 F3.
℡ 02 20 23 361.
Via P. Sarpi 15.
Stadtplan 3 A2.
℡ 02 349 02 41.

Hoepli
Via Hoepli 5.
Stadtplan 4 D5 & 10 D3.
℡ 02 86 48 71

Il Libraccio
Via Arconati 16.
℡ 02 55 19 08 97.
Via Corsico 9. **Stadtplan** 6 F3. ℡ 02 837 23 98.
Via Santatecla 5.
℡ 02 87 83 99.
Viale Vittorio Veneto 22.
Stadtplan 4 E3
℡ 02 655 56 81.

Il Trovatore
Via Carlo Poerio 3.
℡ 02 76 00 16 56.

L'Archivolto
Via Marsala 2. **Stadtplan** 3 C3. ℡ 02 659 08 42.

La Borsa del Fumetto
Via Lecco 16. **Stadtplan** 4 E3. ℡ 02 29 51 38 83.

Libreria Bocca
Galleria V. Emanuele II 12.
Stadtplan 7 C1 & 10 D3.
℡ 02 86 46 23 21.

Libreria dei Ragazzi
Via Tadino 53. **Stadtplan** 4 F2. ℡ 02 29 53 35 55.

Libreria del Mare
Via Broletto 28.
Stadtplan 3 B5 & 9 C2.
℡ 02 89 01 02 28.

Libreria dell'Automobile
Corso Venezia 43.
Stadtplan 4 E4 & 10 F2.
℡ 02 76 00 66 24.

Libreria della Triennale
Viale Alemagna 6. **Stadtplan** 2 F3.
℡ 02 89 01 34 03.

Libreria dello Spettacolo
Via Terraggio 11.
Stadtplan 7 A1 & 9 A3.
℡ 02 86 45 17 30.

Libreria dello Sport
Via Carducci 9.
Stadtplan 3 A5 & 9 A3.
℡ 02 805 53 55.

Libreria Francese Ile de France
Via San Pietro all'Orto 10.
Stadtplan 4 D5 & 10 E2.
℡ 02 76 00 17 67.

Libreria Milanese
Via Meravigli 18.
Stadtplan 3 B5 & 9 B3.
℡ 02 86 45 31 54.

Luoghi e Libri
Via M. Melloni 32.
Stadtplan 4 F5.
℡ 02 738 83 70.

Milano Libri
Via Verdi 2. **Stadtplan** 3 C5. ℡ 02 87 58 71.

Mondadori
Multicenter
Corso V. Emanuele II 79.
Stadtplan 8 D1 & 10 E3.
℡ 02 48 04 71.
Informatica
Via Berchet 2.
℡ 02 55 19 22 10.

Rizzoli
Galleria V. Emanuele II 79.
Stadtplan 7 C1 & 10 D3.
℡ 02 86 46 10 71.

White Star Adventure
Piazza Meda. **Stadtplan** 4 D5. ℡ 02 89 05 15 20.

MUSIK

Buscemi Dischi
Corso Magenta 31.
Stadtplan 3 A5 & 9 A3.
℡ 02 80 41 03.

DeeJay Mix
Corso di P. Ticinese 106.
Stadtplan 7 B2 & 9 B5.
℡ 02 89 40 04 20.

La Bottega Discantica
Via Nirone 5. **Stadtplan** 7 A1. ℡ 02 86 29 66.

Messaggerie Musicali
Galleria del Corso 2.
℡ 02 76 05 54 31.

Rasputin
P. Cinque Giornate 10.
Stadtplan 8 F1.
℡ 02 59 90 20 40.

Ricordi Media Store
Galleria V. Emanuele II.
Stadtplan 7 C1 & 10 D3.
℡ 02 86 46 02 72.

GESCHENKE

Ca' Albrizzi
Corso Venezia 29.
Stadtplan 4 E4.
℡ 02 76 00 44 39.

Città del Sole
Via Orefici 13. **Stadtplan** 7 C1. ℡ 02 86 46 16 83.

Co Import
Piazza Diaz. **Stadtplan** 7 C1. ℡ 02 86 98 40 84.

Ferrari Store
Piazza Liberty 8.
℡ 02 76 01 73 85.

Lorenzi
Via Montenapoleone 9.
Stadtplan 4 D5 & 10 E2.
℡ 02 76 02 28 48.

MacKenzy Gadgets
Galleria V. Emanuele II.
Stadtplan 7 C1 & 10 D3.
℡ 02 87 50 85.

Movo
P. Principessa Clotilde 8.
Stadtplan 4 D2.
℡ 02 655 48 36.

Penelopi 3
Via Palermo 1. **Stadtplan** 3 B3. ℡ 02 72 00 06 52.

Savinelli
V. Orefici 2. **Stadtplan** 7 C1. ℡ 02 87 66 60.

Tra le Pagine
Via Palermo 11. **Stadtplan** 3 B3. ℡ 02 86 11 13.

Stadtplan *siehe Seiten 224–237*

UNTERHALTUNG IN MAILAND

Das Angebot an Unterhaltung in Mailand ist vielfältig. Durch die vielen Clubs, die vor allem das Brera- und das Navigli-Viertel mit Leben erfüllen, haben Nachtschwärmer jede Menge Optionen. Kneipen, Discos und Nachtclubs mit Live-Musik sind jeden Abend voller Menschen, die aus allen Ecken Italiens kommen. Auch viele Bistros haben bis spätnachts geöffnet. Die Theater bieten ein reiches und vielfältiges Programm: Im Teatro alla Scala kann man das Beste an Oper und Ballett sehen. Große

Javier Zanetti, Kapitän von Inter

Konzerte finden meist im Mazda Palace (dem früheren Palavobis) oder im Filaforum in Assago statt. Auch mit Sportfans meint es Mailand gut. Von September bis Mai gibt es jeden Sonntag im Giuseppe-Meazza-Stadion ein Fußballspiel eines der Mailänder Clubs Inter oder AC Milan. Hier werden, teils auch wochentags, nationale und internationale Meisterschaftsspiele abgehalten. Pferderennen finden das ganze Jahr über im Ippodromo statt. Die vielen Sport- und Freizeitclubs bieten für alle, die Sport treiben wollen, das Passende.

INFORMATION

Um die neuesten Informationen über Abendveranstaltungen in Mailand zu bekommen, sehen Sie am besten in der Programmvorschau von *ViviMilano* nach, einer Mittwochsbeilage der Zeitung *Corriere della Sera*, oder in der Rubrik *Tutto Milano* der Tageszeitung *La Repubblica*.

In den IAT-Büros an der Piazza del Duomo und in der Stazione Centrale (Hauptbahnhof) liegt die kostenlose Broschüre *Milano Mese* mit allen Informationen über Kunstausstellungen, Sinfonie-, Pop- oder Jazzkonzerte und andere Kulturereignisse aus. Gute Infos enthält auch das Heft *Easy Milano*.

Sie können auch die Websites von *Inmilano* (www.inmilano.it) oder von *Easy Mi-*

lano (www.easymilano.it) besuchen, um Tipps zu Nachtleben, Unterhaltung und Kultur zu bekommen. Infos und aktuelle Veranstaltungen auf Deutsch gibt es online unter: www.milano24ore.de.

KARTENVORVERKAUF

Karten für Theater und Konzerte erhält man an speziellen Vorverkaufsstellen wie **Ricordi Box Office**, **Ticket Web** (Reservierungen telefonisch oder online unter www.ticketweb.it) und **Ticket One**. Karten für die Scala kann man nur persönlich an der Kasse in der Metro-Station Duomo erwerben oder über die Website (www.teatroallascala.org).

Karten für Fußballspiele sind direkt an den Stadionkassen zu bekommen. Tickets für Spiele von Inter erhalten sie auch in der Banca Popo-

Alcatraz, eine trendige Mailänder Disco *(siehe S. 199)*

lare di Milano, der Banca Briantea, der Banca Agricola Milanese und bei Ticket One. Karten für AC-Milan-Spiele verkaufen die Cariplo-Bank, einige Läden (40 Bars und Geschäfte) sowie Milan Point, wofür die Listen beim Club AC Milan aushängen.

Karten für das alljährliche Formel-1-Rennen, das im September im Autodromo Nazionale in Monza stattfindet, bekommt man beim **Automobile Club Milano**, bei **Acitour Lombardia** und bei **ACP & Partners**.

Die Rennstrecke in Monza ist am Wochenende für Touren geöffnet, wenn keine Veranstaltungen stattfinden. Man darf sogar mit dem eigenen Wagen oder Motorrad auf die Strecke, wenn sie frei ist. Informationen dazu erteilt das **Autodromo Nazionale**.

Der Zuschauersaal des weltberühmten Teatro alla Scala

Das Filaforum in Assago – eine Sportarena, die auch für Konzerte genutzt wird *(siehe S. 199)*

KINDER

Familien mit Kindern sollten wissen, dass Mailand nicht gerade viele Vergnügungsmöglichkeiten bietet, die speziell auf Kinder bzw. Familien ausgerichtet sind. Doch einige der Mailänder Museen und Sammlungen sind recht kinderfreundlich.

Anregend für die Fantasie der Kleinen sind das Planetarium *(siehe S. 120)*, das Technik- und Naturkundemuseum *(siehe S. 88)* und das Städtische Aquarium *(siehe S. 68)*. Alle versorgen Besucher auch mit lehrreichem Material.

Theater und Filme speziell für Kinder bieten das **Cinema Arti** und das **Teatro delle Marionette**, ein Marionettentheater für Kinder.

Ist man auf pure Belustigung und Unterhaltung aus, ist der Vergnügungspark im **Idroscalo** eine gute Wahl. Von

Juni bis September ist die **Aquatica** ein beliebter Ort, wo man mit Kindern ein paar entspannte Stunden verbringen kann: Schwimmbecken, Rutschen und Shows machen diesen Badepark zum Wasserparadies, in dem Jung und Alt ihren Spaß haben.

Kinder über zwölf Jahren, die Spaß an Videospielen haben, können eine der vielen Spielhallen ausprobieren.

Nur für kleinere Kinder ist **Play Planet** zu empfehlen, ein Spiel- und Sportzentrum, in dem sie Dampf ablassen und viel Energie verbrauchen oder an kreativen Kursen teilnehmen können. Play Planet ist das ganze Jahr über geöffnet und hat auch zwei Räume, in denen private Geburtstagspartys veranstaltet werden können.

Bei gutem Wetter immer ein angenehmer Zeitvertreib mit Kindern ist der Besuch eines öffentlichen Parks. Für Kinder am besten geeignet sind die Parks an der Porta Venezia und an der Via Palestro, in die zumindest theoretisch kein Erwachsener hineinkommt, der nicht in Begleitung eines Kindes ist. Auch im Parco Sempione (zwischen der Piazza Castello und der Piazza Sempione gelegen) gibt es beim Arco della Pace einen großen Spielplatz mit einem Elektrozug.

In Italien gibt es viele Eissorten zu probieren

AUF EINEN BLICK

KARTENVORVERKAUF

Acitour Lombardia
Corso Venezia 43.
Stadtplan 4 E4.
☏ 02 76 00 63 50.

ACP & Partners
Piazza Eleonora Duse 1.
Stadtplan 4 F4.
☏ 02 76 00 53 29.

Autodromo Nazionale
Parco di Monza.
☏ 039 248 21.
www.monzanet.it

Automobile Club Milano
Corso Venezia 43.
Stadtplan 4 E4 & 10 F2.
☏ 02 77 451.

La Scala
Vorverkaufskasse: Galleria del Sagrado (in der Metro-Station Duomo).
☏ 02 72 00 37 44.
www.teatroallascala.org

Ricordi Box Office
Galleria Vittorio Emanuele II.
Stadtplan 7 C1 & 10 D3.
☏ 02 86 90 683.

Ticket One
☏ 89 21 01.
www.ticketone.it

Ticket Web
☏ 199 158 158.
www.ticketweb.it

KINDER

Aquatica
Via G. Airaghi 61.
☏ 02 48 20 01 34.

Cinema Arti
Via Mascagni 8.
Stadtplan 4 E5 & 10 F3.
☏ 02 76 02 00 48.

Idroscalo (Vergnügungspark)
Via Rivoltana 64.
☏ 02 756 03 93.

Play Planet
Via Airolo 4.
☏ 02 668 88 38.
www.playplanet.it

Teatro delle Marionette
Via Tullio Ostilio 1.
☏ 02 46 82 60.

Stadtplan *siehe Seiten 224–237*

Nachtleben

Eines der Merkmale, die Mailand von anderen italienischen Großstädten unterscheiden, ist die Art, wie die Stadt nachts zum Leben erwacht. Dienstags bis samstags sind die Restaurants, Bars, Cafés und Diskotheken gewöhnlich rappelvoll, am Samstag allerdings weniger mit Mailändern als mit Leuten von außerhalb. Montags und bis zu einem gewissen Grad auch sonntags sind die ruhigen Tage, an denen es nur wenige Vergnügungsmöglichkeiten gibt. Unter der Woche veranstalten Clubs und Discos Themenabende. Manche von ihnen betreiben eine strenge Eingangskontrolle. Lokale mit Live-Musik sind sehr beliebt, oft stellen sie aufstrebende Künstler vor. Die meisten Lokale findet man im angesagten Navigli-Viertel.

DISCOS UND CLUBS

Für aktive Leute auf der Suche nach neuen Trends in Sachen Musik und Tanz ist Mailand vielversprechend. Die vielen Discos und Clubs der Stadt bieten jede Art von Musik und sind so beliebt, dass sie junge Leute aus ganz Italien anlocken. Die Szene ist recht unbeständig. Mit wenigen Ausnahmen – manche Lokale sind regelrechte Institutionen – wechseln etwa Discos regelmäßig Namen, Leitung und Stil. Für einen gerade populären Club ist es »normal«, plötzlich seine Beliebtheit zu verlieren, um dann bald wieder »in« zu sein.

Manche Lokale verlangen Eintritt, andere sind gratis, man muss allerdings etwas zu trinken kaufen. Die Preise sind recht unterschiedlich. Getränkebons, bei denen man seine Drinks am Eingang bezahlt, sind weit verbreitet.

Eine Disco mit Bon-System ist das **Alcatraz**, eine ehemalige Fabrik, die zur Mehrzweckhalle für Konzerte, Modenschauen und Tagungen umgebaut wurde. Der Freitag ist der Tanzmusik der 1970er und 1980er Jahre gewidmet.

Nebenan liegen das Restaurant und der Privatclub **De Sade**. Sie sind etwas formeller. **La Banque** zieht eine schicke Klientel ins exzellente Restaurant. Später wird dann nach dem Sound von angesagten DJs abgetanzt. Das **Colony Dine & Dance** bietet Live-Musik und sonntags eine Cocktailnacht. Montags ist Studententag.

Bei Modeleuten steht momentan das **Hollywood** hoch im Kurs. Hierher kommt man, wenn man Prominente sehen will. Die **Magazzini Generali**, in denen es auch Konzerte und Ausstellungen gibt, haben ein eher gemischtes Publikum. Die Woche beginnt hier mittwochs. Die Themenabende bieten neue musikalische Trends, präsentiert von populären DJs. Freitagnacht steht gewöhnlich unter dem Thema »international« mit neuesten Musiktrends aus aller Welt. Samstags gibt es das Beste an neuer Tanz-, Rock- und Popmusik.

Der **Shocking Club** ist wie das **Nepentha** montags bis samstags jede Nacht proppenvoll. Beide sind Mailänder Institutionen. Hier gibt es strenge Türsteher.

Eine trendy Mehrzweck-Disco ist das **Café Atlantique**: Café, Bar, Restaurant und Disco in einem. Das **Rolling Stone** ist eine historische Adresse, wo Rockmusik regiert. Dank seiner Größe finden hier oft Konzerte statt.

Das **Old Fashion** im Triennale-Bau ist eine Themen-Disco. (Das zugehörige Restaurant ist ein heißer Tipp für den Sonntagsbrunch.) Eine der größten Mailänder Discos ist das **Limelight**. Hier finden auch Fernsehsendungen und Konzerte statt.

Eine Alternative ist vielleicht das **Rainbow** mit Rock und Pop, freitags und samstags ist es der Lieblingsplatz von Teenagern. **Il Ragno d'Oro**, mit Blick auf die Porta Romana, ist im Sommer randvoll.

NACHTCLUBS MIT LIVE-MUSIK

Live-Musik zu hören ist in Mailand beliebt, die Auswahl an Lokalen entsprechend groß. Das **Scimmie** ist einer der ältesten Nachtclubs der Stadt. In den 1980er Jahren gab es hier Jazz live, doch in letzter Zeit konzentriert man sich auf Rock, Blues und Ethno-Musik. Es kann sehr voll werden, man sollte also zeitig hingehen.

Im Navigli-Viertel ist das **Grilloparlante** der Ort, um kommende Bands zu hören. Das **Ca' Bianca** ist erste Wahl für Jazz und Cabaret. Im Sommer kann man draußen sitzen, zudem gibt es ein Restaurant.

Das **Nidaba** ist klein, dunkel und rauchig, doch die Gäste lieben die Atmosphäre – daher ist es immer voll. Relativ häufig treten hier junge, vielversprechende Bands auf.

Aktuelle Musik kann man im **Tunnel** hören, einem umgebauten Lagerhaus unter dem Mailänder Hauptbahnhof. Es fungiert auch als Kulturzentrum und bietet Shows und Ausstellungen sowie Lesungen und Buchpräsentationen.

DISCO-KNEIPEN

Für Menschen, die tanzen wollen, ohne sich in die Lichtshows einer Disco zu begeben, gibt es die sogenannten Disco-Kneipen. Am frühen Abend sind sie ideal für einen Drink und ruhige Unterhaltung. Später am Abend geht es dann deutlich lebhafter zu.

Das **Loolapaloosa** beispielsweise ist ein irisches Pub mit Happy Hour von 17 bis 21 Uhr. Spätabends verwandelt sich das Lokal jedoch in etwas völlig anderes: Die Lautstärke wird hochgedreht und jeder verfügbare Platz zum Tanzen genutzt – Tische und Tresen inklusive.

Das **Indian Café** im Brera-Viertel hat von 18 bis 20 Uhr Happy Hour und wird am Abend ebenfalls Disco-Kneipe. Es gibt Tanzflächen auf drei Ebenen. Die Eintrittspreise für Konzerte sind relativ günstig, tendenziell wird hier Rock gespielt.

Für Modesüchtige ist das **Grand Café Fashion**, das bei Prominenten und Models beliebt ist, ein fantastischer Ort. Die Happy Hour dauert von 18.30 bis 21.30 Uhr. Danach kann man im unteren Bereich tanzen. Die Aperitifs und Cocktails des Hauses sind exzellent.

Das **Stonehenge** dehnt sich über zwei Etagen aus, Bar und Disco sind von keltischer Kultur inspiriert. Besonders beliebt sind die Themenabende, Live-Musik und lateinamerikanische Tanzkurse. Happy Hour ist hier zwischen 18 und 21 Uhr.

LATEINAMERIKANISCH

Lateinamerikanischer Tanz wird in Mailand immer beliebter. Um ungehindert tanzen zu können, ist das **Tropicana** genau richtig. Das Publikum ist um die dreißig, die besten Abende sind Donnerstag, Freitag, Samstag.

Wer kubanisches Flair faszinierend findet und Lust auf kreolische Küche hat, für den ist das **Bodeguita del Medio** die beste Adresse. Live-Musik ist spätabends im Angebot, dann kann man oft auch Salsa und Merengue tanzen. Eine Disco mit ausschließlich lateinamerikanischer Musik ist das **Etoile**. Der Eintritt ist frei, es herrscht aber Getränkezwang.

Im **Oficina do Sabor** wechseln Rock- und Bluesabende mit lateinamerikanischer Musik ab. Hier werden auch Salsa- und Merengue-Tanzkurse angeboten. Jeder, der etwas zu feiern hat, kann den Club mieten.

El Tropico Latino bietet gute mexikanische Küche. Man kann hier beim Musikhören verschiedene Tequilas probieren. Der beste Abend für einen Besuch ist der Mittwoch.

KONZERTE

Große Konzerte finden in Mailand mitunter an Orten statt, die sonst dem Fußball vorbehalten sind. Das Giuseppe-Meazza-Stadion *(siehe S. 202)* wird ab und zu so genutzt, üblicher Schauplatz ist jedoch das **Filaforum**, eine hypermoderne Sportarena mit 12 000 Sitzplätzen. Andere Orte sind das **Mazda Palace** (früher Palavobis), das 9000 Menschen fasst, und das **Palalido** mit 5000 Plätzen.

Das Begegnungszentrum **Leoncavallo** ist zwar kleiner, doch finden dort interessante Konzerte statt. Im Sommer gibt es im Idroscalo und unter dem Arco della Pace von der Stadt gesponserte Konzerte bei freiem Eintritt.

AUF EINEN BLICK

DISCOS UND CLUBS

Alcatraz
Via Valtellina 21.
(02 69 01 63 52.

Café Atlantique
Viale Umbria 42.
(199 111 111.

Colony Dine & Dance
Piazza XXIV Maggio 8.
(02 58 10 27 66.

De Sade
Via Valtellina 21.
(02 688 88 98.

Hollywood
Corso Como 15.
(02 655 53 18.

Il Ragno d'Oro
Piazzale Medaglie d'Oro.
(02 54 05 00 04.

La Banque
Via Porrone 6.
(02 86 99 65 65.

Limelight
Via Castelbarcc 11.
(02 58 31 06 82.

Magazzini Generali
Via Pietrasanta 14.
(02 539 39 48.

Nepentha
Piazza Diaz 1.
(02 80 48 37.

Old Fashion
Viale Alemagna 6.
(02 805 62 31.
www.oldfashion.it

Rainbow
Via Besenzanica 3.
(02 404 83 99.

Rolling Stone
Corso XXII Marzo 32.
(02 73 31 72.

Shocking Club
Piazza XXV Aprile 10.
(02 657 50 73.

NACHTCLUBS MIT LIVE-MUSIK

Ca' Bianca
Via Lodovico il Moro 117.
(89 12 57 77.

Grilloparlante
Alzaia Naviglio Grande 36.
(02 89 40 93 21.

Indian Café
Corso Garibaldi 97–99.
(02 29 00 03 90.

Nidaba
Via Gola 12.
(02 89 40 86 57.

Scimmie
Via Ascanio Sforza 49.
(02 89 40 28 74.

Tunnel
Via Sammartini 30.
(02 66 71 13 70.

DISCO-KNEIPEN

Grand Café Fashion
Via Vetere 6.
(02 89 40 29 97.

Loolapaloosa
Corso Como 15.
(02 655 56 93.

Stonehenge
Viale Pasubio 3.
(02 655 28 46.

LATEIN-AMERIKANISCH

Bodeguita del Medio
Viale Col di Lana 3.
(02 89 40 05 60.

El Tropico Latino
Via San Carpoforo 4.
(02 72 00 23 13.

Oficina do Sabor
Via Gaetana Agnesi 17.
(02 58 30 49 65.
www.oficinadosabor.it

Tropicana
Viale Bligny 52.
(02 58 43 65 25.
www.tropicanaclub
latino.it

KONZERTE

Filaforum
Via Di Vittorio 6, Assago.
(02 48 85 71.

Leoncavallo
Via Watteau 7.
(02 670 51 85.

Mazda Palace
Via Elia 33.
(02 33 40 05 51.
www.mazdapalace.it

Palalido
Piazza Stuparich.
(02 39 26 61 00.

Theater und Kinos

Die Theatersaison in Mailand ist zweifellos eine der besten und farbigsten in Italien. Will man eine ganz bestimmte Inszenierung sehen (dazu noch in einem bekannten Theater wie der Scala oder dem Piccolo), sollte man rechtzeitig vorbestellen, entweder direkt an der Kasse des Theaters oder über eine der Vorverkaufsstellen im Stadtzentrum *(siehe S. 197)*.

Wer sich lieber Filme ansieht, findet in Mailand viele Kinos. Ein Vorteil Mailands ist, dass hier neue Filme früher laufen als in den meisten anderen italienischen Großstädten. Viele Kinos sind Multiplexe, die meisten liegen in der Innenstadt. In einigen Kinos werden an bestimmten Tagen in der Woche auch fremdsprachige Filme gezeigt.

THEATER

Es wäre ein Jammer, würde man aus Mailand abreisen, ohne im **Teatro alla Scala** *(siehe S. 52f)* eine Oper gesehen zu haben. Die Spielzeit beginnt am 7. Dezember, dem Tag des hl. Ambrosius, des Schutzheiligen der Stadt. Auch Liebhaber von Ballett und klassischer Musik können in den Genuss allerbester Aufführungen der Balletttruppe und des Philharmonischen Orchesters kommen. Es ist wichtig, früh zu buchen, da die Plätze in dem weltberühmten Opernhaus schnell ausverkauft sind.

Nicht weniger berühmt ist das **Piccolo Teatro** mit dem **Teatro Grassi**. Gleich nach dem Zweiten Weltkrieg wurde es von Giorgio Strehler als »Schauspielhaus für alle« gegründet, bis heute kann man hier großartige Produktionen sehen. Das **Teatro Strehler**, 1998 eröffnet, wurde dem Maestro posthum gewidmet, der ein modernes Theater geplant hatte, das der Qualität der Inszenierungen seines Ensembles seit über 40 Jahren würdig wäre. Das neue Theater mit 974 Plätzen zeigt die größeren Produktionen des Piccolo Teatro. Das **Teatro Studio** im früheren Fossati-Theater war ursprünglich als Probebühne für das Piccolo gedacht, wurde aber später ein eigenes Theater. Es ist zwar architektonisch interessant, aber nicht allzu bequem bestuhlt. Alle drei Bühnen bilden zusammen das Piccolo Teatro di Milano.

Das **Manzoni**, traditionell ein Favorit der Mailänder, hat ein sehr variantenreiches Programm: Gezeigt werden Musicals, Dramen und Komödien, immer mit den besten Regisseuren und Schauspielern.

Ein weiteres altes Theater ist das **Carcano**, das 1803 eröffnet wurde. In den 1980er Jahren wurde es umgebaut und hat nun 990 Plätze. Das Repertoire ist klassisch mit gelegentlichen Ballettproduktionen. Komödien, oft mit bekannten Akteuren, werden im **Ciak** gespielt.

Liebhaber des Experimental- und Avantgarde-Theaters werden das **Teatridithalia-Elfo** und das **Teatridithalia-Leonardo da Vinci** schätzen. Hier werden in der Regel neue Stücke inszeniert.

Auch das **Out Off** zeigt Avantgarde-Produktionen, doch wegen seiner wenigen Plätze und seiner Lage am Stadtrand ist es relativ unbekannt. Experimentaltheater zeigt zudem das **CRT Teatro dell'Arte**, das kürzlich seine Platzkapazität auf 800 Sitze erhöht hat.

Das **San Babila** bietet eher traditionelles Theater. Bekannte Regisseure und Schauspieler locken jedoch die Zuschauer in Scharen an, sodass es schwierig werden könnte, Karten zu bekommen.

Mailands größtes Theater ist das **Smeraldo**, das 2100 Zuschauer fasst. Außer Musicals kann man hier Tanzvorführungen, konventionelles Theater und Konzerte besuchen.

Seit Kurzem mit dem Smeraldo vereint ist das **Teatro Ventaglio Nazionale**, das sich immer mehr auf Tanz und Operetten spezialisiert hat, in dem aber auch bekannte Schauspieler auftreten.

Das **Litta** am Corso Magenta ist ein elegantes Theater, das meist klassische Stücke des 20. Jahrhunderts zeigt. Ein weiteres interessantes Theater ist das **Teatro Franco Parenti** mit 500 Sitzplätzen. Das Programm ist recht bunt, wobei der Fokus auf neuen internationalen Arbeiten und auf Musik liegt.

Das intime **Filodrammatici** neben dem Teatro alla Scala zeigt klassische Werke, aber auch zeitgenössische Stücke. Das **Nuovo** mit 1020 Plätzen bietet unterschiedliche Produktionen: Musicals, Komödien und Tanz, normalerweise mit berühmten Namen. Das kürzlich renovierte **Teatro Dal Verme** ist ebenfalls einen Besuch wert.

KINOS

Die meisten großen Kinos in Mailand findet man im Zentrum um den Corso Vittorio Emanuele II. Meist sind es Multiplexe, in denen die Filmauswahl relativ groß ist. Der Eintritt ist mittwochabends immer billiger. In den meisten Kinos ist dies auch an Nachmittagen unter der Woche der Fall. Wenn neue Filme anlaufen, sind die Schlangen lang. Sie sollten also zeitig hingehen.

Die meisten ausländischen Filme laufen in italienischer Synchronfassung. Wer Filme in Originalfassung *(lingua originale)* sehen will, kann dies montags im **Anteo Spazio Cinema**, dienstags im **Arcobaleno** und donnerstags im **Mexico** tun. Im **Odeon Cinema 5** laufen den ganzen Montag lang Filme in der Originalversion.

Das **Teatro alle Colonne** (170 Plätze) fördert verschiedene Kulturprogramme, z. B. das Festival des Afrikanischen Films. Das **Auditorium San Fedele** ist Sitz von drei Filmclubs mit verschiedenen Programmen und Themen.

Das **Odeon Cinema 5**, ein Multiplex-Kino, ist mit zehn Sälen das größte in Mailand.

Direkt am Corso Vittorio Emanuele II findet man das **Pasquirolo** mit 490 Plätzen und das **Mediolanum** mit 500 Plätzen.

In der Galleria del Corso befindet sich das **Excelsior**. Beliebt ist auch das **San Carlo** in der Via Morozzo della Rocca. Das **Anteo Spazio Cinema** besitzt drei Vorführsäle, hier werden auch regelmäßig Kinderfilme gezeigt.

Plinius Multisala in der Viale Abruzzi ist ein Multiplex mit fünf Sälen. Das **Colosseo** in der Viale Montenero hat drei Kinos: Visconti, Allen und Chaplin. Das **President** im Largo Augusto bringt 250 Zuschauer unter und ist sehr bequem. Das **Brera Multisala** am

Corso Garibaldi hat zwei Kinos. Das **Ducale** an der Piazza Napoli ist ein altes Kino, in das vier kleinere Säle eingebaut worden sind.

Beliebter Neuling in der Szene ist das **Arcadia Multiplex** in Melzo, gleich vor den Toren Mailands. Zu den sechs Kinos gehört das Energia, das größte Italiens.

Das renovierte **Gloria** besitzt jetzt zwei Kinosäle (Garbo und Marilyn), riesige Leinwände und ein gutes Audiosystem. Das **Cinema Arti** *(siehe S. 197)* in der Via Mascagni zeigt ausschließlich Kinderfilme.

Fans von Kunstfilmen sind im kürzlich renovierten **Ariosto** oder im **Nuovo Corsica** an

der richtigen Adresse. Im Kino **De Amicis** veranstaltet die Stadt Mailand Themenprogramme mit Filmen, Diskussionen und Filmclub-Vorführungen.

Jedes Jahr finden in Mailand verschiedene, weltweit allerdings weniger bekannte Filmfestivals statt. Bei der Panoramica di Venezia *(siehe S. 38)* Anfang September werden dieselben Filmneuheiten gezeigt, die im Wettbewerb des Filmfestivals von Venedig laufen.

Viele Kinos in Mailand sind für Rollstuhlfahrer geeignet, doch es ist empfehlenswert, vorher bei der Kinokasse anzurufen und sich nach Details zu erkundigen.

AUF EINEN BLICK

THEATER

Carcano
C. di Porta Romana 63.
Stadtplan 8 E3 & 10 D5.
02 55 18 13 77.
www.teatrocarcano.com

Ciak
Via Procaccini Giulio 4.
02 76 11 00 93.
www.teatrociak.it

CRT Teatro dell'Arte
Viale Alemagna 6.
Stadtplan 2 F3.
02 89 01 16 44.
www.teatrocrt.org

Filodrammatici
Via Filodrammatici 1.
Stadtplan 3 C5 & 9 C2.
02 869 36 59. www.
teatrofilodrammatici.it

Litta
Corso Magenta 21.
Stadtplan 3 A5 & 9 A3.
02 86 45 45 46.
www.teatrolitta.it

Manzoni
Via Manzoni 42.
Stadtplan 4 D4 & 10 D1.
02 76 36 901.
www.teatromanzoni.it

Nuovo
P. San Babila 37
Stadtplan 4 D5.
02 76 00 00 86.
www.teatronuovo.it

Out Off
Via MacMahon 16.
02 34 53 21 40.
www.teatrooutoff.it

San Babila
Corso Venezia 2/a.
Stadtplan 4 E4 & 10 F2.
02 79 54 69.
www.teatrosanbabila.it

Smeraldo
Piazza XXV Aprile 10.
Stadtplan 3 C2.
02 29 00 67 67.
www.teatrosmeraldo.it

Teatridithalia-Elfo
Via C. Menotti 11.
02 71 67 91. www.elfo.org

Teatridithalia-Leonardo da Vinci
Via Ampere 1. **Stadtplan** 7 C2.
02 26 68 11 66.

Teatro Franco Parenti
Via Pier Lombardi 14.
02 59 99 52 06.

Teatro Grassi
Via Rovello 2.
Stadtplan 3 B5 & 9 B2.
02 72 33 32 22.
www.piccoloteatro.org

Teatro alla Scala
Via Filodrammatici 2.
02 86 07 75.
www.teatroallascala.org

Teatro Strehler
Largo Greppi 1.
02 72 33 32 22.

Teatro Studio
Via Rivoli 6.
Stadtplan 3 B4 & 9 B1.
02 72 33 32 22.

Teatro Ventaglio Nazionale
Piazza Piemonte 12.
Stadtplan 1 C5.
02 48 00 77 00.
www.teatronazionale.com

Teatro Dal Verme
V. Sangiovanni sul Muro.
Stadtplan 3 B5 & 9 B2.
02 87 90 52 91.
www.dalverme.org

KINOS

Anteo Spazio Cinema
Via Milazzo 9. **Stadtplan** 3 C2. 02 659 77 32.

Arcadia Multiplex
V. Martiri d. Libertà 5, Melzo. 02 95 41 64 44.

Arcobaleno
Viale Tunisia 11.
Stadtplan 4 E2.
199 199 166.

Ariosto
Via Ariosto 16. **Stadtplan** 2 E4. 02 48 00 39 01.

Auditorium San Fedele
Via Hoepli 3b. **Stadtplan** 4 D5. 02 86 35 22 30.

Brera Multisala
Corso Garibaldi 99.
Stadtplan 3 B2.
02 29 00 18 90.

Centrale
Via Torino 30. **Stadtplan** 7 B1. 02 87 48 26.

Cinema Cavour
Piazza Cavour 3.
Stadtplan 4 D4 & 10 E1.
02 659 57 79.

Colosseo
Viale Montenero 84.
02 59 90 13 61.

Corallo
Largo Corsia dei Servi 9.
02 76 02 07 21.

De Amicis
Via Caminadella 15.
Stadtplan 7 A2 & 9 A4.
02 86 45 27 16.

Ducale
P. Napoli 27. **Stadtplan** 5 C3. 02 47 71 92 79.

Excelsior
Galleria del Corso 4.
02 76 00 23 54.

Gloria
Corso Vercelli 18.
Stadtplan 2 D5.
02 48 00 89 08.

Mediolanum
Corso V. Emanuele II 24.
Stadtplan 8 D1 & 10 E3.
02 76 02 08 18.

Mexico
Via Savona 57. **Stadtplan** 5 B3. 02 48 95 18 02.

Nuovo Corsica
Via Corsica 68. **Stadtplan** 6 F3. 02 70 00 61 99.

Odeon Cinema 5
Via Santa Radegonda 8.
02 97 76 90 07.

Pasquirolo
Corso V. Emanuele II 28.
Stadtplan 8 D1 & 10 E3.
02 76 02 07 57.

Plinius Multisala
Viale Abruzzi 28–30.
02 29 53 11 03.

President
Largo Augusto 1.
Stadtplan 8 D1 & 10 E3.
02 76 02 21 90.

San Carlo
Via Morozzo della Rocca 4. **Stadtplan** 6 F1.
02 481 34 42.

Sempione
Via Pacinotti 6.
02 02 39 21 04 83.

Teatro alle Colonne
Corso di Porta Ticinese 45.
Stadtplan 7 B2 & 9 B5.
02 58 11 31 61.

Stadtplan *siehe Seiten 224–237*

Sport und Aktivurlaub

Wer geschäftlich nach Mailand kommt, hat vielleicht den Wunsch, seine Sportart oder das Fitnesstraining wie gewohnt weiter zu betreiben. Dafür gibt es viele Möglichkeiten, z. B. Fitness-Center oder Sporthallen. Die Einrichtungen bieten oft viele Betätigungen unter einem Dach, sodass man das Beste aus seiner Freizeit machen kann. Wer lieber beim Sport zusieht, kann zu den Fußball-, Basketball- und Hockeyspielen der Mailänder Teams gehen, die in den ersten Ligen spielen und Spitzensport bieten.

SPORTSTADIEN

Fußballfans sollten einmal im Leben zu einem Spiel im **Giuseppe-Meazza-Stadion** (früher San-Siro-Stadion) gehen *(siehe S. 203)*. Die »Scala des Fußballs« hat 85 000 Plätze. Eine unter sportlichen wie spektakulären Gesichtspunkten besondere Begegnung ist das Lokalderby zwischen den beiden Mailänder Fußballclubs Inter und AC Milan. Einen Besuch sollte man früh planen, denn die Karten sind schnell vergriffen.

Für Liebhaber von Pferderennen finden im **Ippodromo** das ganze Jahr über (außer im Dezember) Rennen statt. Abendliche Pferderennen kann man von Juni bis September sehen.

In der Arena Filaforum in Assago *(siehe S. 199)* spielen das Mailänder Basketball-Team (Pallacanestro Olimpia) und das Volleyball-Team (Gonzaga). Hier werden auch verschiedene Tennisturniere veranstaltet, das wichtigste ist die Internazionale di Milano im Frühling.

Eishockeyfans können die Spiele der Vipers, die in den letzten Jahren immer die italienische Meisterschaft gewonnen haben, in der Arena **PalAgorà** sehen.

FÜNF-MANN-FUSSBALL

Eine der derzeit populärsten Sportarten in Mailand ist *calcetto*, Fußball mit fünf Spielern pro Mannschaft. Im **Centro Peppino Vismara** wird mit je elf, sieben und fünf Mann gespielt. Eine andere empfehlenswerte Freizeiteinrichtung ist der **Palauno** mit insgesamt fünf Spielfeldern.

GOLF

Um Mailand liegen mehrere Golfplätze. Der nächste ist **Le Rovedine Golf Club – Sporting Mirasole**, der ungefähr sieben Kilometer vom Stadtzentrum entfernt ist. Mitgliedern dieses Golfclubs und Gästen steht auch ein Restaurant zur Verfügung.

SCHWIMMEN

Zum Schwimmen empfiehlt sich die **Piscina Solari**, die fünf Bahnen besitzt. Eine Alternative ist die **Piscina Giovanni da Procida**, wo es ein Olympiabecken in halber Größe mit sechs Bahnen gibt. Das Fitness-Center auf dem Gelände ist ideal zum Aufwärmen.

Der **Lido** ist das beliebteste Freibad der Stadt. Wer sich von großen Menschenmassen nicht abschrecken lässt und Wasserrutschen mag, kann sich hier in der Mailänder Sommerhitze abkühlen.

SKATING UND SCHLITTSCHUHLAUFEN

Fans von Rollerskating werden bei der Mehrzweckanlage **24 Sport Village** ihren Spaß haben, wo es Plätze für Skating, für Rollhockey und Aerobic-Rollerskating gibt. Auch für andere sportliche Betätigungen gibt es dort Einrichtungen, etwa für Tennis, Basketball, Schwimmen und Mountainbike-Fahren.

Schlittschuhläufer sind in der Eissporthalle **PalAgorà** richtig, die freitag- und samstagabends jeweils von 21.30 bis 0.30 Uhr und sonntags von 10 bis 12 Uhr öffentlich zugänglich ist.

In der Weihnachtszeit wird oft auf der Piazza del Duomo eine Eisbahn angelegt, auf der man bei Mondschein Schlittschuh laufen kann.

SQUASH

Squash kann im **Squash Vico** betrieben werden, wo es zehn Courts gibt. Es wird Privat- und Gruppenunterricht angeboten, die Ausrüstung kann man sich leihen. Das Zentrum hat jeden Tag geöffnet, auch abends. Man muss eine Mitgliedskarte für zwei Monate erwerben.

TENNIS

Tennisspielern steht mit der **Associazione Sporting Club Corvetto** eine schöne Anlage zur Verfügung. Der Club verlangt keine Mitgliedskarte. Er besitzt 13 Hallenplätze, Bar und Restaurant sowie Kundenparkplätze.

Das **Centro Sportivo Mario Saini** hat zwölf Plätze, die je nach Saison offen oder überdacht sind. Eine weitere gute Tennisanlage ist der **Tennis Club 5 Pioppi**, der unweit der Messe zu finden ist. Dort gibt es vier Plätze, die sowohl im Sommer als auch im Winter bespielt werden können.

FORMEL 1

Anfang September findet auf der Rennstrecke von La Monza nördlich von Mailand der **Formel-1-Grand-Prix** statt. Züge und die Busse 723 und 724 verkehren vom Hauptbahnhof (Fahrzeit zwischen 30 und 50 Minuten). Karten können beim **Automobile Club Milano** (Tel. 02 774 54 00) oder direkt bei der Rennstrecke (Tel. 039 248 21) gebucht werden.

JOGGING

Der beste Ort zum Laufen ist der Monte-Stella-Park (auch »Montagnetta« genannt) nahe dem Giuseppe-Meazza-Stadion. Die große Grünfläche eignet sich gut zum Joggen oder auch zum Radfahren auf den markierten Wegen. Im Sommer wimmelt es hier von sonnenhungrigen Mailändern.

AUF EINEN BLICK

SPORTSTADIEN

Giuseppe-Meazza-Stadion (San Siro)
Piazzale Axum. 📞 *02 622 81, 848 89 21 01.*
www.stadiosansiro.net

Ippodromo
Via Piccolomini 2.
📞 *02 48 21 61.*
www.trenno.it

PalAgorà
Via dei Ciclamini 23.
📞 *02 48 30 09 45.*

FUSSBALL

Centro Peppino Vismara

Via dei Missaglia 117.
📞 *02 826 58 23.*

Palauno
Largo Balestra 5.
📞 *02 423 53 15.*
www.palauno.it

GOLF

Le Rovedine Golf Club – Sporting Mirasole
Via C. Marx 16,
Noverasco di Opera.
📞 *02 57 60 64 20.*

SCHWIMMEN

Lido
Piazzale Lotto 15.
📞 *02 39 27 91.*

Piscina Giovanni da Procida
Via Giovanni da Procida 20. **Stadtplan** 2 D2.
📞 *02 33 10 49 70.*

Piscina Solari
Via Montevideo 11.
Stadtplan 6 E2.
📞 *02 469 52 78.*

SKATING/SCHLITT-SCHUHLAUFEN

24 Sport Village
Via Assietta 19.
📞 *02 662 16 11.*
www.24sportvillage.it

PalAgorà
Via dei Ciclamini 23.
📞 *02 48 30 09 46.*

SQUASH

Squash Vico
Via G. B. Vico 38.
📞 *02 48 01 08 90.*

TENNIS

Associazione Sporting Club Corvetto
Via Fabio Massimo 15/4.
📞 *02 53 14 36.*

Centro Sportivo Mario Saini
Via Corelli 136.
📞 *02 756 12 80.*

Tennis Club 5 Pioppi
Via Marostica 4.
Stadtplan 5 A1.
📞 *02 404 85 93.* www.tennis-cinquepioppi.it

GIUSEPPE-MEAZZA-STADION (SAN-SIRO-STADION)

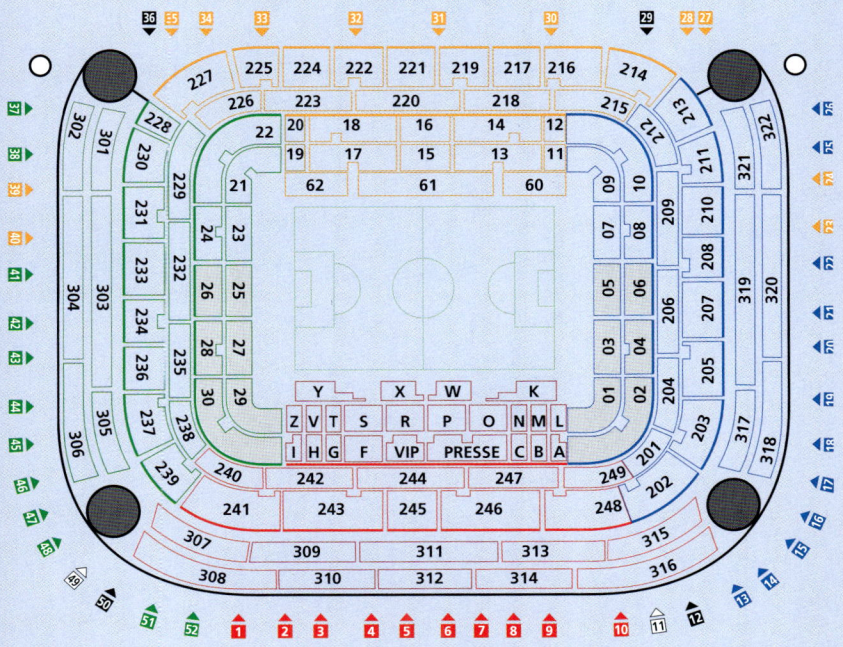

LEGENDE

○ Kasse
■ Stadioneingänge
▨ Zone für Milan-Gäste
▨ Zone für Inter-Gäste
— Sitzblock
— Sitzblock
— Sitzblock
— Sitzblock

ANFAHRT

Lassen Sie das Auto stehen – Parkplätze sind sehr schwer zu finden. Am besten nehmen Sie die Metro-Linie 1 bis zur Station Lotto, von wo aus ein Zubringerbus zum Stadion fährt. Nach Spielende fährt die Tram 16 (unter dem blauen Stadionbereich) ins Zentrum. Oder man nimmt sich ein Taxi (ebenfalls ab Metro-Station Lotto).

Stadtplan *siehe Seiten 224–237*

UNTERHALTUNG AN DEN SEEN

An den Seen kann man viel Zeit mit Sport verbringen. Vor allem am Gardasee ist es möglich, jede Art von Wassersport zu treiben und Bergwanderungen zu machen. Alternativ kann man in den Discos die Nächte durchtanzen. Von allen Seen hat der Gardasee das quirligste Nachtleben und ist bei jungen Leuten am beliebtesten, aber auch Comer See, Lago Maggiore und die kleineren Seen bieten eine Reihe an attraktiven Unterhaltungsangeboten. In den letzten Jahren haben die lokalen IAT-Büros, die von den

Logo des Wasserparks Caneva

Kommunen gesponsert werden, recht erfolgreich Initiativen gestartet, um den Aufenthalt für Urlauber interessanter zu gestalten. Märkte, Festivals, Feste und andere Veranstaltungen gibt es immer häufiger. Auch ohne viele sportliche Aktivitäten locken die Seen mit ihrer atemberaubenden Landschaft zum Entspannen. Fast rund ums Jahr finden zahlreiche kulturelle Events statt. Zudem kann man schöne Architektur betrachten, Kunstwerke bewundern, Parks erkunden und Naturschutzgebiete durchwandern.

SPORT

Wer körperlich in Form bleiben will, findet an den Seen viele Möglichkeiten, daran zu arbeiten. Der Gardasee ist ein Paradies für Windsurfer, vor allem Torbole und Riva sind winters wie sommers bei Surfern beliebt. Segelfans wird die Centomiglia gefallen, eine alljährlich vom Segelclub Circolo Vela Gargnano organisierte Regatta, die am zweiten Wochenende im September stattfindet. Wer es entspannter angehen will, kann hier auch gut angeln.

Im Umland von Garda ist Wandern populär geworden. Die Gegend auf einem Mountainbike zu durchstreifen, ist ein besonderes Vergnügen. Abenteuerlustigere können Unterricht im Gleitschirmfliegen nehmen.

Der Lago Maggiore bietet nicht nur viele Wassersportmöglichkeiten, sondern steht auch bei Golf-Enthusiasten hoch im Kurs. Es gibt dort moderne Golfplätze in schöner Natur, auf denen auch Gäste willkommen sind.

Die Berge und Täler um den See sind ideal zum Wandern, Bergsteigen, Free Climbing, Drachenfliegen und Gleitschirmfliegen, Reiten – und im Winter zum Skilaufen und Snowboarden.

Am Comer See gehören Segeln und Wasserski zu den beliebtesten Sportarten. Unterricht gibt es bei qualifizierten Lehrern. Wer einen Segelschein hat, kann auch Boote mieten.

Eine sehr schöne Betätigung ist das Paddeln. An allen Seen gibt es Clubs, bei denen man Paddelboote und Ausrüstung leihen kann.

Ein Wasserskilehrer und sein junger Schüler auf dem Comer See

Für Bewegungsfaulere gibt es viele Thermalbäder an den Seen oder in deren Nähe, die eine Vielzahl von Anwendungen, etwa Thalasso, anbieten.

AKTIVURLAUB

Besucher am Gardasee, vor allem Familien mit Kindern, können leicht den Vergnügungspark Gardaland (siehe S. 152f) ansteuern. Er ist Kindern wie Erwachsenen zu empfehlen, der ideale Ort für viel Spaß und bisweilen leichten Nervenkitzel. In der Hochsaison sollte man sich allerdings auf Warteschlangen einstellen.

Etwa zwei Kilometer von Gardaland entfernt liegt Caneva, der größte Wasser-

Eine Gruppe von Windsurfern auf dem Gardasee

Kamele im Parco Natura Viva in Bussolengo-Pastrengo in der Nähe des Gardasees

park Italiens. Shows, Wasserspiele und andere Vorführungen, dazu ein für kleine Kinder reservierter Bereich machen ihn zu einer großen Attraktion.

Um exotische oder gefährdete Tierarten näher zu betrachten, sollten Sie den **Parco Natura Viva** besuchen, einen Zoo in Bussolengo-Pastrengo. In dem schönen Park führen angenehme Spazierwege unter uralten Eichen und anderen Pflanzen an den Behausungen von etwa 1000 Tierarten vorbei. Autos dürfen auch in den Safaripark, in dem man auf einer sechs Kilometer langen Tour mit den Wildtieren der Savanne in näheren Kontakt kommen kann.

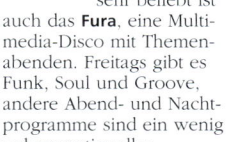

Logo des zoologischen Parks Natura Viva

Der **Giardino Botanico della Fondazione André Heller** in Gardone Riviera ist für Liebhaber interessanter Pflanzen ein Muss: Auf 1,5 Hektar Land gibt es über 8000 Pflanzen aus verschiedenen Klimazonen der Welt zu sehen.

Der 50 Hektar große **Parco Giardino Sigurtà**, acht Kilometer von Peschiera entfernt, ist ein Öko-Juwel. Am Lago Maggiore befindet sich im Park der Villa Pallavicino *(siehe S. 137)* ein 20 Hektar großer botanischer Garten mit 40 verschiedenen Tierarten.

NACHTLEBEN

Um sich ins Nachtleben zu stürzen, ist der Gardasee mit seinen international bekannten Nachtlokalen die beste Ecke. Vor allem in Desenzano findet man eine Reihe von Bars sowie andere Etablissements zur Abendunterhaltung. In der näheren Umgebung liegen einige der größten Discos Italiens.

Unumstrittene Königin ist das **Dehor**, eine riesige und äußerst beliebte Disco, vor allem im Sommer. Berühmt und sehr beliebt ist auch das **Fura**, eine Multimedia-Disco mit Themenabenden. Freitags gibt es Funk, Soul und Groove, andere Abend- und Nachtprogramme sind ein wenig unkonventioneller.

Am Comer See ist die populärste Disco das **Mascara**, wo bis Mitternacht Live-Musik gespielt wird, anschließend legt ein DJ auf. Um Live-Musik zu hören, geht man auch ins

L'Ultimo Caffè. Lassen Sie sich am Lago Maggiore nicht **La Rocchetta**, eine Disco in einer prächtigen Jugendstil-Villa mit Seeblick, und das **Dancing Mirage** entgehen. In Verbania ist das **Tam Tam**, in Arizzano das **Byblos** zu empfehlen.

AUF EINEN BLICK

AKTIVURLAUB

Caneva
Località Fossalta 1, Lazise.
📞 045 69 69 900.
www.canevaworld.it

Giardino Botanico della Fondazione André Heller
Via Roma, Gardone Riviera.
📞 033 641 08 77.
www.hellergarden.com

Parco Giardino Sigurtà
Via Cavour 1, Valeggio sul Mincio. 📞 045 637 10 33.
www.sigurta.it

Parco Natura Viva
Località Figara 40, Bussolengo-Pastrengo, Varenna.
📞 045 717 01 13.
www.parconaturaviva.it

NACHTLEBEN

Byblos
Via Nuova Intra Premeno 6, Arizzano.
📞 0323 533 03.

Dancing Mirage
Viale Baracca 16, Arona.
📞 0322 443 31.

Dehor
Via Fornace dei Gorghi 2, Lonato. 📞 030 991 99 48.
www.dehor.it

Fura
Via Lavagnone 13, Lonato.
📞 030 913 06 52.
www.fura.it

L'Ultimo Caffè
Via Giulini 32, Como.
📞 031 27 30 98.

La Rocchetta
Via Verbano 1, Arona.
📞 0322 83 26 89.

Mascara
Via Sant'Abbondio 7, Como.
📞 031 26 83 56.

Tam Tam
Piazza Flaim 16, Verbania.
📞 0323 40 32 10.

Eine der Bars in der Disco Dehor am Gardasee

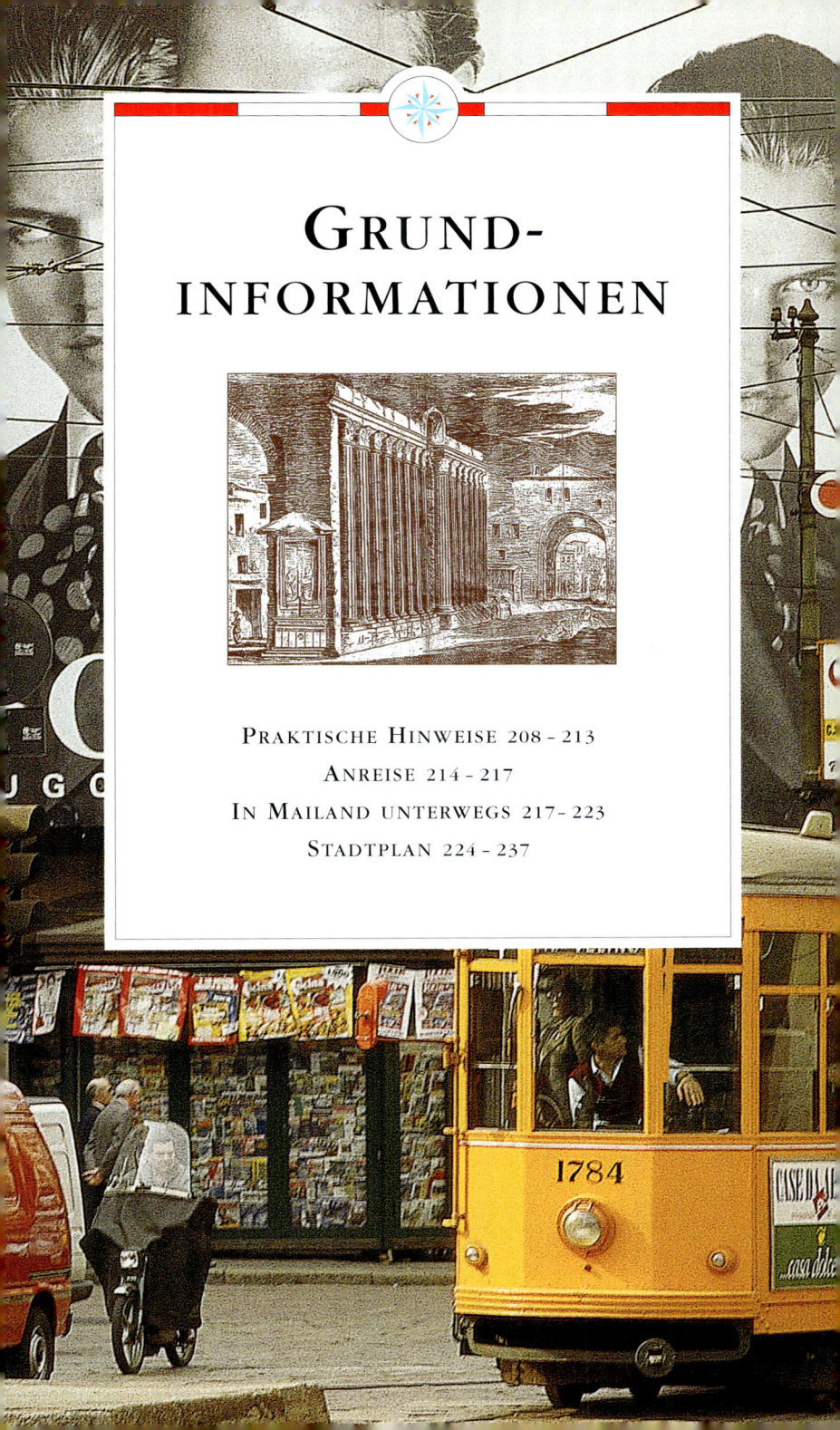

GRUND-
INFORMATIONEN

PRAKTISCHE HINWEISE

Mailand ist eine der geschäftigsten Städte Italiens mit einem exzellenten öffentlichen Verkehrsnetz. In der Hauptstadt der Mode legt man auf Äußeres Wert, gut gekleidet wird man in der Regel besser bedient. Kleinkriminalität ist leider keine Ausnahme, es ist also ratsam, einige Vorsicht walten zu lassen. Halten Sie Taschen und Kameras dicht am Körper, vor allem in öffentlichen Verkehrsmitteln, wo sich Taschendiebe gern betätigen. Mit den öffentlichen Verkehrsmitteln

Wappen von Mailand

kann man sich dennoch am besten in der Stadt bewegen. Die Tourismusbüros sind gute Anlaufstellen für praktische Informationen aller Art. Hier bekommen Sie auch Stadtpläne. An den Seen bieten zahlreiche IAT-Büros Broschüren mit Informationen über Festivals und andere Vergnügungen am Ort an. Informationen erhalten Sie vor der Reise beim italienischen Tourismusverband ENIT (Ente Nazionale Italiano per il Turismo) oder im Internet, etwa unter www.milanoinfotourist.it.

INFORMATION

Der italienische Fremdenverkehrsverband ENIT (Ente Nazionale Italiano per il Turismo) hat Büros in vielen Großstädten, etwa in Berlin, München, Frankfurt am Main, Wien und Zürich, wo man Karten, Infos über Hotels etc. erhält. In Mailand bieten die Büros von IAT (Informazione e Accoglienza Turistica) Auskünfte über die Stadt. Hier gibt es kostenlose Hotel- und Restaurantverzeichnisse sowie Informationen über kulturelle Ereignisse.

IAT-Logo in Mailand

An den Seen finden Sie IAT-Büros in größeren, Pro-Loco-Büros in kleineren Orten, meist im Rathaus *(comune)*. Letztere sind oft nur während der Saison geöffnet.

Mit Deutsch kommt man nicht sehr weit, doch Englisch wird in den meisten Hotels, Restaurants und Läden gesprochen. Ein paar italienische Sätze sollte man kennen *(siehe »Sprachführer Italienisch« S. 247f).*

EINREISE UND ZOLL

Bürger der EU und der Schweiz brauchen für die Einreise und für einen Aufenthalt in Italien bis zu drei Monaten nur einen Personalausweis oder einen Pass. Kinder unter 16 Jahren benötigen einen Kinderausweis oder müssen in den Pass der Eltern eingetragen sein. Waren für den persönlichen Bedarf sind zollfrei. Für mitgebrachte Tiere brauchen Sie einen EU-Heimtierausweis (mit Nachweis der aktuellen Impfung gegen Tollwut), der nur in Kombination mit Chip oder Tätowierung gültig ist.

Hier gibt es Informationen: Eingang zum IAT-Hauptbüro in Mailand

◁ **Riesige Modereklamen sind in Mailand oft zu sehen**

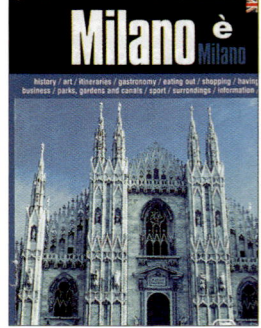

Milano è Milano mit vielen Infos

PUBLIKATIONEN

Jede Woche enthalten die Tageszeitungen *Corriere della Sera* und *La Repubblica* eine spezielle Beilage (*Vivi-Milano* bzw. *Tutto Milano*) mit den neuesten Informationen über Kulturereignisse in der Stadt und in der Umgebung.

Die Mailänder Tageszeitungen, z.B. der *Corriere*, haben Lokalteile, die Rubriken für Theater, Musik, Unterhaltung und Filme enthalten.

Im IAT-Büro erhält man gratis *Milano Mese*, eine Broschüre mit Auflistungen der verschiedenen Kulturveranstaltungen und -ereignisse. Eine andere Publikation, ebenfalls im Mailänder IAT-Büro erhältlich, ist *Milano è Milano*, ein praktischer Führer durch die Stadt.

Im Internet gibt es jede Menge Informationen. Hilfreiche Websites sind u. a. www.itwg.com und www. inlombardia.it.

MUSEEN, MONUMENTE UND BESICHTIGUNGEN

Mailands Meisterwerke der Kunst und Architektur sind auf Gemäldesammlungen, Kirchen und Palazzi verteilt. Im Allgemeinen haben die staatlichen Museen dienstags bis sonntags geöffnet, Kirchen täglich. Private Museen haben oft eigene Öffnungszeiten. EU-Bürger unter 18 Jahren und über 60 Jahre erhalten in staatlichen Einrichtungen meist Ermäßigung.

Eine einzigartige nächtliche Besichtigungstour bietet die Fahrt in einer Oldtimer-Tram, die in ein Restaurant im Stil des Orient Express umgewandelt wurde: **ATMosfera**. Die Tram fährt täglich um 20 Uhr an der Piazza Castello (Ende der Linie 7) ab. Die Fahrt mit Abendessen dauert zweieinhalb Stunden. Sie sollten am Vortag bis 19.30 Uhr buchen.

Eine weitere Sightseeing-Tour ist der **Giro della Città**. Die Stadtrundfahrt beginnt an der Piazza del Duomo. Sie findet dienstags bis sonntags statt und deckt alle wichtigen Sehenswürdigkeiten in etwa drei Stunden ab.

In den letzten Jahren haben die Kommunalverwaltungen an den Seen ebenfalls eine Reihe von kulturellen Werbeaktionen gestartet. So hat etwa die Associazione Albergatori della Provincia di Varese (Hotelbesitzer-Verein Varese) eine Welcome Card eingeführt. Sie ist in den Hotels gratis erhältlich und gewährt Besuchern in vielen Museen und Sehenswürdigkeiten der Gegend aufs Eintrittsgeld einen Rabatt von zehn Prozent.

STUDENTEN

Das Centro Turistico Studentesco (CTS) bietet jungen Leuten unter 26 Jahren Discount-Tickets an, die zu Fahrten nicht nur in Mailand, sondern in ganz Italien und zudem auch in Europa berechtigen.

Es gibt zwei Jugendherbergen in Mailand: Im **Ostello della Gioventù P Rotta** braucht man eine Jahresmitgliedskarte (die in der

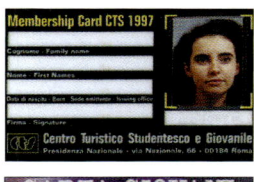

Mitgliedskarte des CTS, des Centro Turistico Studentesco

Herberge selbst erworben werden kann). **La Cordata (Casa Scout)** bietet drei Schlafsäle in der Nähe des Stadtzentrums.

Informationen über Jugendherbergen an den Seen erhalten Sie bei der Associazione Italiana Alberghi per la Gioventù (Jugendherbergsverband Italien). Adressen gibt es bei ENIT-Büros.

ZEIT

In Mailand gilt die Mitteleuropäische Zeit (MEZ), mit Sommer- und Winterzeit.

AUF EINEN BLICK

ENIT-BÜROS

Deutschland
Friedrichstraße 187,
10117 Berlin. ☎ 030 247 83 98. **www**.enit.it

Österreich
Kärntnerring 4a,
1010 Wien.
☎ 01 505 16 30 12.

Schweiz
Uraniastr. 32,
8001 Zürich.
☎ 043 466 40 40

INFORMATION

IAT Milano
Piazza del Duomo 19.
☎ 02 77 40 43 43.
www.provincia.milano.
it/turismo

Lago Maggiore

IAT di Varese
Via Carrobbio 2.
☎ 0332 28 36 04.
www.vareselandof
tourism.it

IAT di Laveno
Piazza Italia 18.
☎ 0332 66 87 851.

Comer See

IAT di Cernobbio
Via Regina 33.
☎ 031 51 01 98.

IAT di Como
Piazza Cavour 17.
☎ 031 33 00 128.
www.lakecomo.it

IAT di Lecco
Via Nazario Sauro 6.
☎ 0341 29 57 20.
www.turismo.provincia.
lecco.it

IAT di Bellagio
Piazza G. Mazzini 12.
☎ 031 95 02 04. **www**.
bellagiolakecomo.com

IAT di Tremezzo
Via Regina 3. ☎ 0344 404 93 (nur saisonal).

Gardasee

IAT di Desenzano
Via Porto Vecchio 34.
☎ 030 914 15 10.

IAT di Sirmione
Viale Marconi 8.
☎ 030 91 51 14,
91 62 45.

IAT di Gardone
Corso Repubblica 8.
☎ 0365 203 47.

IAT di Toscolano
Maderno
Via Sacerdoti 1.
☎ 0365 54 60 83.

Lago d'Iseo

IAT d'Iseo
Lungolago Marconi 2.
☎ 030 98 02 09.

MAILAND-TOUREN

ATMosfera Restaurant Tram
☎ 800 80 81 81.
www.atm-mi.it

Giro della Città
Piazza del Duomo 19
(IAT-Büro).
☎ 02 80 58 13 54.
www.autostradale.it

KONSULATE

Deutschland
Via Solferino 40.
☎ 02 623 11 01.
www.mailand.diplo.de

Österreich
Piazza del Liberty 8/4.
☎ 02 78 37 43.
www.austria.it

Schweiz
Via Palestro 2.
☎ 02 777 91 61. **www**.
eda.admin.ch/milano

STUDENTEN

La Cordata
Via Burigozzo 11.
☎ 02 58 31 46 75.
www.lacordata.it

Ostello della Gioventù P Rotta
Via Bassi 2.
☎ 02 39 26 70 95.
www.ostellionline.org

Sicherheit und Notfälle

Italienisches Apothekenschild

Wie in allen Großstädten ist in Mailand die Kleinkriminalität ein Problem. Seien Sie also wachsam. Passen Sie auf Ihre persönliche Habe wie Tasche oder Kamera gut auf, vor allem am Abend, in manchen Vierteln aber auch am Tag. Die Städte und Orte um die Seen sind dagegen sehr sicher. Sollten Sie während Ihres Aufenthalts krank werden, deckt in der Regel ihre Krankenversicherung die Kosten einer Behandlung ab.

SICHERHEIT

Am Abend allein in dunklen, entlegenen Straßen herumzulaufen ist nicht ratsam. Frauen ohne Begleitung sollten achtsam sein.

Die Kleinkriminalität ist ein Dauerproblem. Halten Sie sich also an Orten, wo viele Menschen sind, vor allem in öffentlichen Verkehrsmitteln, ihre Tasche fest im Griff. Taschendiebe sind dort überall tätig und können im Gedränge unbemerkt zuschlagen. Halten Sie Handtaschen stets geschlossen, tragen Sie keine Matchbeutel (Rucksäcke) oder Schultertaschen auf dem Rücken. Brieftasche oder Handy steckt man am besten gut weg. Tragen Sie auf der Straße die Handtasche auf der der Fahrbahn abgewandten Seite, um Dieben zu entgehen.

Wer mit dem Auto unterwegs ist, sollte alle in Großstädten üblichen Vorsichtsmaßnahmen treffen. Lassen Sie keine persönlichen Dinge in Autos liegen, sie könnten potenzielle Diebe anlocken. Am besten ist es, den Wagen auf einem bewachten Parkplatz *(parcheggio custodito)* abzustellen. Denken Sie vor der Abreise an eine Reiseversicherung, die Diebstahl abdeckt.

MEDIZINISCHE VERSORGUNG

Wer im Urlaub ärztliche Versorgung benötigt, findet in Mailand modernste Gesundheitseinrichtungen. Bürger der EU haben in Italien Anspruch auf kostenlose medizinische Behandlung mit der Europäischen Krankenversicherungskarte (EHIC) der gesetzlichen Krankenversicherung. Privat Versicherten werden die Ausgaben in der Regel ersetzt. Ganz sicher reisen Sie mit einer zusätzlichen Reisekrankenversicherung.

Eine Polizistin in Mailand, die den Verkehr regelt

Ist die Erkrankung nicht schwer, sollten Sie zunächst in eine Apotheke *(farmacia)* gehen. Sie werden dort gut beraten. Apotheken erkennt man am grünen Neonkreuz. Eine Liste der Apotheken, die nachts *(servizio notturno)* oder feiertags geöffnet haben, hängt jeweils aus. Die **Farmacia della Stazione Centrale** im Hauptbahnhof hat 24 Stunden geöffnet.

Benötigen Sie dringend ärztliche Hilfe, rufen Sie die **Emergenza Sanitaria/Ambulanze** (Rettungsdienst) an, oder fahren Sie direkt zum *Pronto Soccorso* (Unfalldienst/, Erste Hilfe) im nächsten Krankenhaus.

Brauchen Sie einen Arzt im Hotel, rufen Sie die **Guardia Medica** (Notarzt) an. Im Fall einer Vergiftung wenden Sie sich an das **Centro Antiveleni** (Gift-Notdienst).

STECHMÜCKEN

Im Sommer können Mücken *(zanzare)*, die beim ersten warmen Wetter auftauchen, zur Plage werden. Trotz verschiedener Mückenmittel wie Zitronellakerzen oder elektrischen Apparaten, in denen Anti-Insekten-Mittel verbrannt werden, wird man ihrer kaum Herr, vor allem in den Cafés im Freien (an den Navigli ist es besonders schlimm). Wer auf Mückenstiche allergisch reagiert, sollte auf jeden Fall entsprechende Mittel dabeihaben.

Mailänder Polizisten an einer Straßensperre

Wasser aus dem Hahn ist in Italien problemlos trinkbar, doch viele ziehen Mineralwasser *(acqua minerale)* vor – mit Kohlensäure *(con gas, frizzante)* oder ohne *(naturale)*.

Feuerwehrauto

NOTFÄLLE

Polizei- und Feuerwehr-Notdienste arbeiten rund um die Uhr. Polizeireviere *(questura)* und Krankenhäuser *(ospedale)* mit Notdienst/Erste Hilfe *(pronto soccorso)* finden Sie auch auf dem Stadtplan *(siehe S. 224–237)*.

Krankenwagen

In Italien gibt es unterschiedliche Polizeikräfte. Die staatliche Polizei *(polizia)* trägt Blau, die Verkehrspolizei *(vigili urbani)* Blau und Weiß im Winter und nur Weiß im Sommer. Die *carabinieri* kümmern sich um Verbrechen, die öffentliche Ordnung und um Drogendelikte.

Polizeiauto

FUNDBÜROS

Wenn Sie Reisedokumente oder andere persönliche Dinge verlieren, sollten Sie diesen Verlust sofort dem nächsten Polizeirevier melden. Damit Ihre Versicherung zahlt, ist ein offizieller Bericht nötig. Es kann auch nicht schaden, sich ans **Ufficio Oggetti Rinvenuti** (Fundbüro) der Stadt zu wenden. Haben Sie etwas im Zug oder auf einem Bahnhof verloren, so ist die Gepäckaufbewahrung *(deposito)* in der **Stazione Centrale** zu kontaktieren.

Sollte ein Dolmetscher nötig sein, sind die Gelben Seiten *(Pagine Gialle)* hilfreich, wo Sie Agenturen finden (online unter: www.paginegialle.it). Die Associazione Italiana di Traduttori e Interpreti (AITI) hat eine Liste qualifizierter Übersetzer und Dolmetscher. Auch Ihr Konsulat *(siehe S. 209)* wird einen Dolmetscher vermitteln können. Vielleicht machen Sie vor der Reise Fotokopien von wichtigen Dokumenten.

GEFAHREN IM FREIEN

Mailand besitzt eine Reihe von Grünflächen, doch die Luftverschmutzung ist relativ hoch. Bei bestimmten Wetterlagen führt das zu einer so hohen Smogkonzentration, dass den Menschen geraten wird, Schutzmasken zu tragen.

An den Seen ist die Luft wesentlich sauberer und frischer. Hier ist es auch unwahrscheinlich, dass einem etwas Schlimmeres als die eine oder andere Stechmücke begegnet. Wer Wassersport treibt, sollte gewisse Grundsätze befolgen. Im Lago Maggiore und im Comer See können Strömungen auch erfahrene Schwimmer gefährden. Auf dem Gardasee können Windsurfer von plötzlichen Böen erfasst werden, vor allem bei Torbole und Riva (im nördlichen Teil des Sees).

AUF EINEN BLICK

NOTRUFNUMMERN

Polizei
[C] 113 oder 112 (Euro-Notruf).

Carabinieri
[C] 112.

Feuerwehr
[C] 115 oder 112.

Emergenza Sanitaria/ Ambulanze (Ambulanz)
[C] 118 oder 112.

Verkehrspolizei
[C] 02 772 71.

Guardia Medica
[C] 02 540 500 00.

Centro Antiveleni (Gift-Notdienst)
[C] 02 66 10 10 29.

Farmacia della Stazione Centrale
[C] 02 669 07 35.

Pronto Farmacia
[C] 800 80 11 85.

ACI – Pannenhilfe
[C] 116 (mehrsprachig).

ADAC-Notruf
[C] 02 66 15 91.

FUNDBÜROS

Ufficio Oggetti Rinvenuti
Via Friuli 30. **Stadtplan** 8 F4.
[C] 02 88 45 39 00.
[O] Mo–Fr 8.30–16 Uhr.

Stazione Centrale
Piazza Duca d'Aosta.
Stadtplan 4 E1. [C] 02 63 71 26 67. [O] tägl. 7–13, 14–20 Uhr.

Kanufahren – ein beliebter Wassersport auf den vielen Flüssen der Lombardei

Stadtplan *siehe Seiten 224–237*

Kommunikation und Banken

Die öffentlichen Service-Angebote in Mailand sind sehr gut. An fast jeder Straßenecke gibt es eine Bank, fast alle haben Geldautomaten. Die Postämter sind gut organisiert. Die italienische Post ist flotter, als man gemeinhin denkt. Öffentliche Telefone kann man mit Münzen oder Telefonkarten, teilweise auch mit Kreditkarten bedienen. Sie werden gut instand gehalten. Die meisten Besucher werden ein Handy natürlich bequemer finden. An den Seen gibt es, weil die Städtchen und Orte klein sind, weniger Banken und Postämter, doch der Service ist auch hier gut. In Italien gilt seit Januar 2002 ausschließlich der Euro.

Telefonkarten der Telecom Italia sind inzwischen Sammlerobjekte

TELEFON

Telecom Italia betreibt den größten Teil des italienischen Telefon-Festnetzes. Mailand ist mit Telefonzellen gut versorgt, sie funktionieren mit Telefonkarten *(schede telefoniche)*, die in Tabakläden, Bars oder an Zeitungskiosken verkauft werden. Einige wenige öffentliche Telefone akzeptieren auch Münzen. Von Kreditkartentelefonen können Sie zu Lasten Ihrer heimischen Telefonrechnung telefonieren: Wählen Sie 187.

Auch in den Telecom-Filialen gibt es öffentliche Telefone. Die größte befindet sich in der Galleria Vittorio Emanuele II und hat täglich von 8 bis 21.30 Uhr geöffnet. Sie bietet auch einen Fax-Service.

Die Telecom-Filiale im Mailänder Hauptbahnhof ist täglich von 8 bis 20 Uhr offen.

Am billigsten telefoniert man wochentags zwischen 22 und 8 Uhr und sonntags. Es ist zwar bequem, vom Hotelzimmer aus zu telefonieren, doch dort fallen üblicherweise viel höhere Gebühren an.

Die Ortsvorwahl *(prefisso)* für Mailand ist 02. Auch in Mailand muss diese Vorwahl immer mitgewählt werden. Bitte beachten Sie: Für ganz Italien gilt, dass man auch bei Ortsgesprächen die Vorwahlnummer mitwählen muss.

MOBILTELEFON

Mobiltelefonierer haben in Italien fast überall und vor allem in den Städten beste Netzversorgung. Die EU legte im Sommer 2007 eine Begrenzung der Roaming-Gebühren in den Mitgliedsstaaten fest, mittlerweile sind sie erneut abgesenkt worden. Die neuen Obergrenzen für Handy-Gespräche liegen nun für abgehende Anrufe bei 0,43 Euro pro Minute, für eingehende Anrufe bei bis zu 0,19 Euro pro Minute. SMS kosten 0,11 Euro (jeweils zuzüglich Mehrwertsteuer). In den kommenden Jahren sollen diese Höchstwerte schrittweise weiter sinken.

Flächendeckende Mobilfunknetze unterhalten u. a. die Telecom Italia Mobile (Zugang: 222 01) und Omnitel Pronto Italia (Zugang: 222 10). Man kann Handys mit einer italienischen Prepaid-Karte auch mieten, etwa von Telecom Italia Mobile (TIM) oder Omnitel. Ein Miet-

Die Telecom-Filiale in der Galleria Vittorio Emanuele II

Hauptfiliale von Credito Italiano an der Piazza Cordusio

handy bekommen Sie z. B. im **Euro Business Center** im Flughafen Malpensa.

INTERNET UND E-MAIL

Auch viele Mittelklasse-Hotels bieten ihren Gästen mittlerweile Internet-Zugang im Zimmer an, vor allem die Business-Hotels. Ansonsten findet man oft Internet-Zugänge in den Lobbys.

Telecom Italia unterhält Internet-Büros in den großen Bahnhöfen und in Telefonläden. Bezahlen kann man mit einer regulären Telefonkarte.

Internet-Cafés findet man meist in Bahnhofs- oder Universitätsnähe. In der Regel bezahlt man dort im 15-Minuten-Takt. Häufig gibt es eine Ermäßigung für Studenten gegen Vorlage eines Studentenausweises.

BANKEN

Mailänder Banken haben montags bis freitags von 8.30 bis 13.30 und von 15 bis 16 Uhr geöffnet. Die Öffnungszeiten können von Bank zu Bank um eine Viertelstunde variieren.

Fast alle Banken haben Geldautomaten, die EC-Karten (mit Maestro- oder Cirrus-Zeichen) oder die üblichen Kreditkarten akzeptieren.

In Italien gilt seit 2002 der Euro. Andere Währungen können in Banken oder in Wechselstuben in Euro umgetauscht werden. In den Flughäfen Linate und Malpensa findet man in der Ankunfts- bzw. in der Abflughalle Filialen von Eurochange, die täglich von 7 bis 23 oder 24 Uhr geöffnet haben.

KREDITKARTEN

In Mailand und an den Seen akzeptieren die meisten Hotels und Restaurants, fast alle größeren Läden und die Autovermietungen die gängigen Kreditkarten.

Die meisten Banken haben Geldautomaten *(bancomat)*, bei denen man mit Kreditkarte oder EC-Karte (mit Maestro- oder Cirrus-Zeichen) und der Eingabe der Geheimnummer (PIN) Geld abheben kann.

Verlorene oder gestohlene Kreditkarten sollten Sie unverzüglich sperren lassen *(siehe Kasten)*.

Zeichen für Geldautomat (bancomat)

POST

Postämter haben in Mailand montags bis freitags von 8 bis 14 Uhr und samstags von 9.30 bis 13 Uhr geöffnet. 13 Postämter sind wochentags durchgehend von 8 bis 19 Uhr offen. Das **Ufficio Centrale** (Zentralpostamt) hat den ganzen Tag geöffnet und einen Expressdienst *(Postacelere)*.

Im Postamt am **Flughafen Linate** kann man Pakete, Briefe und Einschreibsendungen aufgeben. Ein Telegrammschalter hat von 8 bis 14 Uhr, auch sonntags, offen. Den gleichen Service gibt es im **Ufficio Stazione Centrale** (Hauptbahnhof) montags bis freitags von 8 bis 19 Uhr und samstags von 9.30 bis 13 Uhr.

In Italien kann man Briefmarken *(francobolli)* in Postämtern oder in einem Tabakladen *(tabaccaio)* mit »T«-Schild kaufen. Standardbriefe und Postkarten in europäische Länder müssen mit *posta prioritaria* versandt und mit 0,65 Euro frankiert werden. Bitte beachten Sie: Es gelten nur italienische Euro-Briefmarken.

Nützlich kann der Service postlagernder Sendungen sein. Lassen Sie sich eine Sendung mit der Aufschrift *ferma posta* am besten ans Zentralpostamt schicken, wo Sie sie gegen Vorlage des Ausweises und eine kleine Gebühr abholen können.

ANREISE

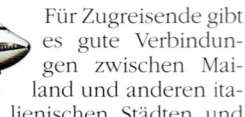

Flugzeug der Alitalia

Mailand hat drei Flughäfen: Linate liegt nur wenige Kilometer vom Stadtzentrum entfernt. Von hier gibt es Verbindungen zu den großen Städten Italiens und zu einigen europäischen Metropolen. Malpensa ist ein internationaler Flughafen und liegt etwa 50 Kilometer von Mailand entfernt, Orio al Serio etwa 45 Kilometer. An allen gibt es Mietwagenfirmen. Es ist allerdings oft billiger, vor der Abreise ein Fly-and-Drive-Paket zu buchen, als bei der Ankunft ein Auto zu mieten.

Für Zugreisende gibt es gute Verbindungen zwischen Mailand und anderen italienischen Städten und auch schnelle bequeme Verbindungen in das übrige Europa. Autofahrer finden ein gutes Straßen- und Autobahnnetz (mautpflichtig) vor. Ausfahrten von der Ringautobahn um Mailand sind klar gekennzeichnet. Sie sind allerdings immer stark befahren, man kommt oft nur langsam voran. Frühmorgens, wenn die Pendler in die Stadt strömen, kann die Fahrt doppelt so lang dauern wie erwartet.

ANREISE PER FLUGZEUG

Wer per Flugzeug nach Mailand kommt, trifft meist in Linate oder Malpensa ein. Mailand ist neben Rom der wichtigste Zielflughafen in Italien. Direktflüge aus Berlin, Frankfurt am Main und München nach Mailand bieten u. a. Lufthansa und die mittlerweile privatisierte Alitalia an. Viele Billigfluglinien fliegen Orio al Serio bei Bergamo an.

FLUGHAFEN LINATE

Bei den Mailändern ist der Flughafen seit je sehr beliebt, weil er so nahe an der Stadt liegt. Nach der Entscheidung der Regierung, Malpensa 1998 erheblich auszubauen und zu erweitern, ist der Verkehr hier zurückgeschraubt worden. Derzeit gehen über

Linate die Mailand–Rom-Flüge aller Gesellschaften außer Meridiana. Doch nach wie vor landen die Flüge diverser Airlines aus London, Paris, Amsterdam, Madrid, Wien, Zürich, Berlin, München und Frankfurt am Main auf den kleineren Flughäfen.

In Linate gibt es Gepäckaufbewahrung, Mietwagenfirmen (u. a. Avis und Hertz) und reichlich Parkplätze.

Die Mehrzahl der internationalen Flüge wird mittlerweile über den Flughafen Malpensa abgewickelt.

Von Linate ins Zentrum von Mailand zu gelangen ist relativ einfach. Wer viel Gepäck hat und ein Taxi nehmen will, findet die weißen autorisierten Wagen direkt vor dem Ausgang des Flughafens. Im Allgemeinen ist der Service zuverlässig und für die sieben

Im modernen Flughafen Malpensa

Kilometer ins Zentrum auch nicht allzu teuer.

Eine weitere Möglichkeit besteht darin, einen Bus in die Stadt zu nehmen, was ebenfalls bequem und deutlich preiswerter ist.

Zwei Buslinien fahren vor der Ankunftshalle ab: Der ATM-Bus 73 verkehrt zwischen 6.05 und 0.55 Uhr alle zehn Minuten und fährt bis zur Piazza San Babila im Zentrum (Tickets an der Bar, an Zeitungskiosken und autorisierten Verkaufspunkten).

Der Starfly-Bus verkehrt zwischen 6.05 und 23.45 Uhr alle 30 Minuten und fährt von Linate bis zur Stazione Centrale (Tickets bei der Agenzia Autostradale Linate oder im Bus).

Zudem gibt es einen Pendelbus zwischen Linate und dem Flughafen Malpensa.

Der Mailänder Flughafen Linate

Die oft verstopfte Ringautobahn (*tangenziale*) um Mailand

FLUGHAFEN MALPENSA

Der Malpensa Express fährt vom Terminal 1 aus alle 30 Minuten zum Bahnhof Cadorna (Metro-Station) und hält an den Bahnhöfen Bovisa und Saronno. Der erste Zug geht um 6.45 Uhr, der letzte um 21.45 Uhr. Anschließend verkehrt ein Shuttlebus. Die Fahrzeit beträgt rund 50 Minuten. Eine einfache Fahrt kostet neun Euro.

Auch zwei schnelle Buslinien bieten ihren Service an. Der Malpensa-Shuttle fährt alle 20 Minuten zwischen 5.30 und 1.20 Uhr von Malpensa zur Stazione Centrale (hält auch an der Messe), in umgekehrte Richtung alle 20 Minuten zwischen 4.15 und 0.30 Uhr zu Terminal 1 und 2 in Malpensa. Die Fahrzeit beträgt etwa eine Stunde (Ticket: 7 Euro).

Der Malpensa-Expressbus verkehrt ebenfalls alle 20 Minuten zwischen 6.20 und 22.30 Uhr von Malpensa zur Stazione Centrale und zurück.

Taxis (Fahrtzeit ca. 60 Minuten) sind recht teuer. Mittlerweile wurde ein Festpreis von 70 Euro vereinbart.

FLUGHAFEN ORIO AL SERIO

Autostradale bietet einen guten Busservice zwischen dem bei Bergamo gelegenen Flughafen und Mailands Stazione Centrale (Ticket: 7,90 Euro). Der Bus braucht etwa eine Stunde und fährt alle 30 Minuten.

ANREISE PER AUTO

Wer auf der *autostrada* (Autobahn) nach Mailand kommt, erreicht zunächst den Autobahnring, *tangenziale est* (Ost) und *tangenziale ovest* (West), der oft total verstopft ist. Nähert man sich dem Zentrum, ist es ratsam, nach einem offiziellen Parkplatz *(siehe S. 219)* zu suchen und in öffentliche Verkehrsmittel umzusteigen.

Alternativ kann man am Stadtrand die ATM-Parkplätze *(siehe unten)* ansteuern, die gut an die Metro angebunden sind. Diese sind von 7 bis 20 Uhr geöffnet und kosten einen Euro (halber Tag) bzw. zwei Euro (bis 20 Uhr). An Sonn- und Feiertagen sowie nach 20 Uhr parkt man hier gratis *(siehe S. 220f)*.

ANKUNFT AUS	AUTOBAHN-AUSFAHRT	PARKPLATZ	PLÄTZE	METRO, TRAM, BUS	ENTFERNUNG VOM ZENTRUM
Triest Venedig Verona Brescia	Cavenago/Cambiago	Gessate	500	M 2 (30/35 Min.)	23 km
	Sesto San Giovanni/ V. le Zara	Sesto Marelli	250	M 1 (20 Min.)	8 km
	Tang. est/ Cologno Monzese	Cologno Nord	500	M 2 (30 Min.)	9 km
	Tang. est/Viale Palmanova	Cascina Gobba/ Crescenzago	800 600	M 2 (20 Min.)	6 km
	Tang. est/Viale Forlanini	Forlanini	650	12 73	6 km
Turin Aosta Como Chiasso Varese Gravellona	Viale Certosa	Lampugnano	2000	M 1 (20 Min.)	5 km
	Pero	Molino Dorino	1600	M 1 (25 Min.)	8,5 km
	Tang. ovest/Milano Baggio	Bisceglie	900	M 1 (20/25 Min.)	6 km
Ventimiglia Genua	Viale Liguria/Centro Città/ Filaforum	Romolo/ Famagosta	250 560	M 2 (20 Min.)	4–5 km
Neapel Rom Florenz Bologna	Milano/Piazzale Corvetto	Rogoredo/ San Donato	350 2400	M 3 (20 Min.)	5–7 km

Ein ETR bei der Ausfahrt aus der Stazione Centrale in Mailand

ANREISE PER BAHN

An Mailands Hauptbahnhof, der **Stazione Centrale**, kommen alle wichtigen nationalen und internationalen Züge an. Zu Ihrem Ziel in der Stadt kommen Sie mit dem Taxi, den Metro-Linien 2 und 3 und vielen Straßenbahnen und Bussen direkt vor dem Bahnhofsausgang. Die Bahnhöfe **Porta Garibaldi** (im Centro Direzionale) und **Milano Lambrate** (nahe der Città Studi) sind viel kleiner. Beide erreicht man mit der Metro-Linie 2. Die Linie 3 verbindet den Bahnhof **Rogoredo** (nahe San Donato Milanese) mit dem Zentrum.

Die Regionalbahn Ferrovie Nord fährt von Mailand aus nach Como, Varese und in die Region Brianza. Die Züge verkehren ab der Piazzale Cadorna, wo die Metro-Linien 1 und 2 zusammenlaufen.

Der kürzlich eröffnete Passante Ferroviario, eine Vorortlinie, verbindet mehrere Metro-Linien mit dem Bahnhof Porta Garibaldi der Staatlichen Eisenbahnen (FS) und dem Bahnhof Milano-Bovisa der Ferrovie Nord.

Eine Reihe verschiedener Zugtypen verkehrt auf den Strecken Italiens. Zu den wichtigsten italienischen und internationalen Großstädten fährt der **ETR Eurostar**, der nur erste Klasse hat. Im Fahrpreis sind ein Aufschlag und die obligatorische Platzreservierung, Gratisgetränke und Zeitungen enthalten.

Auch die **Eurocity**-Züge bieten schnelle Verbindungen zwischen Mailand und europäischen Großstädten wie Paris und Barcelona.

Die **Intercity**-Züge fahren zu den Großstädten Italiens wie Rom und Florenz. Für Eurocity- und Intercity-Züge sollte man die Fahrkarten vorher lösen. Sie kosten Zuschlag.

Die anderen Züge sind langsamer, dafür sind die Preise günstig. **Espresso**-Züge halten nur an wichtigen Stationen, ein **Diretto** hält an den meisten Stationen, der **Locale** an jeder Station der Strecke.

Für Nachtreisende gibt es Züge mit Liegewagen. In ihnen kann man sich eine *cuccetta* (Etagenbett) in einem Abteil mit vier oder sechs Betten reservieren lassen. Eine teurere, aber diskretere Alternative sind Schlafwagen bzw. Wagons-Lits *(vagoni letto)*. Die Abteile haben eine Waschgelegenheit, das Frühstück ist inbegriffen. Für eine Ein-Bett-Kabine ist ein Erste-Klasse-Ticket erforderlich.

Fahrkarten erhält man in Bahnhöfen oder Reisebüros. Sie müssen vor Fahrtantritt auf dem Bahnhof durch einen Datumsstempel gültig gemacht werden. Das geschieht an kleinen gelben Stempelautomaten, die meist am Eingang zum Bahnsteig *(binario)* stehen.

Fahrkarten gelten zwei Monate ab Kaufdatum. Mit Datumsstempel gelten sie nur noch 24 Stunden. Werden Sie von einem Eisenbahnerstreik überrascht, dann sollten Sie Ihre Fahrkarte zwecks Rückvergütung von einem Kontrolleur oder Schalterbeamten abstempeln lassen. Sitzplätze, *cuccette* und Schlafwagenbetten können auf Bahnhöfen

Logo der Ferrovie dello Stato

und in jedem Reisebüro gebucht werden, das eine Computerverbindung zur Eisenbahn hat. Reservierungen können zwei Monate vor Reiseantritt vorgenommen werden. Sollten Sie danach Ihre Reisepläne ändern, zahlen Sie eine Gebühr: Stornierungen in Italien kosten bis 24 Stunden vor Abreise 20 Prozent des Fahrpreises, danach 50 Prozent.

Die Fahrzeit von München nach Mailand beträgt sieben- einhalb Stunden, von Zürich aus viereinhalb Stunden.

Fahrkartenschalter im Bahnhof Porta Garibaldi

An der Autostazione Porta Garibaldi in Mailand geparkte Reisebusse

ANKUNFT PER REISEBUS

Reisebusse sind in Italien ein probates Verkehrsmittel. Nach Mailand fahrende Busse (auf Italienisch *pullman*) beenden ihre Reise auf dem Busbahnhof der Auto-stazione Porta Garibaldi (Piazza Freud). Das wichtigste Busunternehmen, das Mailand mit Nord-, Mittel- und Süditalien (inklusive Sizilien) verbindet, ist **Autostradale Viaggi** mit Direktanschluss zur Autobahn.

SGEA, SIA und STIE fahren zu vielen wichtigen Zielen in der Lombardei, etwa zu den meisten großen Ferienzentren um die Seen. Die Hauptziele in Europa werden vor allem von dem Unternehmen **Euro-lines** (in Deutschland vertreten durch **Deutsche Touring**) angesteuert.

Die Fernbusse sind komfortabel und haben Liegesitze, Klimaanlage, Toiletten und sogar Fernsehen. An Autobahn-Raststätten halten sie in regelmäßigen Abständen an.

Tickets für Busreisen erhält man direkt an der Autostazione Porta Garibaldi an der Piazza Freud. Fahrpläne und Preise variieren je nach Jahreszeit. In der Regel erhalten kleine Kinder und Personen über 60 Jahre Ermäßigungen.

AUF EINEN BLICK

FLUGHÄFEN

Information Linate – Malpensa
02 74 85 22 00.
www.sea-aeroportimilano.it

Verlorenes Gepäck (Linate & Malpensa)
02 74 86 29 00.
sosbagagli@sea-aeroportimilano.it

Linate
Fundbüro
02 70 12 44 51 (7.30–21 Uhr).
Gepäckaufbewahrung
02 71 66 59.
Erste Hilfe
02 74 85 22 22.

Malpensa
Fundbüro
02 74 86 83 31 (T1).
02 74 85 42 15 (T2).
Gepäckaufbewahrung
02 58 58 02 98 (T1).
02 40 09 93 63 (T2).
Erste Hilfe
02 74 86 24 02/C9 (T1).
02 74 85 44 44/09 (T2).

Orio al Serio
035 32 62 97.
www.orioaeroporto.it

VERBINDUNGEN MALPENSA – MAILAND

Malpensa Express
Ankunft/Abfahrt in Mailand: Piazzale Cadorna.
02 85 11 43 82.
www.ferrovienord.it

Malpensa Shuttle
Ankunft/Abfahrt in Mailand: Stazione Centrale.
02 58 58 31 85.

Airpullman Linate–Malpensa
02 58 58 32 02.
www.airpullman.com

FLUGLINIEN

Alitalia
06 22 22 (in I).
0180 507 47 47 (in D).
01-505 17 07 (in A).
www.alitalia.it

Austrian Airlines
02 89 63 42 96 (in I).
05 1766 1000 (in A).
www.aua.com

Lufthansa
02 30 30 10 00 (in I).
1805 805 805 (in D).
www.lufthansa.com

Meridiana
6031 73 760 (in D).
07 89 56 34 44 (in I).
www.meridiana.it

Swiss
848 868 120 (in I).
180 300 03 37 (in D).
848 700 700 (in CH).
www.swiss.com

BAHNHÖFE

Stazione Centrale
89 20 21 (Callcenter der italienischen Eisenbahn).
www.trenitalia.com
02 77 40 43 18 (Informationsbüro).
02 88 45 39 00 (Fundbüro).
02 669 45 35 (Bahnpolizei).

Ferrovie Nord (Cadorna)
02 202 22.

Porta Garibaldi
02 63 71 62 75 (Information).

Rogoredo
02 637 11 oder 89 20 21.

BUSSE

Autostradale Viaggi
Piazza Freud 3.
Busse nach Orio al Serio fahren von der Stazione Centrale ab.
02 30 08 91.
www.autostradale.com

Eurolines Italy
c/o Autostradale Viaggi, Piazza Freud 3.
Busse fahren von der Autostazione Porta Garibaldi ab.
02 63 79 0299.
www.eurolines.com

Eurolines – Deutsche Touring
Am Römerhof 17, 60486 Frankfurt am Main.
069 79 03 501 (Service-Hotline). www.deutsche-touring.com

SGEA Lombardia
02 72 02 32 98.
www.sgea.it

SIA
Via Taramelli Torquato 26.
02 60 84-1.
www.siassb.eu

STIE
0331 51 90 00.
www.stie.it

IN MAILAND UNTERWEGS

Es gibt in Mailand zwar ein paar verkehrsfreie Zonen, etwa im Brera-Viertel und in der Altstadt, wo man relativ friedlich herumschlendern kann, aber eigentlich ist die Stadt nicht fußgängerfreundlich. Der Verkehr ist immer dicht und oft chaotisch. Hinzu kommt die große Schwierigkeit, in Mailand einen Parkplatz zu finden. Das sollte jeden davon abhalten, in der Innenstadt ein Auto zu benutzen. Parken in zweiter Reihe,

Mailänder
Parkplatz-
ticket

Unfälle und Staus sind alltäglich. Öffentliche Verkehrsmittel *(siehe S. 220)* und, für Mutige, Motorroller sind ideal, um sich in der Stadt zu bewegen. Das Tram-, Bus- und Metro-Netz ist sicher und zuverlässig. Es gibt Fahrkarten zum Pauschalpreis für das Stadtzentrum. Die Ein-Tages-Tickets sind preiswert, man muss sie vor Benutzung abstempeln. Wer beim Schwarzfahren erwischt wird, muss eine Geldstrafe bezahlen.

ZU FUSS UNTERWEGS

Manche Ecken in Mailand laden zu einem Spaziergang ein. Einen Schaufensterbummel durch das Modeviertel sollte man sich gönnen, auch wenn man kein großes Urlaubsbudget hat. Ebenfalls hübsch ist ein Spaziergang durch das Navigli-Viertel, das im Sommer nach 20 Uhr zur Fußgängerzone wird. Solche Oasen sind jedoch rar und liegen weit auseinander. Fußgänger haben es also nicht leicht.

Das Hauptproblem ist der starke Verkehr. Die Straßen werden allzu gern als Rennstrecken benutzt. Selbst wenn man eine Straße auf dem Zebrastreifen überquert, wird diese Markierung von Autofahrern oft ignoriert. Ein zusätzliches Problem ist der chronische Parkplatzmangel, sodass Autos oft auf den Geh-

Der Corso Buenos Aires an einem Wochentag

wegen parken und Fußgängern sehr wenig Raum lassen. Für Menschen mit Kinderwagen oder Rollstuhlfahrer ist dies mehr als ärgerlich.

MIT DEM AUTO UNTERWEGS

Sie sollten es tunlichst vermeiden, in Mailand mit dem Auto zu fahren. Der dichte Verkehr und Sperrzonen, die sogenannten ZTL *(zona a traffico limitato)*, machen das Fahren schwierig. Von 8 bis 20 Uhr ist das Parken in den blauen Zonen für maximal zwei Stunden erlaubt. Hierfür benötigen Sie eine SostaMilano-Karte, ein im Voraus bezahlter Parkschein, der an autorisierten ATM-Verkaufsstellen – meist Bars, Tabakläden und Zeitungskioske – erhältlich ist. Zonen mit gelben Linien sind den Anliegern vorbehalten. Es gibt einige Parkhäuser *(autorimesse)* im Zentrum bzw. Parkplätze

bei außerhalb liegenden Metro-Stationen *(siehe S. 219)*.

Autofahrer, die ins Zentrum Mailands wollen, müssen seit Anfang 2008 montags bis freitags von 7.30 bis 19.30 Uhr einen Ecopass lösen. Je nach Schadstoffklasse des Autos beträgt die Tagesgebühr von zwei Euro (Euro-Klasse 1 und 2) bis zehn Euro. Nur Elektroautos und besonders abgasarme Autos sind ausgenommen. Entlang dem Stadtmauerring sind 43 Kontrollstellen errichtet worden. Der **Ecopass** – es gibt ihn auch für mehrere Tage – ist u. a. an Kiosken, an bestimmten Bankschaltern und in Tabakläden erhältlich. Seit Einführung dieser City-Maut ist die Luftverschmutzung um 30 Prozent zurückgegangen.

Die meisten Hotels sind Ihnen bei der Beschaffung des Ecopasses behilflich. Bei Mietwagen sollten Sie diese Kosten mit Ihrer Mietwagenfirma abklären.

Der Corso Vittorio Emanuele mit
Blick auf den Dom

Geparkte Motorräder und Roller auf der Piazza Cordusio

ROLLER, MOPEDS UND FAHRRÄDER

Roller und Mopeds *(moto)* sind in Mailand für geübte Fahrer ideal. Man kann langen Autoschlangen und Staus ausweichen. Auch Fahrräder *(biciclette)* sind eine Alternative – vorausgesetzt, man behält im Verkehrsgewühl einen klaren Kopf, denn Fahrradwege gibt es sehr wenige. Einige Firmen verleihen sowohl Roller als auch Fahrräder.

TAXIS

Ein viel genutztes Verkehrsmittel ist das Taxi. Offizielle Taxis sind meist weiß, doch man sieht auch gelbe Wagen oder Taxis mit der Bemalung ihrer Sponsoren.

Taxistände findet man überall in der Stadt. Alle Wagen haben Telefon, die Nummern stehen im Telefonbuch. Bei Fahrtbeginn sollte der Taxameter tagsüber drei Euro anzeigen, an Sonn- und Feiertagen 5,10 Euro, bei Nachtfahrten 6,10 Euro, hinzu kommen Zuschläge fürs Gepäck. Um ein Taxi kommen zu lassen, ruft man den Funktaxi-Dienst an. Taxis vom Flughafen Linate kosten ca. zwölf Euro, von Malpensa 70 Euro.

AUF EINEN BLICK

ROLLER-, MOPED-, FAHRRAD-VERLEIH

AWS
(Fahrräder)
Via Ponte Seveso 33.
☎ 02 68 07 21 45.

Bianco Blu
(Roller und Mopeds)
Via Gallarate 33. ☎ 02 308 24 30. **www**.biancoblu.com

ECOPASS

☎ 02 02 02.
www.commune.milano.it/ecopass

FUNKTAXI

☎ 02 85 85.
☎ 02 40 40.
☎ 02 69 69.

PARKMÖGLICHKEITEN IM STADTZENTRUM

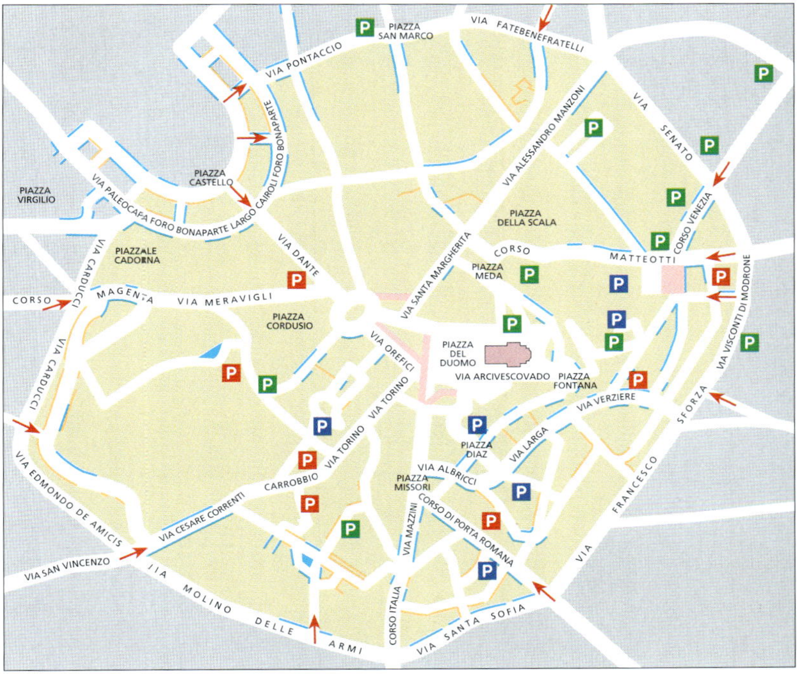

[Karte des Mailänder Stadtzentrums mit Parkplätzen]

VIA FATEBENEFRATELLI
PIAZZA SAN MARCO
VIA PONTACCIO
VIA ALESSANDRO MANZONI
VIA SENATO
PIAZZA CASTELLO
PIAZZA VIRGILIO
VIA PALEOCAPA FORO BONAPARTE LARGO CAIROLI FORO BONAPARTE
CORSO VENEZIA
PIAZZA DELLA SCALA
VIA DANTE
PIAZZALE CADORNA
CORSO MATTEOTTI
PIAZZA MEDA
VIA VISCONTI DI MODRONE
CORSO MAGENTA VIA MERAVIGLI
VIA SANTA MARGHERITA
VIA CARDUCCI
PIAZZA CORDUSIO
PIAZZA DEL DUOMO
VIA OREFICI
VIA ARCIVESCOVADO PIAZZA FONTANA
VIA TORINO
VIA VERZIERE
CARROBBIO
PIAZZA DIAZ
VIA LARGA
SFORZA
VIA EDMONDO DE AMICIS
VIA CESARE CORRENTI
PIAZZA MISSORI
VIA ALBRICCI
CORSO DI PORTA ROMANA
VIA FRANCESCO
VIA SAN VINCENZO
VIA MOLINO DELLE ARMI
VIA MAZZINI
CORSO ITALIA
VIA SANTA SOFIA

LEGENDE

🅿 Tarif A	🅿 Gratis-Parkplatz	Anwohner-Parkzone	➜ zum Stadtzentrum
🅿 Tarif B	Kostenpfl. Parkzone	nur Busse und Taxis	Stadtzentrum

Öffentliche Verkehrsmittel

**Logo von Azienda
Trasporti Milanesi S.p.A.**

Will man stressiges Autofahren und Parkprobleme meiden, sind öffentliche Verkehrsmittel die beste und billigste Art, sich in der Stadt zu bewegen. Mailand verfügt über ein sehr leistungsstarkes Netz von Trams, Bussen, Trolleybussen und drei Metro-Linien *(Metropolitana)*, das der Azienda Trasporti Milanesi (ATM) untersteht.

**Rolltrepe am Ausgang einer
Mailänder Metro-Station**

TRAMS UND BUSSE

Straßenbahnen und Busse in Mailand sind meist orange und fahren praktisch in der ganzen Stadt. Sie sind stets ziemlich voll, vor allem zur Rushhour. Im Allgemeinen verkehren sie alle zehn Minuten.

Bus- und Straßenbahnhaltestellen sind leicht zu erkennen: Sie haben ein gelbes Schild, auf dem die Route dargestellt ist. Haltestellen befinden sich oft auf Verkehrsinseln mit Sitzen für Wartende.

An den Haltestellenschildern gibt es auch Fahrpläne. Achten Sie bitte auf Sommer-Fahrplan *(estate)* und Winter-Fahrplan *(inverno)* – sie hängen verwirrenderweise nebeneinander. Die Türen sind als Einstieg und Ausstieg gekennzeichnet *(entrata =* Einstieg, *uscita =* Ausgang), doch das wird oft ignoriert.

Fahrkarten kauft man vorher und stempelt sie dann im Bus oder in der Straßenbahn ab. Um die Fahrkarte zu entwerten *(convalidare)*, schieben Sie sie in den kleinen Automaten, der sich oft vorn, hinter dem Fahrer, befindet. In längeren Fahrzeugen gibt es mindestens zwei, einen vorn und einen hinten.

Will man aussteigen, drückt man den roten Knopf. Dann blinkt ein Zeichen – *fermata prenotata* –, bis die nächste Haltestelle erreicht ist.

Es gibt einen ATM-Nachtbus (Radiobus). Man kann ihn buchen und zu der Haltestelle bestellen, wo man einsteigen möchte (Kosten: drei Euro).

Behalten Sie Ihre persönlichen Dinge und auch Ihr Gepäck im Auge, wenn Sie mit öffentlichen Verkehrsmitteln unterwegs sind. Taschendiebe sind auf Handtaschen, Handys und Brieftaschen aus.

METRO

Die Mailänder U-Bahn heißt Metro bzw. Metropolitana. Es gibt drei Linien: Linie 1 (rot) wurde 1964 eingeweiht, Linie 2 (grün) und 3 (gelb) sind neueren Datums. Alle Stationen haben Rolltreppen, aber nur einige bieten Aufzüge für Behinderte.

Metro-Stationen liegen oft dicht bei Tram- und Bushaltestellen. In der Rushhour fahren die Züge alle zwei Minuten und sind oft überfüllt. Die restliche Zeit fahren sie etwa alle fünf Minuten. Einmal abgestempelt, bleiben Tickets nach dem Umsteigen auch für andere öffentliche Verkehrsmittel gültig.

NETZ DER MAILÄNDER METRO (METROPOLITANA)

LEGENDE

S1	SARONNO – MILANO P.ta Vittoria
S2	MARIANO COMENSE – MILANO P.ta Vittoria
S3	SARONNO – MILANO Cadorna
S4	SEVESO – MILANO Cadorna
S5	VARESE – GALLARATE – MILANO Passante – PIOLTELLO
S6	NOVARA – MAGENTA – MILANO P.ta Vittoria
S9	SERGENO – MILANO Greco – Milano S. Cristoforo
S10	MILANO Bovisa – MILANO P.ta Vittoria

M	Linie 1
M	Linie 2
M	Linie 2 (im Bau bis Ende 2009)
M	Linie 3
M	Linie 3 (im Bau bis 2011)
	Verbindung mit dem S. Raffaele Krankenhaus
S	Unterirdische Eisenbahn
S	Unterirdische Eisenbahn (im Bau)
	Regionalzug
	Zugverbindung zum Flughafen Malpensa
	Busverbindung zu den Flughäfen Malpensa, Linate, Orio al Serio
	Bus 73 zum Flughafen Linate
	Verbindung zur Eisenbahn
	Busbahnhof
P	ATM-Parkplätze
H	Krankenhaus
	Fahrpreis-Zonengrenze (städt. Tarif)
	ATM-Schalter: Infos und Karten

Eine Straßenbahn auf der Fahrt durch das Navigli-Viertel

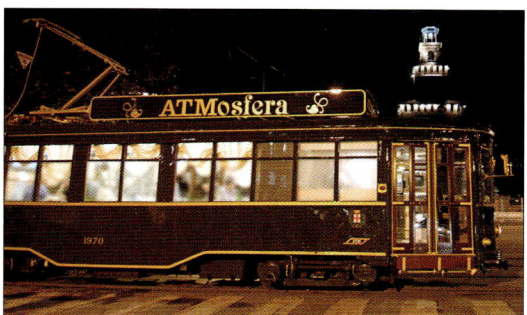

Mailands Oldtimer-Tram ATMosfera, ein fahrendes Lokal ***(siehe S. 209)***

Passante Ferroviario

Diese Zuglinie verbindet den Nordwesten Mailands mit der Metro. Sie führt von der Porta Venezia nach Bovisa. Zwischenstopps: Piazza della Repubblica, Stazione Garibaldi und Via Lancetti.

Tickets und Zeitkarten

Alle Tickets gelten für Bus, Straßenbahn, Metro und Passante Ferroviario. Sie sind auf allen Linien, inklusive Umsteigen, 75 Minuten lang gültig. Nur in der Metro darf man sie nicht zweimal benutzen.

Tickets muss man vor der Fahrt kaufen, denn man kann sie nicht im Wagen lösen. Es gibt sie in Tabakläden, an Zeitungskiosken und an Fahrkartenautomaten, die Münzen und Scheine akzeptieren.

Touristentickets sind preiswert. Sie kosten drei Euro für 24 Stunden oder 5,50 Euro für 48 Stunden. Es gibt auch Wochen- und Monatskarten *(abbonamenti)*. Die öffentlichen Verkehrsmittel in Mailand inklusive Metro fahren im Allgemeinen von 6 Uhr bis Mitternacht. Einige Busse und Straßenbahnen verkehren bis 1.30 Uhr. Detailinformationen erhält man in den ATM-Informationsbüros.

Auf einen Blick

ATM (Öffentliche Verkehrsmittel)

800 80 81 81 (gebührenfreie Infonummer).

www.atm-mi.it

Tickets und Zeitkarten

Station Duomo (ATM).

Mo–Sa 7.45–19.15 Uhr.

Stationen Cadorna (ATM), Centrale FS, Loreto und Romolo.

Mo–Sa 7.45–19.15 Uhr.

Radiobus (Funkbus)

02 48 03 48 03, Buchung von Zeit und Route (20–2 Uhr).

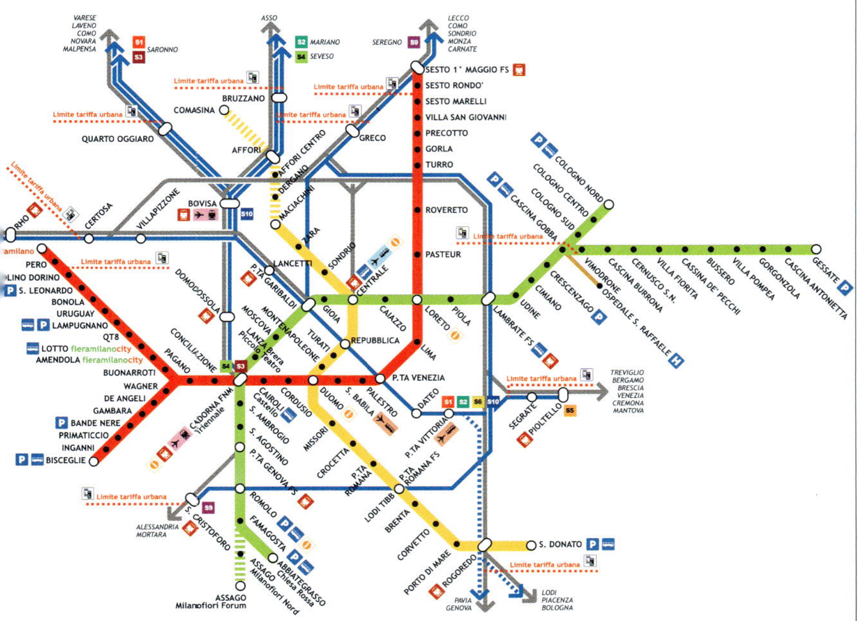

Anreise zu den Seen

Standseilbahn in
Como, 1894

Ob mit dem Zug oder mit dem Auto: Die Seen sind von Mailand aus leicht zu erreichen. Wer mit dem Auto fährt, nimmt die Autobahn *Autostrada dei Laghi* oder die *Superstrada Valassina*. Es gibt auch gute Zugverbindungen zu den Seen, sowohl mit den Zügen der Ferrovie dello Stato (FS) als auch der Ferrovie Nord (FNM). Buslinien verbinden die Städte und Orte um die Seen miteinander. Eine sehr angenehme Option sind die Fähren. Auf diese Weise kann man den Staus auf den überfüllten Straßen, vor allem an den Wochenenden, entgehen.

Ein Regionalzug der Ferrovie dello
Stato

LAGO MAGGIORE

Um von Mailand mit dem Auto zum Lago Maggiore zu kommen, nimmt man die Autobahn A8, dann die Ausfahrt nach Sesto Calende. Von dort fährt man Richtung Angera, um auf die lombardische Seeseite zu gelangen, oder in Richtung Arona zur piemontesischen Seite.

Zum oberen Teil des Sees fährt man weiter nach Norden und biegt in Gravellona Toce ab Richtung Fondotoce und Verbania.

Zum Lago d'Orta nehmen Sie die Abzweigung Borgomanero und folgen den Schildern nach Gozzano-Orta San Giulio. Über die A8 kommt man auch am einfachsten zum Lago Varese: Man nimmt die Ausfahrt Varese und fährt weiter nach Gavirate.

Der See ist auch per Zug vom Mailänder Bahnhof Porta Garibaldi aus erreichbar. Von dort fahren Lokalzüge über Gallarate bis Luino. Die Züge der Eisenbahngesellschaft **Ferrovie Nord** starten vom Bahnhof Piazzale Cadorna. Sie fahren mehrmals täglich nach Laveno.

Auf dem Lago Maggiore ist es besonders vergnüglich, mit Tragflächenbooten und Fähren von einem Ort zum anderen zu fahren. Die wichtigsten Städte verbindet die Gesellschaft **Navigazione Lago Maggiore**, die 30 Schiffe besitzt, darunter Dampfer und Fähren. Die Fahrpläne hängen in Hotels, Restaurants und allen Häfen aus und ändern sich je nach Jahreszeit.

Wer von außerhalb Italiens per Flugzeug zum Lago Maggiore reist, kommt in der Regel am Flughafen Malpensa 50 Kilometer nordwestlich von Mailand (*siehe S. 215*) an und fährt per Bus weiter.

COMER SEE

Von Mailand aus kommt man am schnellsten zum Comer See, wenn man auf der A9 – besser bekannt als *Autostrada dei Laghi* – bis zur Ausfahrt Como Nord fährt. Zur Westseite des Sees führt von Como aus die Statale (Fernstraße) 340, die antike Via Regina, die bis Sorico geht. Zur anderen Seeseite fährt man die Statale 583 hinauf, die durch Bellagio nach Lecco führt.

Der Verkehr rund um den See kann am Wochenende sehr stark sein. Eine gute Alternativlösung zum Stau könnte eines der vielen Tragflächenboote oder eine Autofähre sein. Die Tragflächenboote (*aliscafi*) verkehren besonders oft auf der Route Como–Colico und haben viele Zwischenstopps, während die Fähren nur in Cadenabbia, Bellagio, Menaggio und Varenna anlegen. Genauere Informationen erhalten Sie bei **Navigazione Lago di Como**.

Como erreicht man auch mit den Zügen der Ferrovie dello Stato (FS) und der Ferrovie Nord (FNM). Die FS-Züge fahren auf der Route Mailand–Chiasso nach Como. Die FNM-Züge fahren in Mailand ab Piazzale Cadorna und kommen im Stadtzentrum an der Piazza Cavour an.

Falls Sie mit dem Flugzeug anreisen: Der Flughafen Malpensa liegt am nächsten zum Comer See.

Eine Fähre, die am Comer See die Hauptorte miteinander verbindet

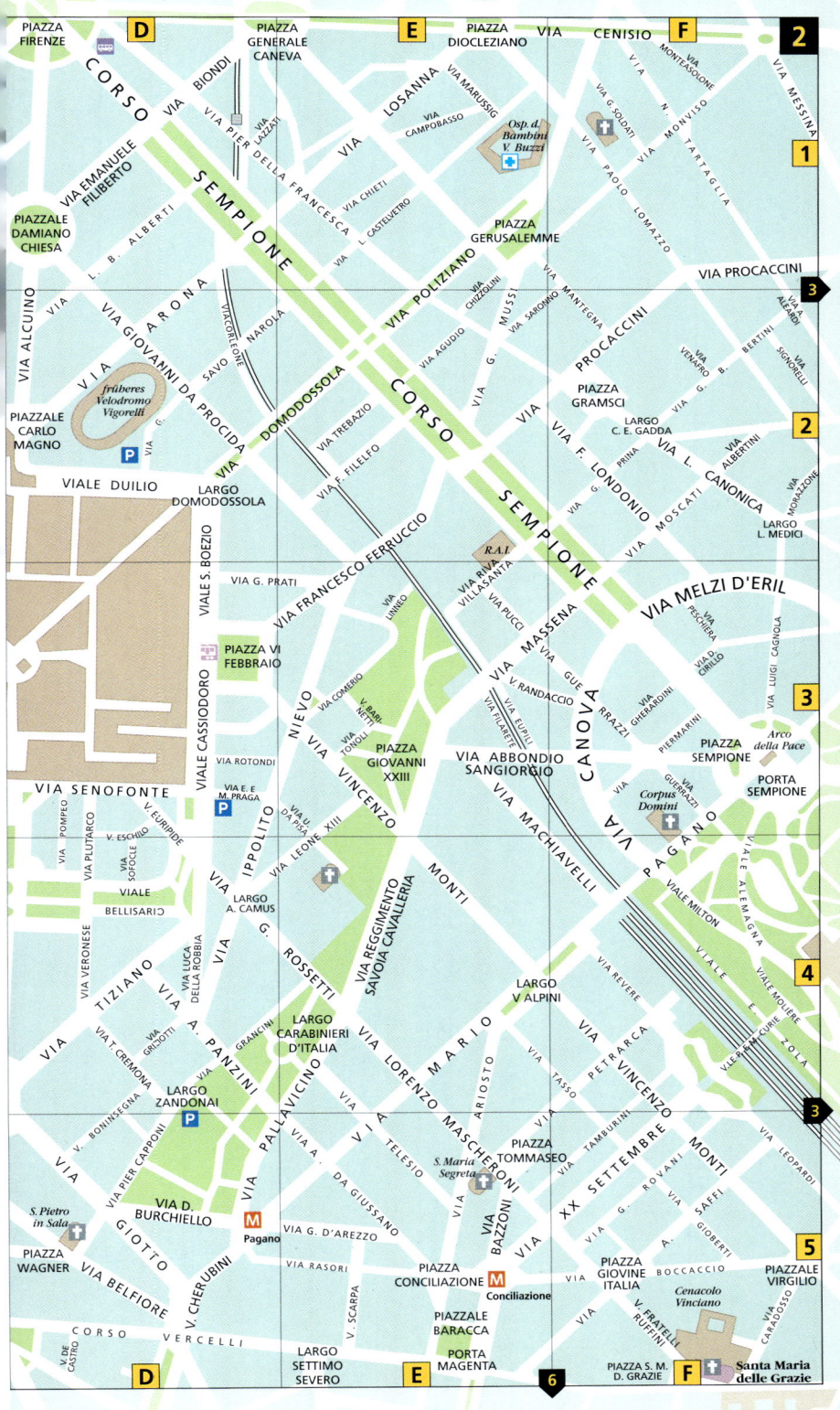

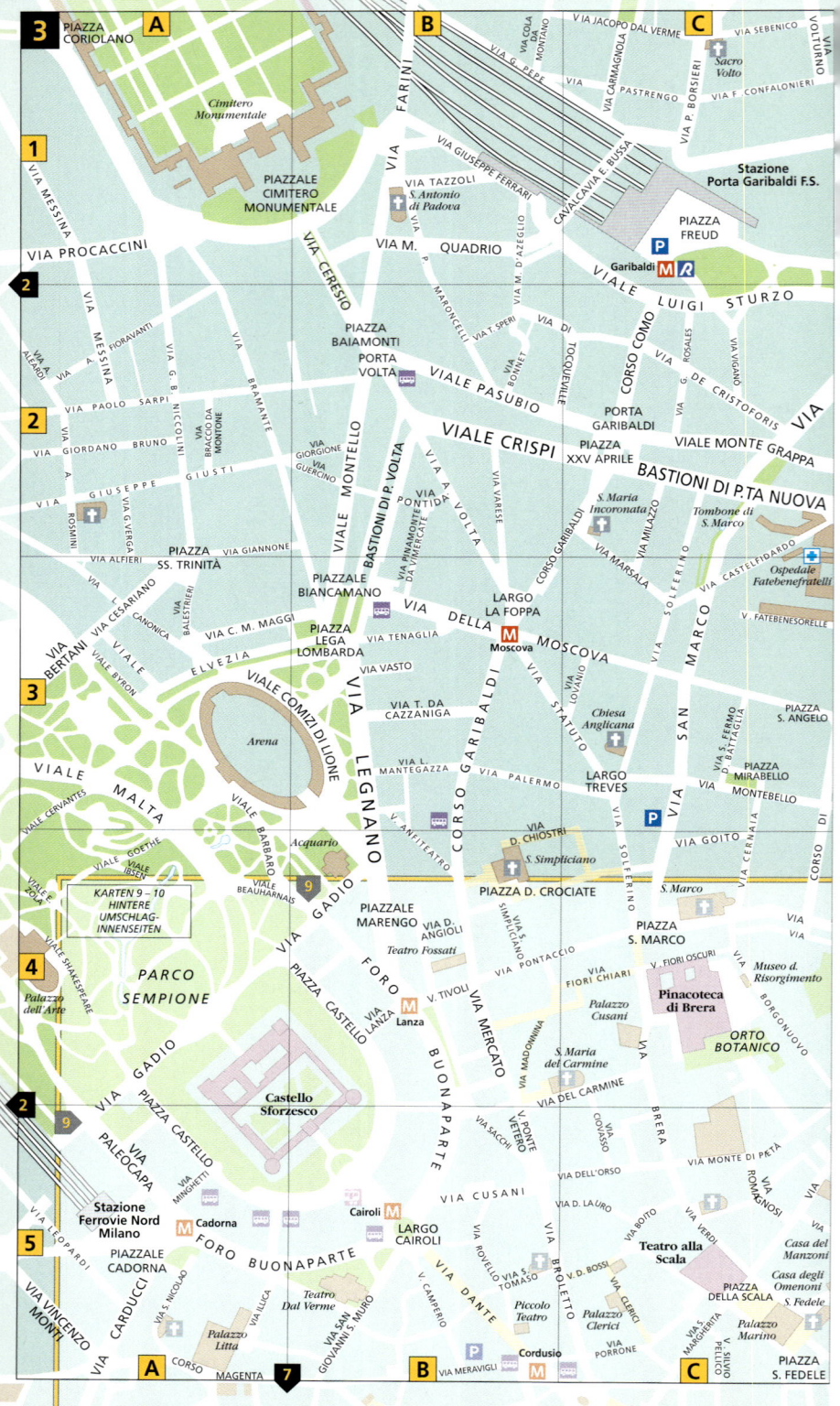

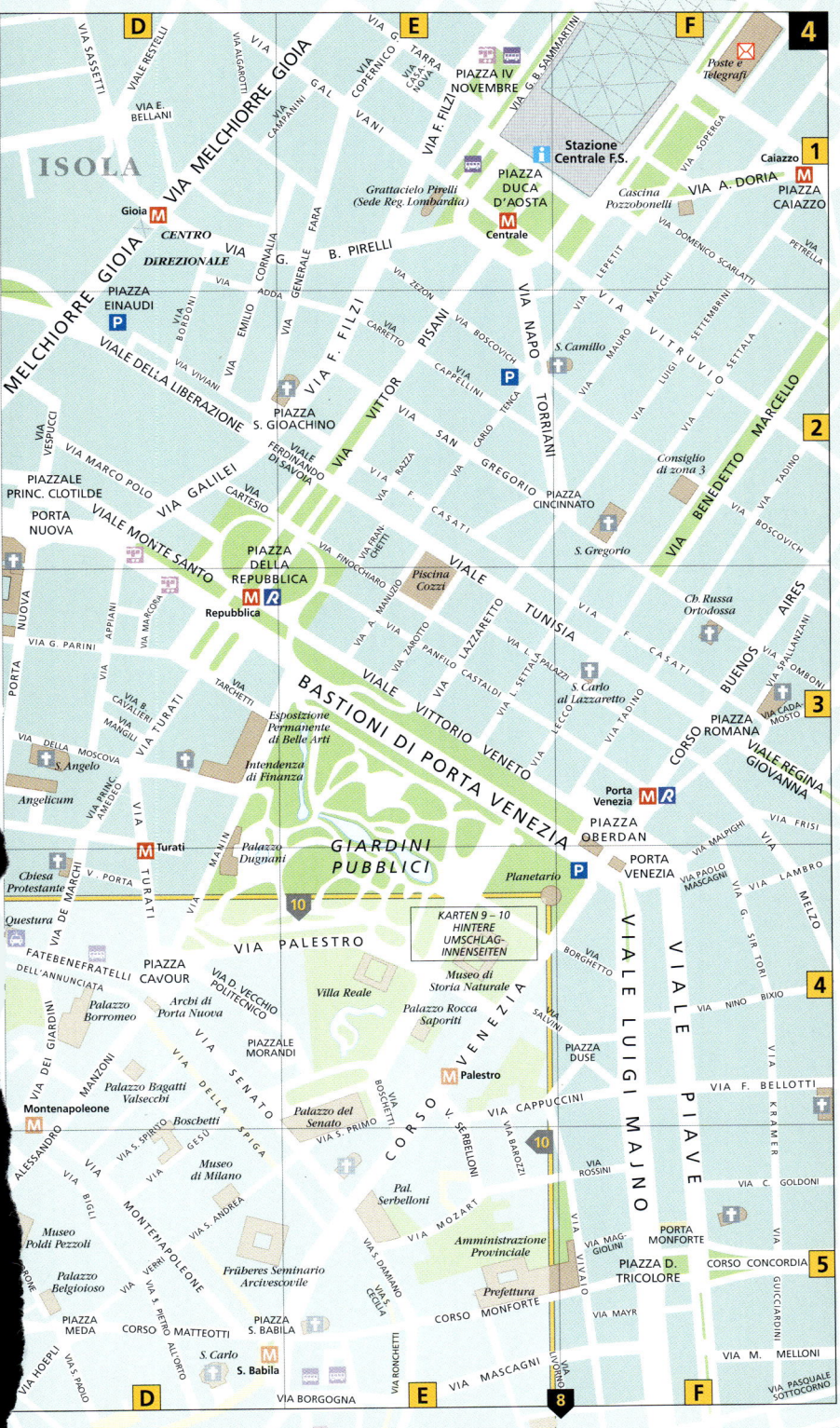

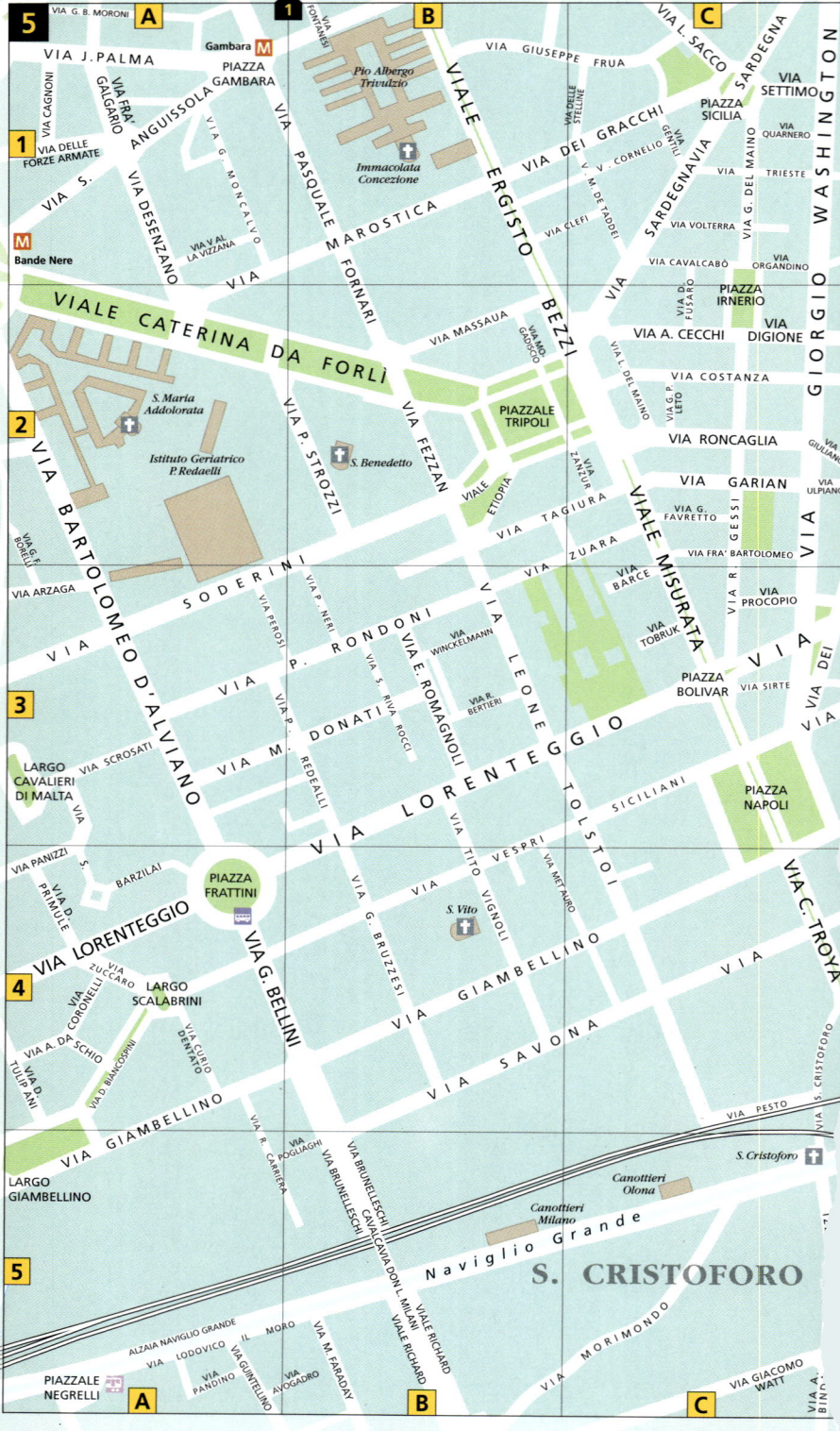

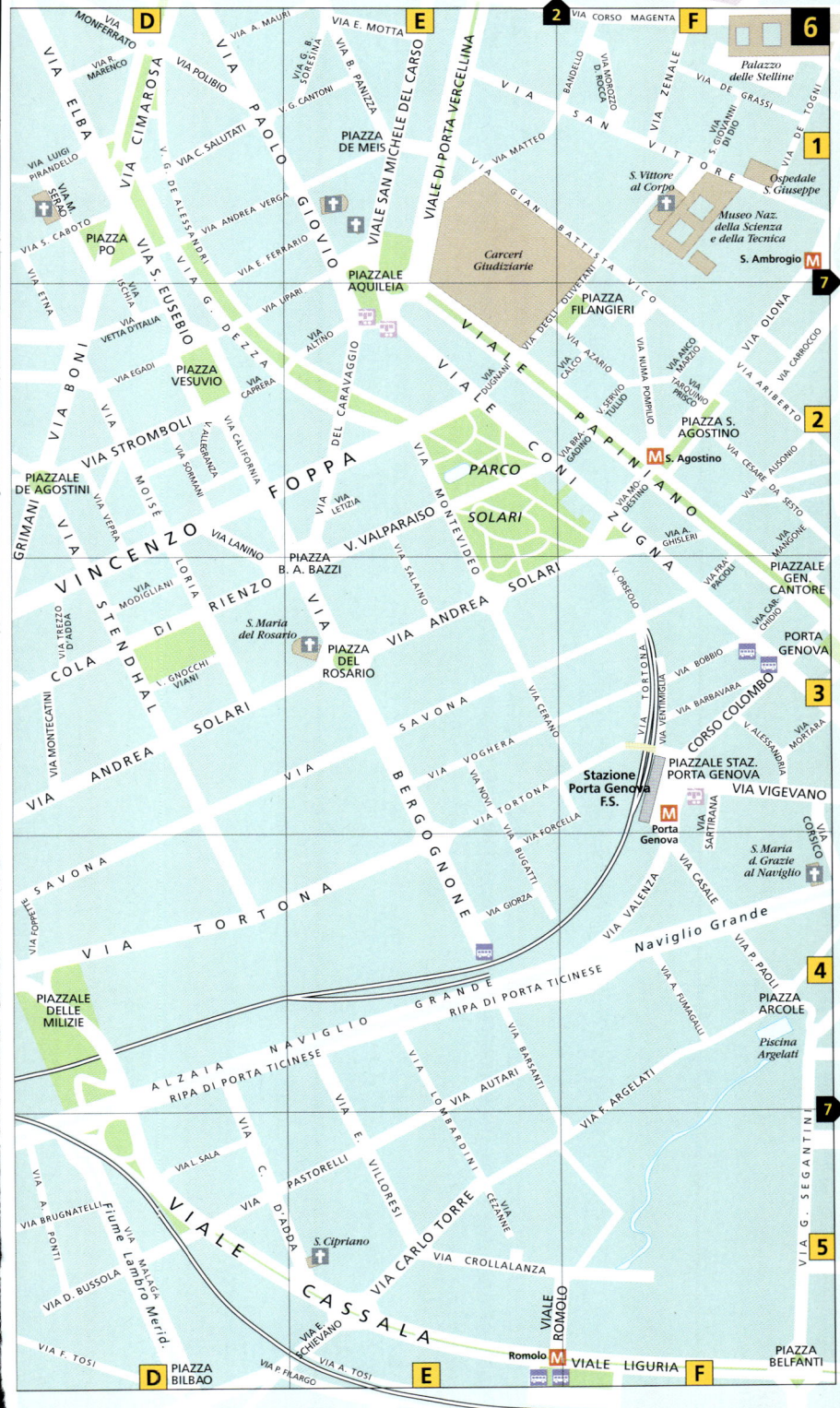

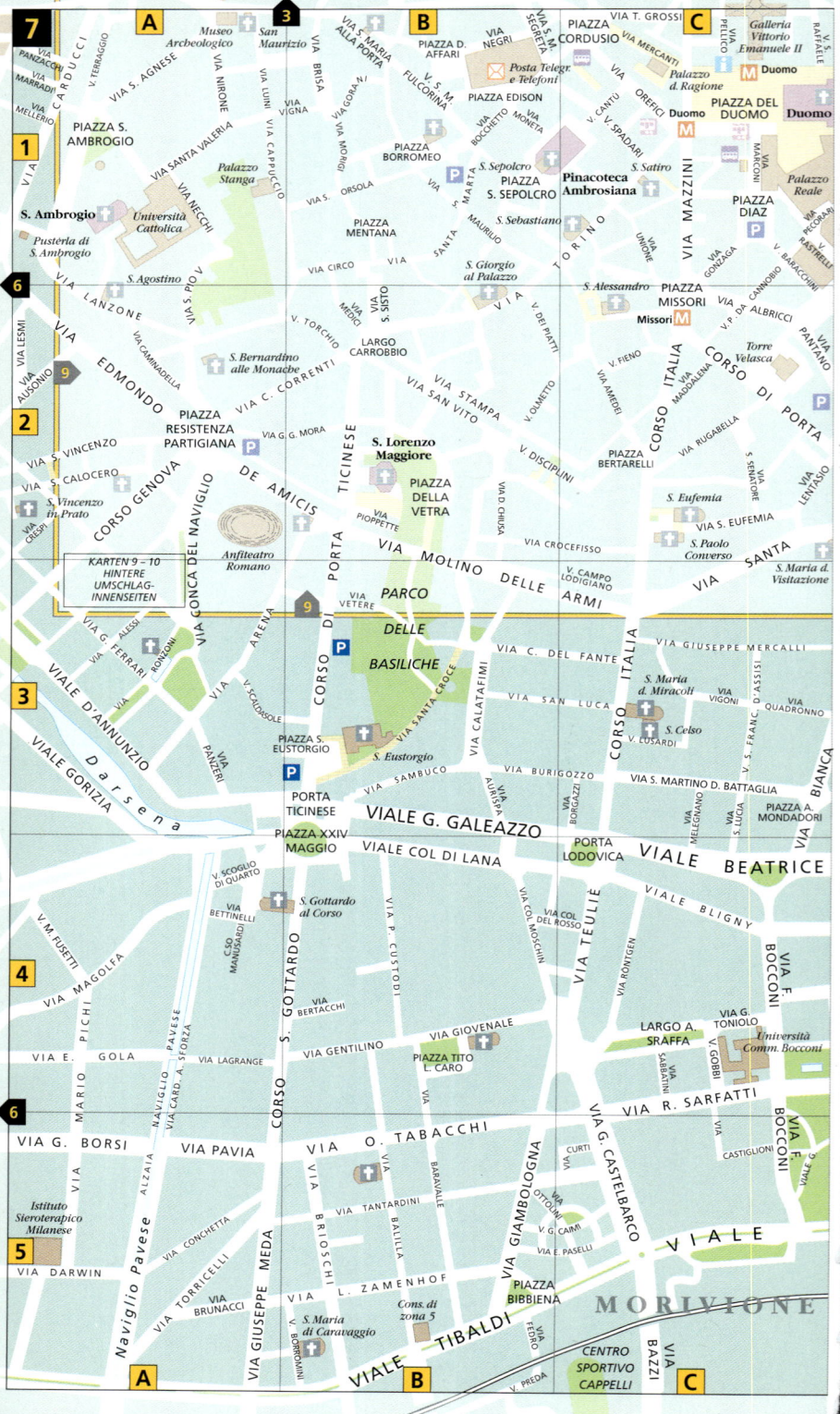

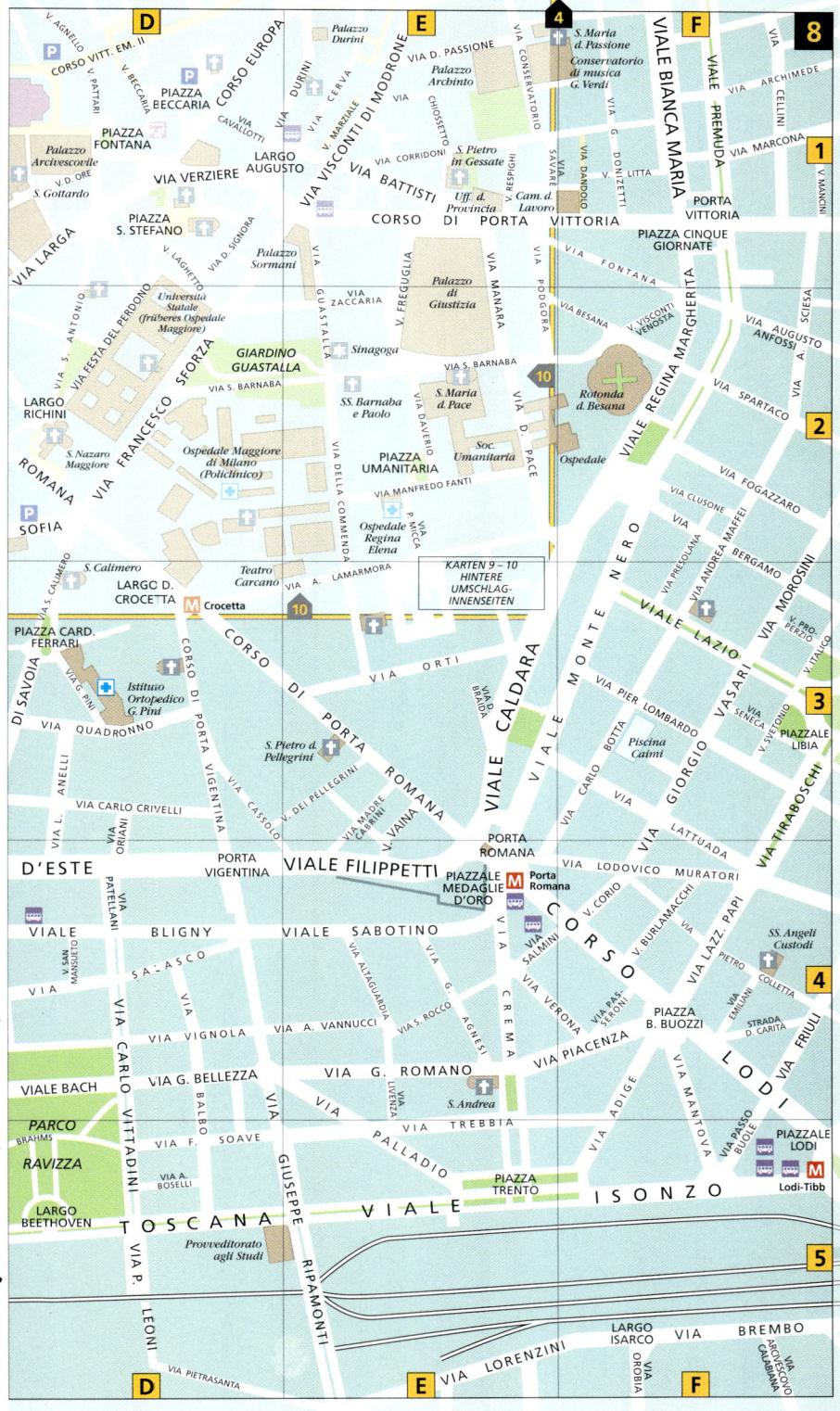

Textregister

Danksagung und Bildnachweis

DORLING KINDERSLEY bedankt sich bei allen, die bei der Herstellung dieses Buchs mitgewirkt haben. Unser besonderer Dank gilt: APT di Como (Sig. Pisilli), Silvia Dell'Orso, Direzione Civiche Raccolte d'Arte del Castello Sforzesco (Walter Palmieri), Giorgio Facchetti, Diana Georgiacodis, Alberto Malesani (Gardaland), Enrico Pellegrini, dem Küchenchef der *Locanda degli Angeli* (Gardone), Augusto Rizza, Silvia Scamperle, Carla Solari, Crisca Sommerhoff, Valentina Tralli.

Für Dorling Kindersley
Gillian Allan, Douglas Amrine, Sonal Bhatt, Michelle Clark, Michelle Crane, Vivien Crump, DG Consulting s.a.s. di Julia, Dunn & C., Conrad van Dyk, Louise Bostock Lang, Annette Jacobs, Delphine Lawrance, Rada Radojicic, Sands Publishing Solutions, Ellie Smith, Mary Sutherland.

Weitere Assistenz
Reid Bramblett, Sally Bloomfield, Susi Cheshire.

Bildnachweis

o = oben, om = oben Mitte, or = oben rechts, ol = oben links, oml = oben Mitte links, om = oben Mitte, omr = oben Mitte rechts, ml = Mitte links, m = Mitte, mr = Mitte rechts, uml = unten Mitte links, mu = Mitte unten, umr = unten Mitte rechts, ul = unten links, um = unten Mitte, ur = unten rechts, u = unten, (d) = Detail.

Wir haben uns bemüht, alle Urheber ausfindig zu machen und zu nennen. Sollte dies in einigen Fällen nicht gelungen sein, bitten wir, dies zu entschuldigen. In der nächsten Auflage werden wir dies selbstverständlich nachholen.

Alle Bilder in diesem Buch sind von Image Bank, Mailand, mit Ausnahme der folgenden:

ALAMY IMAGES: Tibor Bognar 10mro; CuboImages srl/Bluered 170ml; CuboImages srl/Eddy Buttarelli 35 ul; CuboImages srl/Dario Mainetti 171 mu; Adam Eastland 124mlu; John Warburton-Lee Photography/Ian Aitken 11or; Jon Arnold Images 42; David Sanger photography/Sam Bloomberg-Rissman 171ol.

ARCHIVIO FOTOGRAFICO DEL TEATRO ALLA SCALA: 52ul, 53ol, 53ur, 53ul; Andrea Tamoni 52ml.

ARCHIVIO FOTOGRAFICO ELECTA: 56–57 (alle Fotos), 58or, 58ol, 58m, 58ul, 59or, 59m, 64mr(d), 146ol, 146or, 148mul, 149ol, 149mr.

ARCHIVIO FOTOGRAFICO STORICO ACHILLE BERTARELLI: 41om, 157om, 207om.

ATM S.P.A. – ARCHIVO FOTOGRAFICO: 220ol, 221ol.

SIMONETTA BENZI: 36ol, 51or, 51ml, 51mr, 68mr, 69mr, 74ur, 75or, 75ml, 78or, 80ur, 82om, 85ur, 87ur, 88mr, 88ur, 90m, 90ul, 97ol, 97mr, 97mu, 98ml, 100ol, 100ur, 101ur, 112ol, 113ur, 122or, 122ml, 122ur, 123or, 123ml, 123ur, 212m, 212ur.

BOEUCC ANTICO RISTORANTE: 168ul.

CORBIS: Massimo Listri 143o.

DISCOTECA DEHOR: 205mu.

DORLING KINDERSLEY PHOTO LIBRARY: Paul Harris und Anne Heslope 140or; Ian O'Leary 170or/mu/ul/ur, 171ul/um/ur, 197ul.

EMPICS: 196o.

FABIO DE ANGELIS: 29ol, 29ml, 32ur, 33ol, 33or, 33ul, 44ol, 45ur, 49ol, 49m, 80or, 83or, 83mr, 83ul, 84ol, 85om, 85ul, 88om, 90om, 96m, 96ur, 98ur, 99or, 100m, 102or, 111ur, 112mr, 112ur, 119ul, 119mr, 121ol, 149ul, 185ur, 188ul, 196mr, 211 (Ambulanz, Feuerwehr und Polizeiauto).

GARDALAND: 152–153.

GIOVANNI FRANCESIO: 32ul.

GRAND HOTEL VILLA SERBELLONI (BELLAGIO): 145or, 159ol.

GRAZIA NERI: Archivio Marcello Mencarini/La Scala Museo Teatrale, Milano, Angelo Inganni (1852): Gemälde mit Scala 124om; Archivo Marcello Mencarini/La Scala Museo Teatrale, Milano, Ulisse Surtini: Porträt der Maria Callas 125or; Barbara Seghezzi 124ur, 126mlu, 126or, 127om.

HOTEL DU LAC (VARENNA): 141mr.

HOTEL FOUR SEASONS (MILANO): 158mr, 185ur.

HOTEL REGENCY (MILANO): 158ul.

HOTEL VILLA CRESPI (ORTA SAN GIULIO): 159ur.

IAT DI COMO: 144or, 144ul.

IL DAGHEROTIPO: 49ur, 208ul.

INDEX, FIRENZE: Alberti 127mru; Pizzi 126m.

KRIZIA: 36m.

MARKA, MILAN: 196ul, 223u; Roberto Benzi 125ul; Danilo Donadoni 10ul; Nevio Doz 11ul; Giovanni Rivolta 10om; Alessandro Villa 217ol.

MUSEO DIOCESANO: 90ol;

MUSEO DEL RISORGIMENTO: 8–9m.

MUSEO TEATRALE ALLA SCALA: 35mru.

OMEGA FOTOCRONACHE: 27ml, 30or, 30ml, 30ul.

PASTICCERIA COVA (MILANO): 185or.

LAURA RECORDATI: 32ml, 54ol, 55ur, 78ur, 91ur, 96ol, 98ol, 101m.

RISTORANTE IL SOLE (RANCO): 169ul.

RISTORANTE L'ALBERETA (ERBUSCO): 169ol.

RISTORANTE LA BRICIOLA (MILANO): 168ol.

RISTORANTE VILLA FLORI (COMO): 169ol.

MARCO SCAPAGNINI: 146ml, 158om, 159mr, 168om, 188om.

VERSACE: 106ol.

VORDERE UMSCHLAGINNENSEITEN
ALAMY IMAGES: Jon Arnold Images mr.

UMSCHLAG
Vorn: ALAMY IMAGES: Art Kowalsky (Hauptbild); LAURA RECORDATI: ul.
Hinten: ALAMY IMAGES: Art Kowalsky ol; WORLD PICTURES LTD: ul; DK IMAGES: Paul Harris mlo; John Heseltine mlu.
Rücken: ALAMY IMAGES: Art Kowalsky o; FABIO DE ANGELIS: u.

Alle anderen Bilder © Dorling Kindersley.
Weitere Informationen unter:
www.dkimages.com

Sprachführer Italienisch

NOTFÄLLE

Hilfe!	Aiuto!	[a'iu:to]
Stopp!	Fermate!	[fer'ma:te]
Rufen Sie einen Arzt!	Chiami un medico!	['kia:mi un 'mɛ:diko]
Rufen Sie einen Krankenwagen!	Chiami un ambulanza!	['kia:mi un ambu'lantsa]
Rufen Sie die Polizei!	Chiami la policia!	['kia:mi la polit'tsi:a]
Rufen Sie die Feuerwehr!	Chiami i pompieri!	['kia:mi i pom'piɛ:ri]
Wo ist das Telefon?	Dov'è il telefono?	[do:vɛ il te'lɛ:fono]
Wo ist das Krankenhaus?	Dov'è l'ospedale?	[do:vɛ lospe'da:le]

GRUNDWORTSCHATZ

Ja/Nein	Si/No	[si/nɔ]
Bitte	Per favore	[per fa'vo:re]
Danke	Grazie	['grattsie]
Entschuldigung!	Mi scusi!	[mi 'sku:zi]
Guten Tag	Buon giorno	[buɔn 'dʒorno]
Auf Wiedersehen	Arrivederci	[arrive'dertʃi]
Guten Abend	Buona sera	[buona 'se:ra]
Vormittag	la mattina	[mat'ti:na]
Nachmittag	il pomeriggio	[pome'riddʒo]
Abend	la sera	['se:ra]
gestern	ieri	['iɛ:ri]
heute	oggi	['ɔddʒi]
morgen	domani	[do'ma:ni]
hier	qui	[kui]
dort	la	[la]
Welche ...?	Quale ...?	['kua:le]
Wann?	Quando?	['kuando]
Warum?	Perchè?	[per'ke]
Wo?	Dove?	['do:ve]

NÜTZLICHE REDEWENDUNGEN

Wie geht es?	Come sta?	['co:me sta]
Sehr gut, danke.	Molto bene, grazie.	['molto 'bɛ:ne, 'grattsie]
Freut mich, Sie kennenzulernen.	Piacere di conoscerla.	[pia'tʃe:re di ko'noʃʃerla]
Bis bald.	A più tardi.	[a piu 'tardi]
In Ordnung.	Va bene.	[va 'bɛ:ne]
Wo ist/Wo sind ...?	Dov'è/ Dove sono ...?	['do:vɛ/ 'do:ve 'so:no]
Sprechen Sie Deutsch?	Parla tedesco?	['parla te'desko]
Ich verstehe nicht.	Non capisco.	[non ka'pisko]
Tut mir leid!	Mi dispiace!	[mi dis'piatʃe]

NÜTZLICHE WÖRTER

groß	grande	['grande]
klein	piccolo	['pikkolo]
heiß	caldo	['kaldo]
kalt	freddo	['freddo]
gut (Adjektiv)	buono	['buɔ:no]
schlecht	cattivo	[kat'ti:vo]
genug	basta	['basta]
gut (Adverb)	bene	['bɛ:ne]
offen	aperto	[a'pɛrto]
geschlossen	chiuso	['kiu:so]
links	a sinistra	[a si'nistra]
rechts	a destra	[a 'dɛstra]
geradeaus	sempre diritto	['sɛmpre di'ritto]
nah	vicino	[vi'tʃi:no]
fern	lontano	[lon'ta:no]
auf	su	[su]
über	giù	[dʒu]
früh	presto	['prɛsto]
spät	tardi	['tardi]
Eingang	entrata	[en'tra:ta]

Ausgang	uscita	[uʃʃi:ta]
Toilette	il gabinetto	[il gabi'netto]
frei/nicht besetzt	libero	['li:bero]
frei/gratis	gratuito	[gra'tu:ito]

SHOPPING

Wie viel kostet das?	Quant'é?	['kuantɛ]
Ich hätte gern ...	Vorrei ...	[vor'rɛi]
Haben Sie ...?	Avete ...?	[a've:te]
Ich schaue mich nur um.	Sto soltanto guardando.	[stɔ sol'tanto guar'dando]
Kreditkarte	carta di credito	['karta di 'kre:dito]
Wann öffnen/ schließen Sie?	A che ora apre/ chiude?	[a ke 'o:ra 'apre/'kiu:de]
das hier	questo	['kuesto]
das da	quello	['kuello]
teuer	caro	['ka:ro]
billig	a buon prezzo	[a buɔn 'prɛttso]
Kleidergröße	la taglia	['taʎʎa]
Schuhgröße	il numero	[il 'nu:mero]
weiß	bianco	['bianko]
schwarz	nero	['ne:ro]
rot	rosso	['rosso]
gelb	giallo	['dʒallo]
grün	verde	['verde]
blau	blu	[blu]

LÄDEN

Antiquitätenladen	l'antiquariato	[antikua'ria:to]
Apotheke	la farmacia	[farma'tʃi:a]
Bäckerei	la panetteria	[panette'ri:a]
Bank	la banca	[baŋka]
Blumenladen	il fioraio	[fio'ra:io]
Buchhandlung	la libreria	[libre'ri:a]
Delikatessen	la salumeria	[salume'ri:a]
Eisdiele	la gelateria	[dʒelate'ri:a]
Fischhändler	la pescheria	[peske'ri:a]
Friseur	il parrucchiere	[parruk'kiɛ:re]
Gemüsehändler	il fruttivendolo	[frutti'vendolo]
Konditorei	la pasticceria	[pastittʃe'ri:a]
Lebensmittelladen	alimentari	[alimen'ta:ri]
Markt	il mercato	[mer'ka:to]
Metzgerei	la macelleria	[maʃelle'ri:a]
Postamt	l'ufficio postale	[uf'fi:tʃo pos'ta:le]
Reisebüro	l'agenzia di viaggi	[adʒen'tsi:a di vi'addʒi]
Schuhgeschäft	il negozio di scarpe	[ne'gɔttsio di 'skarpe]
Supermarkt	il supermercato	[supermer'ka:to]
Tabakladen	il tabaccaio	[tabak'ka:io]
Zeitungsstand	l'edicola	[e'di:kola]

SIGHTSEEING

Informationsbüro	l'ufficio turistico	[uf'fi:tʃo tu'ristico]
Bahnhof	la stazione	[stat'tsio:ne]
Bibliothek	la biblioteca	[biblio'tɛ:ka]
Bushaltestelle	la fermata dell'autobus	[fer'ma:ta dell 'a:utobus]
Garten	il giardino	[dʒar'di:no]
Kirche	la chiesa, la basilica	['kiɛ:za, ba'zi:lika]
Kunstmuseum	la pinacoteca	[pinako'tɛ:ka]
Museum	il museo	[mu'zɛ:o]
Wegen Feiertag geschlossen.	Chiuso per la festa.	['kiu:so per la 'fɛsta]

IM HOTEL

Haben Sie Zimmer frei?	Avete camere libere?	[a've:te 'ka:mere 'li:bere]
Einzelzimmer	una camera singola	['ka:mera 'siŋgola]

Doppelzimmer	una camera doppia	['ka:mera 'doppia]
Bad/Dusche	bagno/doccia	['baɲɲo/'dottʃa]
Gepäckträger	il facchino	[fak'ki:no]
Schlüssel	la chiave	['kia:ve]
Reservierung	prenotazione	[prenotat'tsio:ne]

IM RESTAURANT

Haben Sie einen Tisch für ...?	Avete un tavolo per ...?	[a've:te un 'ta:volo per]
Ich möchte einen Tisch reservieren.	Vorrei riservare un tavolo.	[vor'rɛi riser'va:re un 'ta:volo]
Frühstück	la colazione	[kolat'tsio:ne]
Mittagessen	il pranzo	['prandzo]
Abendessen	la cena	['tʃe:na]
Rechnung	il conto	['konto]
Vegetarier	vegetariano	[vedʒeta'ria:no]
Kellner	cameriere	['kame'riɛ:re]
Tagesmenü	il menù a prezzo fisso	[me'nu a 'prɛttso 'fisso]
Tagesgericht	il piatto del giorno	['piatto del 'dʒorno]
Vorspeise	l'antipasto	[anti'pasto]
Erster Gang	il primo	['pri:mo]
Hauptgang	il secondo	[se'kondo]
Beilagen	il contorno	[kon'torno]
Dessert	il dolce	['doltʃe]
Gedeck	il coperto	[ko'pɛrto]
Weinkarte	la lista dei vini	['lista dei 'vi:ni]
blutig	al sangue	[al 'sangue]
halb durch(-gebraten)	al puntino	[al pun'ti:no]
durch(-gebraten)	ben cotto	[bɛn 'kotto]
Glas	il bicchiere	[bik'kiɛ:re]
Flasche	la bottiglia	[bot'tiʎʎa]
Teller	il piatto	['piatto]
Serviette	la tovaglia	[to'vaʎʎa]
Besteck	le posate	[po'sa:te]
Messer	il coltello	[kol'tɛllo]
Gabel	la forchetta	[for'ketta]
Löffel	il cucchiaio	[kuk'kia:io]

SPEISEKARTE

l'abbacchio	[ab'bakkio]	Lamm
l'aceto	[a'tʃe:to]	Essig
l'acqua minerale gasata/naturale	['akkua mine'ra:le ga'sa:ta/natu'ra:le]	Mineralwasser mit/ohne Kohlensäure
l'aglio	['aʎʎo]	Knoblauch
al forno	[al 'forno]	gebacken
alla griglia	['alla 'griʎʎa]	gegrillt
l'anatra	['a:natra]	Ente
l'aragosta	[ara'gosta]	Languste
l'arancia	[a'rantʃa]	Orange
arrosto	[ar'rosto]	gebraten
la birra	['birra]	Bier
la bistecca	[bis'tekka]	Steak
il burro	['burro]	Butter
il caffè	[kaf'fɛ]	Kaffee, Espresso
il carciofo	[kar'tʃɔ:fo]	Artischocke
la carne	['karne]	Fleisch
carne di maiale	['karne di ma'ia:le]	Schwein
il cinghiale	[tʃiɲ'gia:le]	Wildschwein
la cipolla	[tʃi'polla]	Zwiebel
il coniglio	[ko'niʎʎo]	Kaninchen
i fagioli	[fa'dʒɔ:li]	Bohnen
il formaggio	[for'maddʒo]	Käse
le fragole	['fra:gole]	Erdbeeren
la frutta fresca	['frutta 'freska]	frisches Obst
i frutti di mare	['frutti di 'ma:re]	Meeresfrüchte
i funghi	['fungi]	Pilze
i gamberi	['gamberi]	Krebse
il gelato	[dʒe'la:to]	Eiscreme
l'insalata	[insa'la:ta]	Salat
il latte	['latte]	Milch
i legumi	[le'gu:mi]	Gemüse
lesso	['lesso]	gekocht
il manzo	['mandzo]	Rind

la mela	['me:la]	Apfel
la melanzana	[melan'dza:na]	Aubergine
la minestra	[mi'nɛstra]	Suppe
l'olio	['ɔ:lio]	Öl
l'oliva	[o'li:va]	Olive
il pane	['pa:ne]	Brot
il panino	[pa'ni:no]	Brötchen
le patate	[pa'ta:te]	Kartoffeln
patatine fritte	[pata'ti:ne 'fritte]	Pommes frites
il pepe	['pe:pe]	Pfeffer
la pesca	['pɛska]	Pfirsich
il pesce	['peʃe]	Fisch
i piselli	['pi'sɛlli]	Erbsen
il pollo	['pollo]	Huhn
il pomodoro	[pomo'dɔ:ro]	Tomate
il prosciutto	[proʃ'ʃutto]	Schinken
il riso	['ri:so]	Reis
il sale	['sa:le]	Salz
la salsiccia	[sal'sittʃa]	Wurst
il succo	['sukko]	Saft
il tè	[tɛ]	Tee
il tonno	['tonno]	Thunfisch
la torta	['tɔrta]	Kuchen
l'uovo	['u:vo]	Ei
l'uva	['u:va]	Traube
il vino	['vi:no]	Wein
il vitello	[vi'tɛllo]	Kalb
le vongole	['vongole]	Muscheln
lo zucchero	['tsukkero]	Zucker
gli zucchini	[tsuk'ki:ni]	Zucchini
la zuppa	['tsuppa]	Suppe

ZAHLEN

1	uno	['u:no]
2	due	['du:e]
3	tre	[tre]
4	quattro	['kuattro]
5	cinque	['tʃiŋkue]
6	sei	['sɛi]
7	sette	['sette]
8	otto	['ɔtto]
9	nove	['nɔ:ve]
10	dieci	['diɛ:tʃi]
11	undici	['unditʃi]
12	dodici	['do:ditʃi]
13	tredici	['tre:ditʃi]
14	quattordici	[kuat'torditʃi]
15	quindici	['kuinditʃi]
16	sedici	['se:ditʃi]
17	diciassette	[ditʃas'sette]
18	diciotto	[di'tʃɔtto]
19	diciannove	[ditʃan'nove]
20	venti	['venti]
30	trenta	['trenta]
40	quaranta	[kua'ranta]
50	cinquanta	[tʃiŋ'kuanta]
60	sessanta	[ses'santa]
70	settanta	[set'tanta]
80	ottanta	[ot'tanta]
90	novanta	[no'vanta]
100	cento	['tʃɛnto]
1000	mille	['mille]

ZEIT

Minute	un minuto	[mi'nu:to]
Stunde	un'ora	['o:ra]
Tag	un giorno	['dʒorno]
Woche	una settimana	[setti'ma:na]
Monat	un mese	['me:se]
Jahr	un anno	['anno]
Montag	lunedì	[lune'di]
Dienstag	martedì	[marte'di]
Mittwoch	mercoledì	[merkole'di]
Donnerstag	giovedì	[dʒove'di]
Freitag	venerdì	[vener'di]
Samstag	sabato	['sa:bato]
Sonntag	domenica	[do'me:nika]

DORLING KINDERSLEY VIS-À-VIS

DIE 104 BÄNDE DER VIS-À-VIS-REIHE

ÄGYPTEN • ALASKA • AMSTERDAM • APULIEN • ARGENTINIEN
AUSTRALIEN • BALI & LOMBOK • BALTIKUM
BARCELONA & KATALONIEN • BEIJING & SHANGHAI
BERLIN • BRASILIEN • BRETAGNE • BRÜSSEL
BUDAPEST • BULGARIEN • CHICAGO • CHINA
COSTA RICA • DÄNEMARK • DANZIG & OSTPOMMERN
DELHI, AGRA & JAIPUR • DEUTSCHLAND
DUBLIN • EMILIA-ROMAGNA • FLORENZ & TOSKANA
FLORIDA • FRANKREICH • GENUA & LIGURIEN
GRIECHENLAND • GRIECHISCHE INSELN
GROSSBRITANNIEN • HAMBURG • HAWAII
INDIEN • IRLAND • ISTANBUL • ITALIEN
JAPAN • JERUSALEM • KALIFORNIEN
KANADA • KANARISCHE INSELN • KENIA • KORSIKA • KRAKAU
KROATIEN • KUBA • LAS VEGAS • LISSABON • LOIRE-TAL • LONDON
MADRID • MAILAND • MALAYSIA & SINGAPUR • MALLORCA,
MENORCA & IBIZA • MAROKKO • MEXIKO • MOSKAU
MÜNCHEN & SÜDBAYERN • NEAPEL • NEUENGLAND
NEUSEELAND • NEW ORLEANS • NEW YORK • NIEDERLANDE
NORDSPANIEN • NORWEGEN • ÖSTERREICH • PARIS • PERU
POLEN • PORTUGAL • PRAG • PROVENCE & CÔTE D'AZUR
ROM • SAN FRANCISCO • ST. PETERSBURG • SARDINIEN
SCHOTTLAND • SCHWEDEN • SCHWEIZ • SEVILLA & ANDALUSIEN
SIZILIEN • SPANIEN • STOCKHOLM • SÜDAFRIKA • SÜDTIROL & TRENTINO
SÜDWESTFRANKREICH • THAILAND • TOKYO • TSCHECHIEN & SLOWAKEI
TUNESIEN • TURIN • TÜRKEI • UNGARN • USA
USA NORDWESTEN & VANCOUVER
USA SÜDWESTEN & LAS VEGAS
VENEDIG & VENETO • VIETNAM & ANGKOR
WASHINGTON, DC
WIEN • ZYPERN

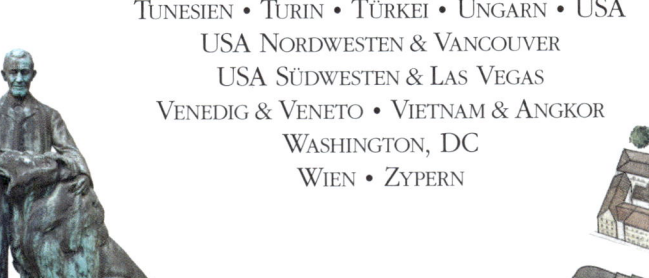

Erhältlich in
jeder Buchhandlung

DORLING KINDERSLEY
www.traveldk.com